MW01618393

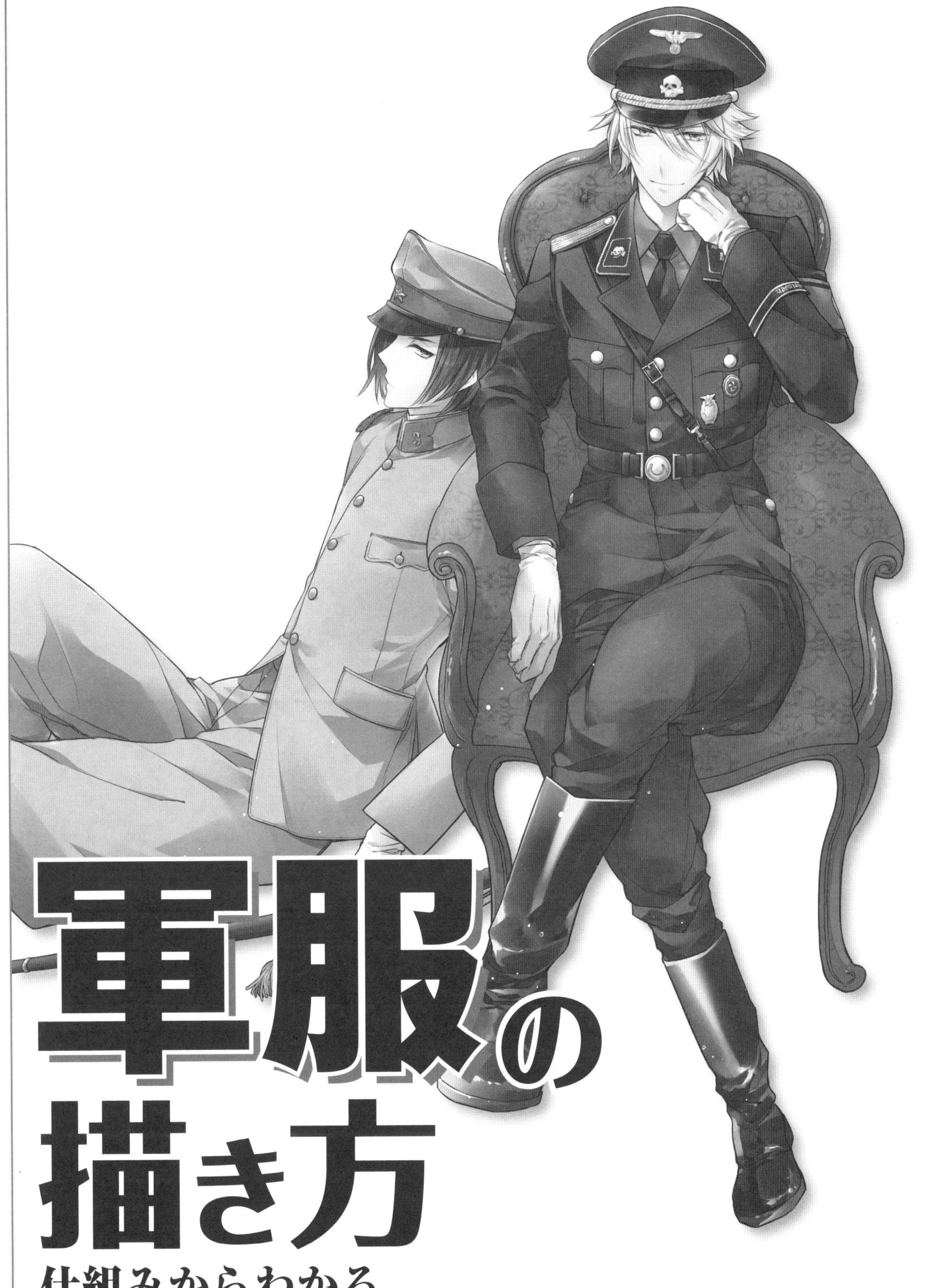

軍服の描き方

仕組みからわかる世界の軍装・軍服

Col.Ayabe ／(萌)表現探求サークル 著
金子賢一 監修

軍服の描き方　仕組みからわかる世界の軍装・軍服

軍服概論

「軍服」のデザインと魅力

軍服とは“軍隊の制服”であり、軍人の着用が義務づけられたユニフォームです。

統制のとれた揃いの服に、襟や袖、胸を飾るきらびやかなバッジ、メダル、ワッペンの組み合わせ——美しくたくましいその姿に魅了される人も多いでしょう。

一方で、実物を目にする機会が少なく、資料や情報の乏しい軍服は、いざイラストで描こうとすると敷居の高い存在ではないでしょうか。デザインも一般の紳士服とは異なる部分が多く、軍刀やサーベルのような特殊なアイテムが多いことも悩みどころです。

この本では、世界各国の軍服から代表的なものをピックアップし、実物写真を交えながら、その詳細な構造・デザインについて紹介していきます。また、軍服を彩る勲章やバッジ類、人気の高い軍刀や、サーベルなど周辺アイテムまで含めた、トータルなミリタリーユニフォーム資料集を目指しました。

なぜ軍服はカッコいいのか？

軍服を着た男性が魅力的に見えるのはなぜでしょうか？　それは軍服独特のデザインに理由があります。軍服には男性を引き立てるための、さまざまなデザイン上のしかけが盛り込まれています。それは一般の紳士服とは全く異なったコンセプトで作られているのです。

序章では、こうした軍服独特のデザインの特徴を踏まえた、軍服をカッコよく描くためのポイントを解説します。

軍服にはどんなバリエーションがあるのだろう？

一口に軍服と言っても、そこにはさまざまな種類・デザインが存在します。国や組織の違いはもちろんですが、階級による違いや、目的・用途による違いによって豊富なバリエーションが存在するのです。

第１章では、軍服の背景となる軍隊組織の概要を説明しつつ、こうしたバリエーションの違いを解説していきます。また続く第２章では、各国の軍服についてカタログ的に紹介していきます。

軍服をデコる！

勲章、ワッペン、バッジや刺繍など、軍服はさまざまな装飾品によってデコレートされています。こうしたデコレートも、軍服に欠かすことのできない魅力的要素ですが、多くの人にとっては謎の多い部分ではないでしょうか。「どんなデザインをしている？」「どこにつけたら良い？」そして「どんな意味があるの？」などなど。

第３章では、これら装飾品についてデコレートの“お約束”を説明していきたいと思います。さらに第４章では軍刀やサーベルなど、より大きな装飾品へと解説を広げていきます。

この本を参考に、あなたの理想の軍服男子を描いてみてください。

※軍服は国や組織によって異なる部分も多いものです。この本では初心者の方に理解しやすいように、国ごとの違いを平均化、簡略化して解説しています。またなるべく専門用語を使用せず、簡単な言葉に置き換えています。

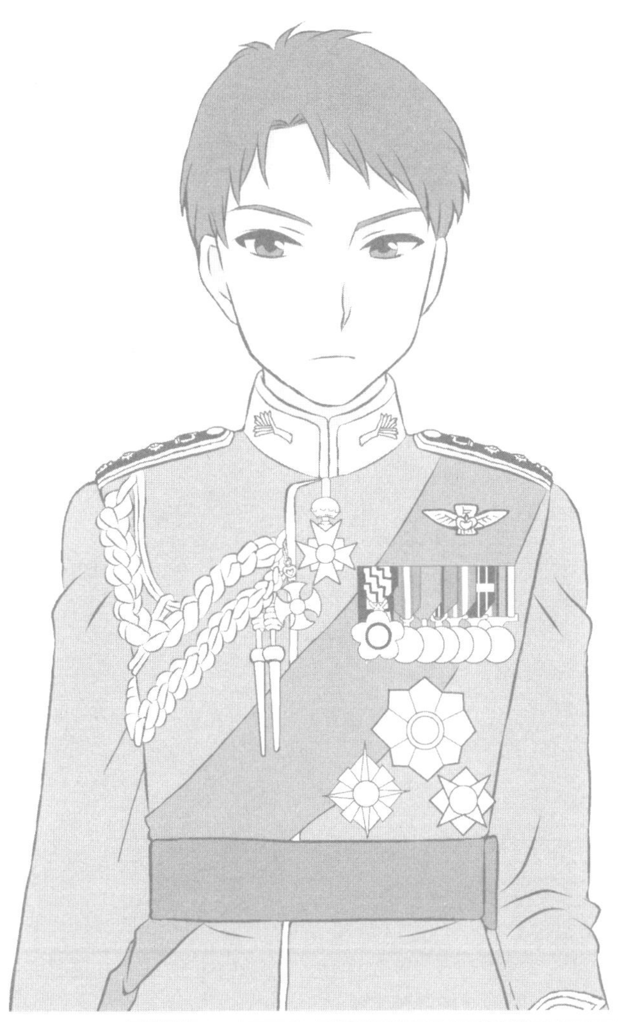

序章

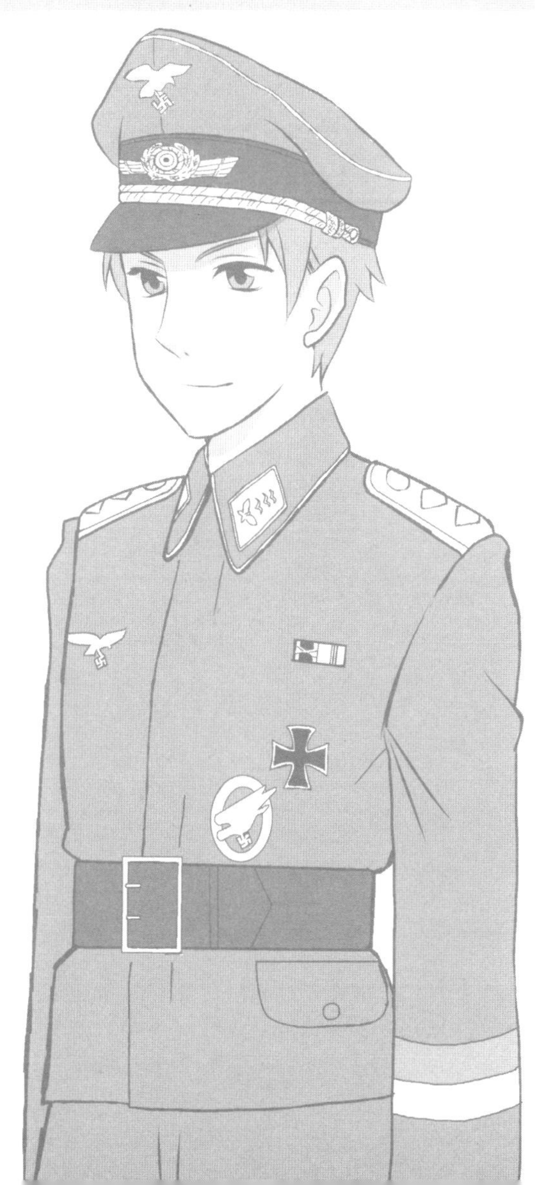

軍服を見て「カッコいい！」と思う人は多いと思いますが、なぜ「カッコいい！」のか考えたことはありますか？

世界各国にさまざまなデザインが存在する軍服ですが、実はその多くに共通する“軍服をカッコよく見せるためのポイント”があるのです。

世界のさまざまな軍服を紹介していく前に、序章ではまず、ほぼ全ての軍服に共通するデザイン上のポイント（＝軍服をカッコよく見せるためのポイント）に焦点を絞り、軍服を描くときに注意したい「基本的シルエット」と「一般紳士服との違い」を解説していきます。

軍服の基本

軍隊の制服である「軍服」には、もともと実用的な役割として“戦場での敵味方の識別”という目的がありました。その一方で、全員が同じ服を着用することから“組織としての一体感”や“仲間意識”を高めるという効果も生まれました。仲間同士の連帯感を重んじる軍人たちは、そのシンボルとして「軍服」に精神的な価値を見出したのです。

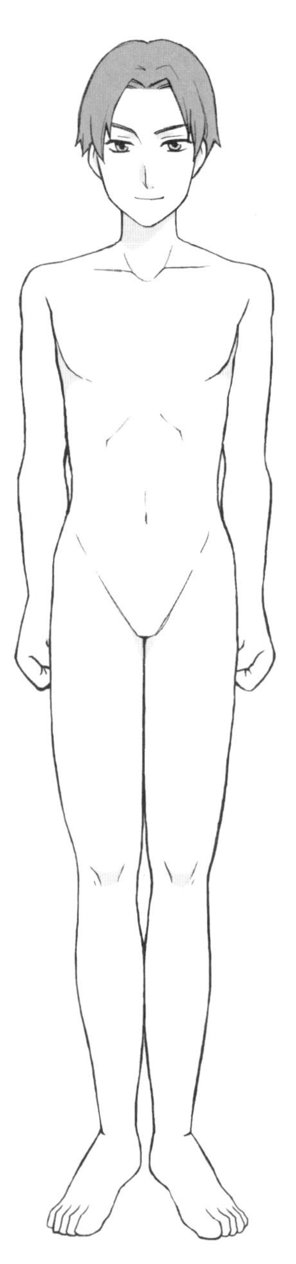

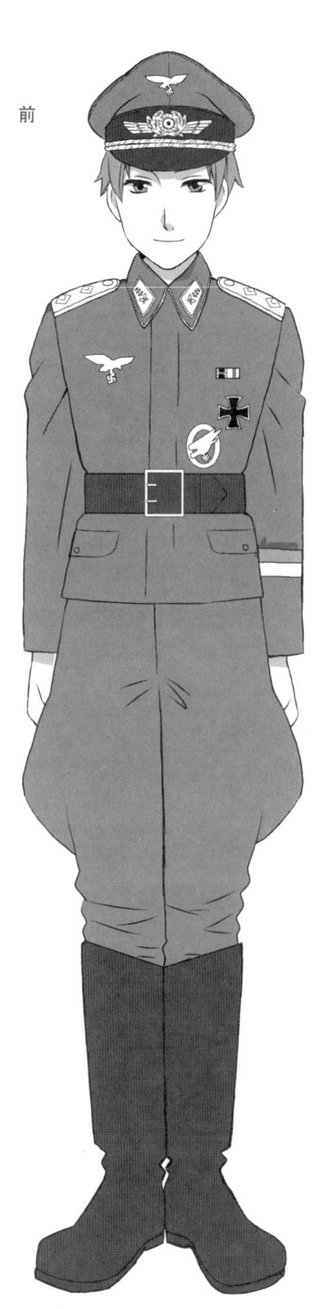

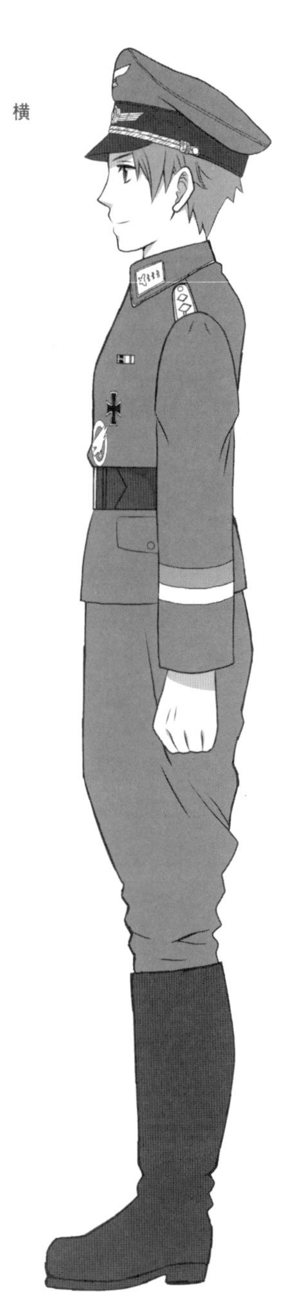

軍服のデザインは各国さまざまですが、着こなしやシルエットで共通する部分が多く存在します。正面から見たとき気づくのは、ピンと張り、しっかりと閉じられた襟と、真っ直ぐに伸びた肩のラインでしょう。どちらも清潔かつ質実剛健な軍人らしさを感じさせる重要な要素です。

こうした精神的背景から、軍服を美しく着こなすことは、軍人にとって大きな関心事となりました。私たちが軍服を見て「カッコいい！」と思うのは、軍人たちの「美しく着こなしたい！」という意識があるからなのです。

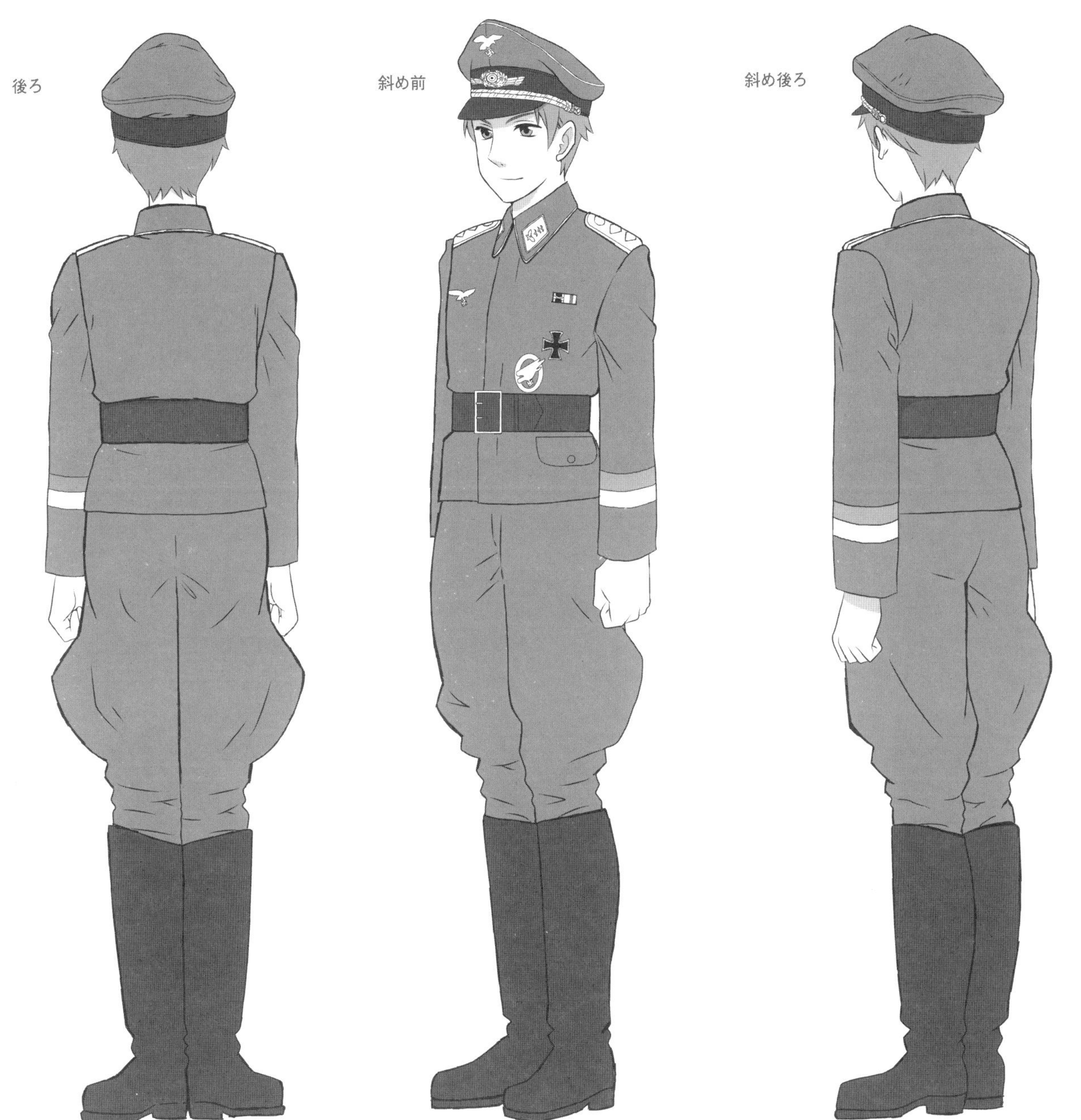

例：ドイツ空軍 飛行兵制服（フリーガーブルゼ）将校

軍服はスーツなど一般的な紳士服に比べて堅く厚い生地で作られています。そのため、全体として直線や緩やかな曲線によるシルエットとなります。特にジャケットはタイトに着こなすことが一般的であり、シワの少ないシルエットになりますので、イラストで描くときは注意してください。

軍服の基本要素

軍服はジャケット（+インナーシャツ）とパンツ、そして帽子と靴がセットで構成されます。“この制服にはこの靴”、“この場合にはこの帽子”など、組み合わせが決められているのです。また、帽子は軍服にとって無くてはならないアイテムです。軍人は屋外では必ず帽子を着用する決まりがあるからです。

そして軍服は、さまざまな「装飾」を付属させることで完成します。「装飾」には、着用者の技能・階級・所属や役職といった個人情報を示すもの、功績を讃える勲章、または組織の伝統的意匠など、多様な意味が込められています。

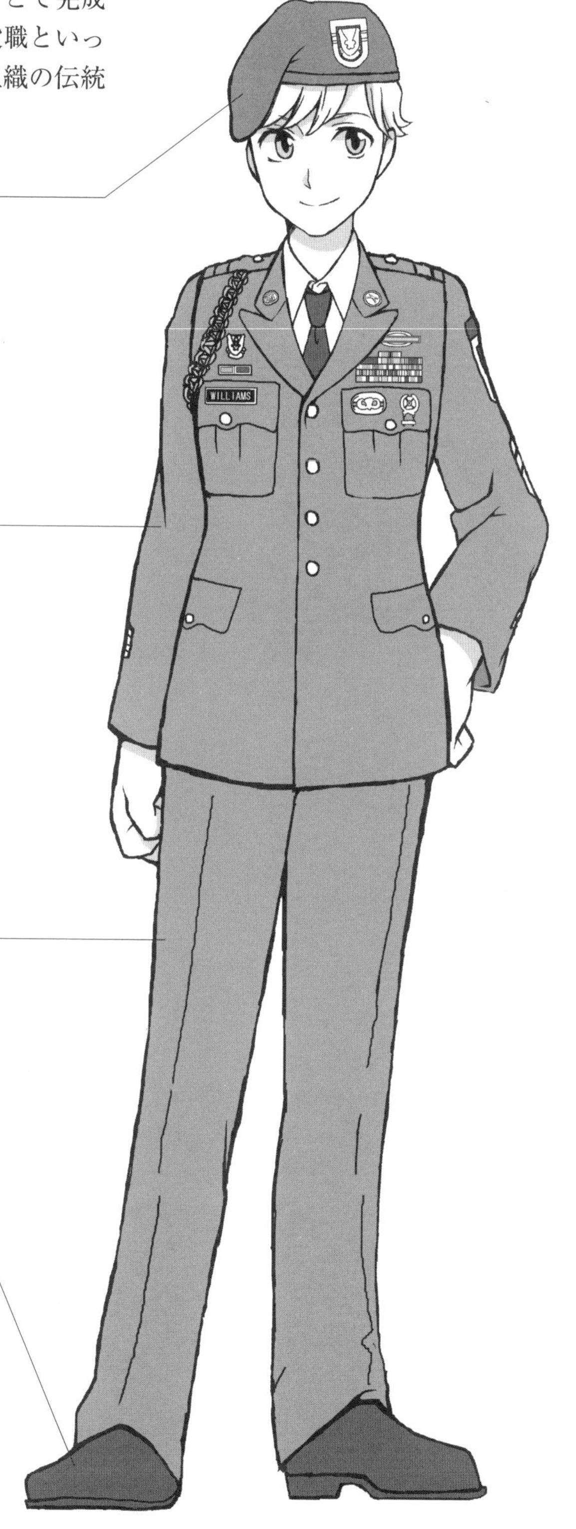

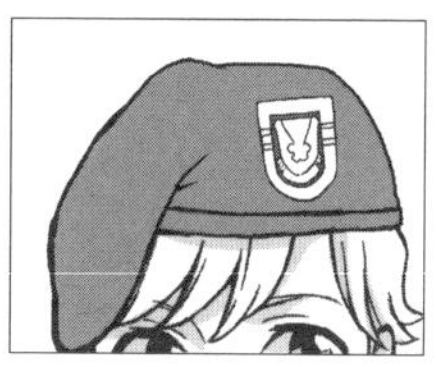

帽子

制帽、ベレー帽など。軍人は屋外では帽子を着用する決まりがあり、無くてはならないアイテムです。72ページから解説します。

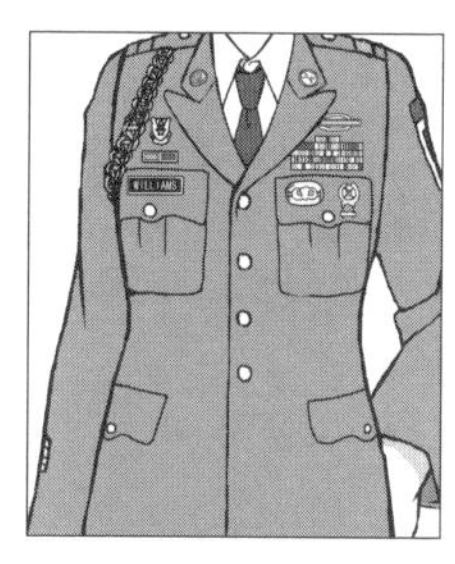

ジャケット

詰襟、開襟、燕尾服型などさまざまなデザインのものが存在します。肩や胸まわりが身体にフィットしたタイトシルエットなものを選びます。28ページから、世界の代表的な制服についてジャケット・パンツ合わせて解説します。

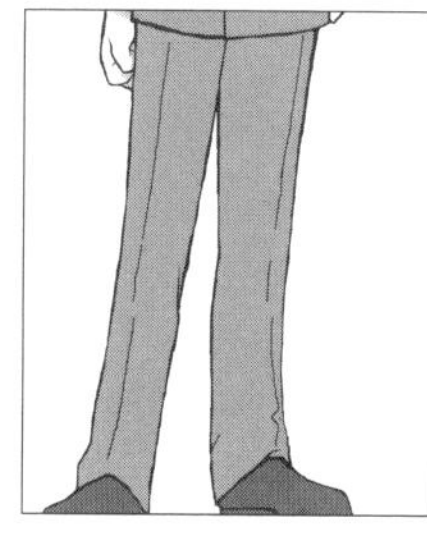

パンツ

現在では真っ直ぐなストレートパンツが一般的ですが、かつては乗馬パンツなど特殊なシルエットのものも使用されていました。

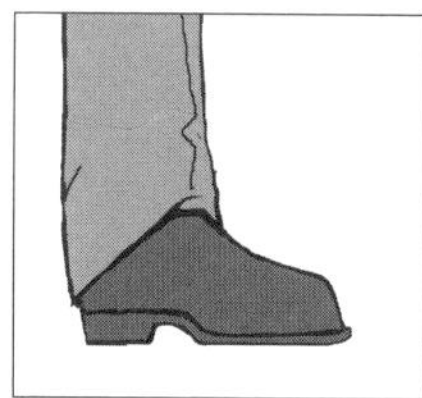

靴

靴もジャケットやパンツ同様に制服として規定されています。また、靴を清潔かつ美しく保つことは軍人の身だしなみの基本であり、常にピカピカに磨かれています。68ページから解説します。

肩章（階級章）

ピンと真っ直ぐに張った肩と、そこに付属する肩章は軍服のシンボルとも言える装飾です。肩章は主に階級をあらわすために用いられます。116 ページから解説します。

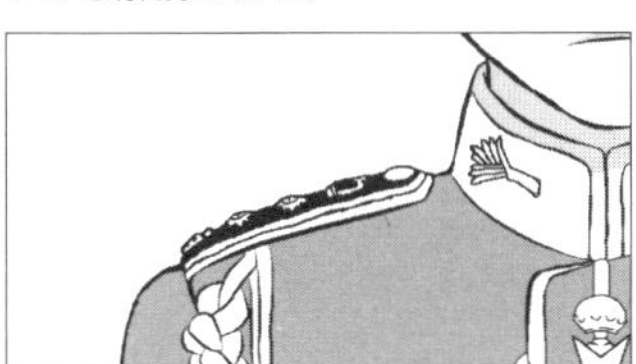

飾緒

肩から下がる太い編込み紐は「飾緒（しょくちょ）」と呼ばれます。実用性は皆無ですが、指揮官を支える“参謀”や、指揮官の秘書役である“副官”の役職を示すアイテムとして使われています。130 ページから解説します。

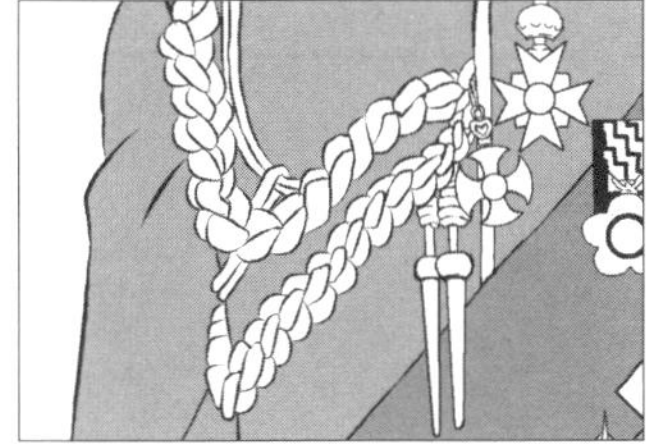

腕や袖の装飾

腕は布の面積が広く、さまざまな装飾が付属します。主に上腕部と袖口に付属します。126 ページから解説します。

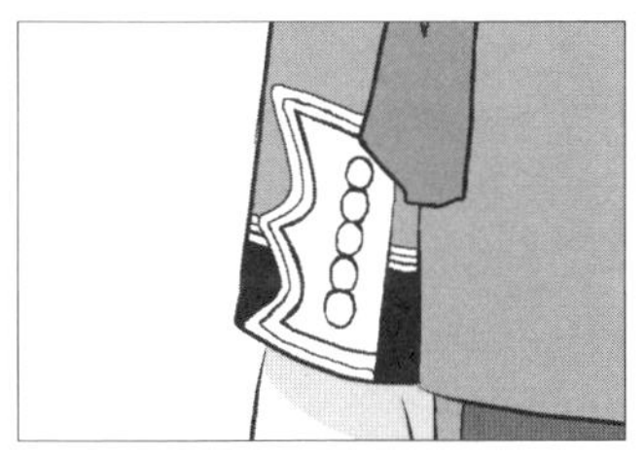

襟章／襟の装飾

軍服の襟は、大きくがっしりとしたシルエットをしており、そこにはさまざまな装飾が施されます。122 ページから解説します。

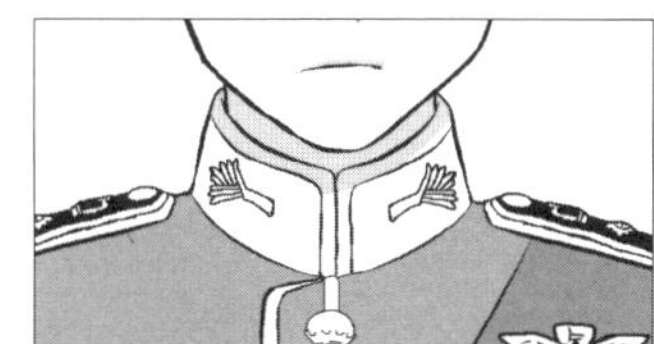

勲章／胸の装飾

胸にはさまざまな装飾が付属します。もっとも重要なものは勲章でしょう。また、勲章を中心として個人の技能や資格などをあらわす装飾が付属します。胸を見れば、その人物が「どんな技能を持っている」のか、「どんな活躍をした」のかを知ることができるのです。94 ページから解説します。

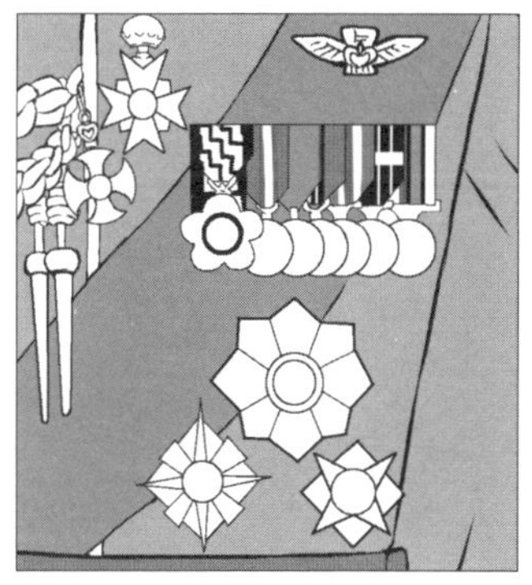

刀剣

銃器の発達した現代では実用性のないアイテムですが、シンボル的な存在として多くの国で使用されています。138 ページから解説します。

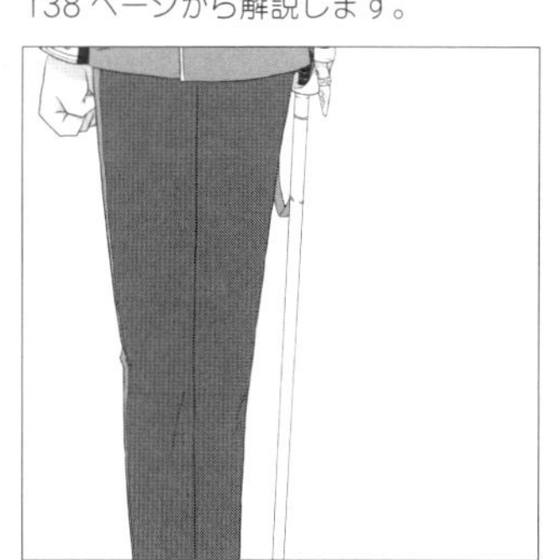

軍服のシルエットを描く

軍服の全身シルエット

各国にさまざまな軍服が存在しますが、実は全体のシルエットや着こなしの“お約束”は万国共通です。軍服を軍服らしく見せているポイント、軍服と民間服が決定的に違うポイントが、ここにあります。ここからのページでは､軍服を描くための基礎知識として“軍服独自のシルエット”について解説していきます。

まず、一番初めにポイントとなるのが「A」シルエットと、「砂時計」型シルエットです。

一般的な服の「I」シルエット

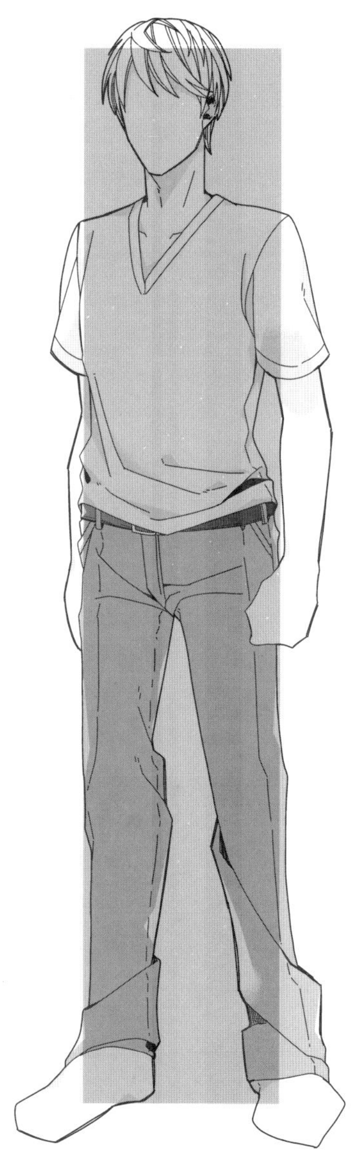

上下ともタイトな「I」シルエット
スマートで清潔感があります。

軍服の「A」シルエット

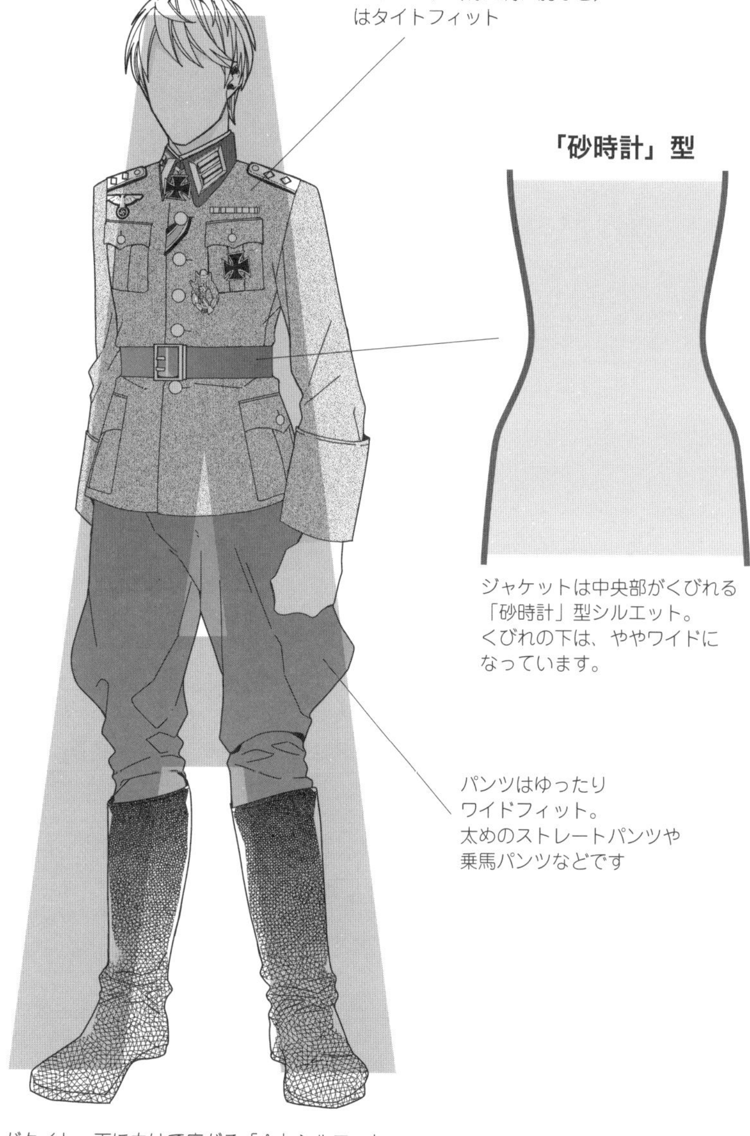

ジャケットは中央部がくびれる「砂時計」型シルエット。くびれの下は、ややワイドになっています。

上がタイト、下に向けて広がる「A」シルエット
たくましさがあり、力強いシルエットです。

軍服とスーツの違い

軍服とスーツは一見似ています。多くの方がスーツを参考に軍服を描こうとするかもしれませんが、これは間違いです。軍服とスーツにはデザイン上の大きな違いがあり、全く別物と言って良いものなのです。スーツと比較しつつ、軍服の特徴を確認していきましょう（比較対象はアメリカ陸軍制服）。

シルエットの違い

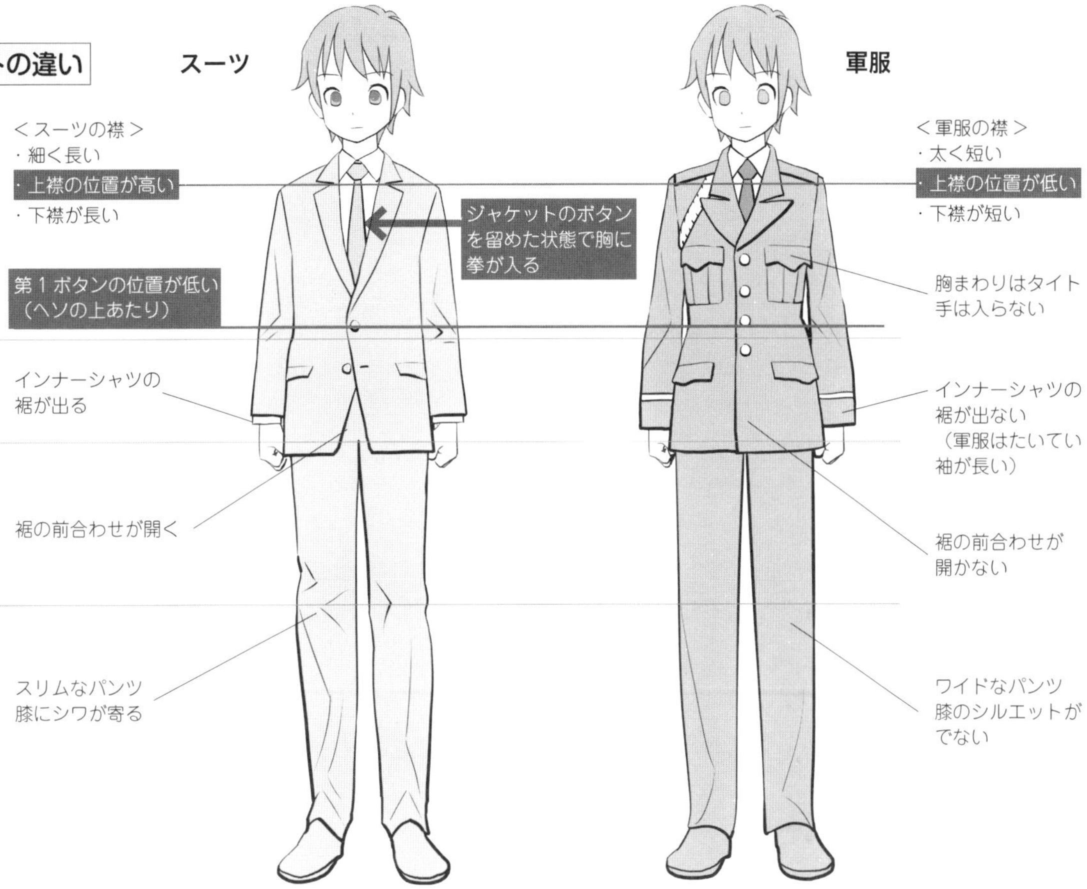

スーツ

軍服

<スーツの襟>
・細く長い
・上襟の位置が高い
・下襟が長い

<軍服の襟>
・太く短い
・上襟の位置が低い
・下襟が短い

ジャケットのボタンを留めた状態で胸に拳が入る

第１ボタンの位置が低い（ヘソの上あたり）

胸まわりはタイト
手は入らない

ヘソ

インナーシャツの裾が出る

インナーシャツの裾が出ない（軍服はたいてい袖が長い）

股下

裾の前合わせが開く

裾の前合わせが開かない

ヒザ

スリムなパンツ
膝にシワが寄る

ワイドなパンツ
膝のシルエットがでない

身頃の肩幅

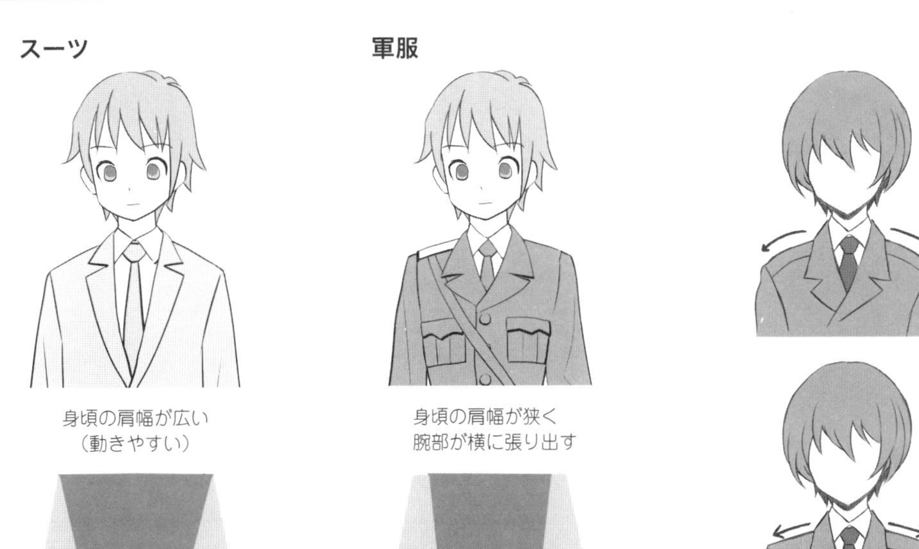

軍服のくびれとベルト位置

軍服を描くときにもっとも注意したいのが、くびれとベルトの位置です。人体の構造上、もっとも胴体がくびれるのは“肋骨下〜ヘソ”の間です。多くの人がヘソを中心としてくびれができると考えていますが、実際はヘソより高い位置にくびれの中心があるのです。

前のページで説明した通り、軍服（ジャケット）は中央部がくびれた砂時計型のシルエットをしていますが、くびれは“肋骨下〜ヘソ”の位置となります。

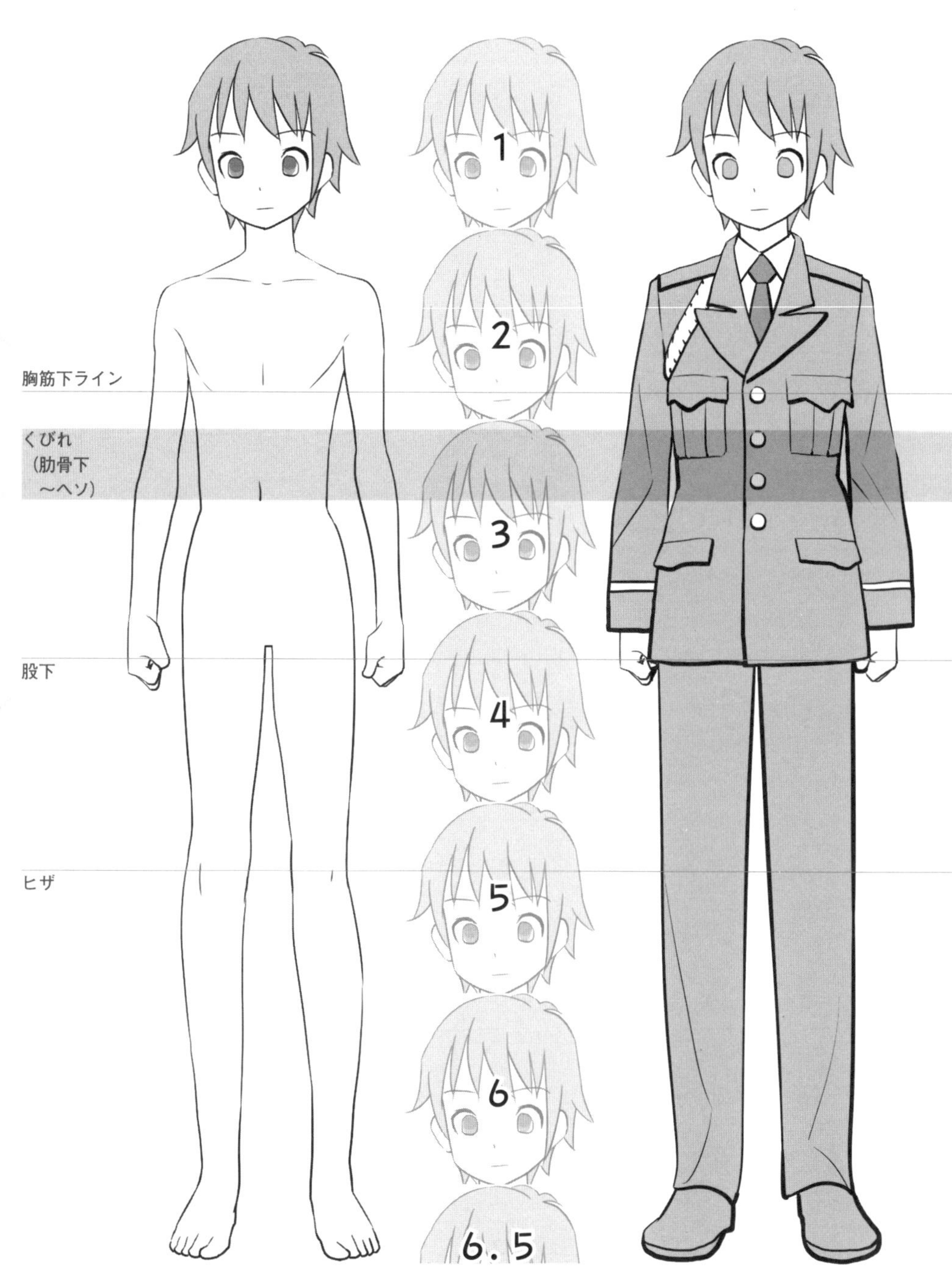

イラストからもわかる通り、くびれ位置は全身の中でも比較的高い位置にあります。6.5 頭身のキャラクターの場合、おおよそくびれの上が 2.5 頭身分以下、くびれの下が 4 頭身分となります。

軍服のベルトを締める場合、"肋骨下〜ヘソ"のくびれ位置に締めます。一般的な民間服の感覚ではベルトは腰骨のあたりに締めますが、軍服のベルトはそれよりとても高い位置となります。

ベルト位置は国によりわずかに上下しますが、"肋骨下〜ヘソ"の位置より下になることはありません。

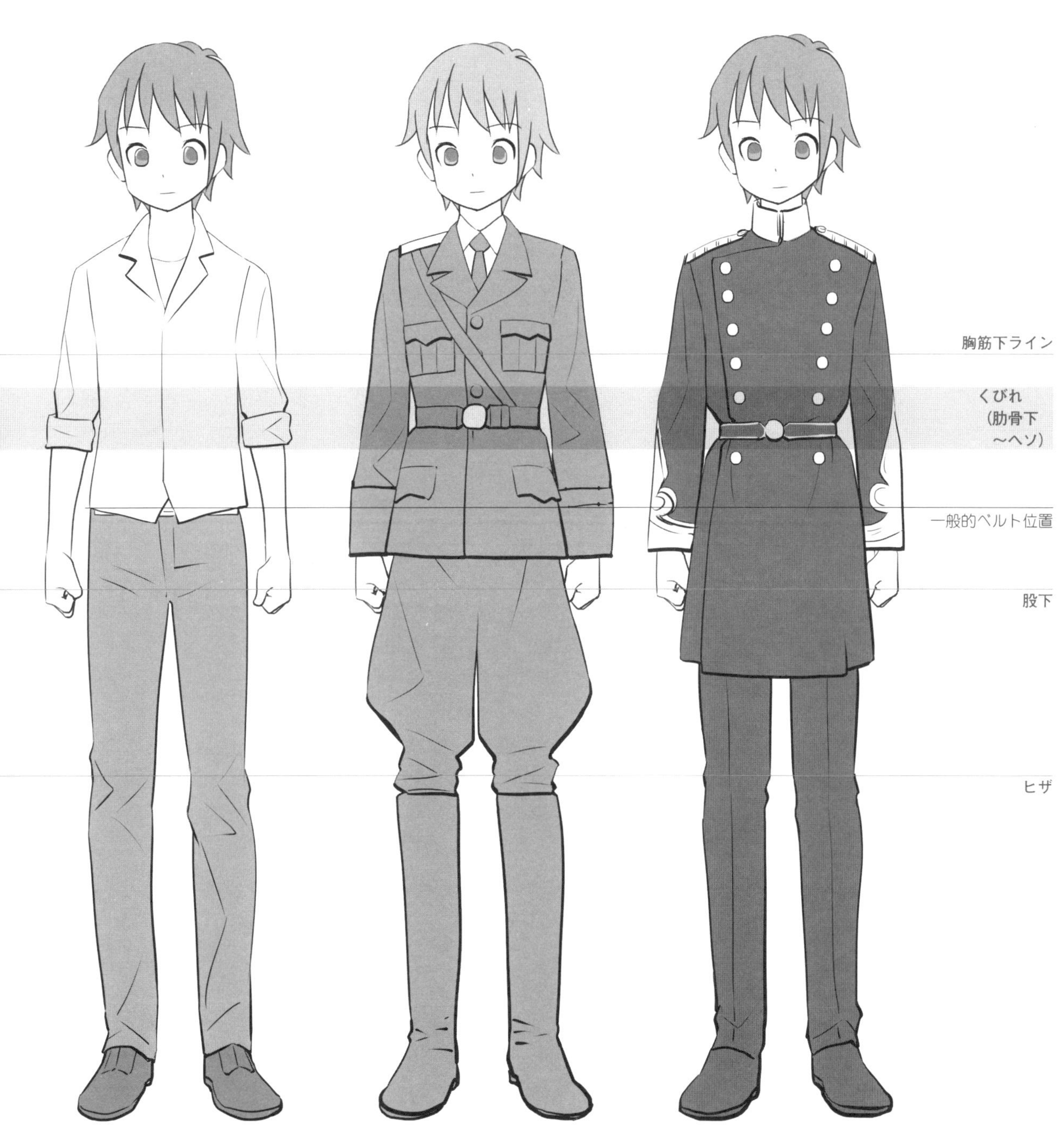

現代の一般的なパンツベルトは股上が浅く、おおよそ腰骨のあたりに位置しますが、この感覚で軍服のベルトを描かないようにしましょう。

軍服のベルトは高いもので肋骨下あたり、低いものでもヘソより下になることはありません。ベルトやくびれの高さは国によりさまざまですが、ジャケットの丈が短い軍服ほど、高い位置にベルトを締める傾向にあります。イラストはナチス親衛隊勤務服（左）、日本陸軍大礼服（右）。

ハイウエストと脚長効果

軍服はとても高い位置にくびれができるハイウエストなシルエットをしています。これにより特徴的な“脚長”シルエットを生んでいます。

ベルト位置の高い軍服は、全身の上下分割位置が高くなり、脚が長く見えます。

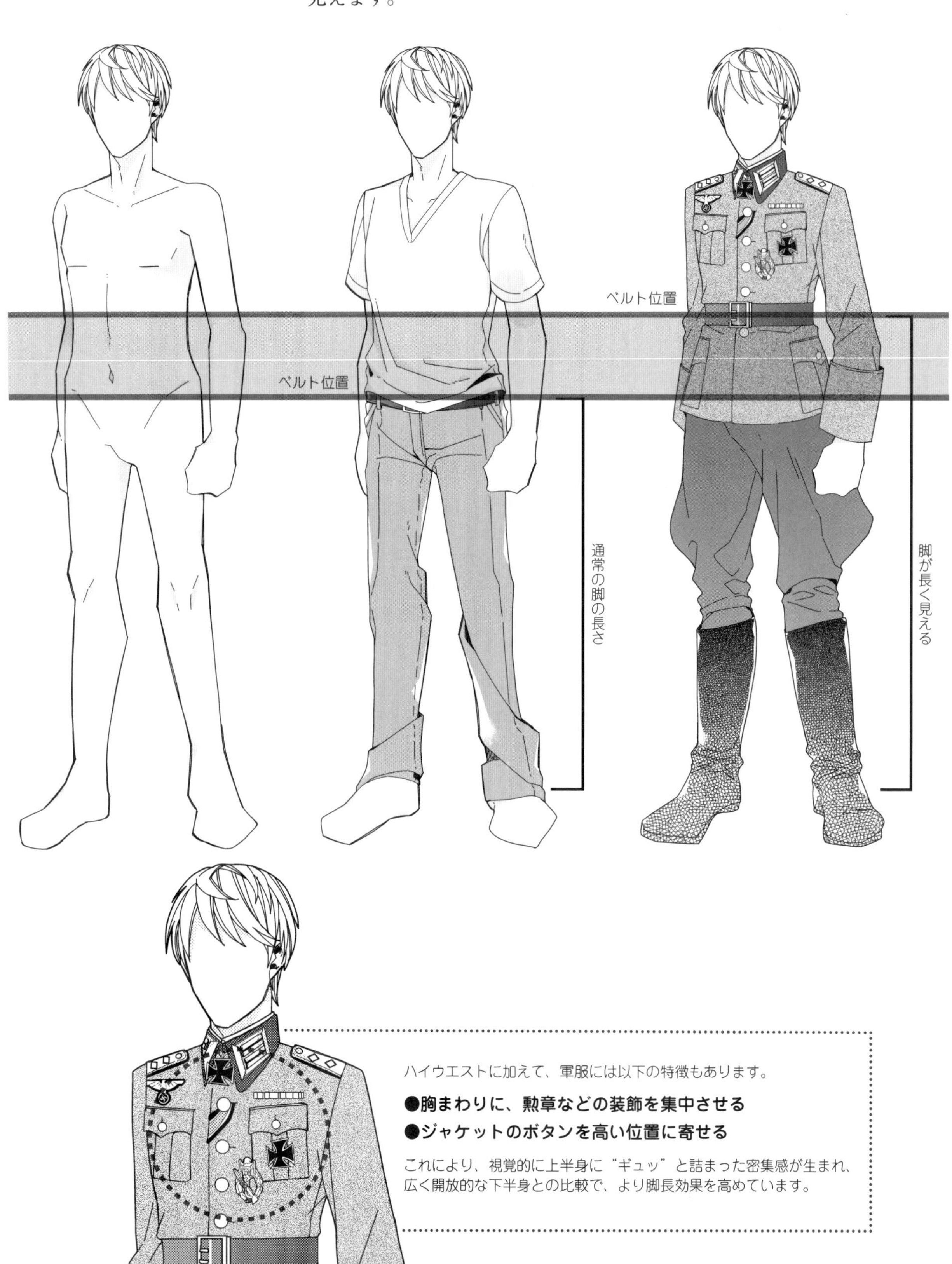

股上が深いパンツのシルエット

ジャケット同様にパンツもまた軍服は民間服と異なります。まずひとつに、ゆったりとしたワイドシルエットであること。そしてもうひとつ、股上が深いことです。

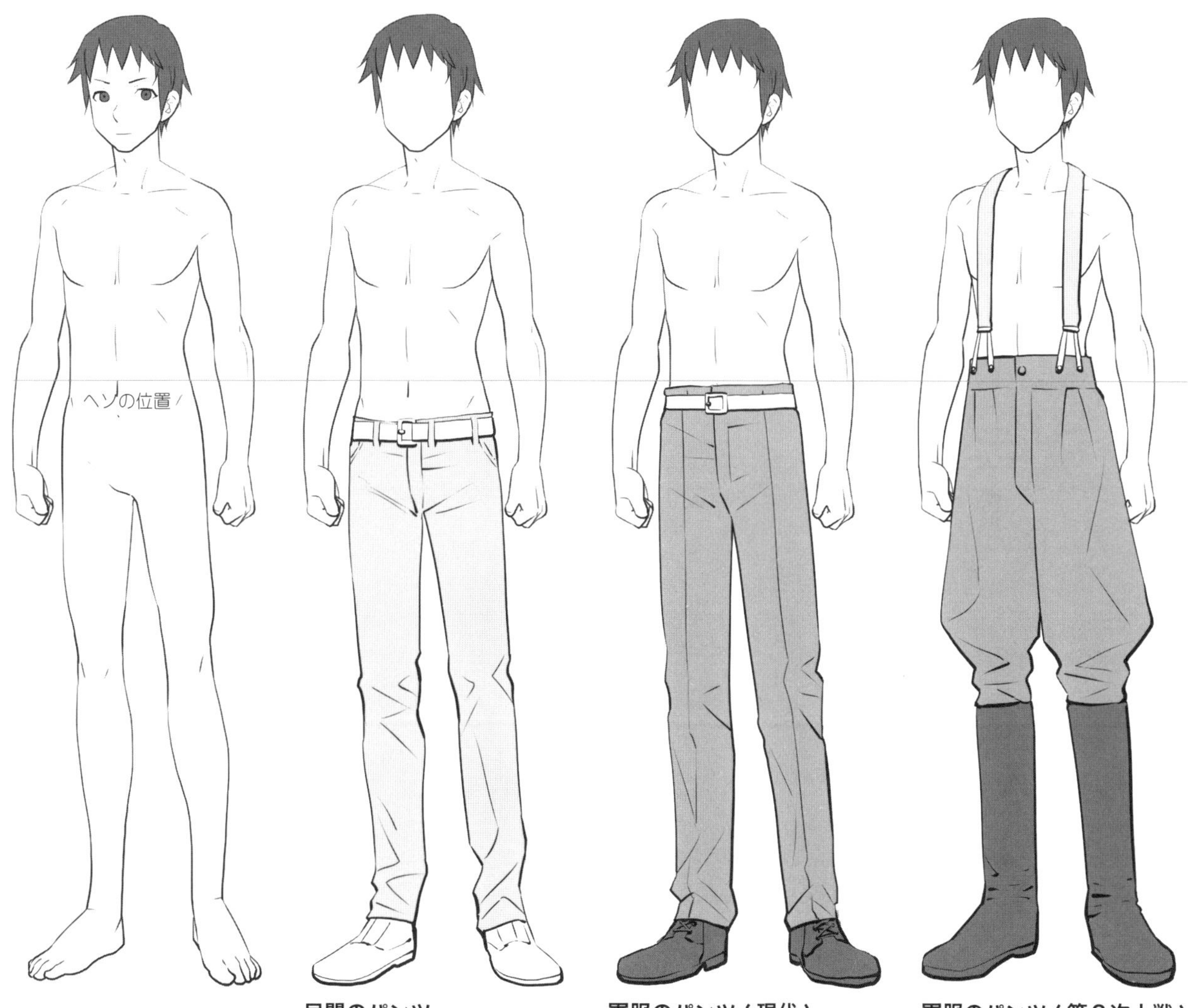

民間のパンツ

股上：腰骨あたり
タイトで脚のシルエットが浮かぶ。ヒザにシワが寄る。

軍服のパンツ（現代）

股上：ヘソ（股上深い）
太くゆったりしたシルエット。脚のシルエットが隠れ、ヒザにシワもできにくい。

軍服のパンツ（第２次大戦）

股上：ヘソ上（股上かなり深い）
サスペンダーを使用するため股上がかなり深い。

・まとめ・

①軍服はジャケットがタイト、パンツがゆったりした「A」シルエット
②軍服のジャケットは中央部がくびれた「砂時計」型
③身頃の肩幅が狭く、胸まわりもタイト
④くびれやベルト位置の高い「ハイウエスト」シルエット
⑤パンツの股上が深い
これらに気をつけて、軍服を描いていきましょう！

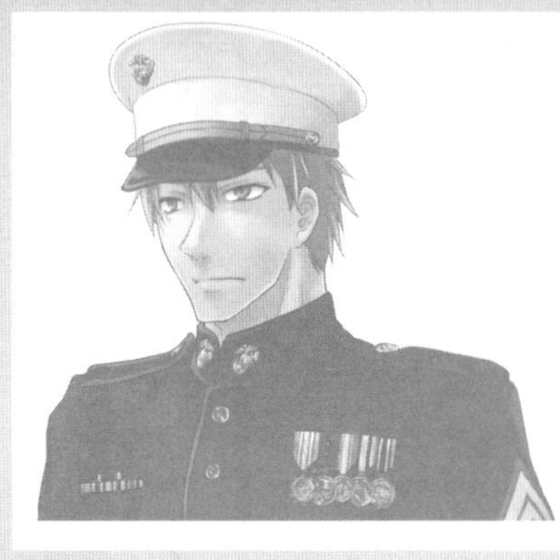

第1章
軍服の種類と役割

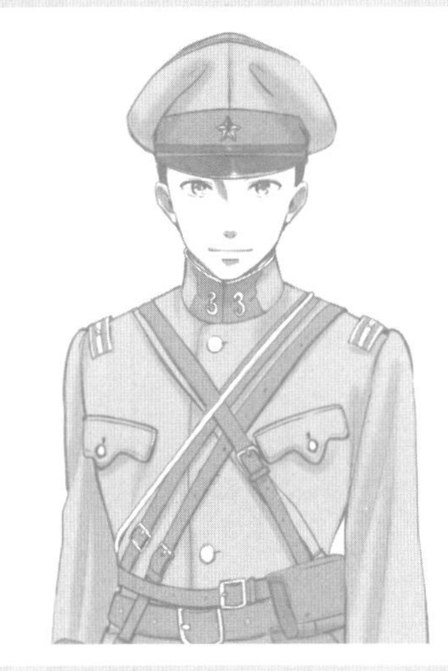

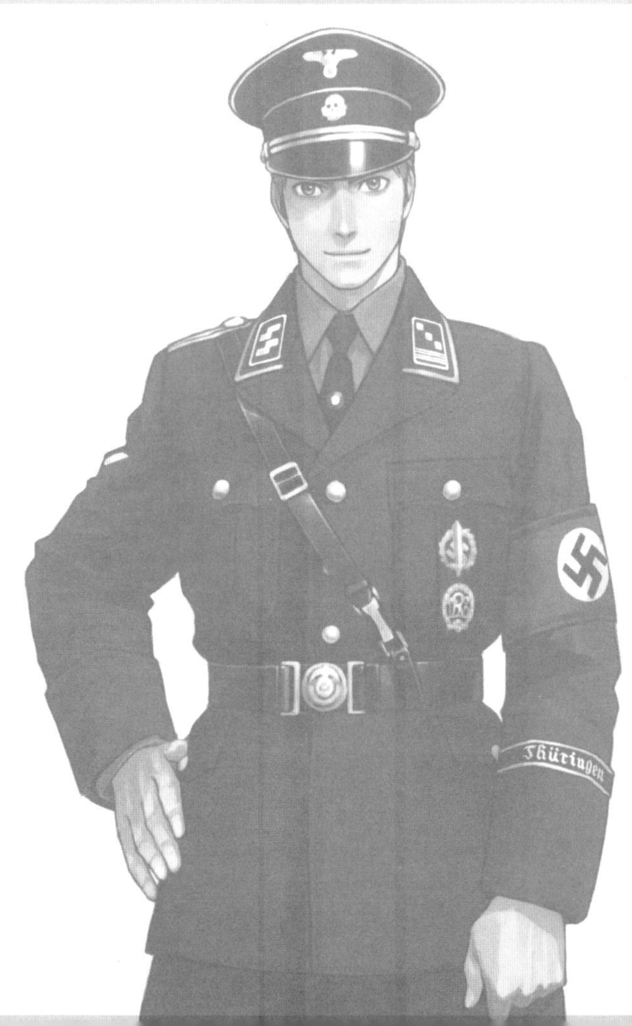

「軍服」と聞いて、皆さんはどのようなものを想像しますか？　金や銀の刺繍、カラフルな勲章に飾られた派手な軍服ですか？　それとも茶褐色や濃緑色のシックで簡素な質実剛健とした軍服ですか？

確かにそれらは全て「軍服」に違いありませんが、どうしてこのような違いが生まれるのでしょうか。

第１章では、「目的」「階級」「組織」という３つの理由に分けて、軍服の分類について解説していきます。併せて、軍服を理解する予備知識として「軍隊」そのものについても解説します。

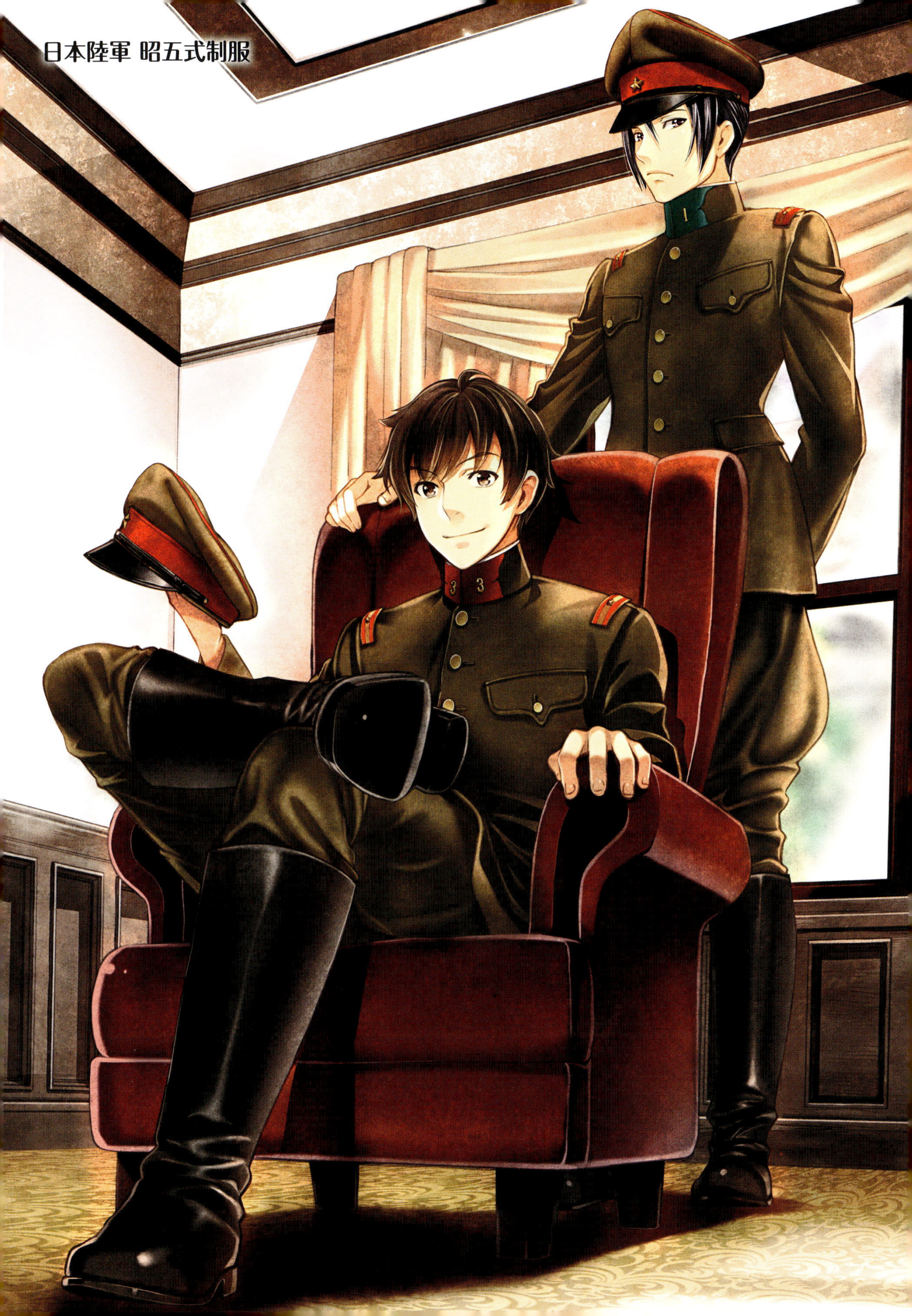
日本陸軍 昭五式制服

1．目的による軍服の違い――礼装・勤務服・戦闘服

軍服のバリエーションは“**使用目的**”の違いに理由があります。

各国・各軍とも、使用目的ごとに3種類の軍服が存在します。「正装」、「勤務服」、「戦闘服」の3つです。私たちがフォーマルなスーツからカジュアルな普段着まで、TPO（時間・場所・状況）に合わせて服を選ぶのと同じように、軍人もシチュエーションに合わせて軍服を変えているのです。

【日本陸軍の制服】

「大礼服」
（正装）

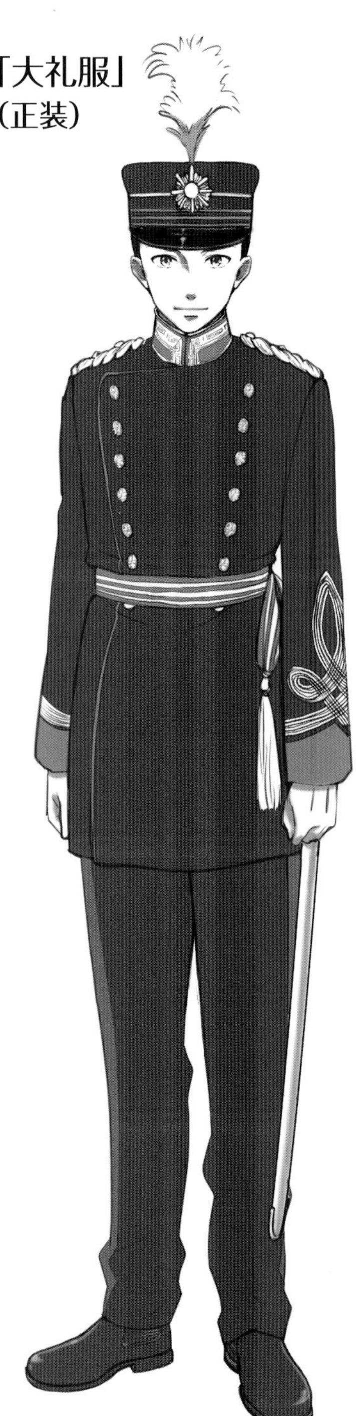

「昭五式」士官制服
（勤務服）

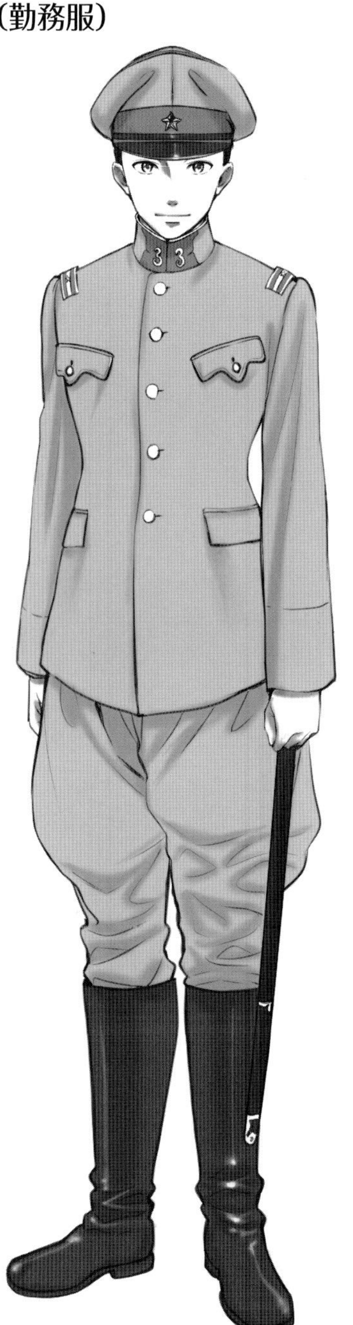

「昭五式」＋戦闘装備
（戦闘服）

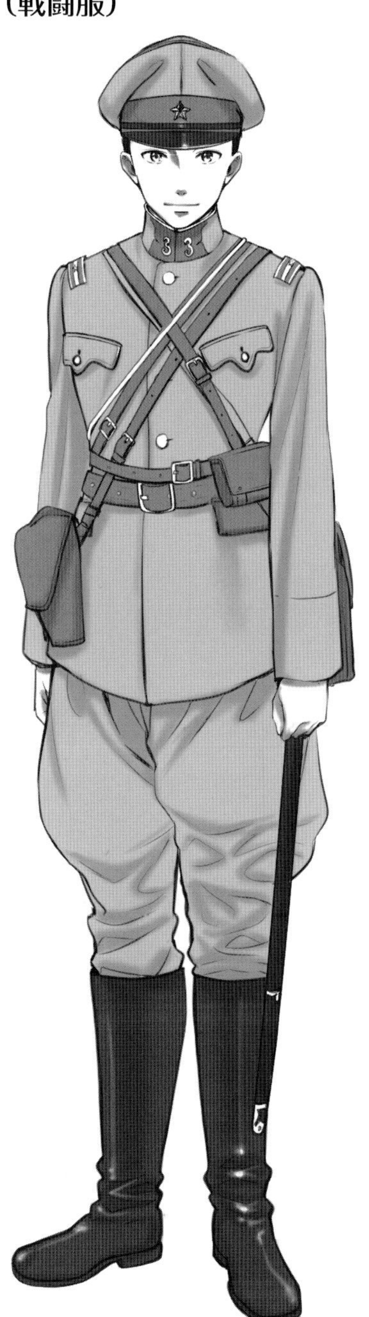

◆フォーマルからカジュアルまで

「正装」はもっともフォーマルな軍服です。民間人で言えばタキシードやモーニングに相当します。国家的な式典やパレード、高貴な身分の方に拝謁するとき、結婚式など冠婚葬祭に着用するものです。

見た目にもっとも華やかな軍服であり、金や銀など派手な色の装飾でデコレートされています。この軍服は国・組織のシンボルとしての意味もあり、国や組織にまつわる歴史的・伝統的デザインが取り入れられていることも多いです。例えばサーベルのような現代では実用性の無くなった武器も、伝統的なシンボルとして「正装」の一部となっています。軍人個人にとっても一番の“晴れ姿”であり、勲章を飾りつけて自らの功績や戦歴を誇ります。

“もっとも飾り立てる”軍服であり、英語で「フルドレス（完全なる服装）」と呼ばれます。

「勤務服」は日常の勤務、デスクワークで着用する軍服です。民間人のスーツに相当すると考えればよいでしょう。仕事着であるため、所属や階級、技能資格といった業務に必要な情報を示す装飾（階級章や部隊章、技能章）が目立つデザインになっています。一方で、仕事に直接関係のない勲章などは簡略化され、派手な装飾を控えた全体的に落ちついたデザインの軍服になっています。

勤務（英語で「サービス」）の軍服という意味で、「サービスドレス／サービスユニフォーム」と呼ばれます。

「戦闘服」は文字通り戦闘時に着用するものです。現代では戦闘目的に特化した動きやすく活動的な迷彩戦闘服が使用されています。一方で、第２次世界大戦ごろまでは「勤務服」との区別が曖昧で、「勤務服」に戦闘に必要な装備品を追加して戦場に赴いていました。左のイラストでは、そうした「勤務服」をベースにした「戦闘服」姿を紹介しています。

英語では「戦闘服」を「バトルドレス／バトルユニフォーム」と呼びます。

軍服には「正装」、「勤務服」、「戦闘服」の３種類が存在する。
軍人はTPOに応じて、この３種類を選ぶ。

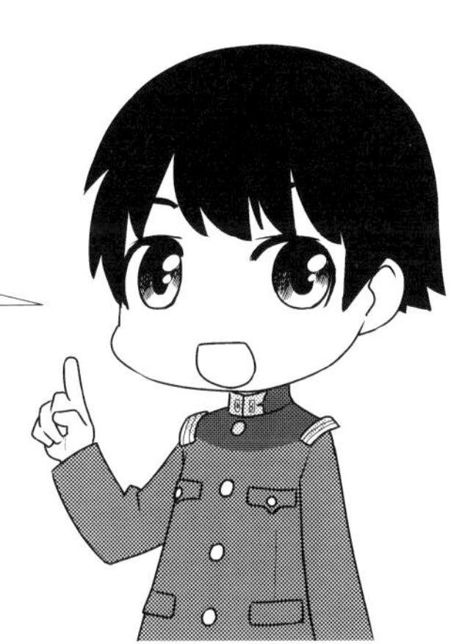

３種類の軍服は、軍の定めた着用規定や上官の命令に従って着用されます。軍隊の基本は“集団行動”！個人がバラバラの判断で軍服を着てはいけないのです。

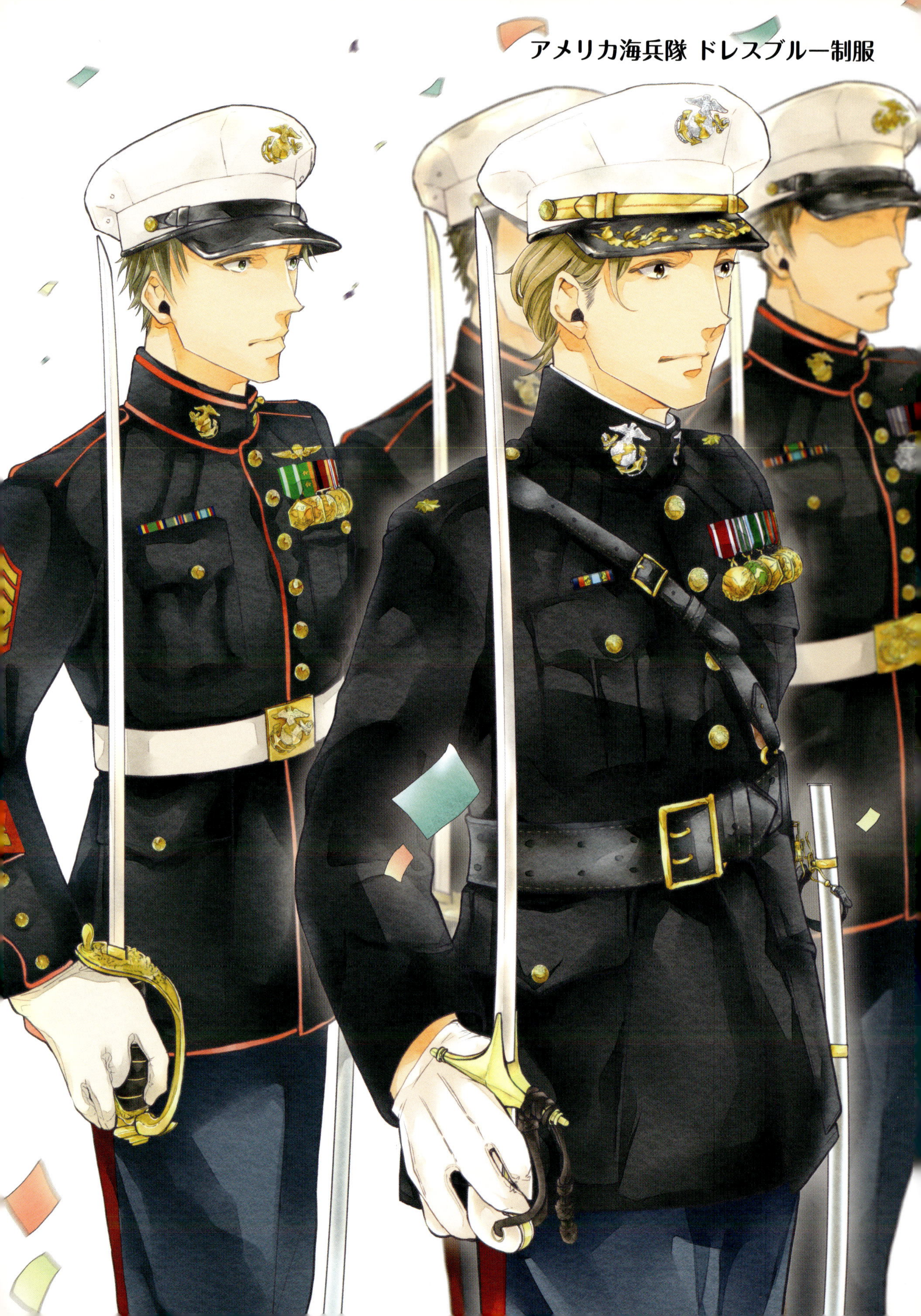
アメリカ海兵隊 ドレスブルー制服

2. 階級による軍服の違い――士官（将校）と下士官・兵

軍隊は２つの階級グループから成り立っています。**「士官（将校）」と「下士官・兵」**です。この２つの階級グループの間には、絶対的な区別が存在し、制服もまた異なるデザインが定められています。

アメリカ海兵隊「ドレスブルー」（正装）

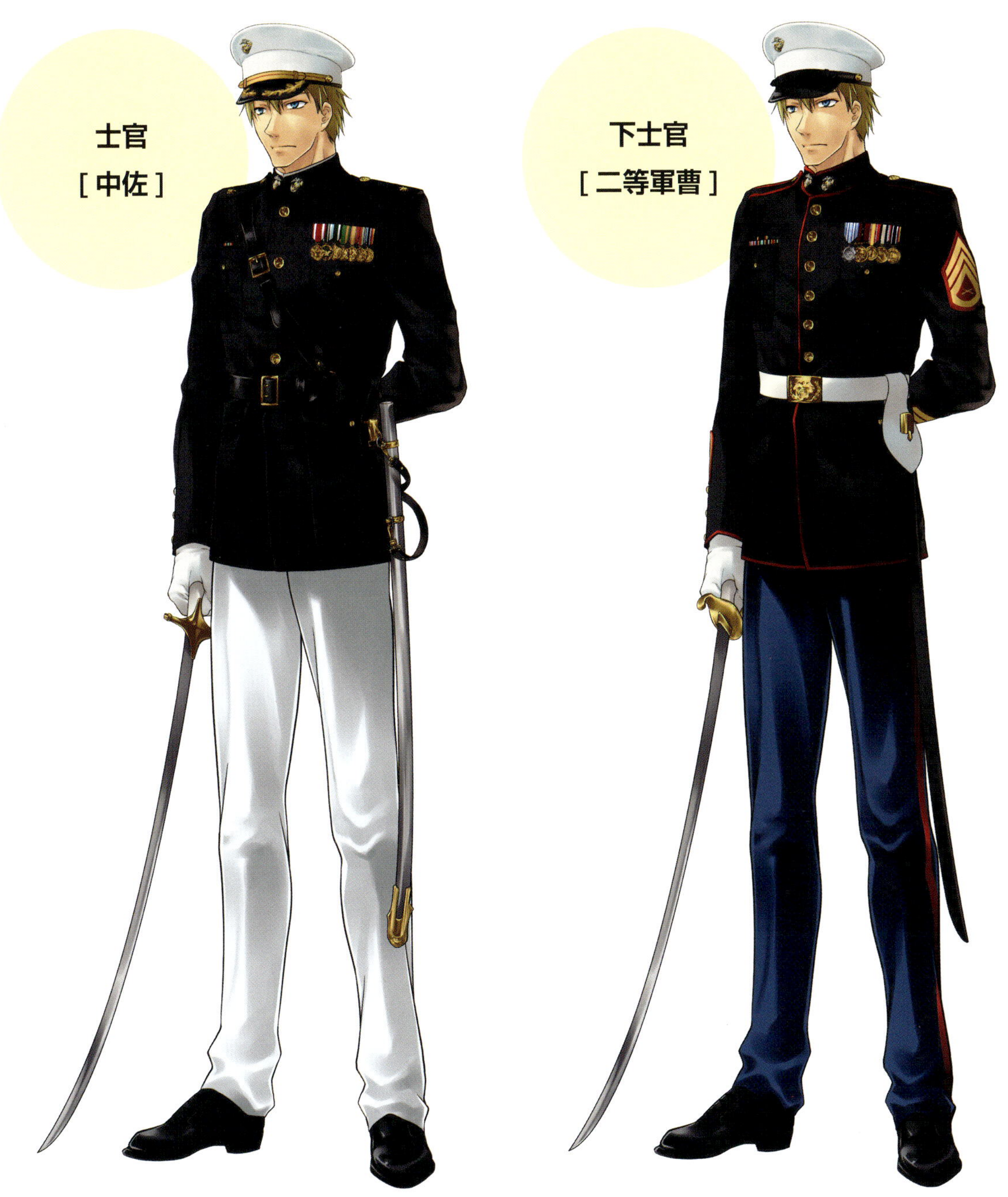

イラストはアメリカ海兵隊の「正装」にあたる「ドレスブルー」制服です。左が「士官（将校）」用、右が「下士官・兵」用です。同じ組織ですが、階級の違いによって、ベルトや腕のワッペン、ジャケットの縁取りなど、さまざまな点で異なるデザインとなっています。

※イラストでは両者のパンツが違いますが、これは夏用（白）と冬用（紺）の違いです。
海兵隊では士官（将校）／下士官・兵ともデザインの同じパンツを穿きます。

◆エリート社員と平社員

多くの人は軍隊に「階級」があることは知っているでしょう。そして「階級」が階段のように上がっていくものであることも知っていると思います。しかし、この階段が **“下級兵士から偉い将軍まで一直線”** ではなく、**“「士官 (将校)」と「下士官・兵」という２グループに分かれる”** ことは、あまり知られていないのではないでしょうか。

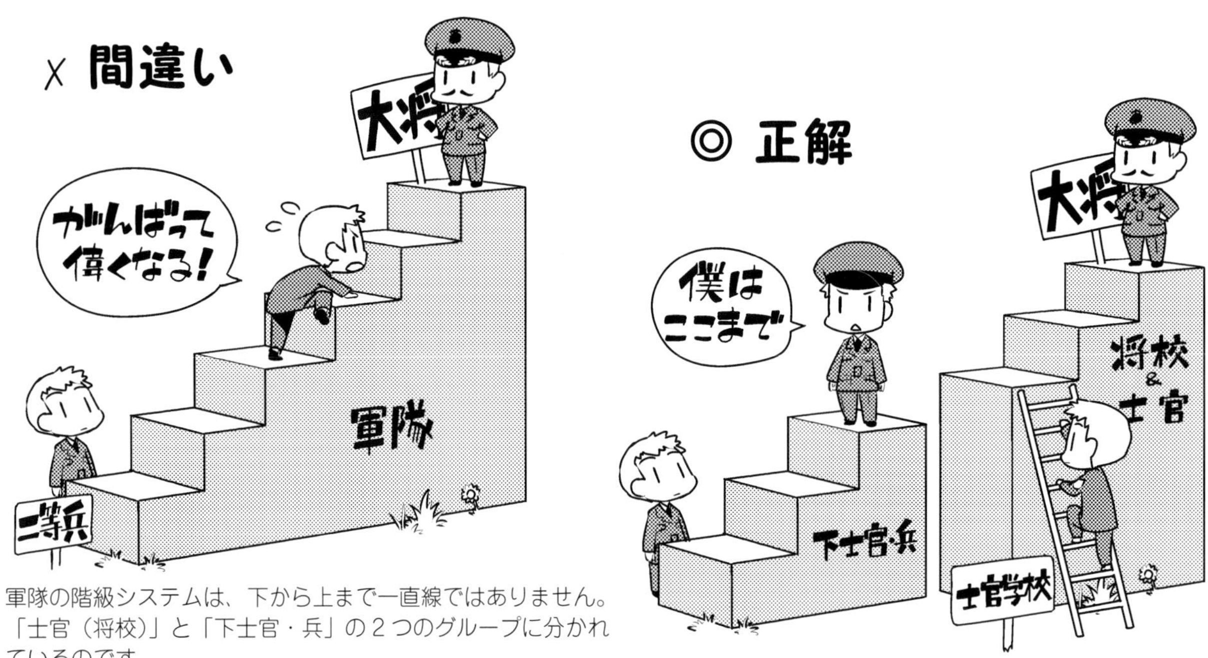

軍隊の階級システムは、下から上まで一直線ではありません。「士官（将校）」と「下士官・兵」の２つのグループに分かれているのです。

「士官 (将校)」と「下士官・兵」とは、どのような違いがあるのか、会社組織に置き換えて “大学卒のエリート社員” と “現場の平社員” に例えて説明しましょう。

「士官 (将校)」は “大学卒のエリート社員” です。エリート社員は入社時から “平社員” の上に立ち、課長や部長など管理職として命令を出す立場にあります。将来的には会社の役員や社長になることもあります。

「士官 (将校)」も、軍の専門教育機関（士官学校）を卒業し、入隊時から部隊長として部下を指揮します。軍の “頭脳” を担当する人々です。

「下士官・兵」は “現場の平社員” です。彼らは、現場で実際に働く人々であり、各部門の専門家でもあります。会社の大多数を占める無くてはならない存在ですが、どれだけ昇進しても “エリート社員” より上になることはできません。

「士官 (将校)」が軍の “頭脳” なら「下士官・兵」は “手足” と言えるでしょう。役割を分担することで、効率よく戦える組織を作り上げているのです。

軍ではこの両者が一目で区別できるように、それぞれに違うデザインの軍服を用意しています。

軍隊には「士官 (将校)」と「下士官・兵」という２種類の階級グループが存在し、軍服のデザインも異なる。

◇軍隊の階級◇

軍隊の階級システムは「士官（将校）」と「下士官・兵」の２グループに分かれます。「士官」は、指揮官としての専門教育機関（士官学校など）を卒業した軍人だけがなることができます。通常、「下士官・兵」は、「士官」に昇進することはできません。

この図は、もっとも代表的な階級システムの例です。実際は各国によって異なりますので注意してください。

士官(将校)

大将	将官
中将	
少将	
准将	
大佐	佐官
中佐	
少佐	
大尉	尉官
中尉	
少尉	

⇧ 士官学校など専門の教育過程

下士官・兵

曹長	下士官
軍曹	
伍長	
兵長	兵
一等兵	
二等兵	

◆中世貴族階級の名残

「士官(将校)」と「下士官・兵」という分類は、中世の「貴族」と「平民」の身分制度にも由来しています。当時の軍隊は国王の下で、「貴族」が資金を出し「平民」による部隊を指揮していました。つまり「貴族」は「士官（指揮官）」であり、「平民」が「下士官・兵」ということです。このような軍の組織構造が、近現代になっても引き継がれたのです。

もちろん現代の軍隊では、身分制度ではなく学歴や試験で「士官(将校)」が選ばれますが、現代でも食事や生活待遇などの面で両者には明確な区別があり、階級社会文化の名残が感じられます。

「士官」は「将校」とも言います。一般的に陸軍では「将校」、海軍では「士官」を使うことが多いですね。この本でも、そのように使い分けていきます。

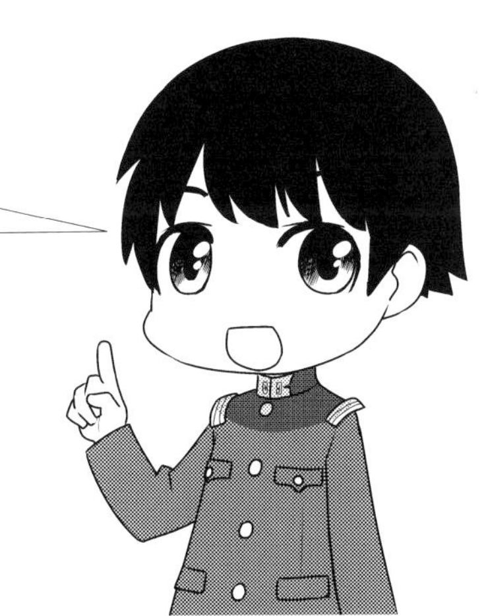

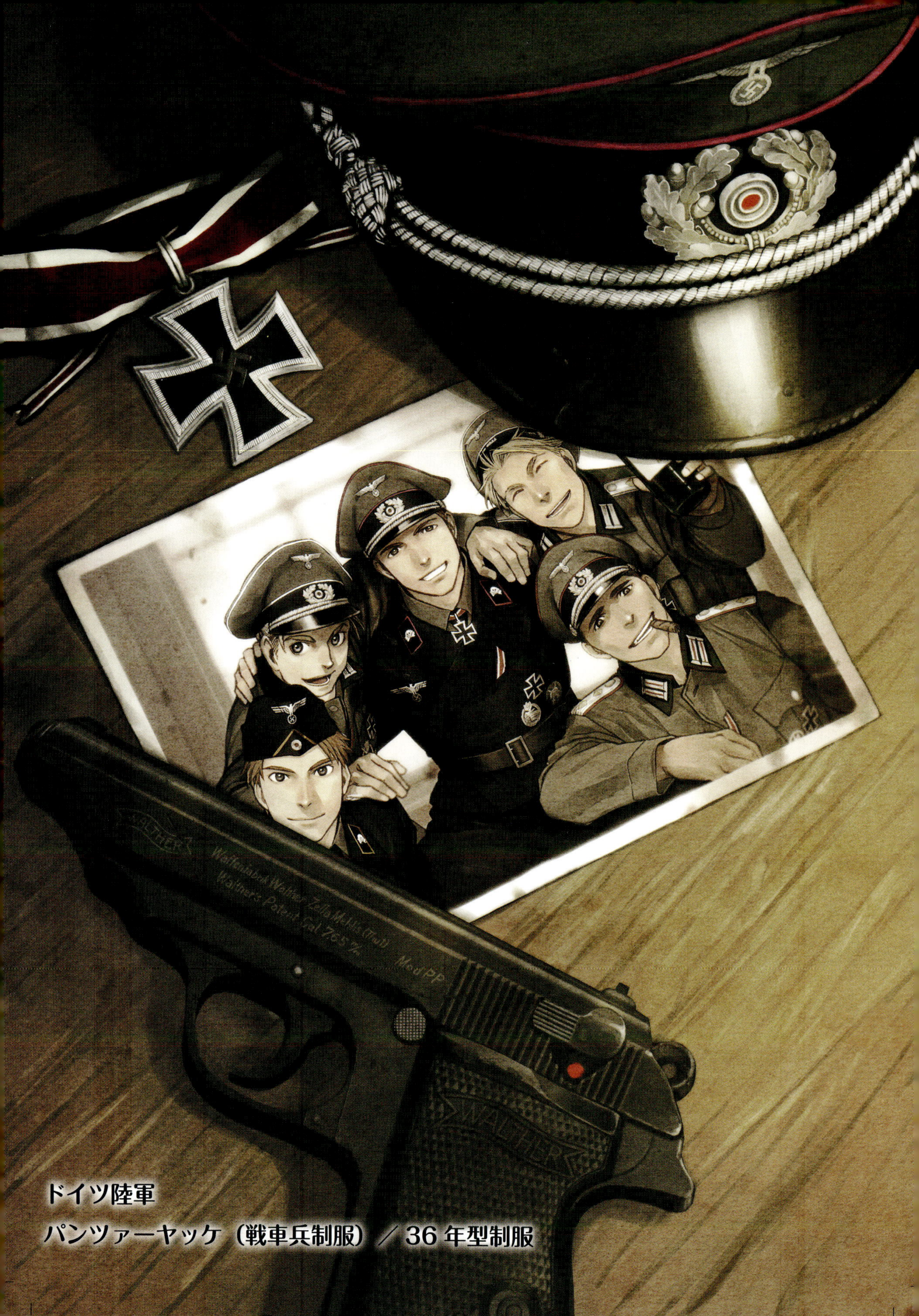

ドイツ陸軍

パンツァーヤッケ（戦車兵制服）／36年型制服

3. 組織による軍服の違い――陸海空軍、その他の組織

一口に軍隊と言ってもその中にはさまざまな組織が存在します。「陸軍」、「海軍」、「空軍」といった名前は聞いたことがあると思いますが、国によってはさらに異なる組織が存在する場合があり、それぞれに異なる軍服があります。

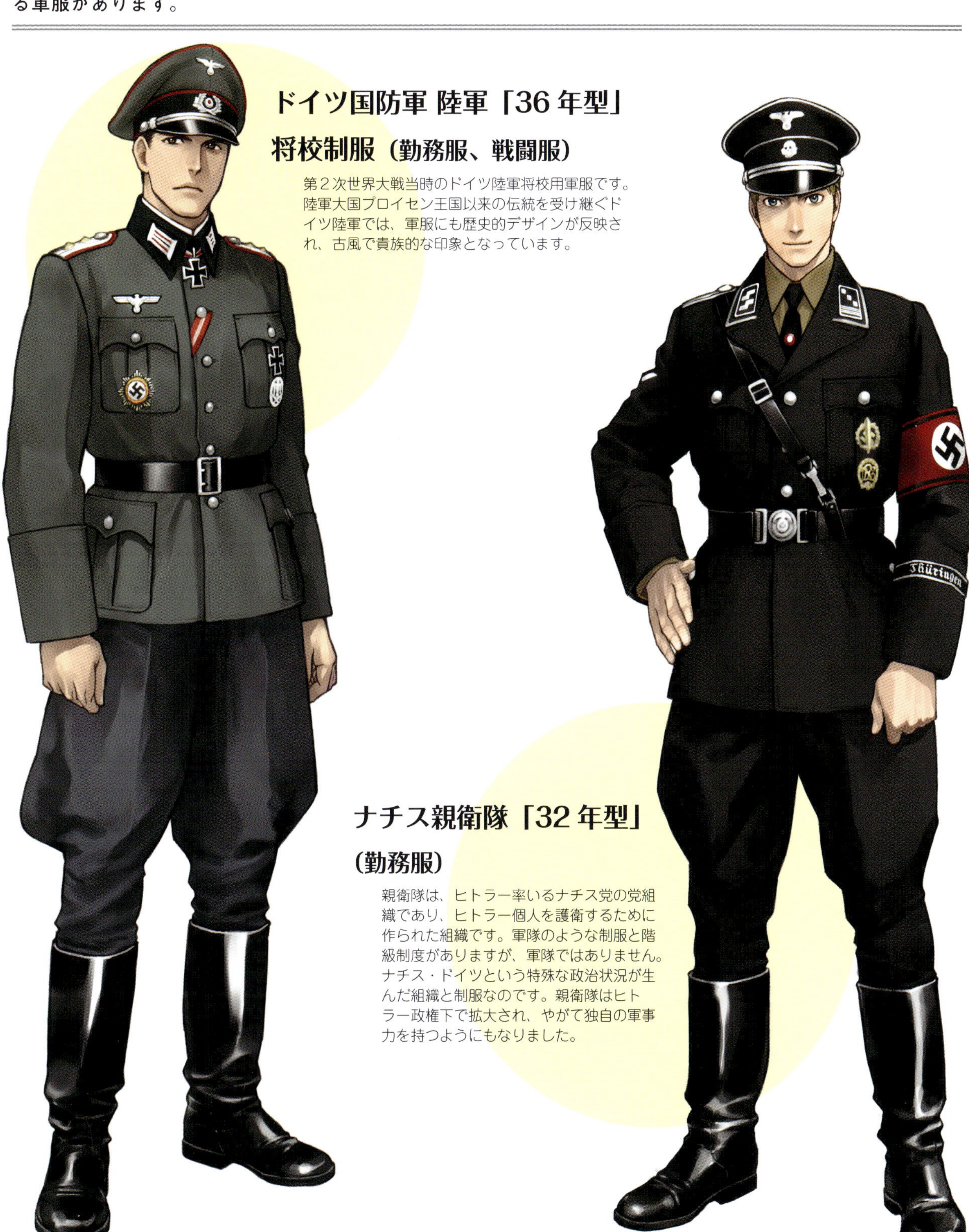

ドイツ国防軍 陸軍「36 年型」
将校制服（勤務服、戦闘服）

第２次世界大戦当時のドイツ陸軍将校用軍服です。陸軍大国プロイセン王国以来の伝統を受け継ぐドイツ陸軍では、軍服にも歴史的デザインが反映され、古風で貴族的な印象となっています。

ナチス親衛隊「32 年型」
（勤務服）

親衛隊は、ヒトラー率いるナチス党の党組織であり、ヒトラー個人を護衛するために作られた組織です。軍隊のような制服と階級制度がありますが、軍隊ではありません。ナチス・ドイツという特殊な政治状況が生んだ組織と制服なのです。親衛隊はヒトラー政権下で拡大され、やがて独自の軍事力を持つようにもなりました。

◆陸・海・空

一般に各国とも「陸」「海」「空」の３軍を保持しています。

「陸軍」は地上戦闘のための集団です。歴史的にもっとも古く、どの国でも必ず存在します。軍服は茶色や緑色など、大地を連想させるカラーが多いですが、一方で赤色も好まれます。これは赤が“血”を連想させるためであり、“犠牲精神”や“団結”の象徴として用いられます。

「海軍」は軍艦で戦う集団です。航海術が発達した近世以降に現代海軍のベースが誕生しました。軍服は黒や白が多く、また各国とも、非常に似たデザインになっています。多くの国がイギリス海軍を手本に海軍を作ったため、制服が似ているのです。

「空軍」は飛行機で戦う集団です。飛行機が誕生したのが1903年（ライト兄弟による人類初飛行）であり、軍組織として非常に新しい組織です。第２次世界大戦（1940年ごろ）では日本やアメリカは空軍を持っていませんでした。軍服は、空を連想させる青系色（濃紺やブルーグレー）が多く見られます。

◆その他の組織

国によって陸海空３軍とは別の軍組織を持つ場合があります。それらは国ごとの歴史的、社会的、政治的背景で誕生し、一概に説明することができませんので、ここでは代表的な組織の紹介をします。

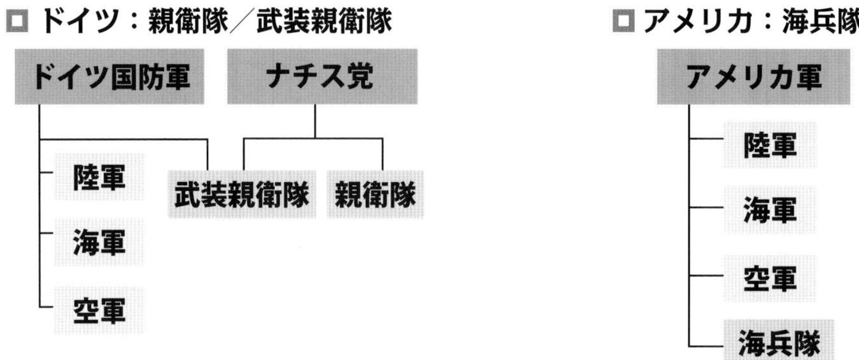

「親衛隊」（ドイツ）は第２次世界大戦前～大戦中にかけて存在した組織です。ナチス党の党組織であり、軍隊ではありません。しかし、ナチス党の独裁政権下で強大化し、やがては独自の軍事組織「武装親衛隊」まで持つようになりました。「武装親衛隊」は軍と同じ制服を着て、軍とともに戦場で戦いました。

「海兵隊」（アメリカほか）は海軍から分派した組織です。海賊映画などで、相手の船に殴り込みをかける兵隊を見たことがあると思いますが、それが「海兵隊」のルーツです。現代では上陸作戦など“海から陸”へ攻め上がる戦闘を専門としています。任務の危険さから精鋭として知られており、特に現代アメリカでは「海兵隊」は“タフガイ”の代名詞となっています。

軍隊には「陸軍」、「海軍」、「空軍」およびその他の組織があり、それぞれ軍服が異なる。

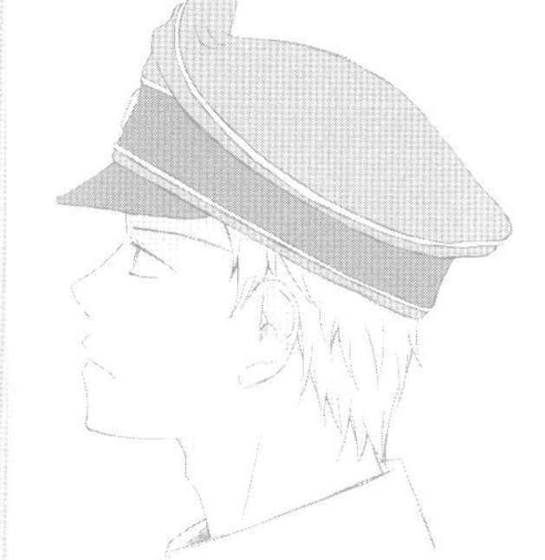

第2章 軍服のデザイン

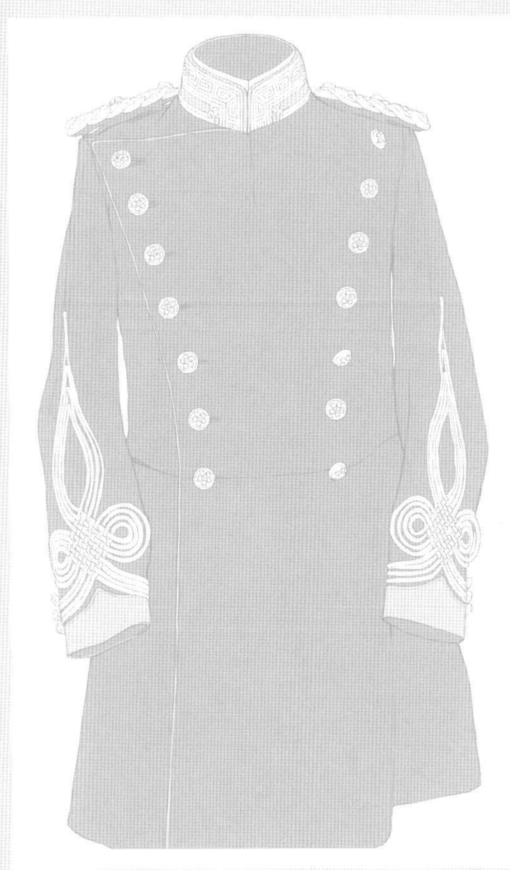

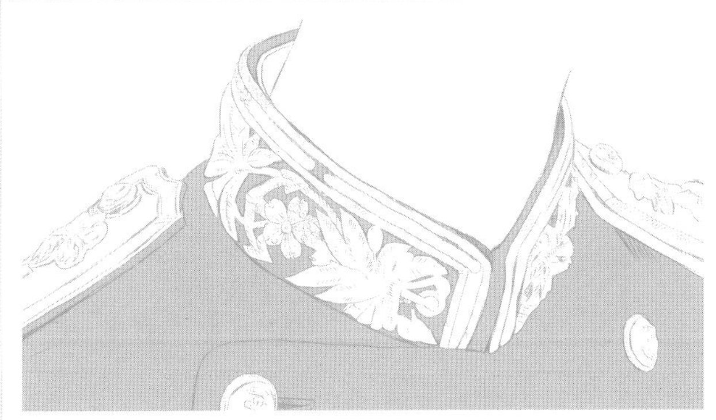

第２章では過去から現在まで、実際に存在した各国の代表的な軍服（ジャケット＆パンツ）を紹介していきます。

一般的に士官（将校）の軍服は自費で購入します（支給品ではありません）。士官たちは腕の良い仕立屋に依頼し、自分の身体に合わせて、また多少のアレンジや改造を加えて“自分にピッタリの軍服”を作ります。ビジネスマンがスーツをオーダーメイドする感覚でしょう。

この章では、単なるデザイン解説だけでなく、軍人たちによる着こなしや仕立てのポイントも併せてご紹介します。

紹介は“襟”の形状で分類し、まずは「詰襟」、そして詰襟から発展した「折襟」、現代的な「開襟」、さらに「ダブルブレスト」。最後に派手でクラシカルなデザインが美しい「日本陸海軍正装」までです。

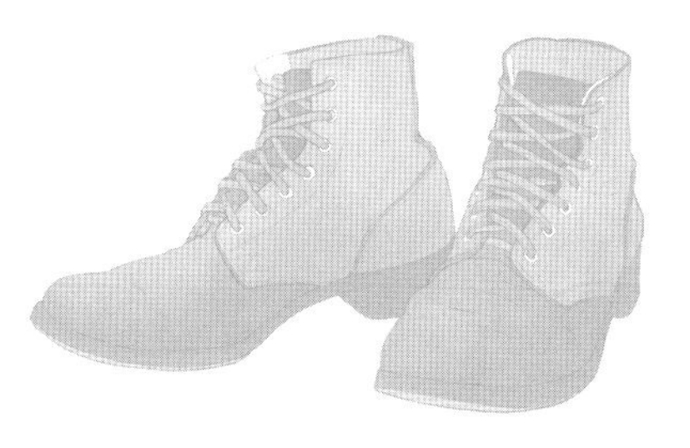

軍服の種類

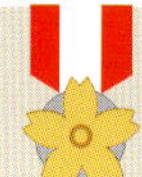

日本陸軍 昭五式 将校制服

日本陸軍では明治末よりカーキ色の詰襟軍服を採用し、何回かのモデルチェンジを経て、昭和5年(1930年)に「昭五式」制服が誕生しました。ちょうど「二・二六事件」「満州事変」など、第2次世界大戦直前の動乱期にあたる時代の軍服です。またこの頃、青年将校たちを中心に西欧のスタイルを取り入れた軍服の改造が流行し、美しいシルエットを競いました。

時代：第２次世界大戦直前ごろ
用途：勤務服／戦闘服

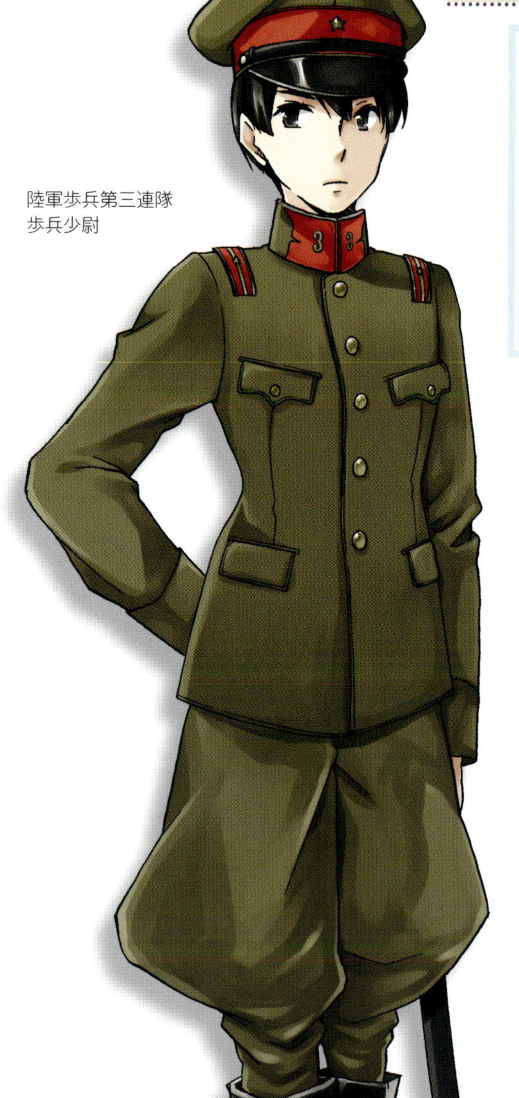

陸軍歩兵第三連隊
歩兵少尉

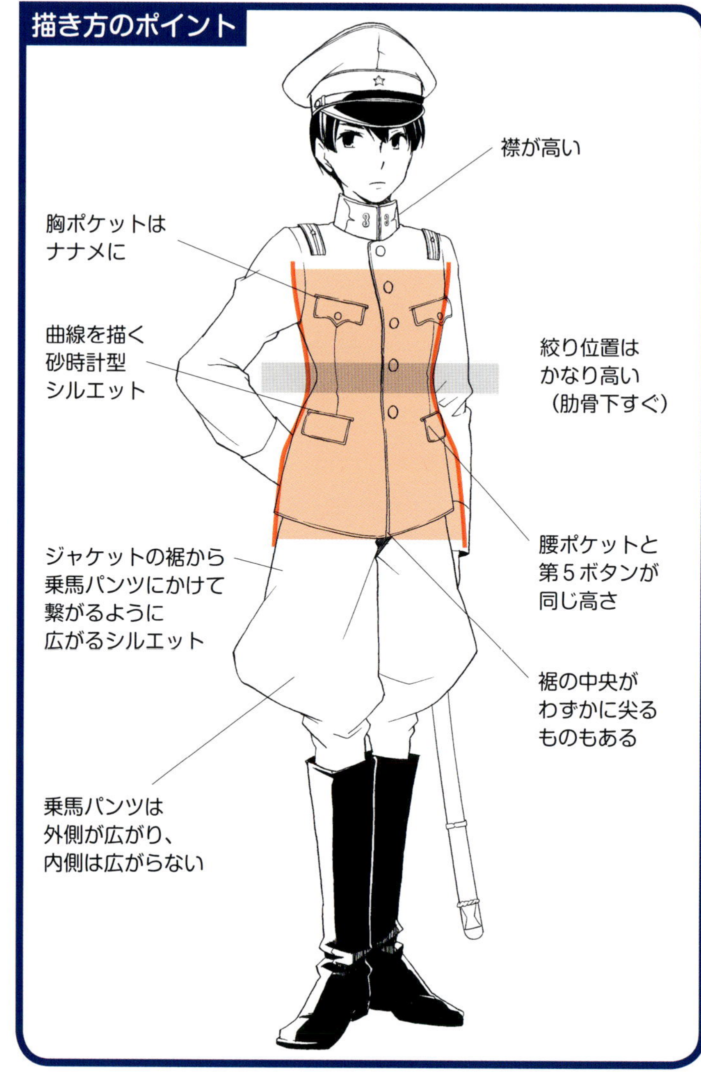

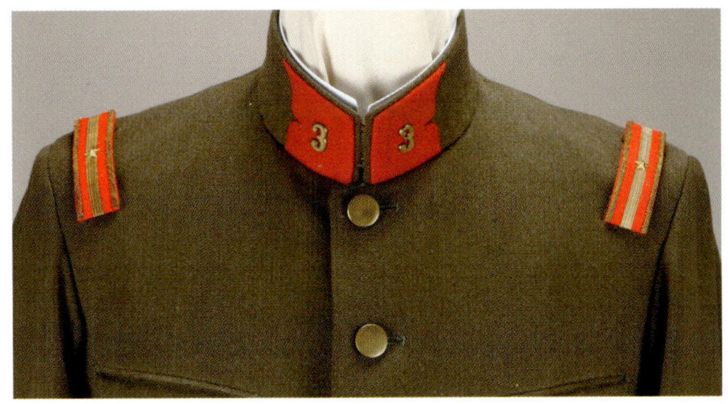

いわゆる「鍬形（くわがた）」と呼ばれる飾りが縫いつけられた詰襟は、昭五式制服の特徴です。また、他の詰襟軍服に比べて襟が高いことも日本陸軍独特の文化です。

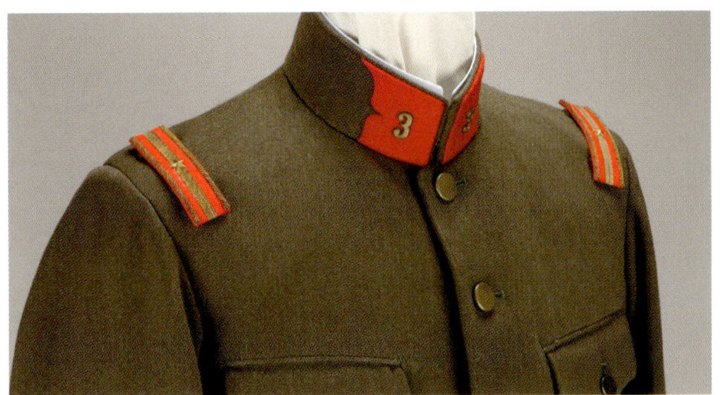

両肩の細い短冊型パーツは一般に「ショルダーストラップ」型と言われる肩章で、階級をあらわしています。

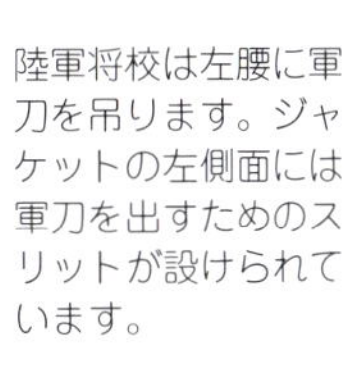

陸軍将校は左腰に軍刀を吊ります。ジャケットの左側面には軍刀を出すためのスリットが設けられています。

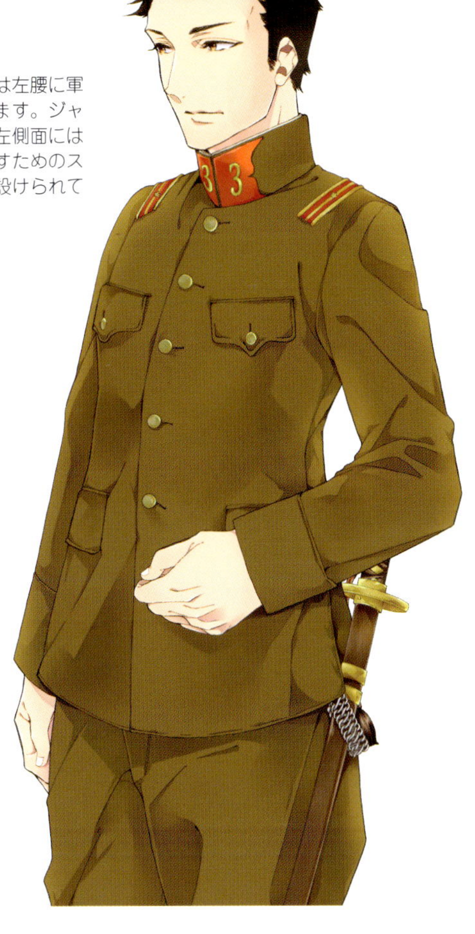

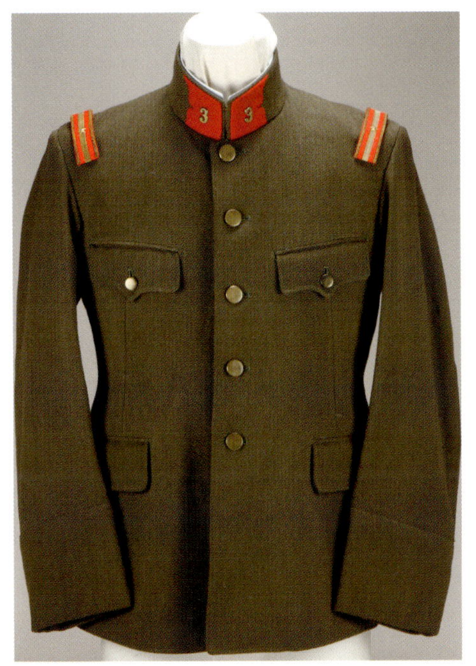

厚手のしっかりとしたラシャ（ウール）生地製で黄色味のあるカーキ色。絞りの入った砂時計型のシルエットです。青年将校たちは脚を長く見せるため、絞り位置を高くした制服を仕立てました。

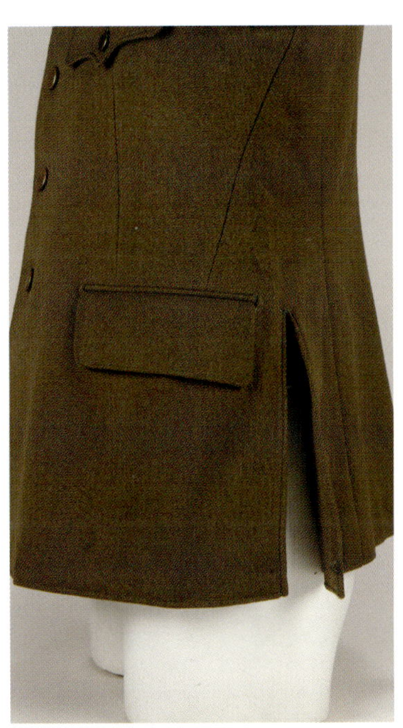

左側面には腰に吊った軍刀を出すためのスリットがあります。スリットの裾には小さなボタンがあり、閉じることも可能です。

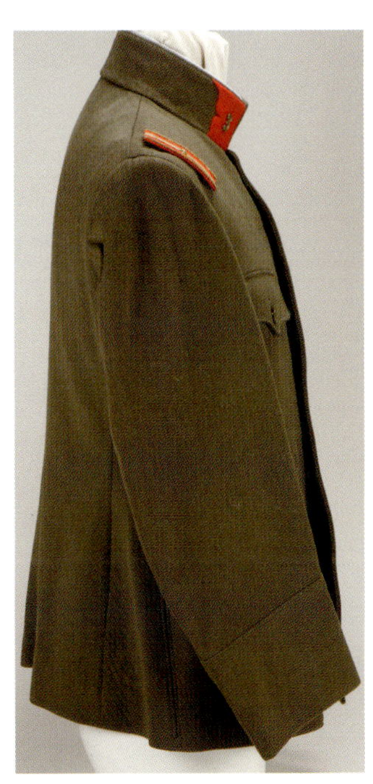

右側面にもスリットのようなものが見えますが、こちら側はダミーであり開きません。

写真の制服は実物

各パーツの構造と解説

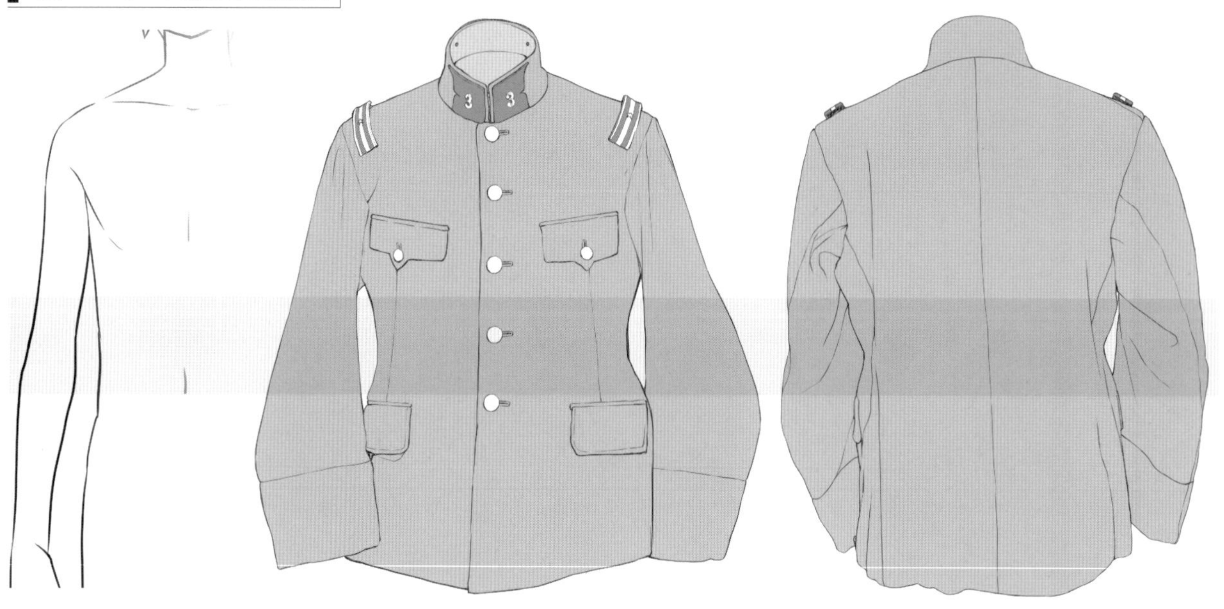

他国の軍服と比較してウエストの絞り位置が高く（肋骨下あたり）、優美な曲線を描く砂時計型のシルエットをしています。また着丈が短く、股より高い位置となります。

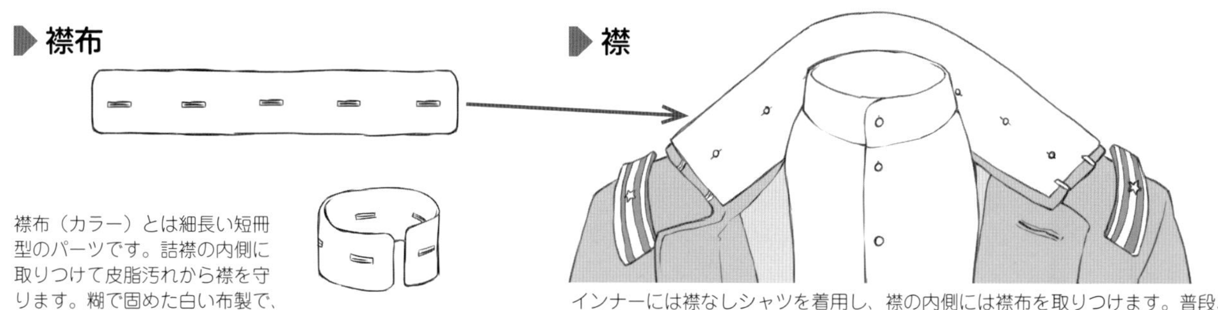

襟布

襟布（カラー）とは細長い短冊型のパーツです。詰襟の内側に取りつけて皮脂汚れから襟を守ります。糊で固めた白い布製で、襟内側の突起を介して留めます。

襟

インナーには襟なしシャツを着用し、襟の内側には襟布を取りつけます。普段、詰襟の中に見える白いものはシャツの襟ではなく襟布です。

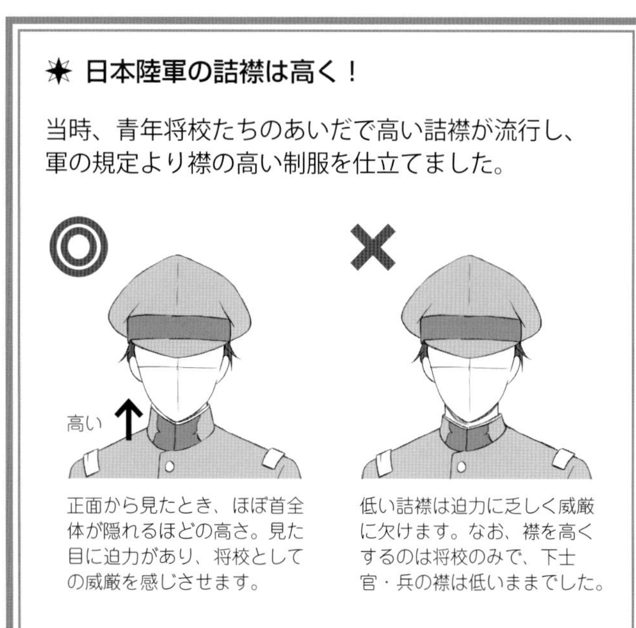

✦ 日本陸軍の詰襟は高く！

当時、青年将校たちのあいだで高い詰襟が流行し、軍の規定より襟の高い制服を仕立てました。

◎ 正面から見たとき、ほぼ首全体が隠れるほどの高さ。見た目に迫力があり、将校としての威厳を感じさせます。

× 低い詰襟は迫力に乏しく威厳に欠けます。なお、襟を高くするのは将校のみで、下士官・兵の襟は低いままでした。

裏地

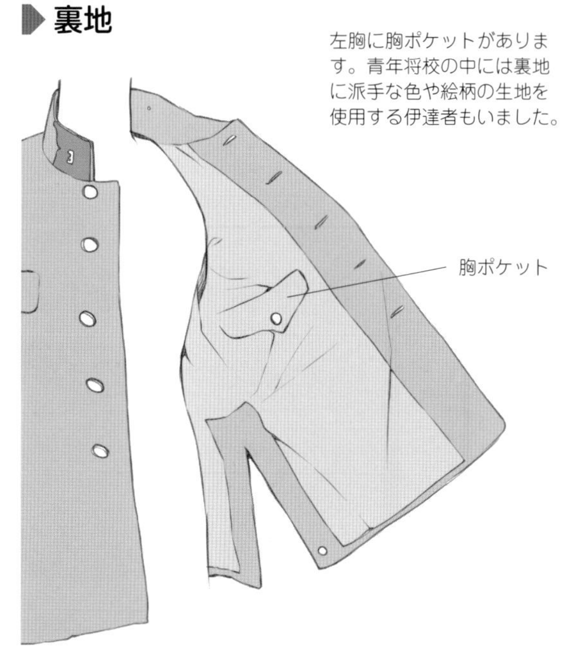

左胸に胸ポケットがあります。青年将校の中には裏地に派手な色や絵柄の生地を使用する伊達者もいました。

乗馬パンツ

太ももが大きく膨らんだパンツは「乗馬パンツ」です。第２次大戦の頃には軍人が騎馬する機会は少なくなっていましたが、将校のシンボルとして日常的に着用されました。

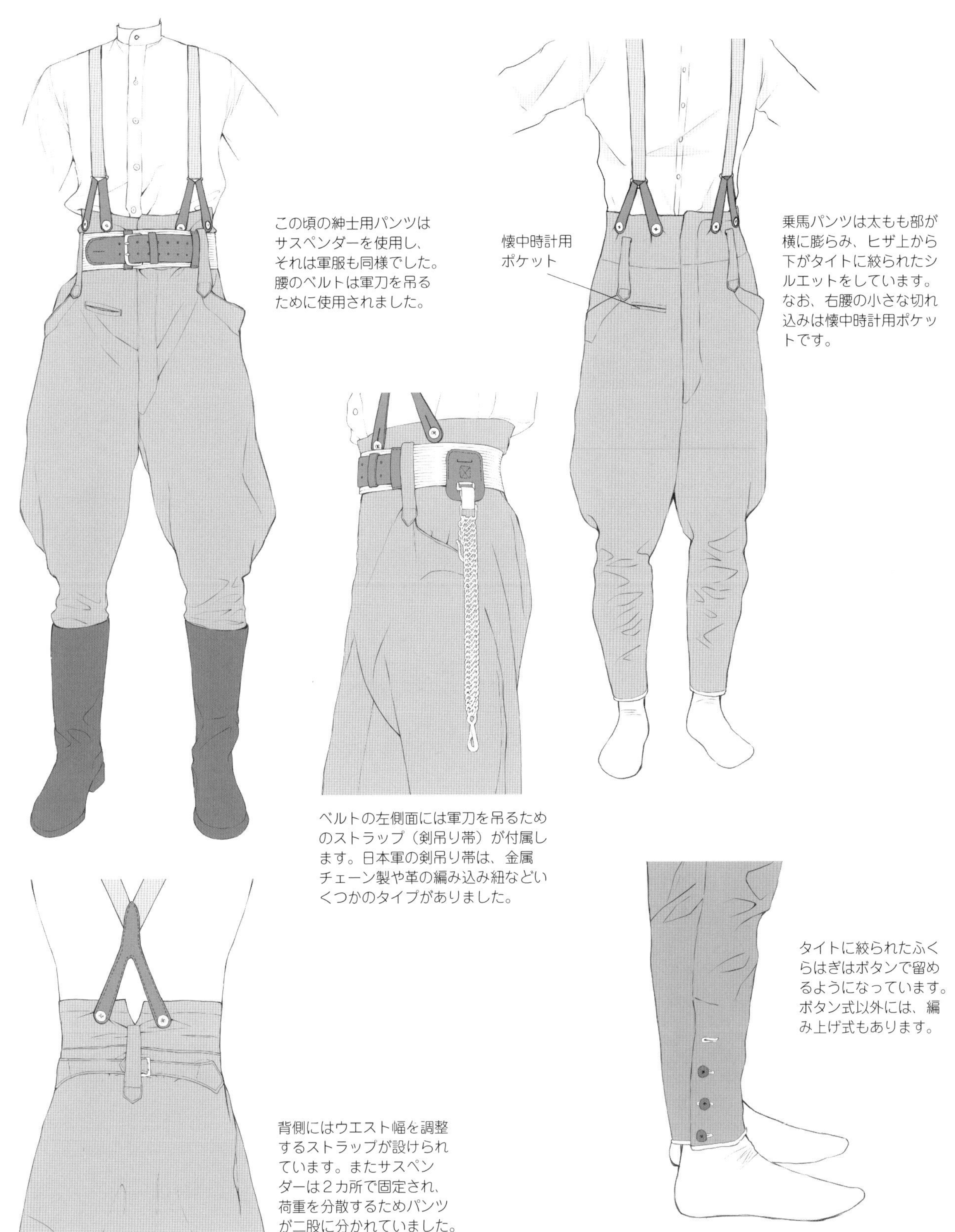

※乗馬パンツの描き方については66ページ、軍刀および軍刀の吊り方については138ページで解説

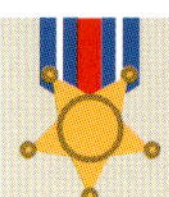

アメリカ海兵隊 ドレスブルー 下士官制服

現代的な軍服の多いアメリカ軍にあって、クラシカルなデザインで一際目立つのが海兵隊の「ドレスブルー」制服です。「ミッドナイトブルー」と呼ばれる生地色は黒に極めて近く、金や赤の装飾を際立たせています。その美しさから“アメリカ軍で一番カッコいい軍服”として人気があり、この軍服を着たいがため、海兵隊に入隊する若者がいるほどです。

時代：現代
用途：正装

海兵隊二等軍曹

将校／下士官とも正装では左胸にメダル型勲章をつけます。

両腕にワッペン型階級章（上）と勤続年数章（下）。

ドレスブルー制服は、タイトな胸まわり＆着丈の長い縦長シルエットが特徴です。ハイウエストなベルト位置や、ベルト上に集中したボタン配置など、視覚的に胴短／脚長効果を生んでいます。下士官制服は縁を飾る赤い「パイピング（縁取り）」が特徴です。

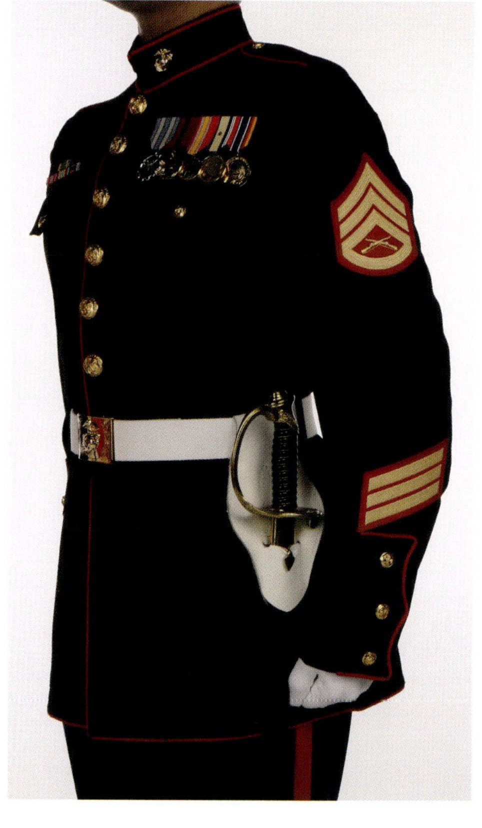

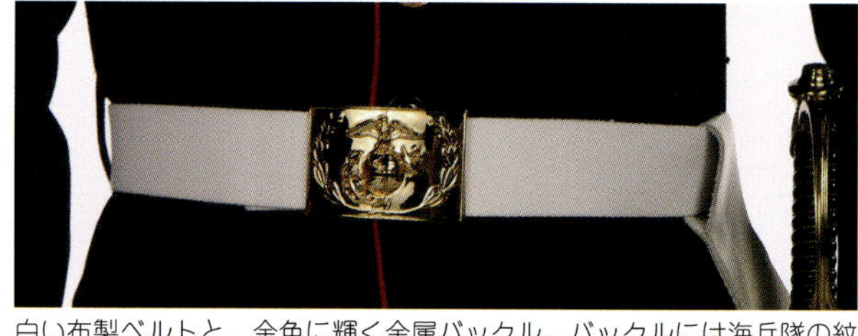

白い布製ベルトと、金色に輝く金属バックル。バックルには海兵隊の紋章が刻まれています。

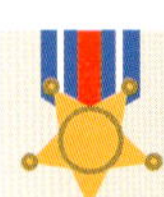

アメリカ海兵隊 ドレスブルー 将校制服

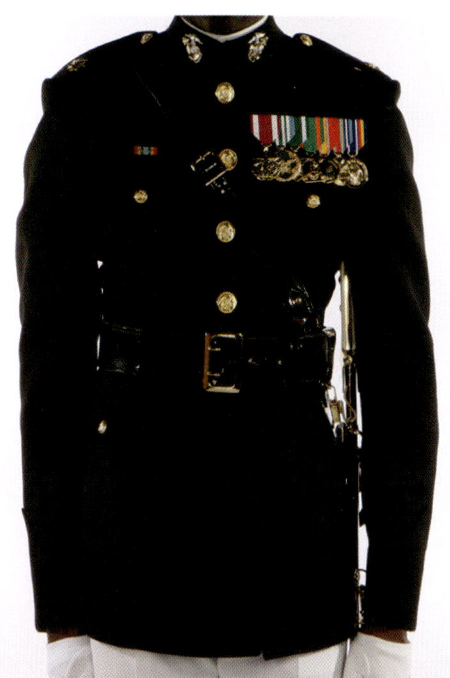

第１章でも紹介した通りアメリカ海兵隊は将校と下士官・兵で制服が異なりますが、タイトな胸まわり＆着丈の長い縦長シルエットという全体デザインは共通です。こちらは色数は少ないものの、黒光りする太いエナメル地のベルトが将校らしい威厳と迫力を醸し出しています。

時代：現代
用途：正装

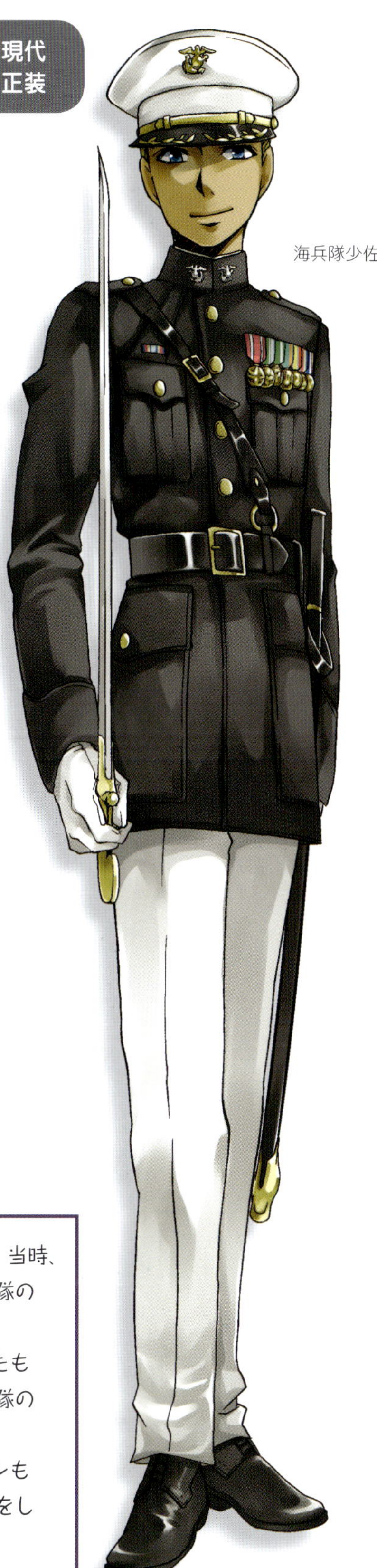

海兵隊少佐

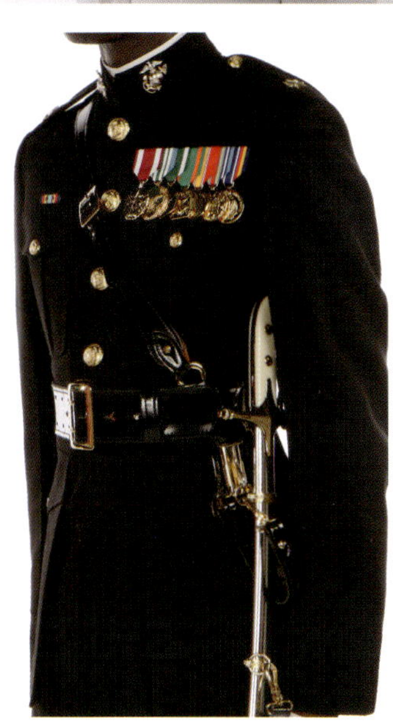

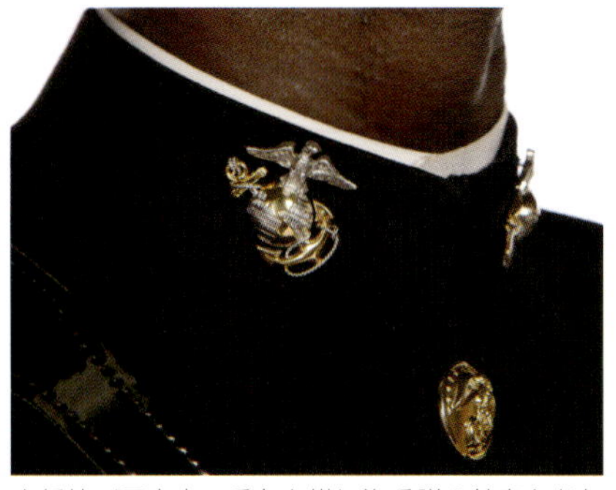

↑将校／下士官・兵とも襟に海兵隊の紋章をかたどった金属製バッジが付属します。将校は金銀２色、下士官・兵は金１色です。

←将校／下士官とも左腰に剣を吊ります。剣は将校・下士官で異なります。

・海兵隊が誕生した1700年代、彼らの役割は敵の帆船への斬り込み攻撃でした。当時、敵の刀剣から首を守るため支給されていた革製のネックガードは、のちに海兵隊のシンボルとなり、ドレスブルー制服の“詰襟”もネックガードに由来します。
・将校／下士官とも夏用パンツは純白、冬用パンツは青地に赤いラインの入ったものです。この赤いラインは過去の戦いで流れた戦友の“血”をあらわし、海兵隊の戦友愛を強調するシンボルです。
・アメリカ人には、胸や肩が盛り上がったマッチョ体型が多く、軍服のデザインも胸の盛り上がりを強調し、ボディラインにそって緩やかに絞られたシルエットをしています。

将校／下士官とも写真の制服は実物。協力：アメリカ海兵隊

各パーツの構造と解説　ドレスブルー 下士官制服

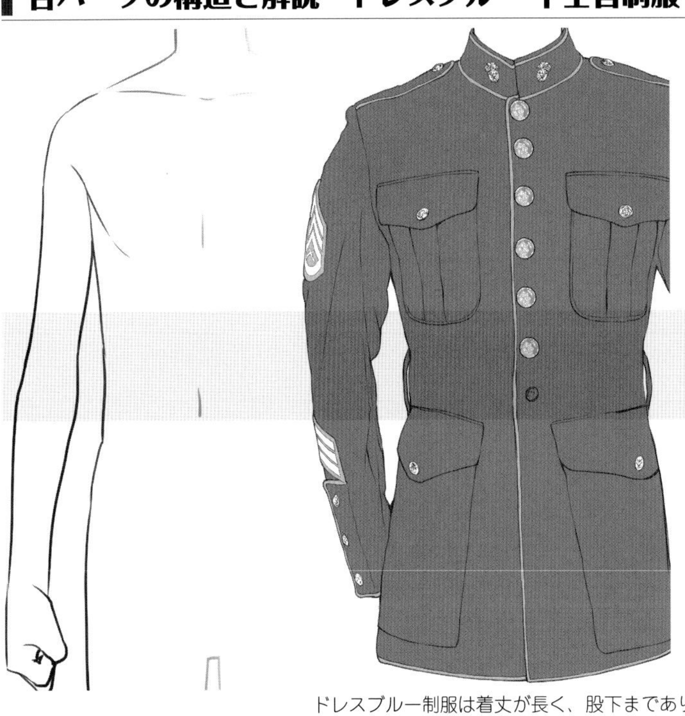

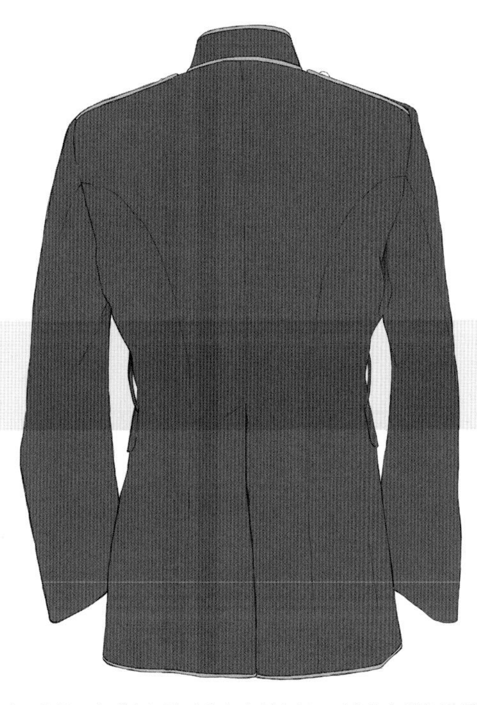

ドレスブルー制服は着丈が長く、股下まであります。6個の金ボタンはベルトより上に、ベルトと重なる場所には黒いプラスチック製の平ボタンが付属します。背側の裾はセンターベントが設けられています。

描き方のポイント

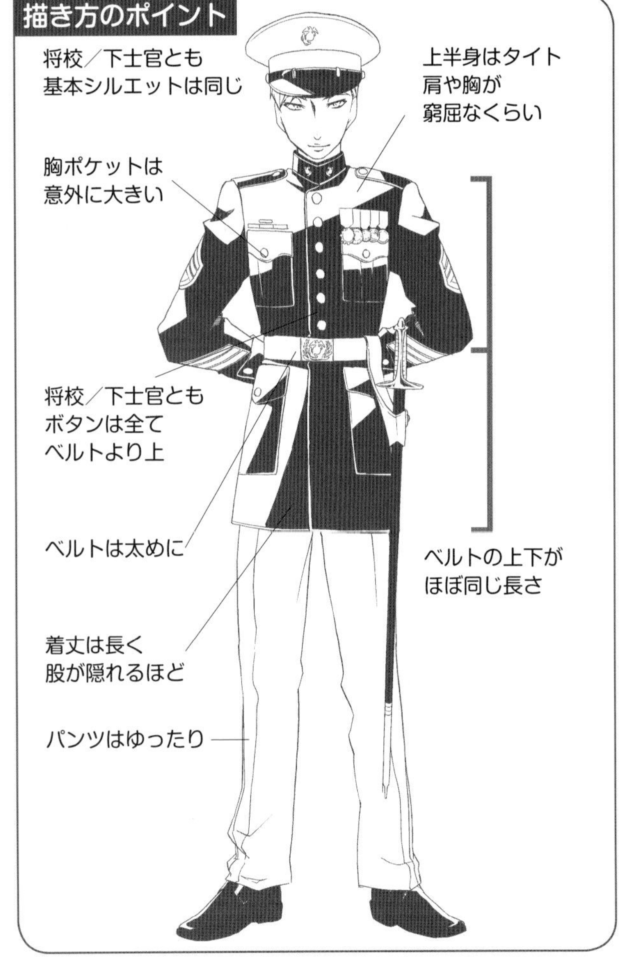

襟

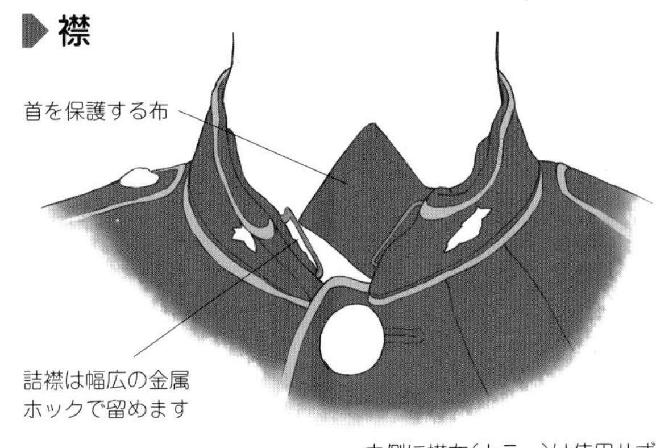

内側に襟布（カラー）は使用せず、インナーにはＴシャツなどを着用します

袖

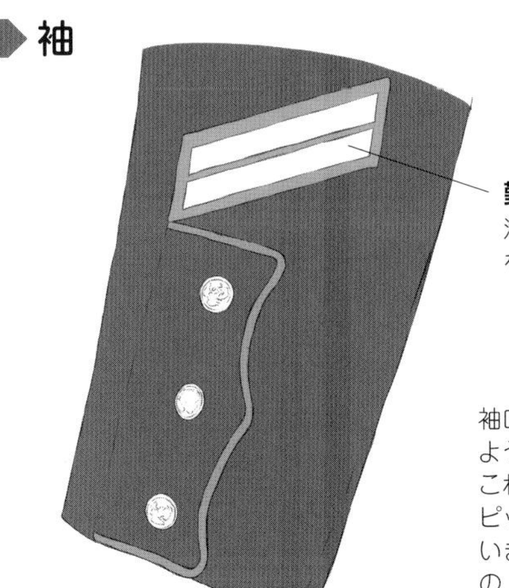

袖口は「開き見せ」のようになっていますが、これは模様です。袖にピッタリと張りついています。開き見せ模様の上はワッペン型の装飾（勤続年数章）です。

各パーツの構造と解説　ドレスブルー 将校制服

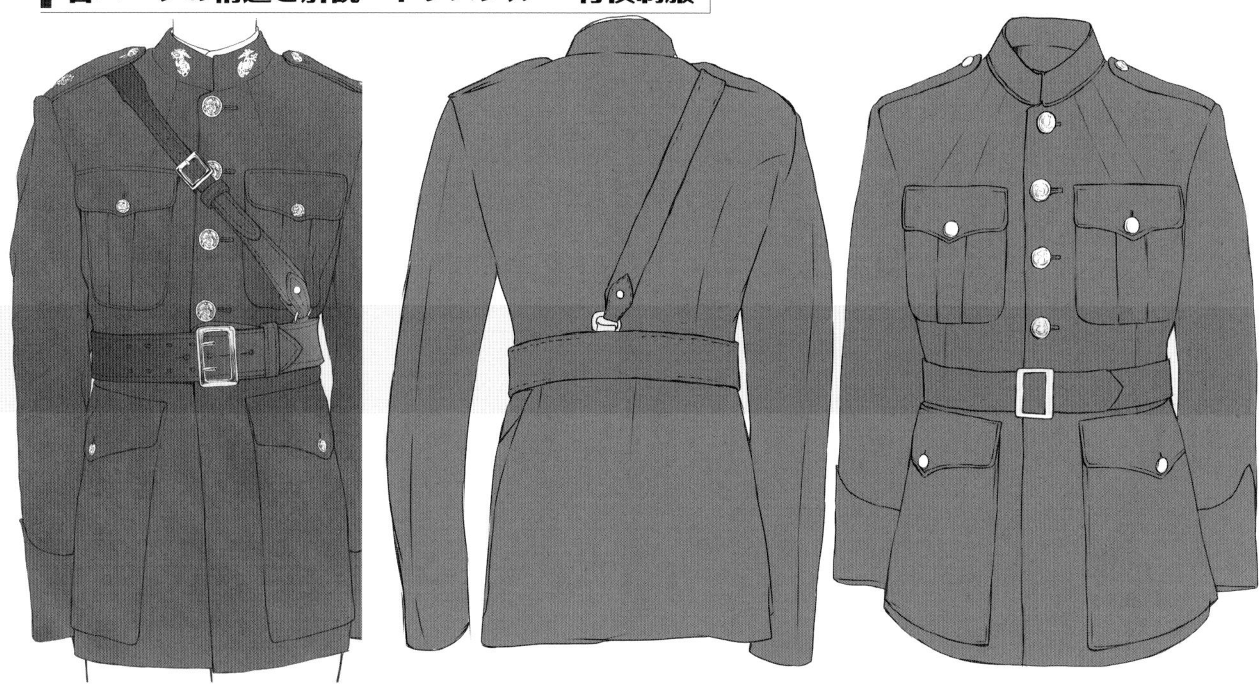

将校の金ボタンは４つ、ベルトより上に配置されています。エナメルベルトの下にはジャケットと同じ生地の布製ベルトが付属します。背側の裾は下士官用と同じくセンターベントが設けられています。

パンツ（将校／下士官共通）

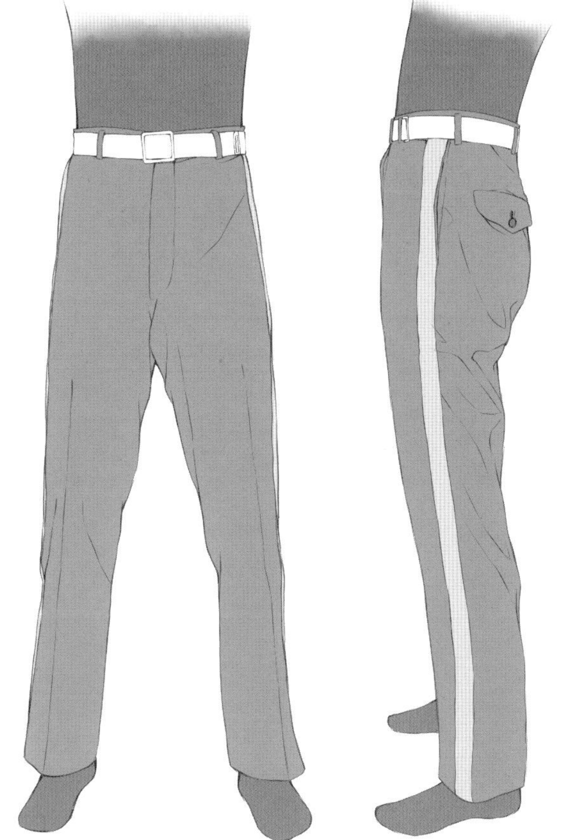

股上が深い、ゆったりしたストレートパンツ。冬用は青地に赤ライン、夏用は白一色です。赤いラインはフェルト地のテープを縫いつけたもので、将校用はわずかに太くなっています。

襟

カラー

襟の内側にはカラー（プラスチック製）を取りつけます。またインナーには白い襟なしシャツを着用します。

ボタン

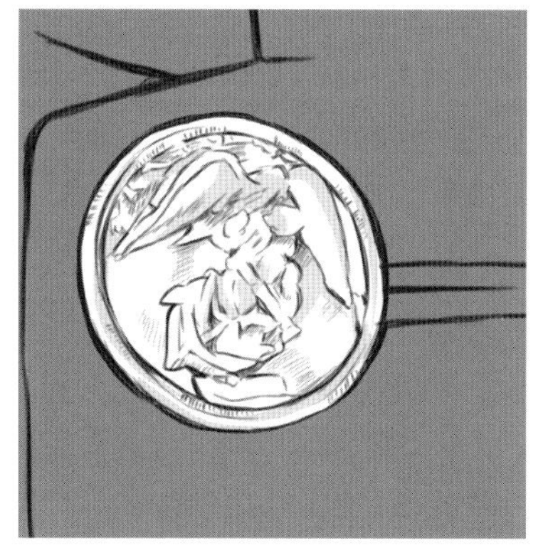

真鍮製でドーム状に盛り上がったボタン。海兵隊の紋章（鷲と地球と錨）が刻まれています。将校／下士官共通です。

日本海軍 第二種 士官制服

時代：第２次世界大戦ごろ
用途：勤務服

真っ白な詰襟に金ボタンの軍服は海軍士官の代表的制服として、日本を含め多くの国に共通するデザインです。日本海軍では明治時代～第２次世界大戦終戦まで、ほぼ全期間にわたって使用されました。各国海軍とも白制服は夏用であり、日本海軍でも採用当初は「夏服」の名で呼ばれました。日本海軍の冬用制服としては紺色・詰襟の「第一種」が存在します。

海軍大佐（参謀）

日本の軍服（勤務服）は陸海軍とも装飾（バッジ類）が少ないシンプルな外観です。たいてい胸にリボン型勲章、肩に肩章（階級章）をつける程度でした。イラストの人物は「参謀」職を示す「飾緒（しょくちょ）」と呼ばれるアイテムを右肩に取りつけています。

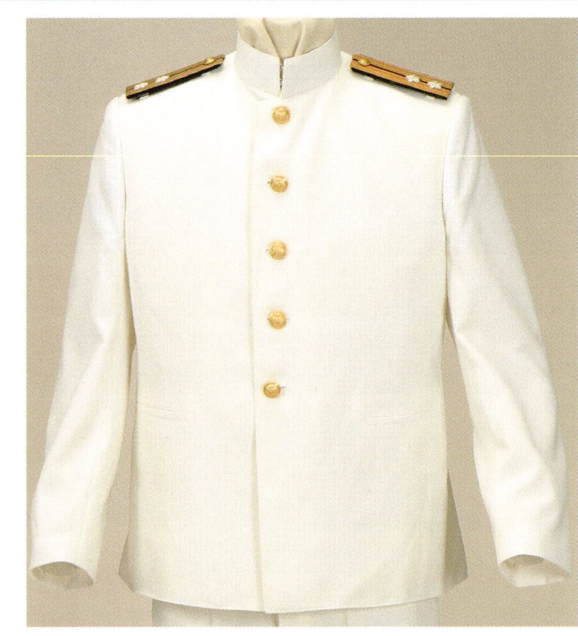

ウエストのくびれが少ない、ゆったりとした箱型シルエットとやや短い着丈が日本海軍制服の特徴です。腰に切り込みポケットがあり、５つの金ボタンは全て腰ポケットより高い位置。夏用のため、薄手の綿または麻製で全体的に軽い質感です。

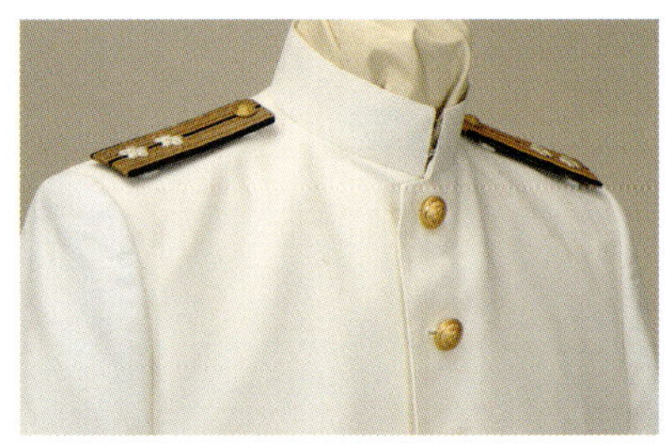

肩章は堅い板状の「ショルダーボード」と呼ばれるタイプ。階級をあらわします。

各国の海軍制服がなぜ似ているのか？

19世紀ごろ、各国は近代的な海軍を創設するにあたり、当時海軍先進国だったイギリスを手本としました。制服も同様にイギリス海軍に倣ったため、多くの国で似たような海軍制服が普及したのです。

写真の制服は複製品。協力：S&Graf

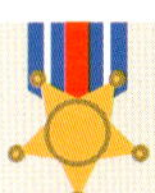

アメリカ海軍 ドレスホワイト 士官制服

アメリカ海軍の白詰襟軍服が「ドレスホワイト」です。もともと夏用制服として使用されていましたが、近年では正装として扱われています。一見、日本海軍の「第二種」に似ていますが、細身で縦長のシルエットやポケットの位置など、全く異なるデザインとなっています。

時代：現代
用途：正装

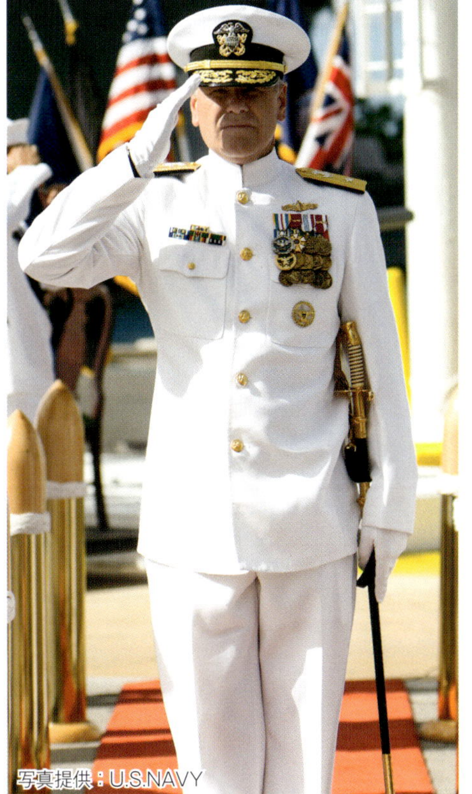

アメリカ海軍准将。アメリカ海軍の白詰襟制服は細身で絞りの入った縦長のシルエットが特徴です。着丈も長く、股下まで伸びたシルエットは、日本海軍の着丈の短い箱型シルエットと対照的です。両胸にポケットがありますが、これは形だけのダミーで使用はできません。

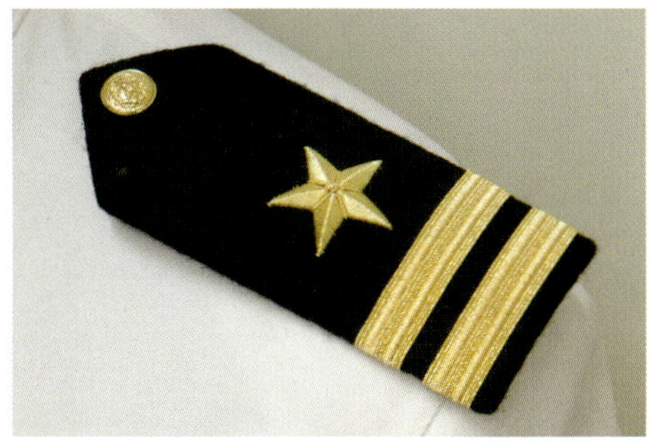

肩章は板状の「ショルダーボード」型（写真は大尉の階級章）。日本海軍のものよりやや大きめ。

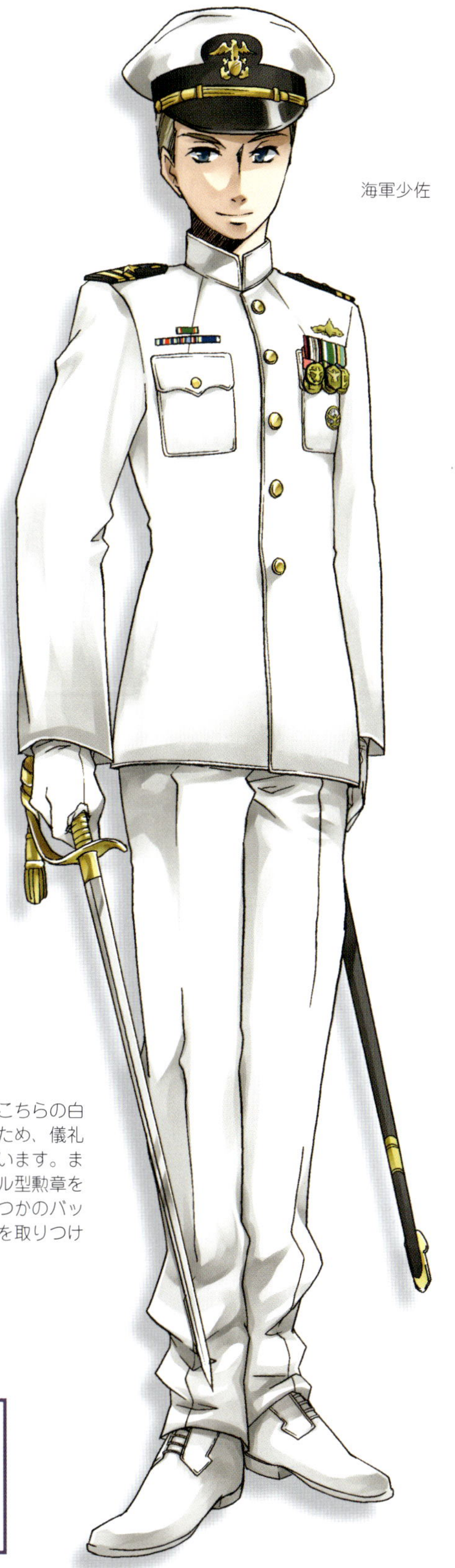

海軍少佐

日本海軍と異なりこちらの白制服は「正装」のため、儀礼用の剣を携行しています。また、左胸にはメダル型勲章を中心として、いくつかのバッジ（技能章など）を取りつけています。

・現代日本の海上自衛隊でも白詰襟軍服が採用されていますが、日本海軍型ではなくアメリカ海軍の「ドレスホワイト」同様のデザインとなっています。

各パーツの構造と解説　日本海軍 第二種 士官制服

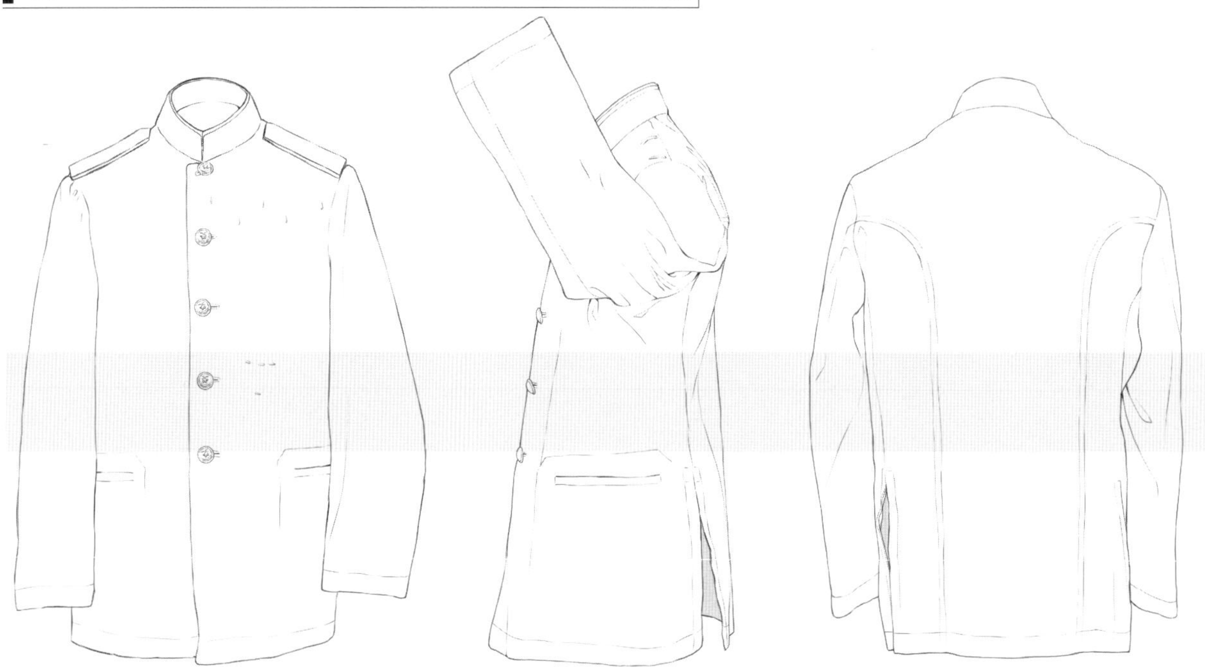

絞りの少ないゆったりとした箱型シルエット。着丈は短く股と同程度です。腰に切り込みポケットがあり、第５ボタンと腰ポケットが同じ高さ。背側にはサイドベンツの切れ込みがあり、左腰に軍刀や短剣を吊ったときはここから出します。

描き方のポイント

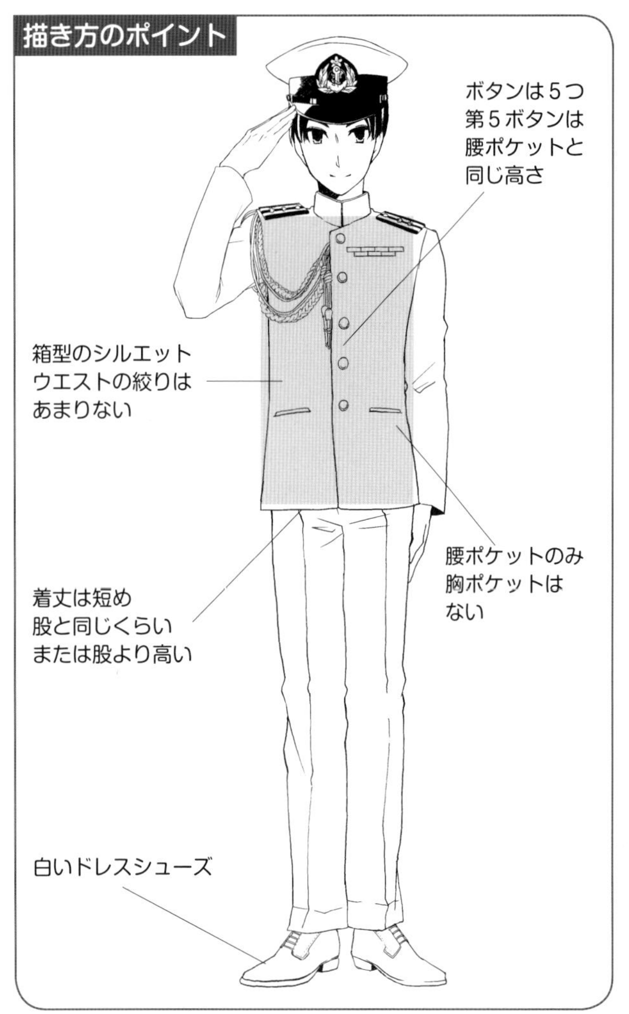

襟

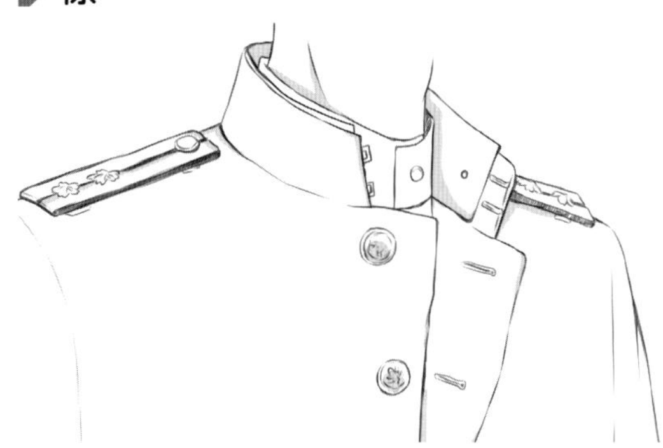

襟は上下２つのホックで固定。襟の内側には襟布（カラー）を取りつけます。インナーには襟なしシャツを着用します。

パンツ

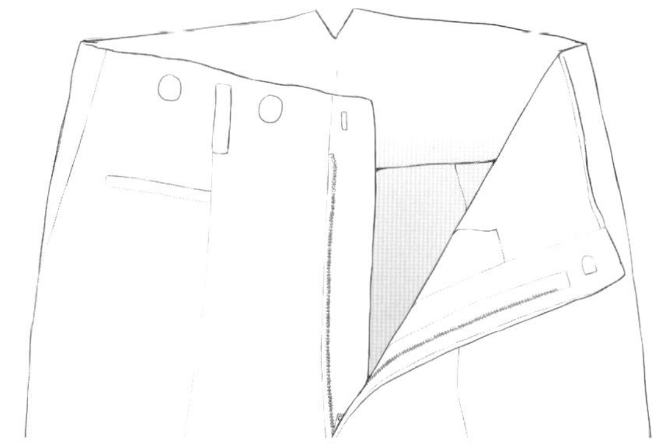

パンツはゆったりとしたストレートパンツです。サスペンダーを使用し、背側にはウエスト調整ストラップが設けられています。ベルトループは軍刀を吊る刀帯（剣吊りベルト）用です。

各パーツの構造と解説　アメリカ海軍 ドレスホワイト 士官制服

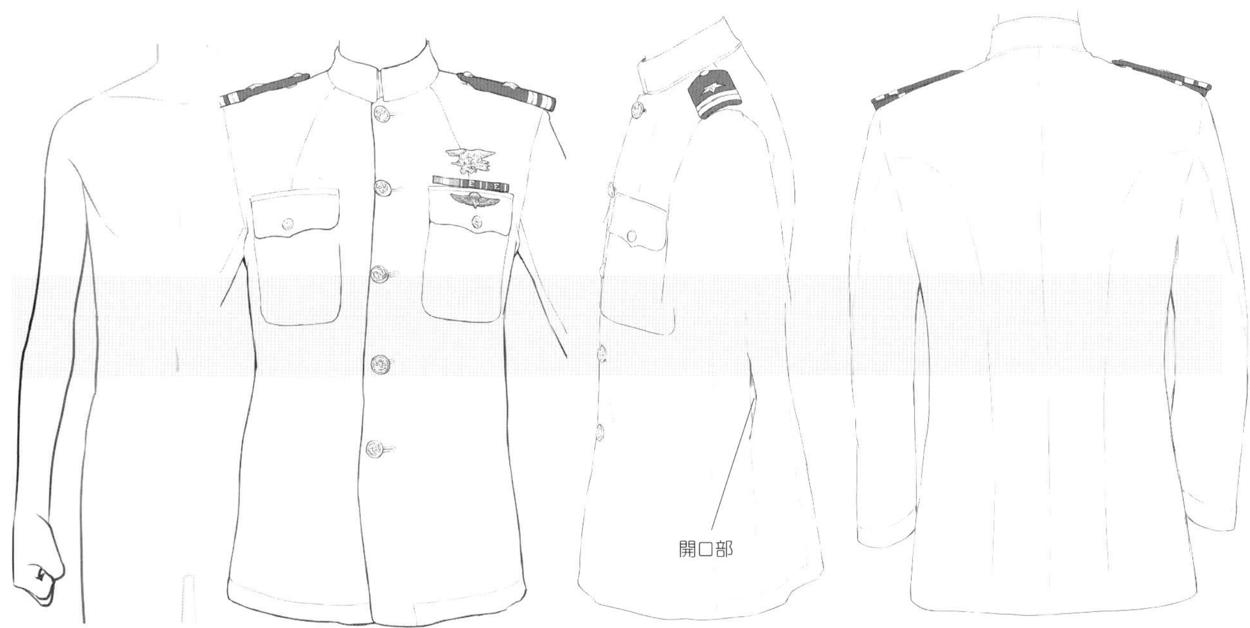

絞りの入ったタイトで細く縦長のシルエット。着丈は長く、股より下まで。縦長のシルエットに合わせて、ボタンの位置も上下に広い間隔で配置されています。左側面、腰あたりに小さな開口部があり、これはジャケットの下に着用した剣吊りベルトの金具やストラップを外に出すためのものです。

描き方のポイント

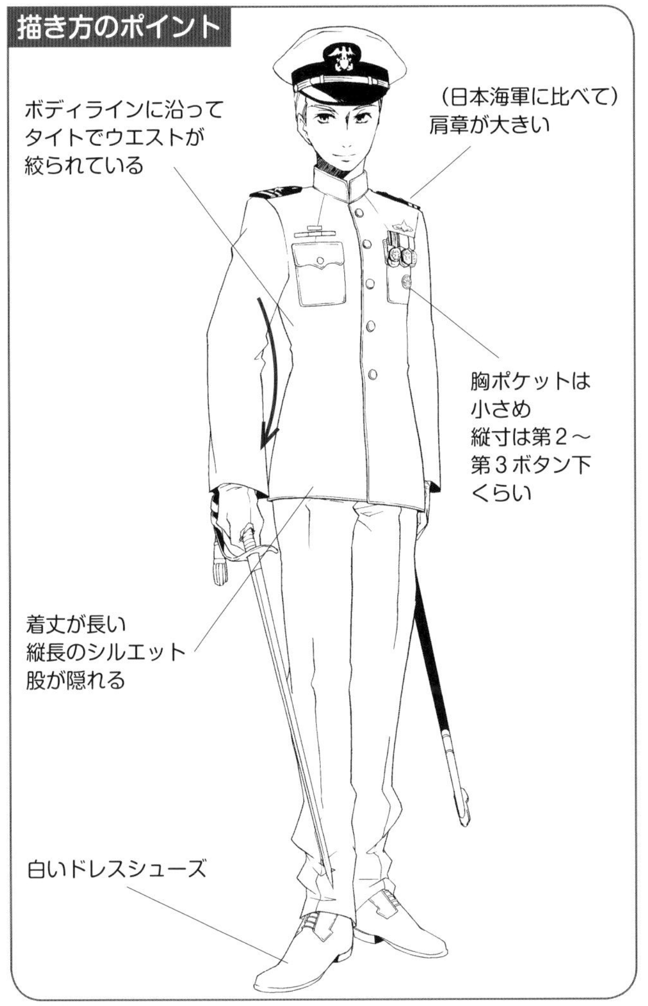

襟

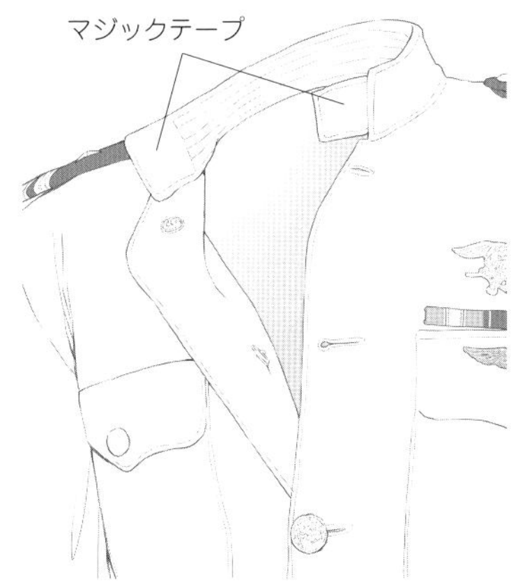

襟はマジックテープで固定します。カラーは使用せず、インナーにはTシャツなどを着用します。

ボタン

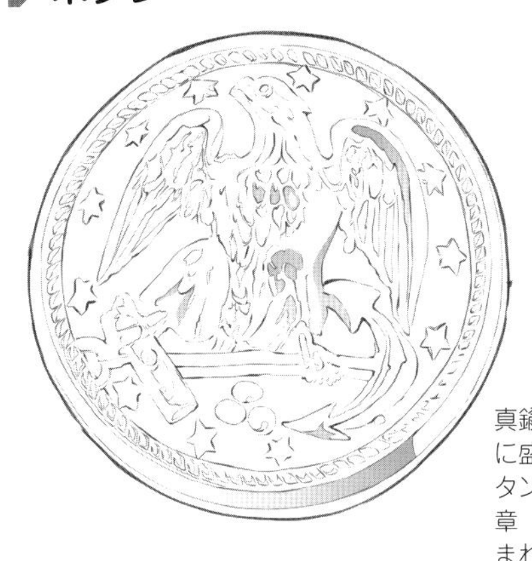

真鍮製でドーム状に盛り上がったボタンには海軍の紋章（鷲と錨）が刻まれています。

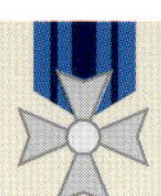

ドイツ陸軍 36 年型 将校制服

時代：第2次世界大戦ごろ
用途：勤務服／戦闘服

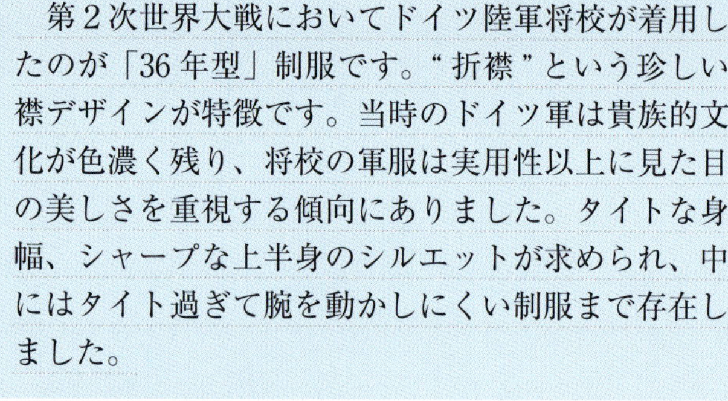

第2次世界大戦においてドイツ陸軍将校が着用したのが「36 年型」制服です。“折襟”という珍しい襟デザインが特徴です。当時のドイツ軍は貴族的文化が色濃く残り、将校の軍服は実用性以上に見た目の美しさを重視する傾向にありました。タイトな身幅、シャープな上半身のシルエットが求められ、中にはタイト過ぎて腕を動かしにくい制服まで存在しました。

陸軍砲兵少尉

ドイツ軍は胸のポケットにバッジ型勲章・戦功章を取りつけます。

描き方のポイント

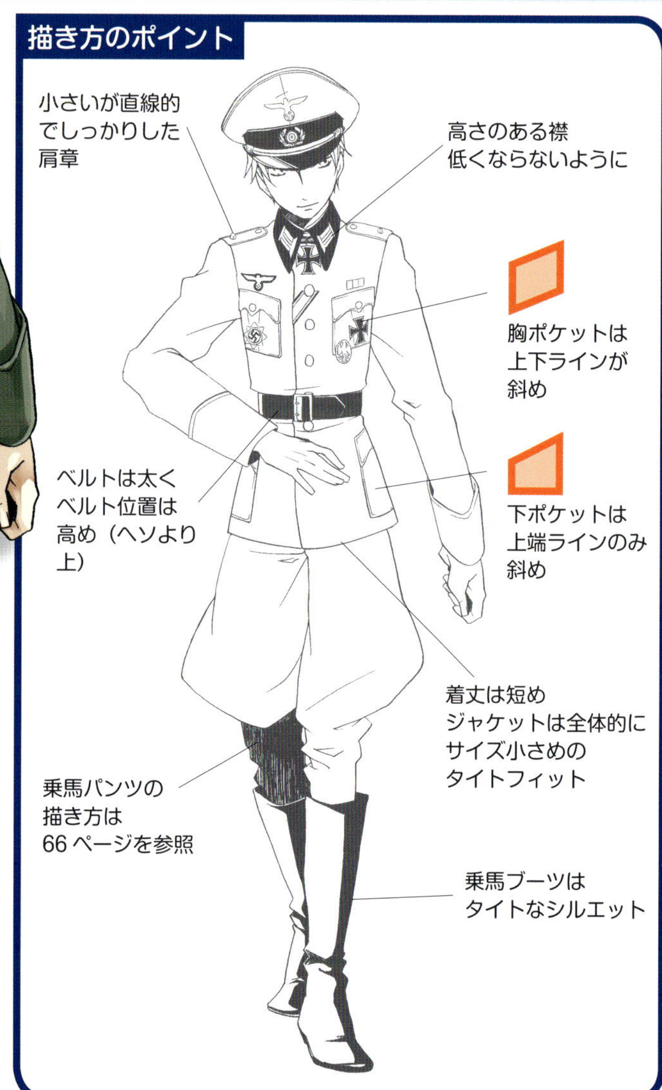

ドイツ人は細マッチョ体型のため、胸筋や肩の盛り上がりが少なく、全体に上半身を小さくタイトにまとめたシルエットの制服です。

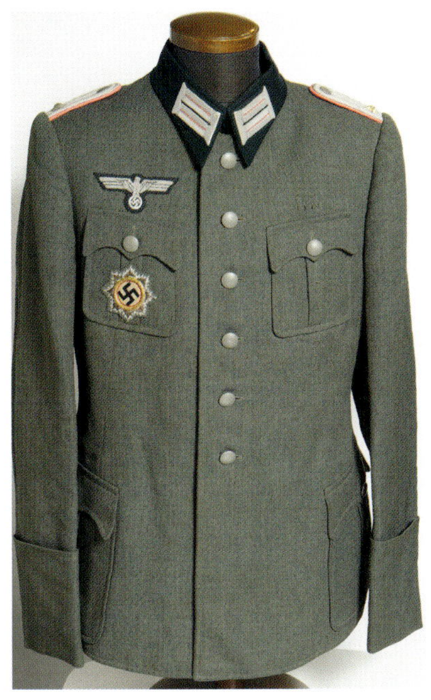

将校制服はサージやドスキンと言った上質で表面の滑らかなウール製の織生地で仕立てられます。仕立て生地の違いから、個人により微妙な色の違いがあります。

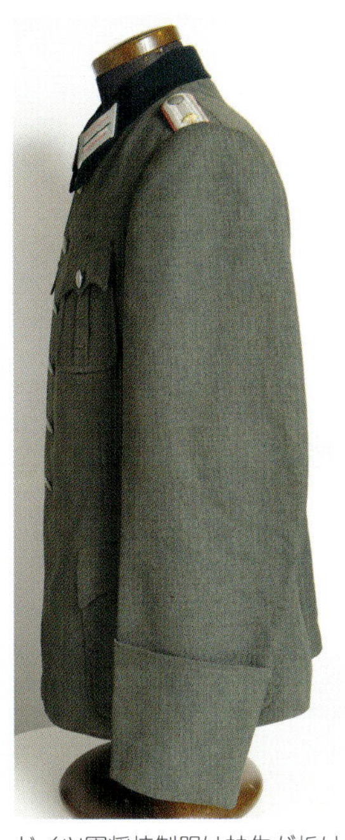

ドイツ軍将校制服は袖先が折り返しとなっているのが特徴です。

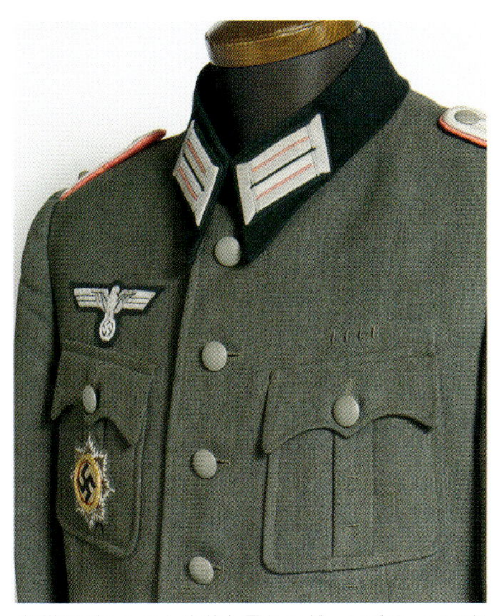

折襟はジャケット本体と異なるダークグリーンの布地が使用されています。襟幅は平行ではなく前に向けて広くなります（襟先が尖っています）。襟には「ドッペリッツェン」と呼ばれる伝統的紋様が縫いつけられています。

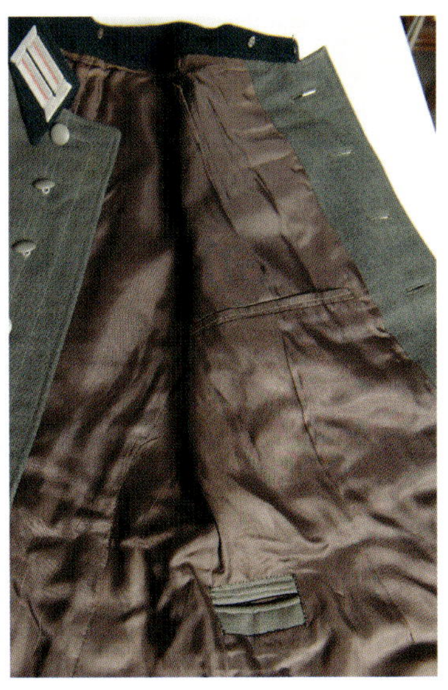

裏地はサテン生地。左胸に胸ポケットがあります。

ドイツ軍将校は幅広の革製ベルトを着用します。色は写真のような黒か茶色です。上下２段のフックで留めます。

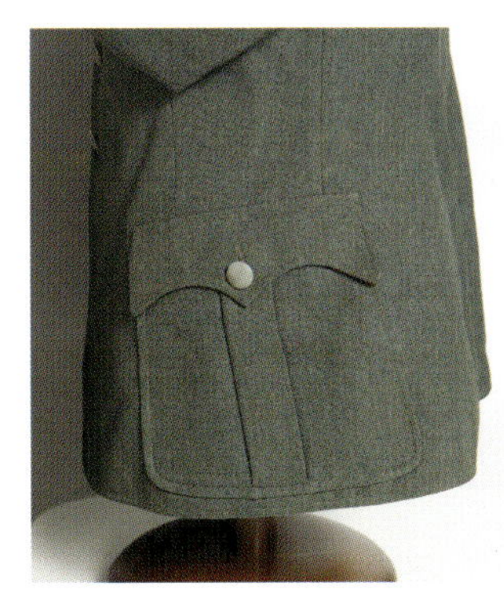

腰ポケットは、全体的に斜めに傾いた独特のスタイルです。またジャケット写真を見てわかる通り、胸ポケットより外側に位置している点にも注意してください。

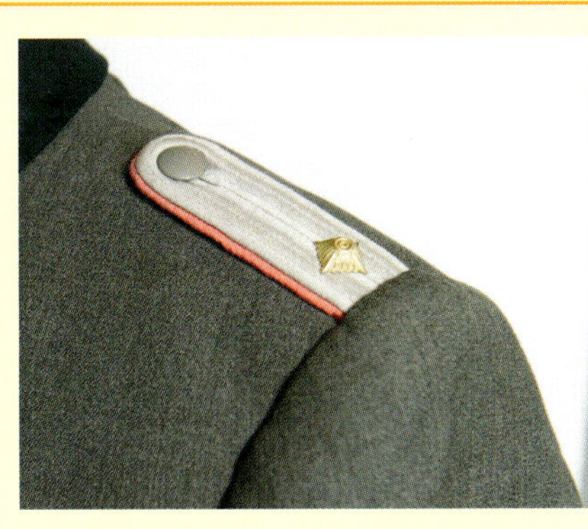

✦職種を示す色「兵科色」

会社に営業・総務・企画などの職種があるように、軍隊にもさまざまな職種があり、これを「兵科」と言います。例えば「歩兵科」「装甲科（戦車）」「騎兵科」「砲兵科」などです。

これら兵科にはシンボルの“色”があり、軍服のデザインの一部となっています。肩章を囲むピンク色――これは装甲科をあらわす兵科色であり、この制服の持ち主が装甲科の人間であるとわかります。兵科色は国によって異なります（ドイツ軍の場合、歩兵は白、騎兵は黄色、砲兵は赤など）。

写真の制服は実物。協力：KLAUSE／山下英一郎氏

各パーツの構造と解説

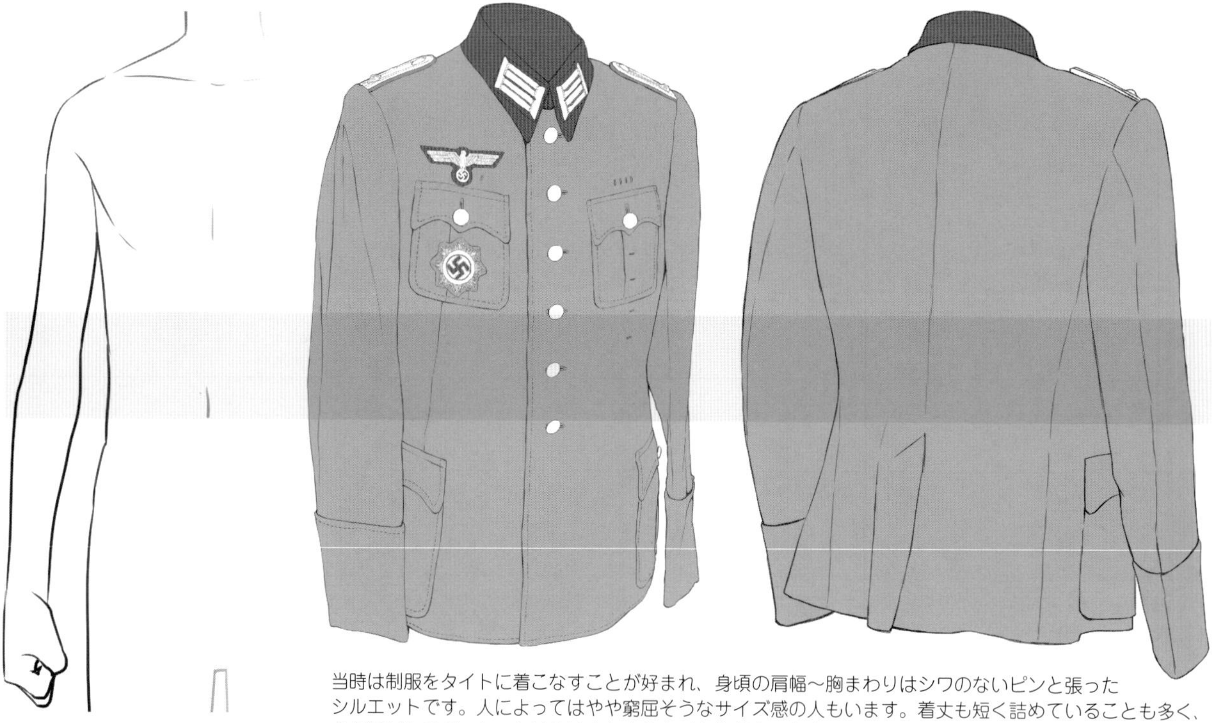

当時は制服をタイトに着こなすことが好まれ、身頃の肩幅～胸まわりはシワのないピンと張ったシルエットです。人によってはやや窮屈そうなサイズ感の人もいます。着丈も短く詰めていることも多く、全身に対してジャケットはやや小さめ＆タイトと考えると良いでしょう。

✦ 折襟の構造

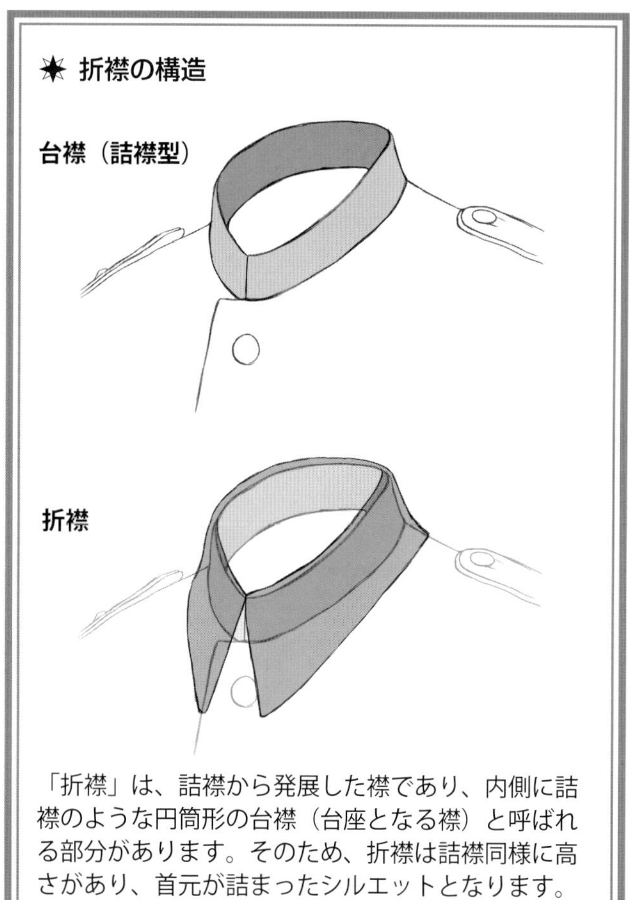

「折襟」は、詰襟から発展した襟であり、内側に詰襟のような円筒形の台襟（台座となる襟）と呼ばれる部分があります。そのため、折襟は詰襟同様に高さがあり、首元が詰まったシルエットとなります。

襟

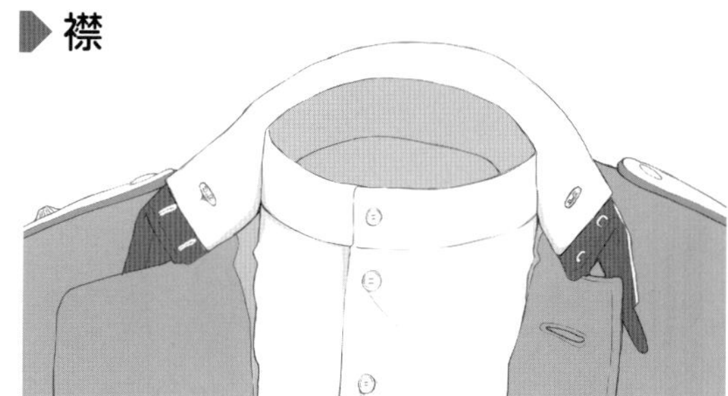

台襟の内側に襟布（カラー）を取りつけ、インナーに襟なしシャツを着用しています。なお、カラーを使用せず、襟つきシャツ（ワイシャツ）を着用する場合もあります。これは着用者の好みによります。

背面

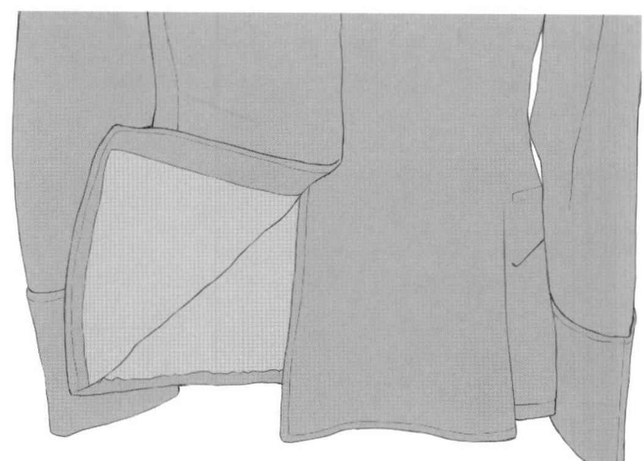

背側には、裾の中央にセンターベント（切れ込み）が設けられています。

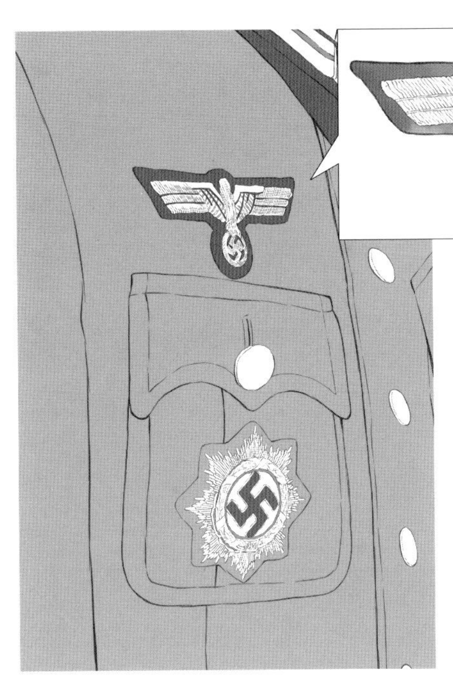
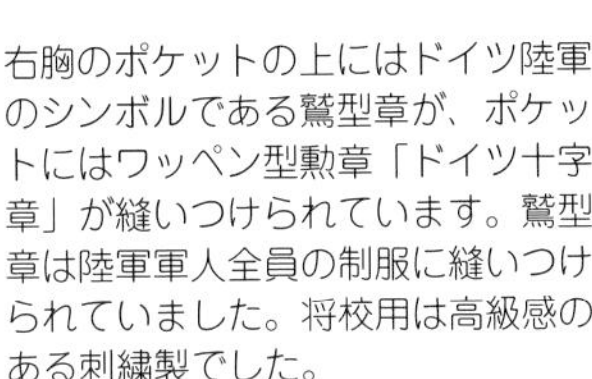

右胸のポケットの上にはドイツ陸軍のシンボルである鷲型章が、ポケットにはワッペン型勲章「ドイツ十字章」が縫いつけられています。鷲型章は陸軍軍人全員の制服に縫いつけられていました。将校用は高級感のある刺繍製でした。

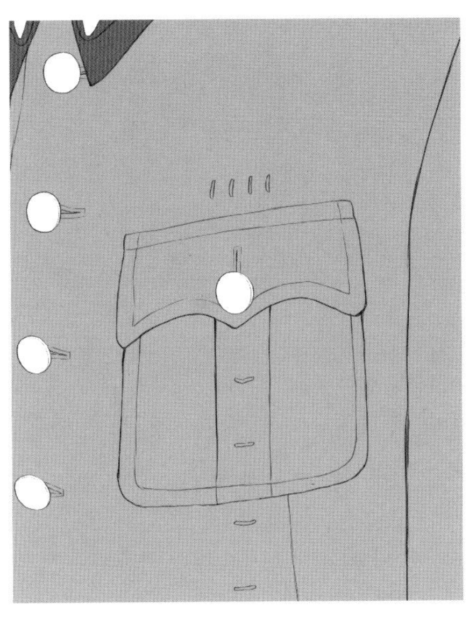

左胸にはバッジ型勲章などを留めるためのループが設けられています（個人ごとに糸で自作します）。バッジ裏側のピンをループに通して使用します。

パンツ

イラストでは乗馬パンツを描きましたが、ドイツ軍ではストレートパンツも使用されていました。生地はジャケットと同じウールの織生地でした。また、この時代の紳士服パンツはベルトではなくサスペンダーで固定することが一般的でした。

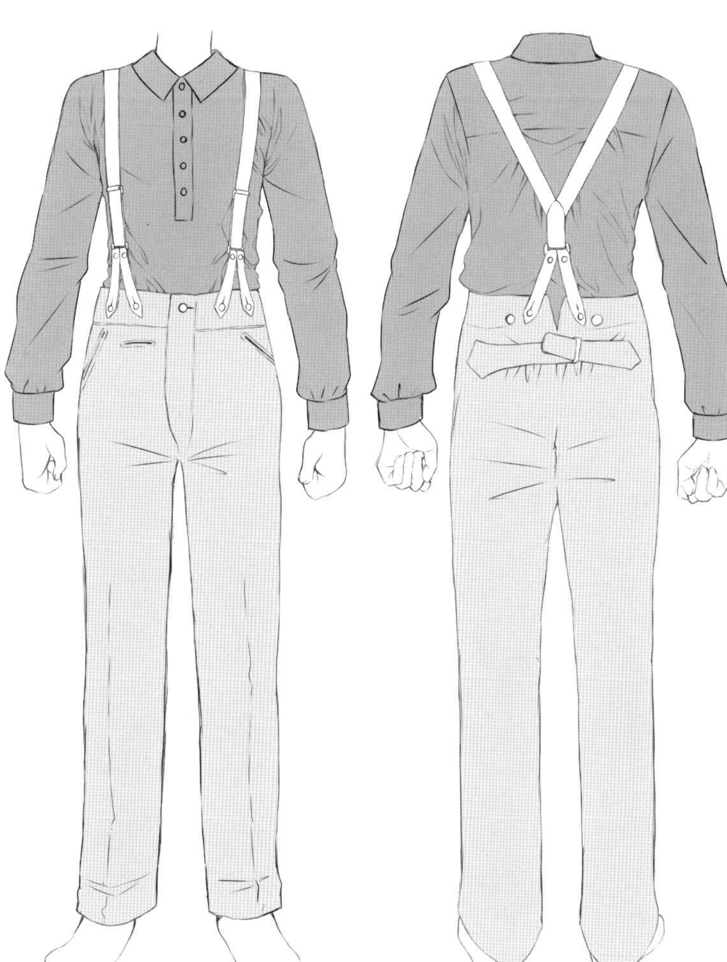

第２次大戦期のパンツの特徴

・股上がとても深く（ヘソ上まで）、背側はより深い
・背側にウエスト調整ストラップがある。またサスペンダーの荷重を分散するため背側が二股に割れているものもある

将校の多くは日常的に乗馬パンツを使用していましたが、制服としてはストレートパンツも存在し、こちらも着用されました。

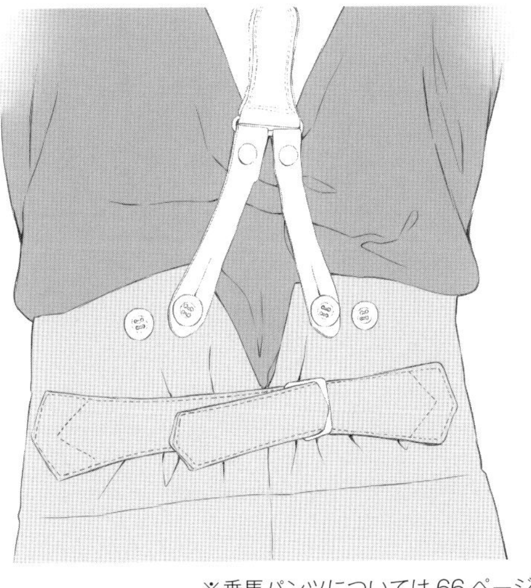

※乗馬パンツについては 66 ページ

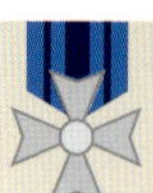

ナチス親衛隊 32 年型 勤務服

時代：第２次世界大戦
直前ごろ
用途：党組織の制服

ヒトラー率いるナチス党の党内組織「親衛隊（SS）」が採用した制服です。当時は先進的だった開襟&ネクタイ姿に乗馬パンツを組み合わせた優美な制服は有名デザイナーの手によるとも言われています。宣伝戦略を重視したことで知られるナチスですが、最新デザインの制服を纏い一糸乱れぬ隊列を組む親衛隊は国民に鮮烈な印象を与えました。

親衛隊少尉

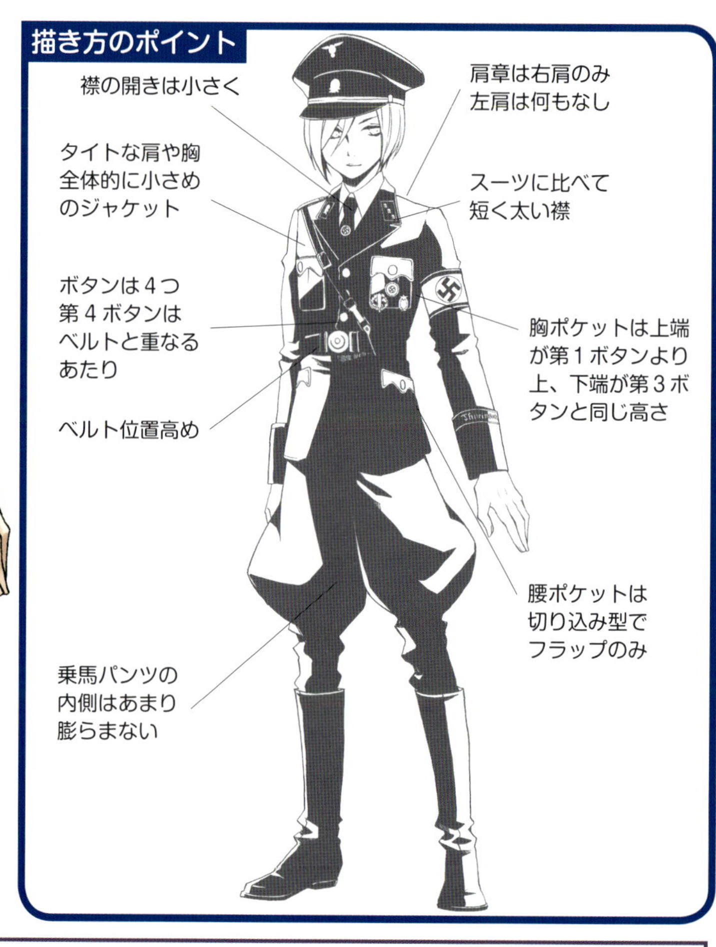

・第１章でも述べた通り、正確にはこの制服は“軍服”ではありません。
・「親衛隊（略称 SS）」はナチス党の党内組織でありドイツ国軍ではありません。また、軍事組織でもありません（のちに親衛隊内部に軍事組織「武装親衛隊（略称 WSS）」が設立されましたが、こちらは陸軍と同様の制服を着用しています）。
・ナチス党が躍進し政権を獲得した 1930 年代初期～中期にこの制服は着用されました。第２次世界大戦が始まる 30 年代後半には別の制服へと交替しました。

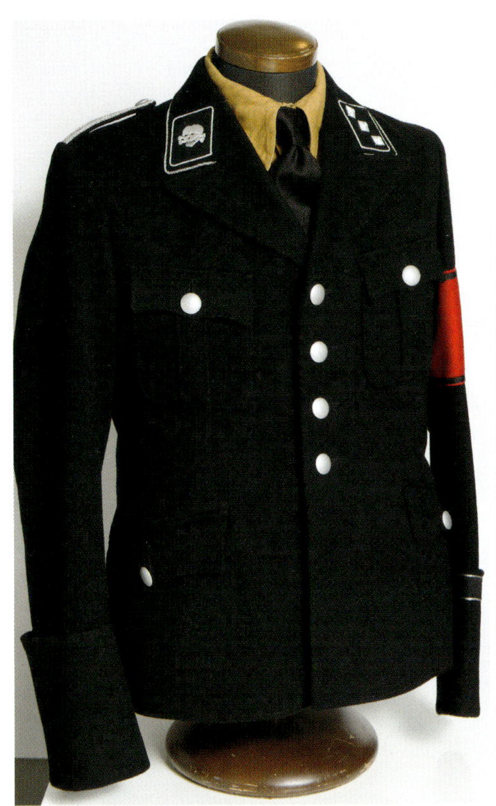

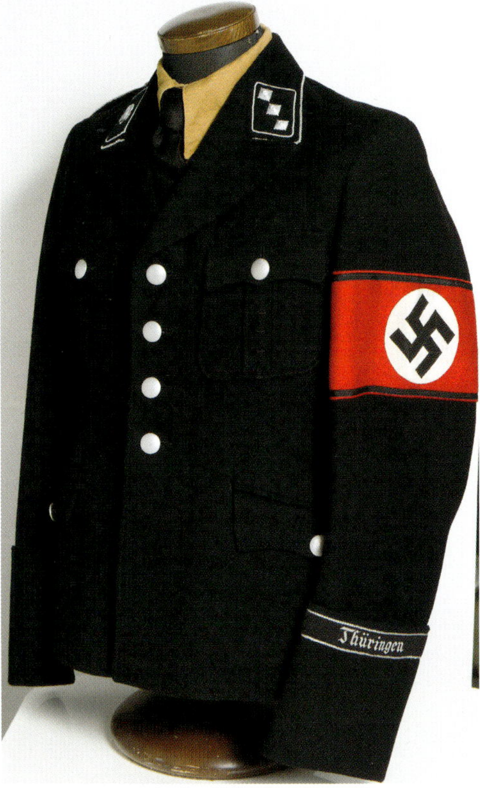

一見スーツのようなデザインですが、11 ページで解説した通り、襟の大きさ・長さ・開き具合、肩と胸まわりのフィット感、など大きく異なるので注意が必要です。4 ポケットで、胸ポケットは貼りつけタイプ、腰ポケットはフラップのみの切り込みタイプです。胸ポケットは上端が斜めに傾いていることが多いです（仕立てによる違いがあります）。

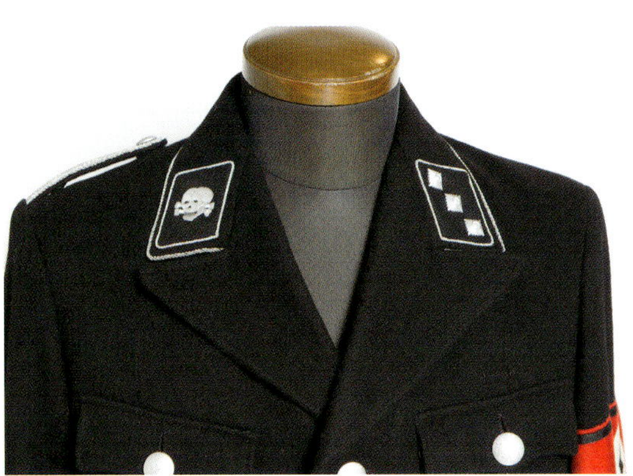

襟は横幅があり広くて、板のように平らです。上襟の周囲には銀モール（銀のネジリ紐）によるパイピング（縁取り）。両襟にワッペン型襟章。

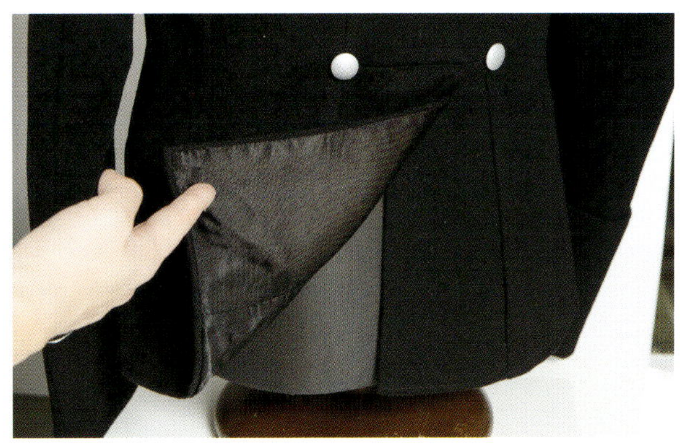

背側はセンターベント。腰の 2 つの銀ボタンは単なる飾りではなく、ベルトを支えるパーツです。ボタンの裏側が平らになっていて、ベルトを乗せられるようになっています。

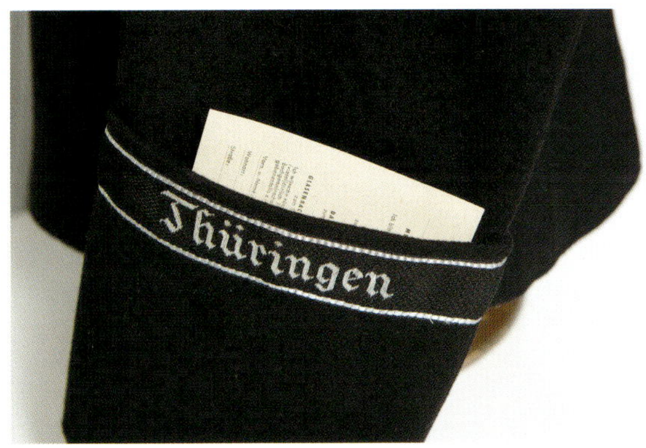

ドイツ陸軍 36 年型制服同様に袖には折り返しがあります。写真のように小さな書類や紙片を持ち歩くときに使用されました。また、部隊名の刺繍されたテープが巻かれていました。

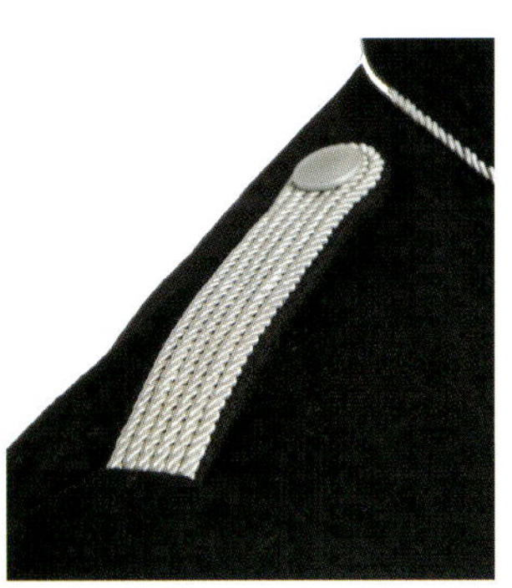

肩章は右肩のみ。銀モール製で細長いデザインです。尉官・佐官・将官用の３種類がありました。

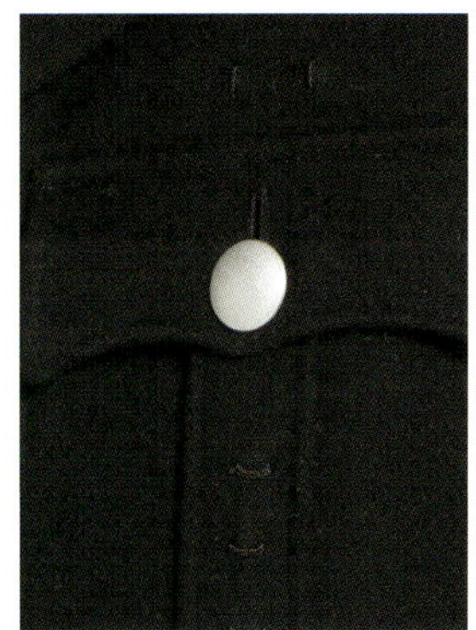

「梨地」と呼ばれる、梨のように表面が細かいザラザラのボタンが特徴的です。

写真の制服は実物。協力：KLAUSE ／山下英一郎氏

各パーツの構造と解説

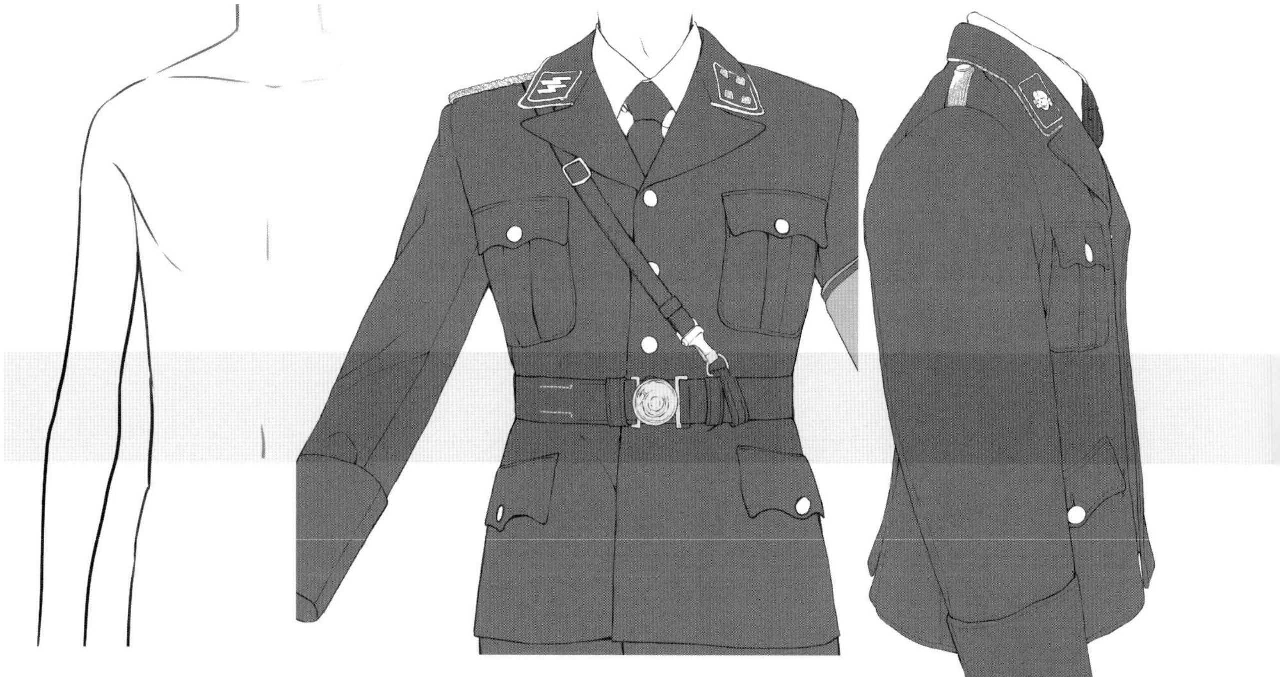

ドイツ陸軍36年型制服同様、細身体型のドイツ人に合わせて、肩～胸～ウエストまで細身でタイト、そして砂時計型シルエットが特徴です。また着丈が短いこと、ジャケットが全身に対して小さめな点も同様です（親衛隊は特にタイトに着こなしている例が多いです）。

ベルトと斜革

黒い革製のベルト、および「斜革（しゃかく）」と呼ばれる斜めの肩掛け革製ストラップを着用します。斜革は左腰側に取り外しのフックがあり、着用する場合は、まずベルトを巻いたのち、背面から右肩（肩章の下）を通して、左腰のフックに連結します。

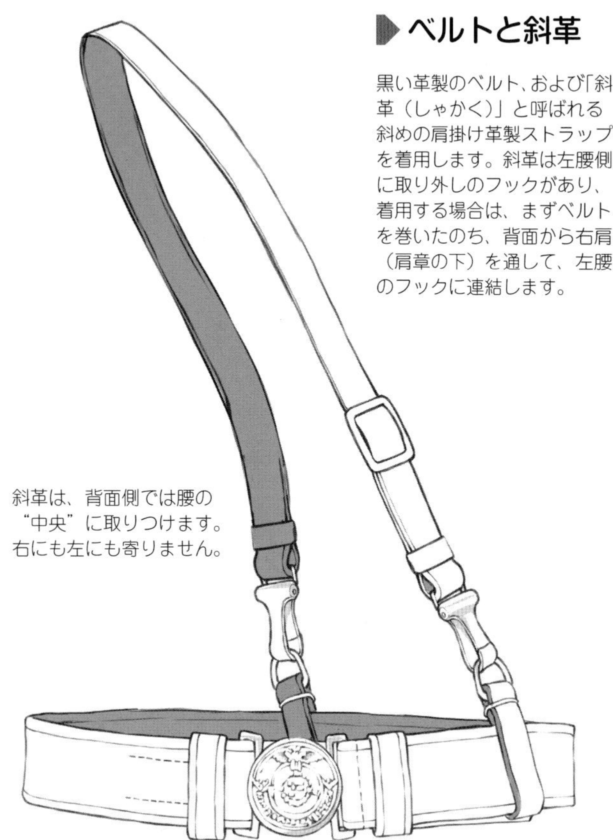

斜革は、背面側では腰の“中央”に取りつけます。右にも左にも寄りません。

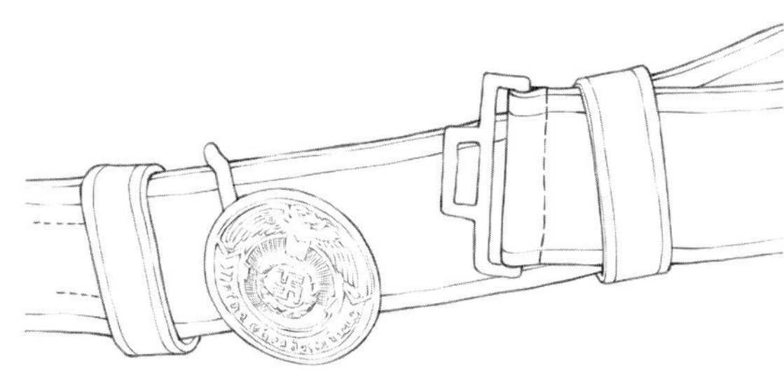

金属製のベルトバックルは左側が外れます。裏側にフックがあり引っ掛けて固定します。

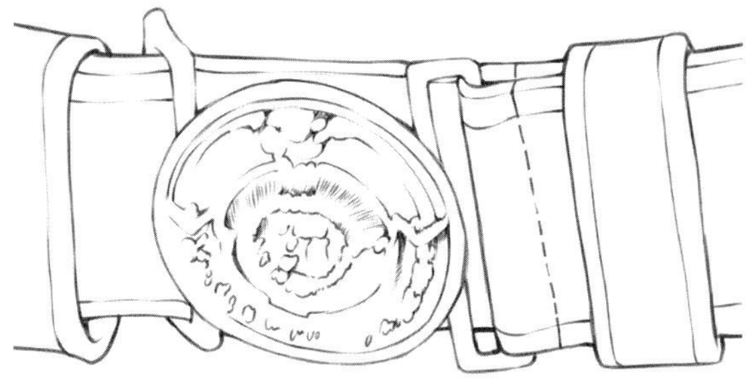

円形のベルトバックルには鷲と鉤十字、そして親衛隊のモットーである「忠誠は我が名誉」の文字が刻まれています。

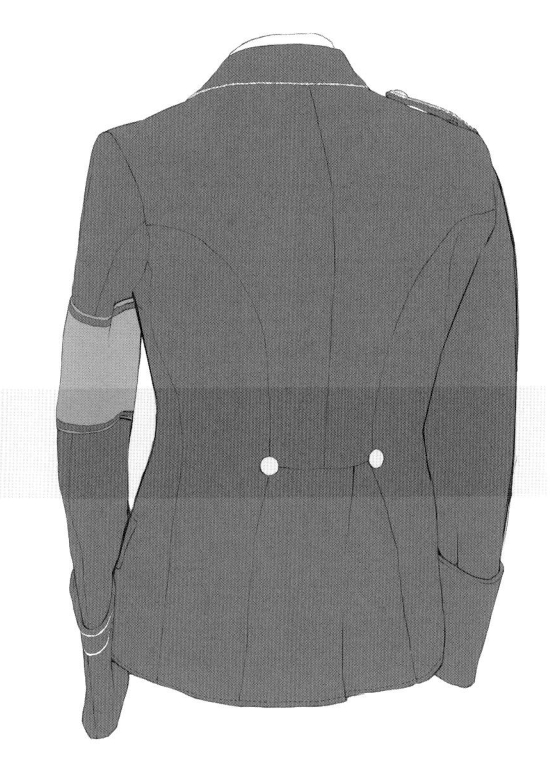

✷ 開襟シャツ、襟の描き方

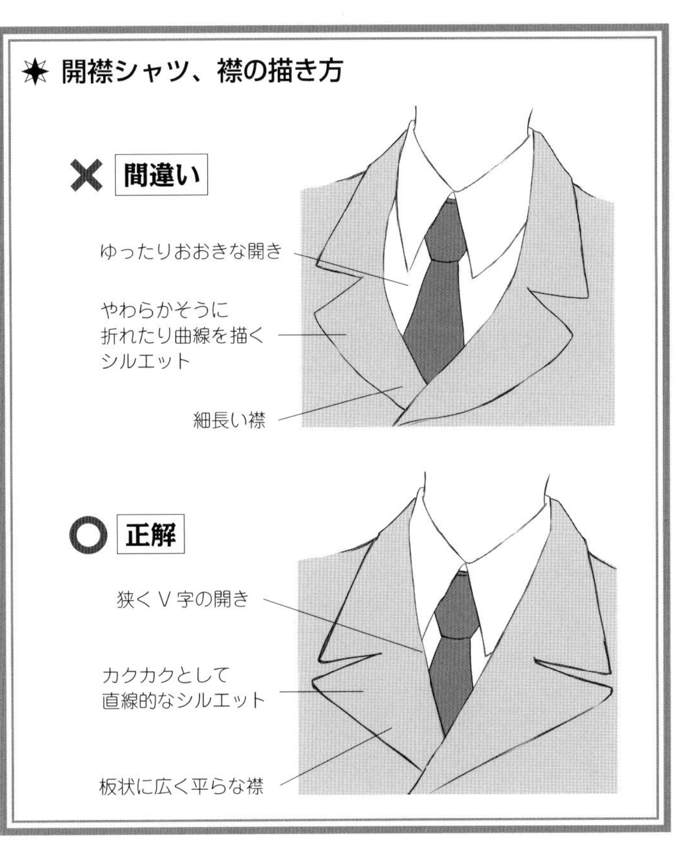

シャツ

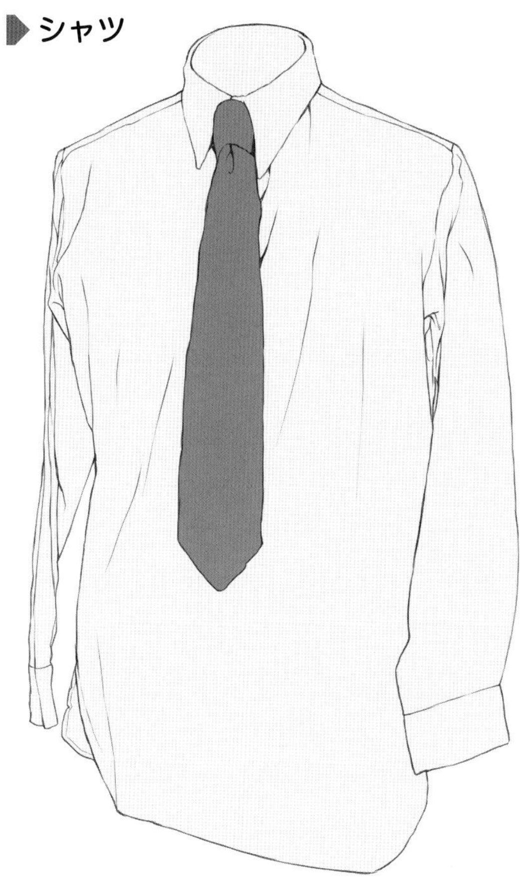

制服のインナーにはブラウンのプルオーバーシャツを着用します。また一般的な白のワイシャツを着用する場合もあります。

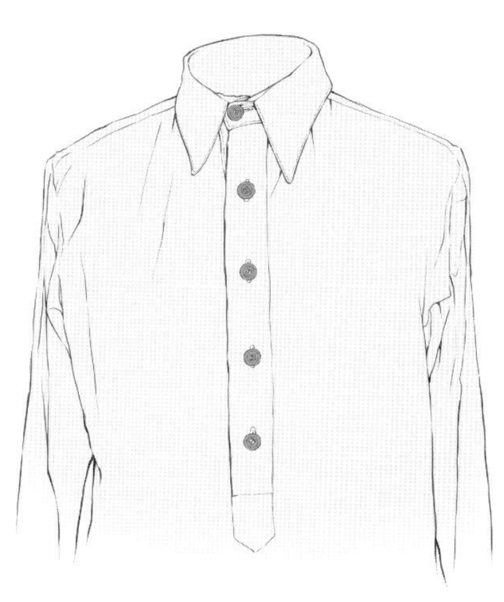

プルオーバーシャツは胸元のみが開きます。同様の形状のプルオーバーシャツはドイツ軍でも使用されていて、当時としては一般的なものでした。

襟

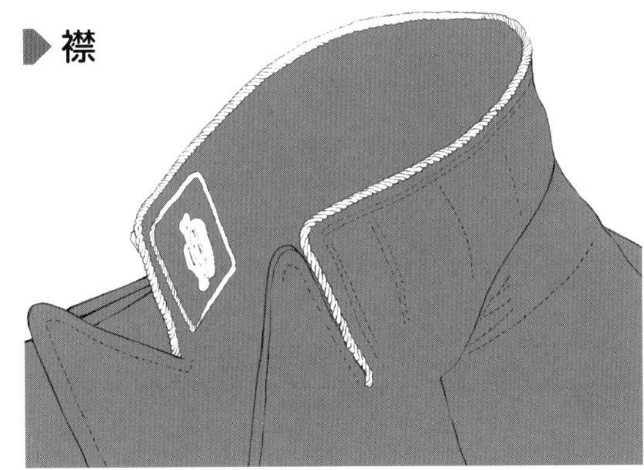

上襟は縁に沿って銀のネジリ紐で縁取り（パイピング）がされています（イラストはパイピングがわかりやすいように襟を立てたもの）。

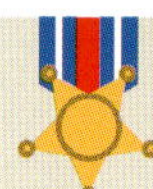

アメリカ陸軍 アーミーグリーン 下士官制服

陸軍第 173 空挺旅団
第 503 空挺歩兵連隊二等軍曹

モスグリーンの開襟ジャケットは、多くの人が想像する“現代の陸軍軍服”ではないでしょうか。アメリカ映画でお馴染みかもしれません。また、日本の陸上自衛隊も同様のデザインを採用しており、見る機会の多いスタイルです。スーツに良く似ていますが、序章でも述べた通り、多くの点で異なるので注意が必要です。

時代：現代（なお 2010 年廃止）
用途：勤務服

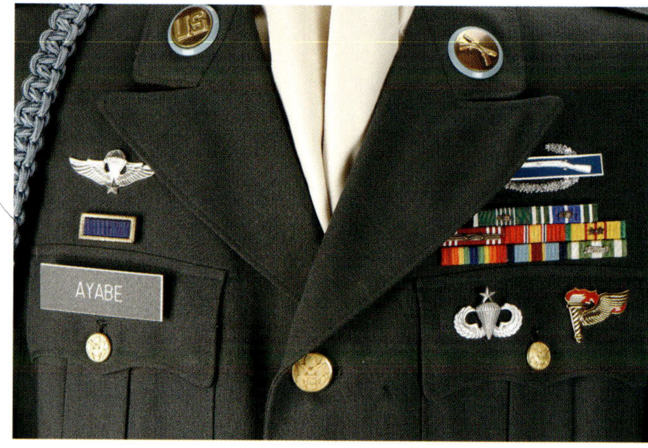

アーミーグリーン制服は胸にさまざまな装飾（兵科章や技能章、リボン型勲章など）が取りつけられています。これらはちょうど胸筋の盛り上がりの上に位置するようにデザインされています。また、胸の高い位置に装飾を集中させ、その下側の空間との対比で胴短／脚長効果も生んでいます。なお、将校と下士官・兵とも同型の制服を着用し、装飾の一部構成が異なります。

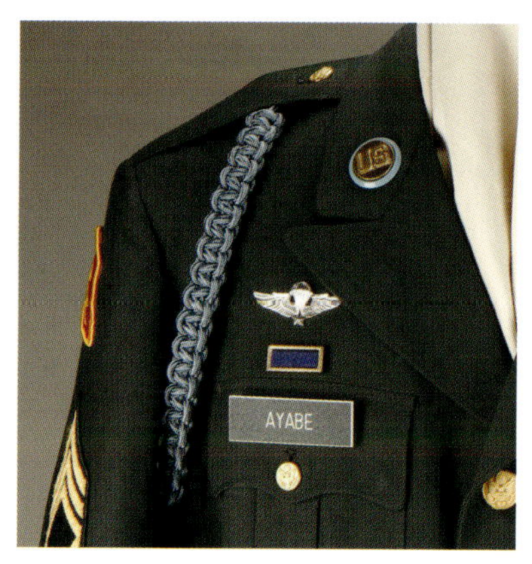

アメリカ陸軍独特の装飾として、右肩に取りつけられた「ショルダーコード」があります。

・アメリカ陸軍は 2010 年に勤務服であるこの軍服を廃止しました。現在の制服は、正装にあたる「ブルーアーミー」制服と、戦闘服のみです。「ブルーアーミー」制服が一部勤務服の機能を代替しています。

写真の制服は実物（イラストと装飾の構成が異なります）。

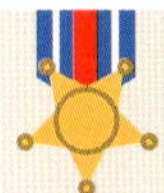

アメリカ海兵隊
サービスグリーン 下士官制服

アメリカ海兵隊の勤務服である「サービスグリーンユニフォーム」は、1900年代初期から採用されている軍服であり、ややクラシカルなデザインです。組織の伝統（と連続性）を極めて重視する海兵隊の思想的特徴が、制服のデザインに現れていると言えるでしょう。

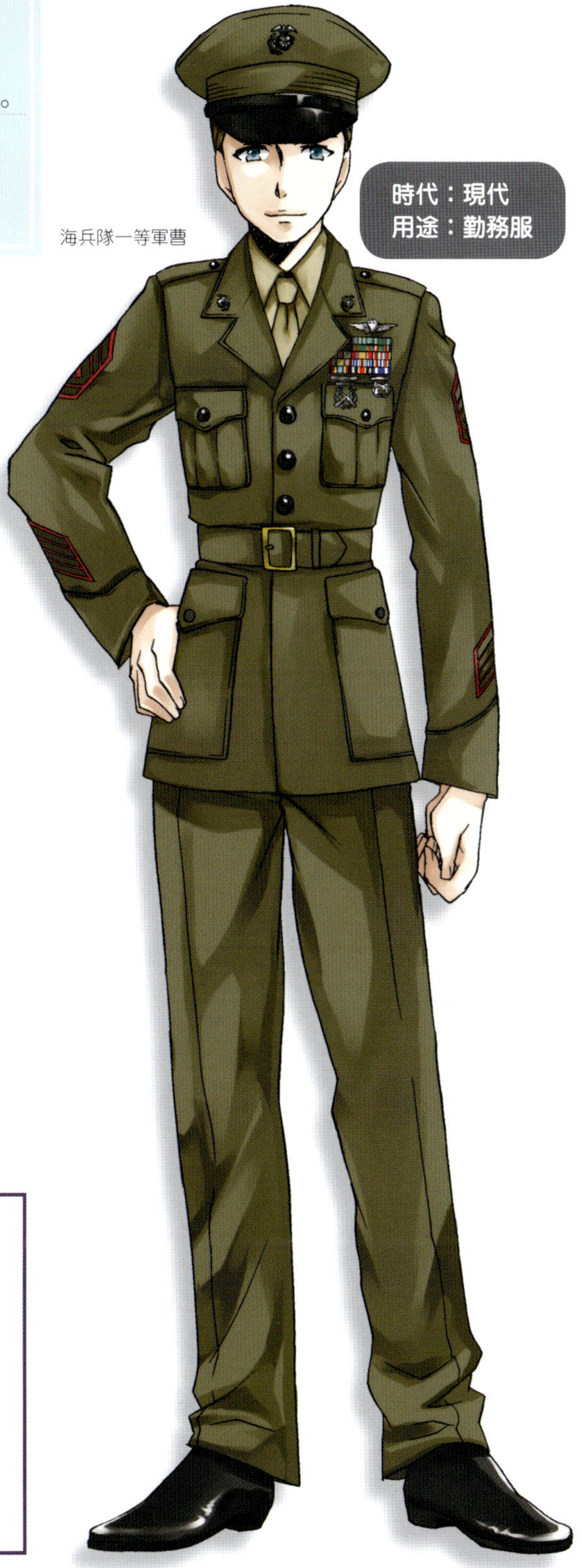

海兵隊一等軍曹

時代：現代
用途：勤務服

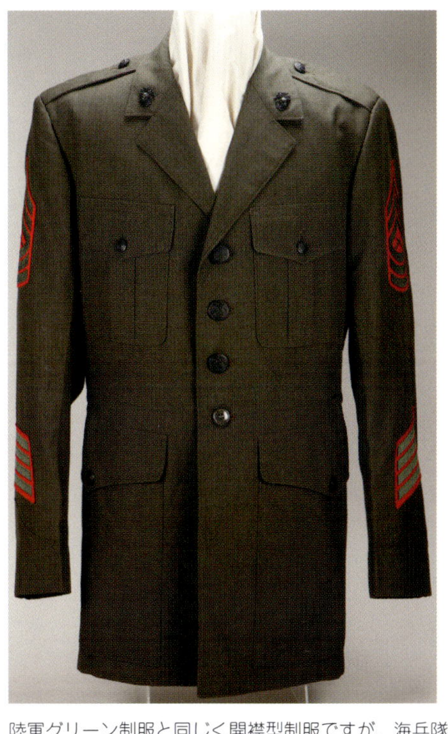

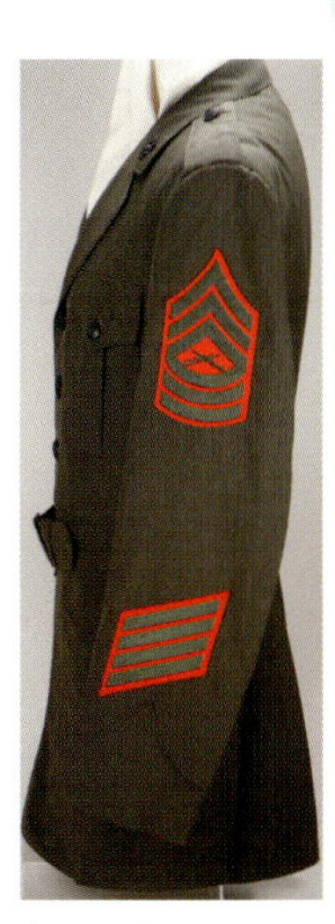

陸軍グリーン制服と同じく開襟型制服ですが、海兵隊グリーン制服はウエストに制服と同じ生地のベルトが付属し、より明確に絞りが強調され、ハイウエストのシルエットをつくります。左右の上襟に海兵隊の紋章を象った黒い金属製のバッジが付属します。下士官の場合、袖には左右とも階級章（上腕）と勤続年数章（袖先）が付属（将校は肩に階級章）しています。

スーツとの違いに注意しよう！

陸軍グリーン制服、海兵隊グリーン制服、どちらもスーツに似た外観をしていますが11ページで述べた通り全く異なったシルエットであり、特に上半身はタイトになります。また、アメリカ軍では、シルエットの型崩れを嫌い胸や腰のポケットは原則使用禁止です（ポケットが盛り上がるのはNG）。使えないようにフラップを縫いつけてしまう人も多いです。

各パーツの構造と解説　アメリカ陸軍 アーミーグリーン制服

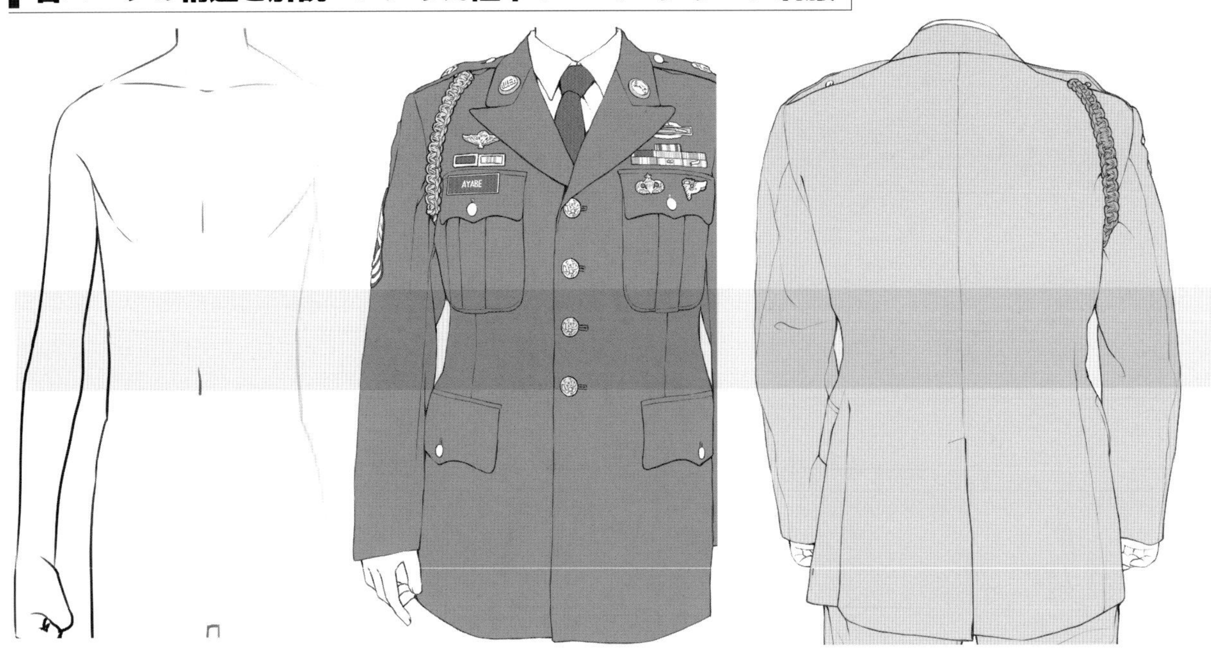

大きく横に広がった下襟が特徴です。着丈は長く、ウエストが緩やかな曲線を描いて絞られる砂時計型です。背側にはセンターベント（切れ込み）が設けられています。

描き方のポイント

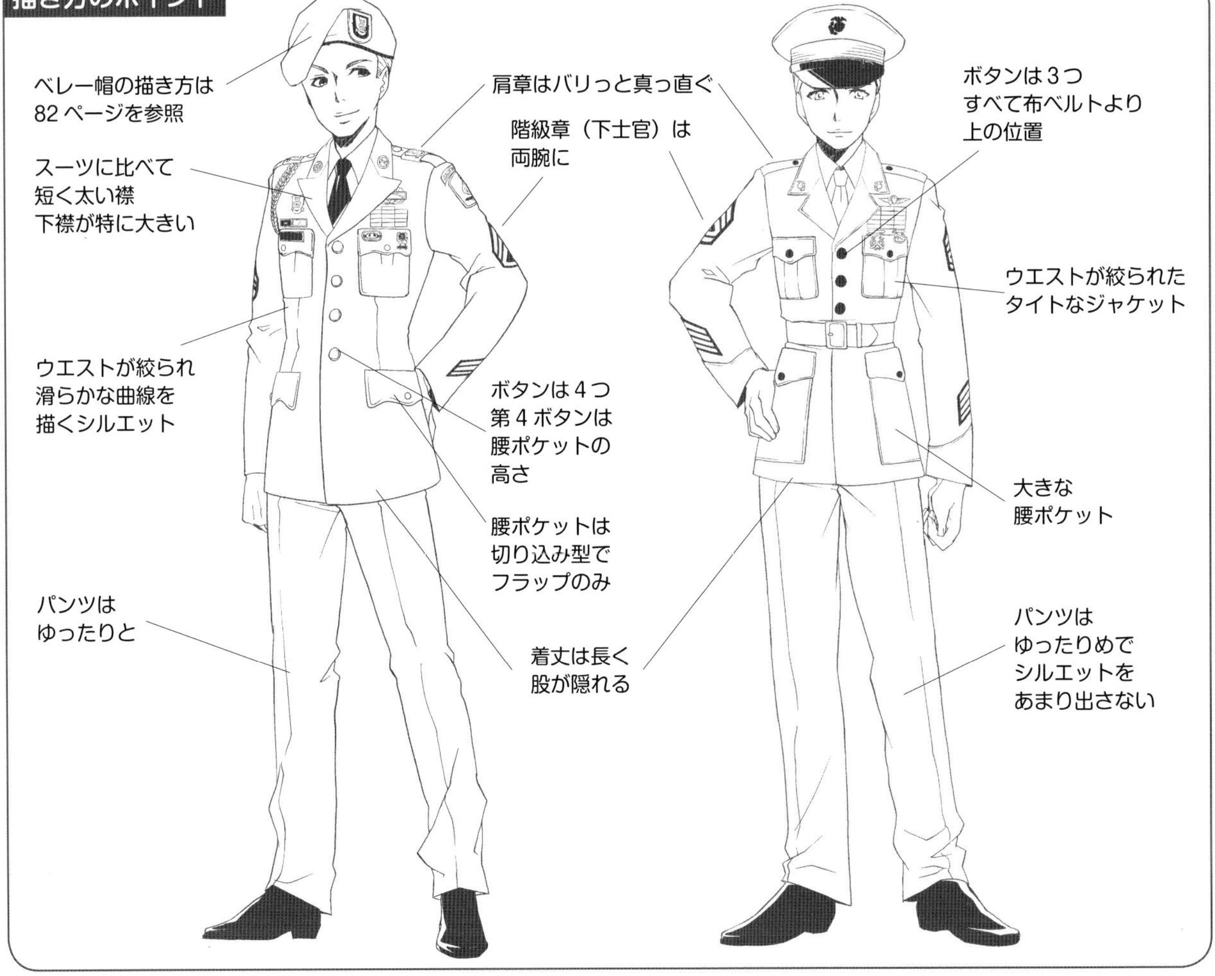

ベレー帽の描き方は
82 ページを参照

スーツに比べて
短く太い襟
下襟が特に大きい

ウエストが絞られ
滑らかな曲線を
描くシルエット

パンツは
ゆったりと

肩章はバリっと真っ直ぐ

階級章（下士官）は
両腕に

ボタンは 4 つ
第 4 ボタンは
腰ポケットの
高さ

腰ポケットは
切り込み型で
フラップのみ

着丈は長く
股が隠れる

ボタンは 3 つ
すべて布ベルトより
上の位置

ウエストが絞られた
タイトなジャケット

大きな
腰ポケット

パンツは
ゆったりめで
シルエットを
あまり出さない

各パーツの構造と解説　アメリカ海兵隊 サービスグリーン制服

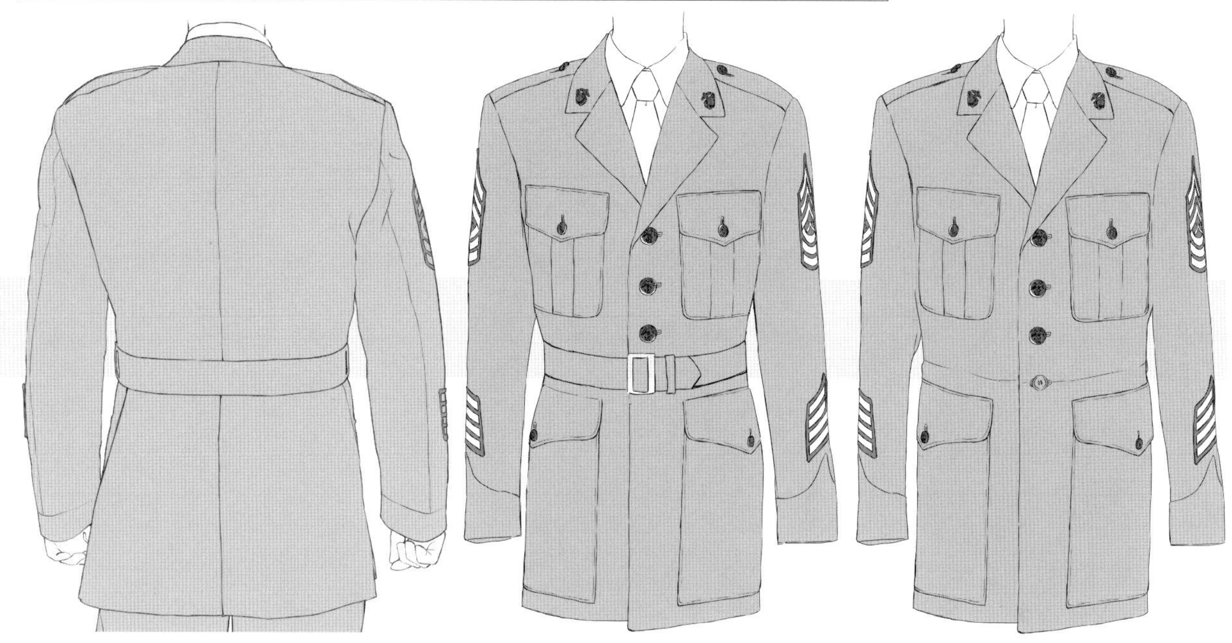

陸軍グリーン制服に比べて、若干ながら細くタイトで、ウエストも砂時計型というより直線的でシャープなシルエットです。ボタンは黒い金属製が３つ、ウエストベルトの下には平らなプラスチック製ボタンがひとつついています。

ベルト

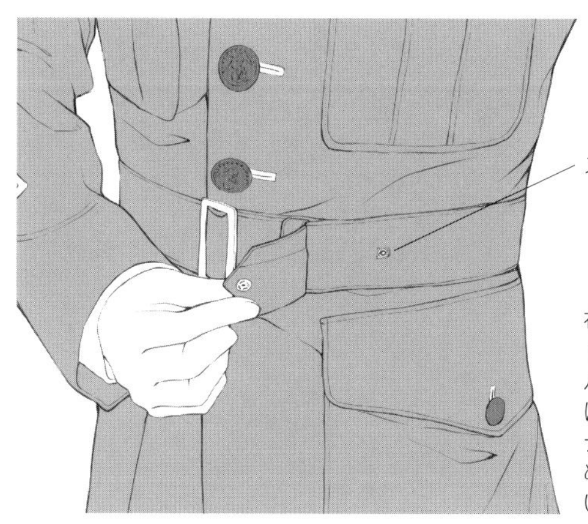

布製ウエストベルトは、余剰部分がバタつかないように先端の小さなスナップボタンで留めるようになっています。

肩

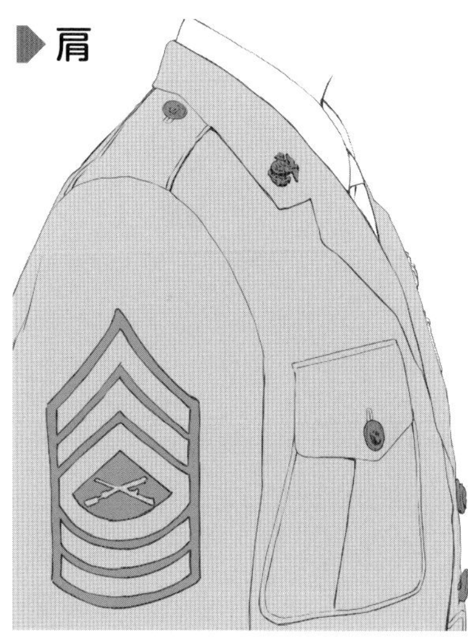

陸軍グリーン制服、海兵隊グリーン制服とも「ショルダーループ」と呼ばれる制服と同じ生地の肩章がついています。陸軍／海兵隊とも下士官・兵は上腕にワッペン型階級章が付属します（将校は肩に金属バッジ型階級章）。

パンツ

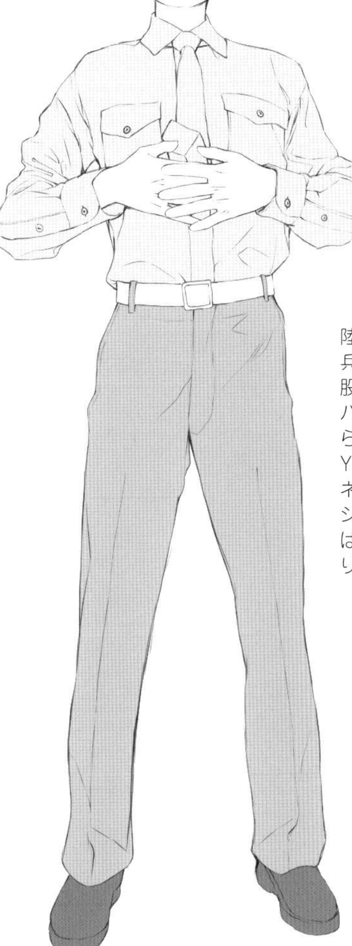

陸軍グリーン制服、海兵隊グリーン制服とも股上の深いストレートパンツです。またどちらの制服もインナーにＹシャツ型のシャツとネクタイを着用します。シャツとネクタイの色はカラーイラストの通りです。

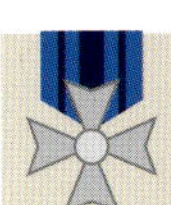

ナチス武装親衛隊 パンツァーヤッケ 将校制服

時代：
第２次世界大戦
用途：
勤務服／戦闘服

「パンツァーヤッケ」とは「戦車服（ドイツ語でパンツァーは戦車、ヤッケはジャケット）」の意味で、戦車搭乗員のためにデザインされた専用軍服です。当時、新兵器だった戦車による部隊を新設するにあたり、“騎兵”の伝統を受け継ぎ、プロイセン軽騎兵のイメージカラーだった黒が制服の色に採用されました。裾丈を切り詰めた短ジャケットのデザインは狭い戦車内で動きやすさを考えてのことです。

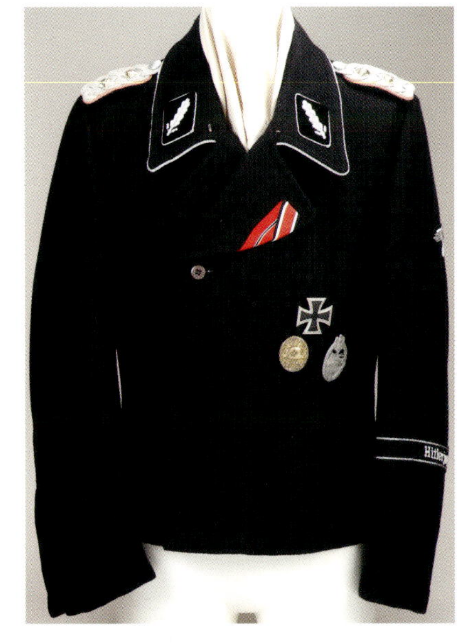

パンツァーヤッケは短く切り詰められた着丈、大きな上襟、ダブルブレストデザインが特徴です。ドイツ軍および武装親衛隊で使用されました。写真は武装親衛隊大佐のもの。生地は厚手のウール製です。

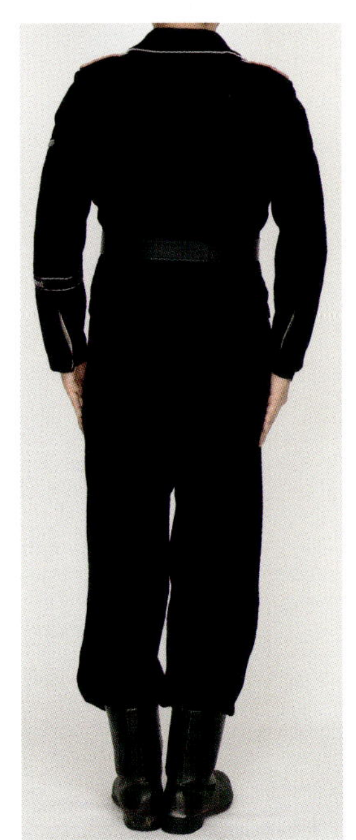

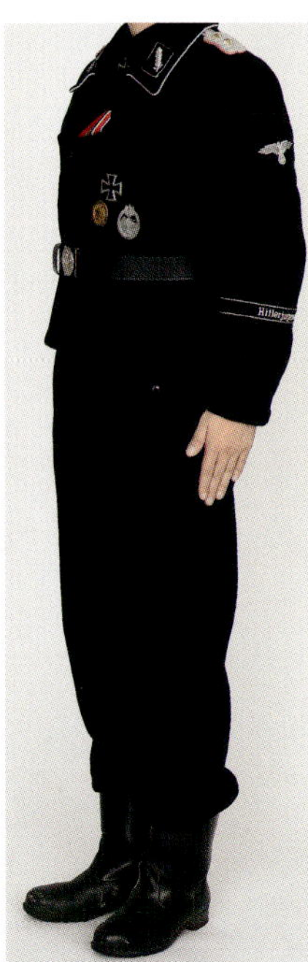

タイトな短ジャケットと組み合わせてダボダボ感のあるパンツを着用し、裾はブーツにインします。短ジャケットとハイウエストの効果により胴短／脚長効果が高いです。

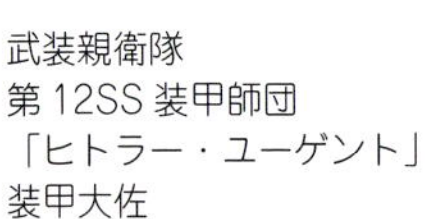

武装親衛隊
第12SS装甲師団
「ヒトラー・ユーゲント」
装甲大佐

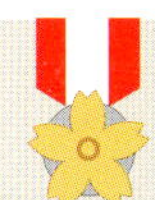

海上自衛隊 第一種冬服 士官制服

時代：現代
用途：勤務服

白い詰襟軍服と並び、各国海軍にほぼ共通する軍服が黒（濃紺）の開襟ダブルブレスト制服です。日本の海上自衛隊も創設以来、採用しています。各国ともダブルブレスト制服には肩章（階級章）をつけず、袖口の金線の太さと本数で階級をあらわします。このデザインは、ほぼ各国共通であり、どの国の海軍軍人でも一目で相手の階級を理解することができます。

海上自衛隊一等海尉（副官）

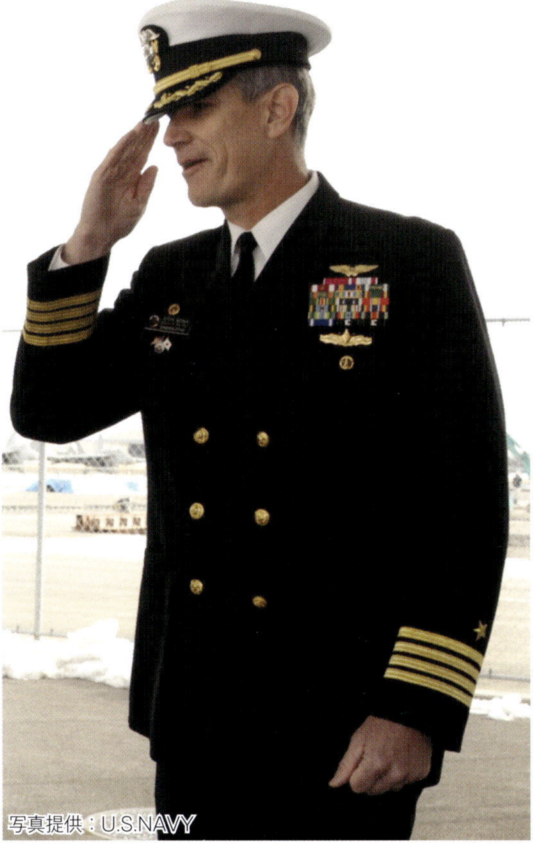

写真提供：U.S.NAVY

写真はアメリカ海軍のダブルブレスト制服。海上自衛隊第一種冬服とほぼ同じシルエットです（アメリカ海軍は左胸にポケットがあるため、胸装飾の位置がやや上寄りです）。イラストの人物は胸のリボン型勲章のほか、右肩に銀の飾緒を取りつけています。これは副官職（※）にあることを示しています。

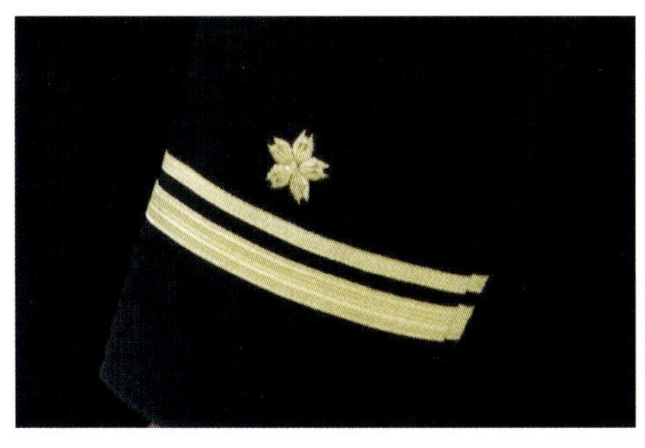

黒ダブルブレスト制服は、袖の金線（金モールテープ）の太さと本数で階級を示します。金線は各国ともほぼ共通のデザインですが、桜（海上自衛隊）、星（アメリカ海軍）など、国ごとに異なる刺繍が入ります。写真は海上自衛隊二等海尉。

※副官：司令官など高官の秘書的役割の軍人のこと。

各パーツの構造と解説　ナチス武装親衛隊 パンツァーヤッケ 将校制服

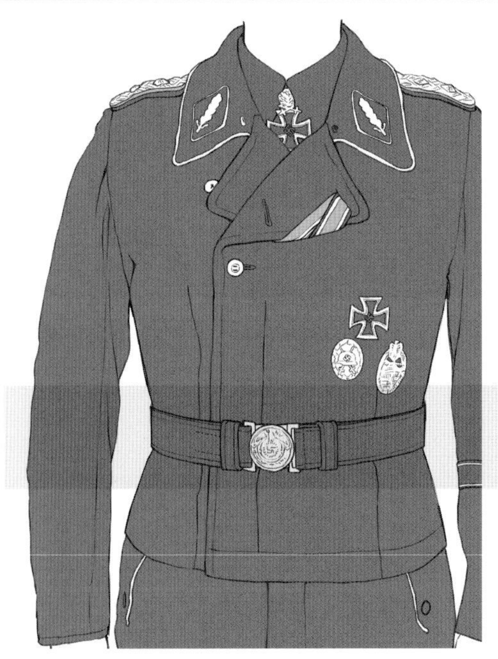

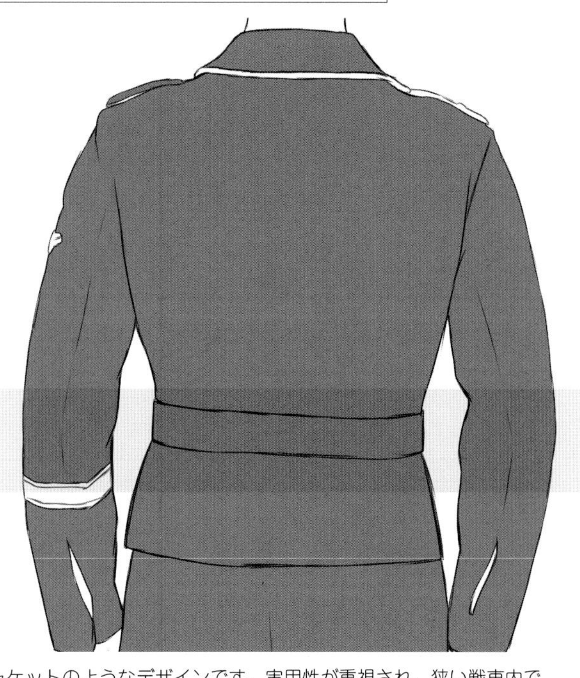

前合わせの深いダブルブレスト型で、着丈がとても短いライダースジャケットのようなデザインです。実用性が重視され、狭い戦車内で引っかからないようにボタンは隠しボタンとなっています。また袖先はボタン留めの先割れ式になっています。

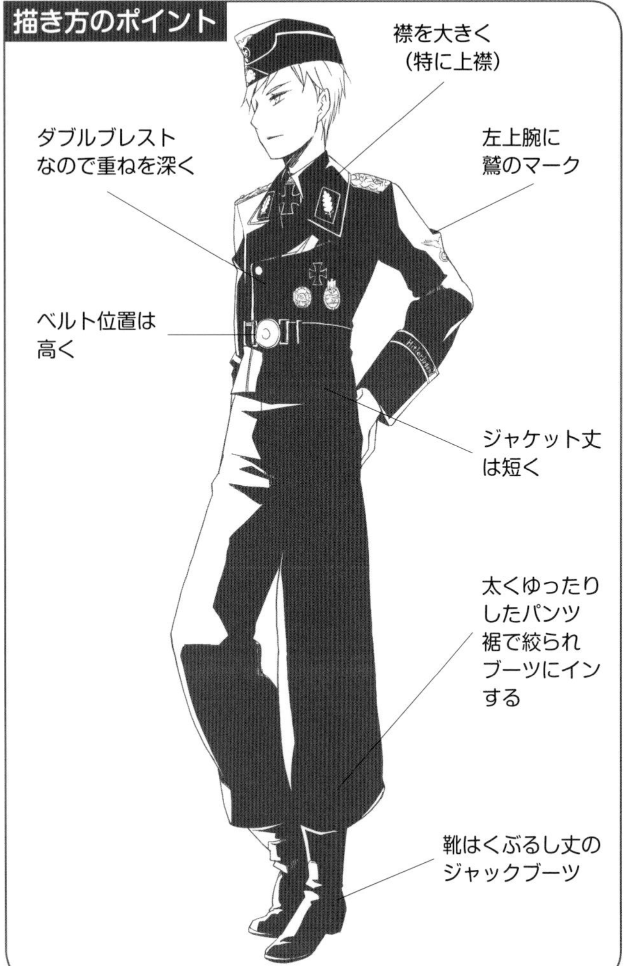

襟

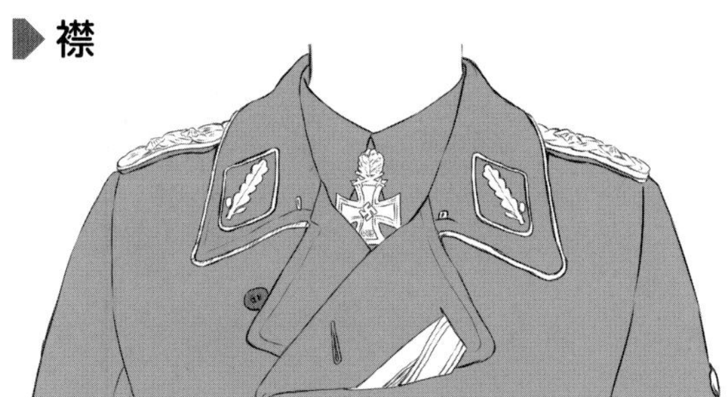

パンツァーヤッケは大きな上襟が特徴です。上襟にはパイピング（縁取り）とワッペン型襟章が付属しています。武装親衛隊の場合は銀ネジリ紐によるパイピングと襟階級章となります。

インナーシャツ

インナーには黒またはグレーのプルオーバーシャツを着用します。イラストでは首に騎士鉄十字勲章（111 ページ参照）を下げていますが、通常は黒のネクタイを着用します。

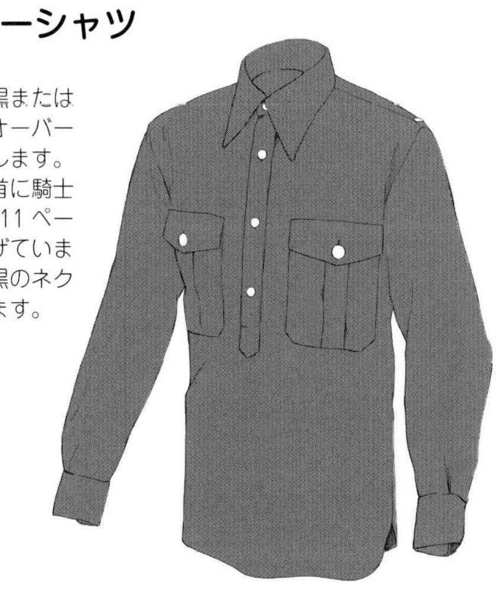

各パーツの構造と解説　海上自衛隊 第一種冬服 士官制服

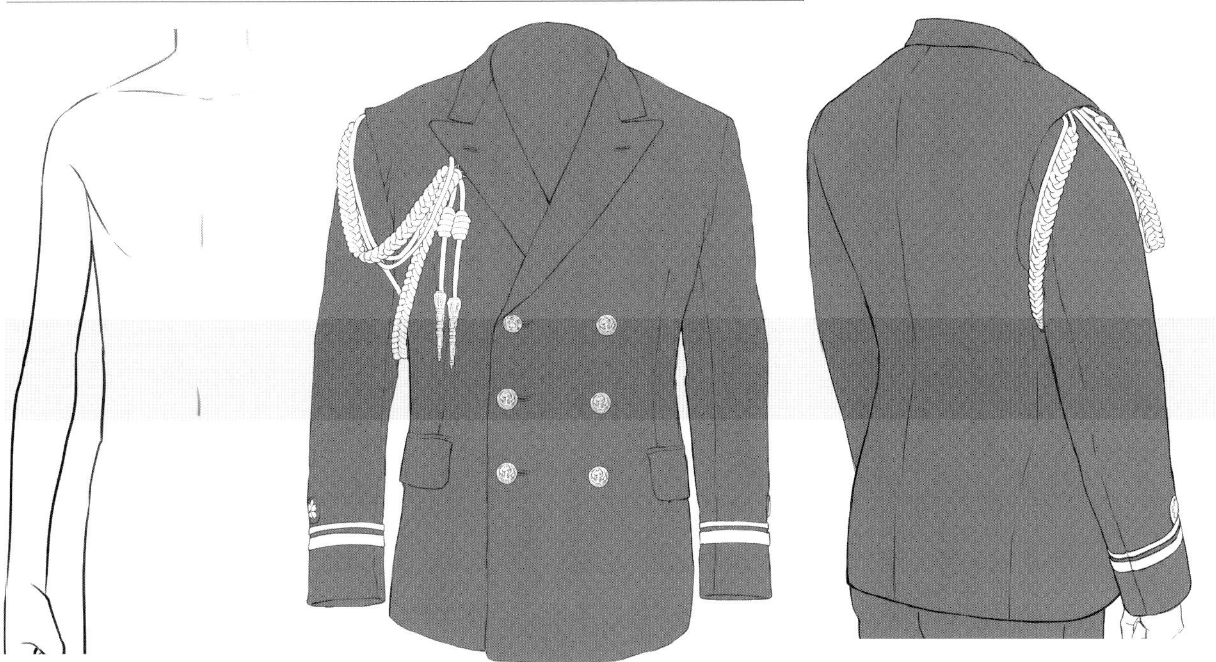

ダブルプレストスーツと似ていますが、やはりスーツとは異なります。具体的には、短く太い下襟、小さい開き、高い第１ボタンの位置などです。またシングル軍服と同じくウエストが絞られた砂時計型のシルエットです。

描き方のポイント

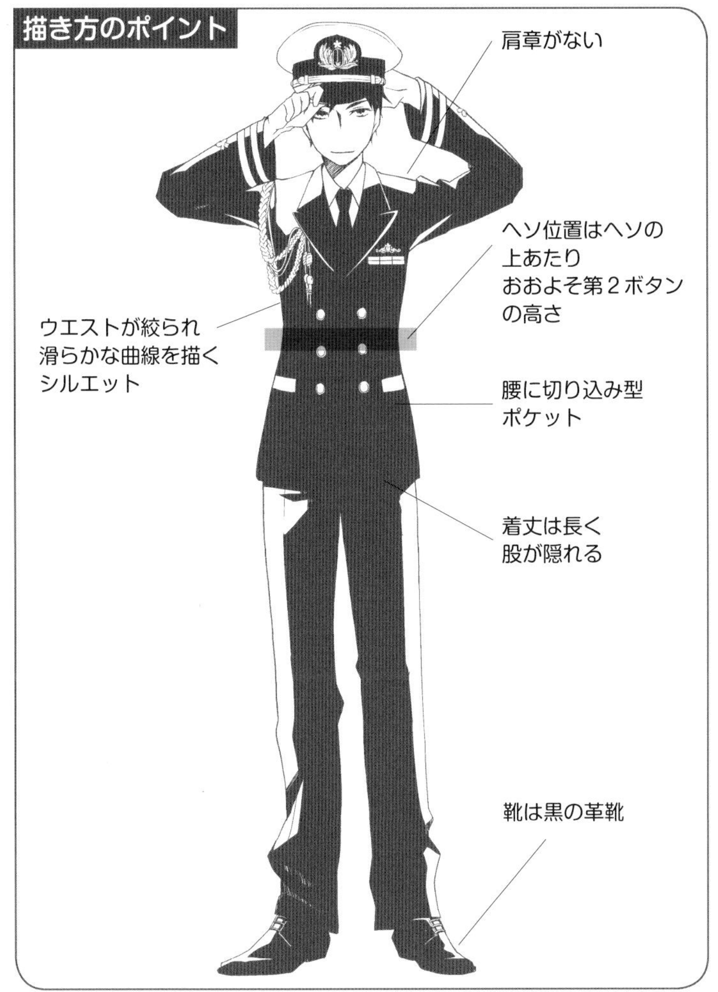

内部の構造

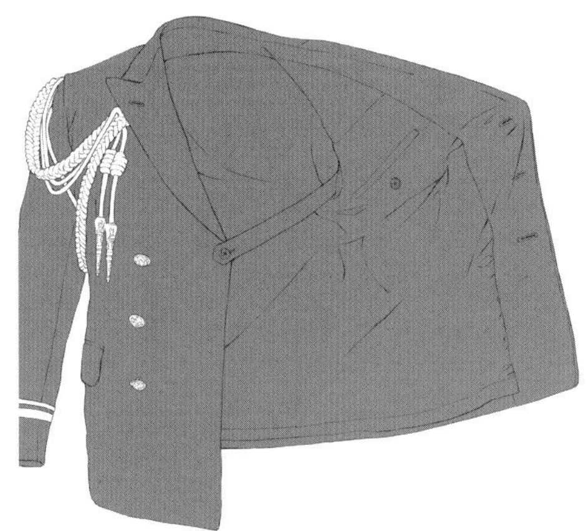

ダブルプレストの深い前合わせは、垂れさがらないように左脇あたりから伸びた布製ストラップで吊って固定します。

ボタン

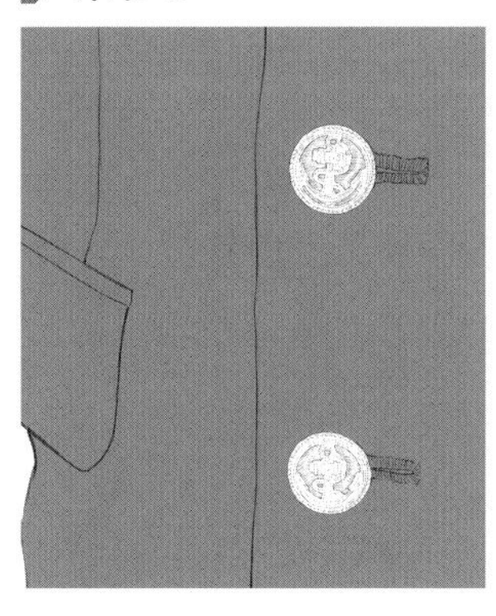

金色のボタンは、中央部が膨らんだドーム状で中央に錨の紋様が刻まれています。

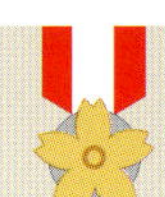

日本海軍 正装 士官制服

時代：明治時代～第２次世界大戦ごろ
用途：正装

燕の尾のように背面の裾が長く伸びた燕尾服型の詰襟ダブルブレスト制服を日本海軍では正装としていました。日本は明治維新のとき、イギリス海軍を模範として海軍を創設し、軍服もまたイギリス海軍と同様のデザインを採用しました。この燕尾服型軍服もイギリス海軍の制服をベースとしています。現在でもイギリス海軍では燕尾服型軍服が使用されています。

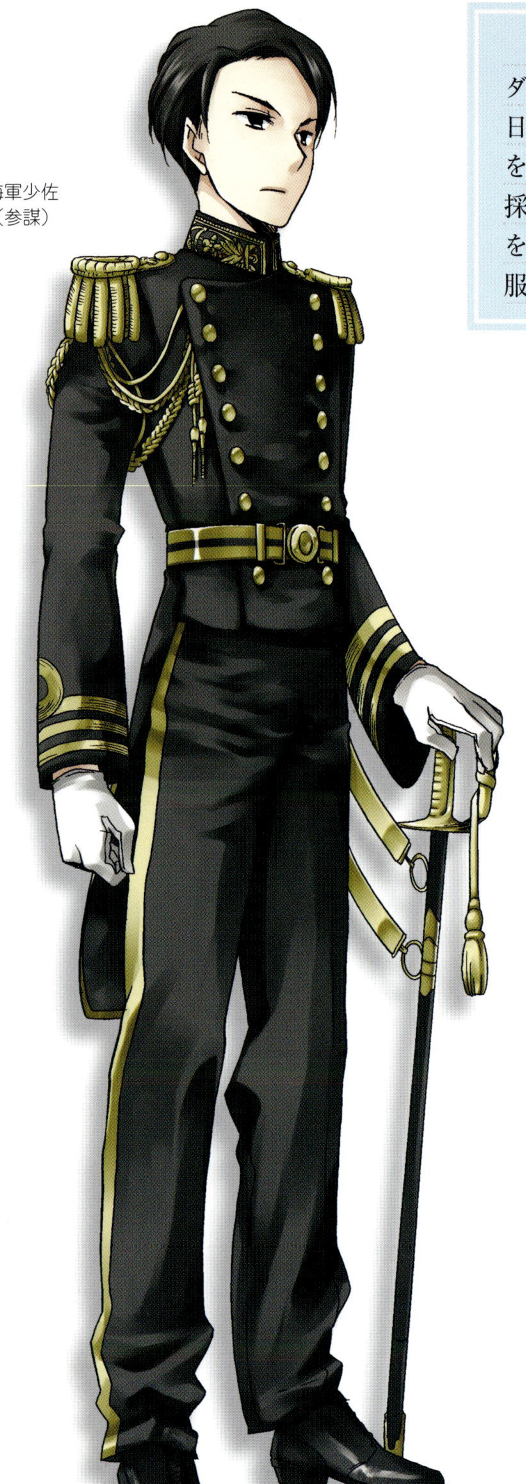

海軍少佐（参謀）

正装では「正剣」と呼ばれる儀礼刀を持ち歩きます。また右肩に「飾緒」が付属しています。「飾緒」は、この人物が参謀であることをあらわしています。

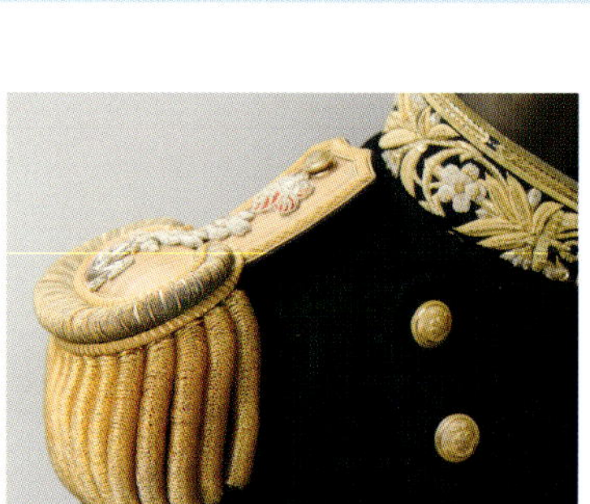

旧時代のイギリス海軍制服を踏襲した貴族的な装いです。「エポレット」と呼ばれる大型の肩章、襟まわりの鮮やかな刺繍装飾など、現代軍服とは一線を画す荘厳な雰囲気は、正装に相応しいと言えるでしょう。

描き方のポイント

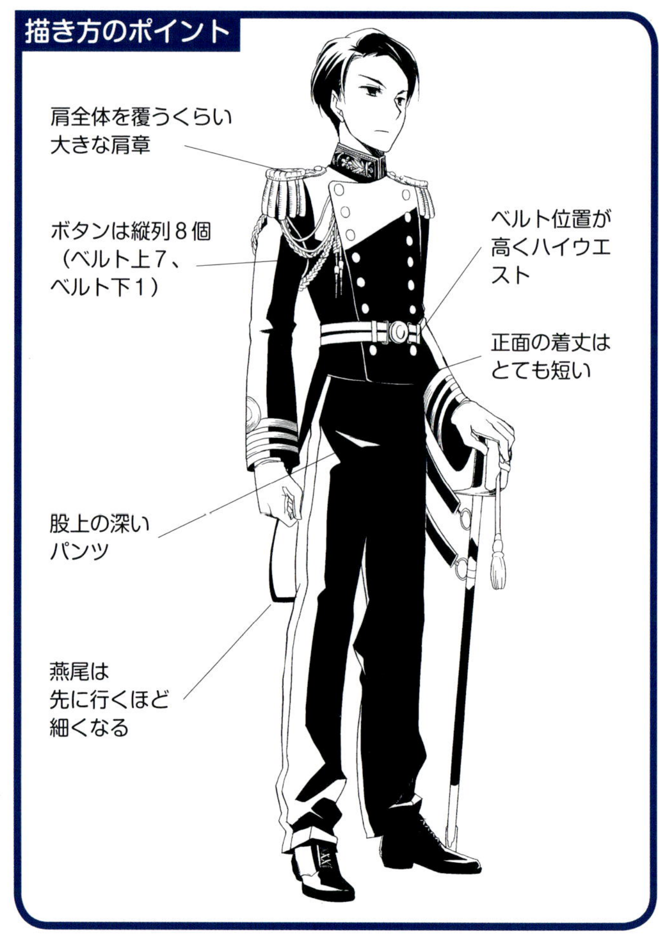

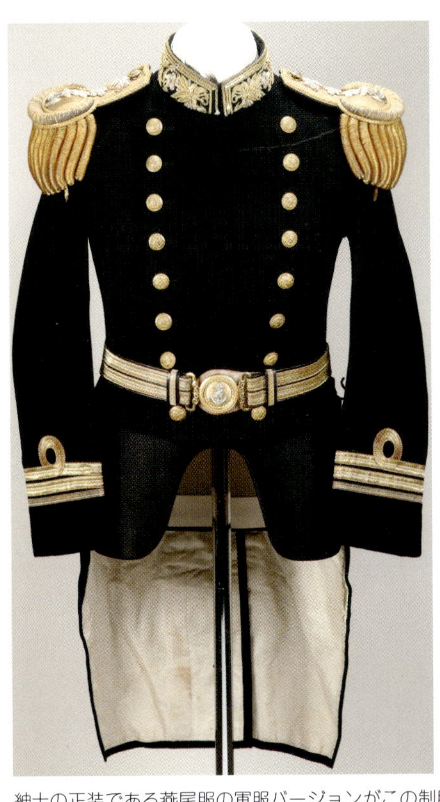
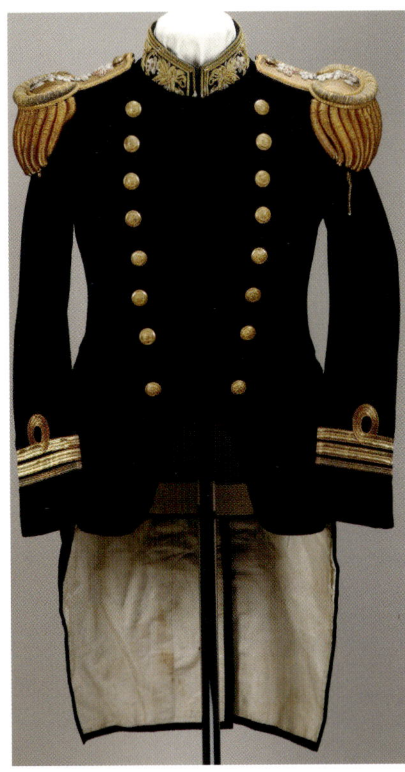
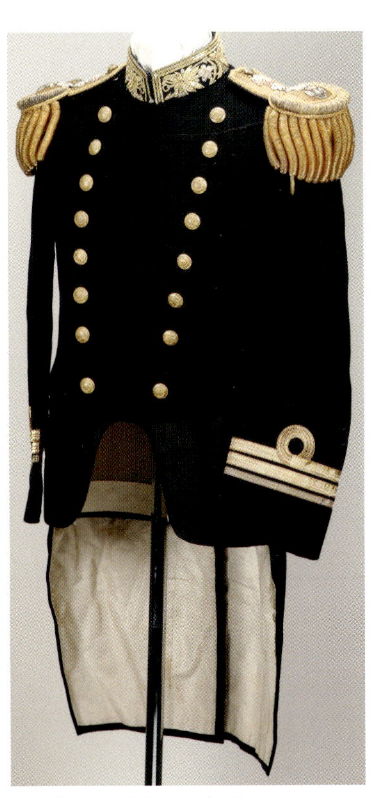

紳士の正装である燕尾服の軍服バージョンがこの制服です。正面がとても短く、背側は燕の尾のように長く伸びる裾丈が燕尾服の特徴です。厚いウールのラシャ生地です。ダブルブレストの部分にはボタンが縦に８個、左右２列で並んでいます。ベルトを締める第７- 第８ボタン間はわずかに間隔が広がっています。袖の金線は階級をあらわします。

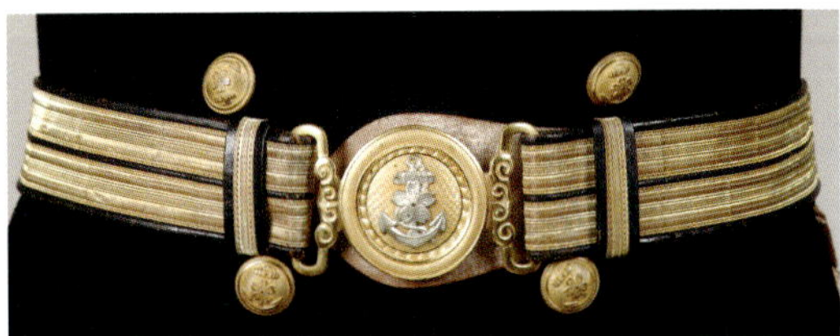

ベルトは黒革の上に金モールテープで飾られています。金色の金属製バックルには銀色の桜と錨（日本海軍のシンボル）が刻まれています。バックルの内側には制服生地とのスレを予防するため、革製のベロがついています。

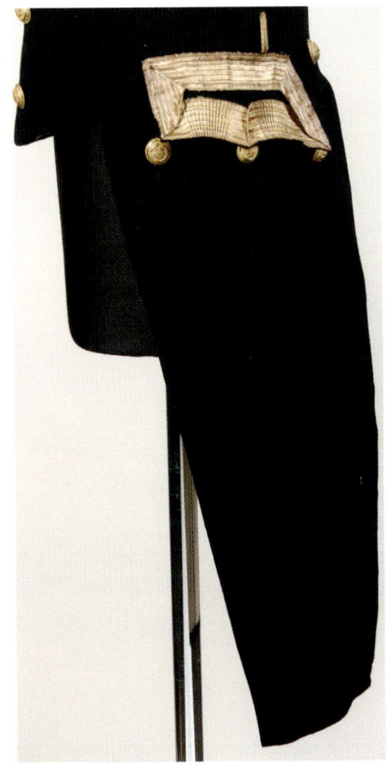

燕尾を側面から見た写真です。腰側面の３つのボタンは飾りです。その上の金モールテープはポケットフラップ型の飾りです。

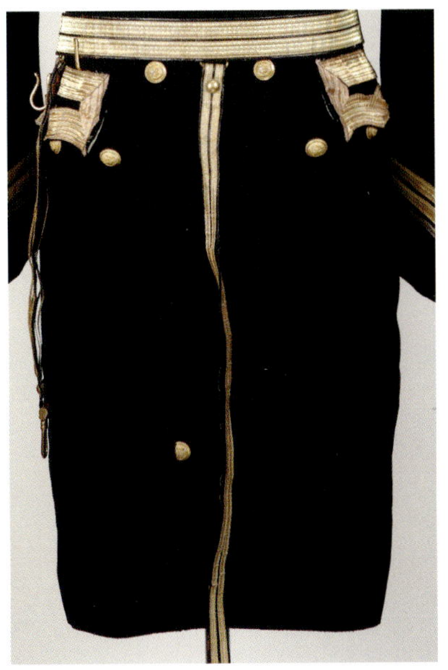
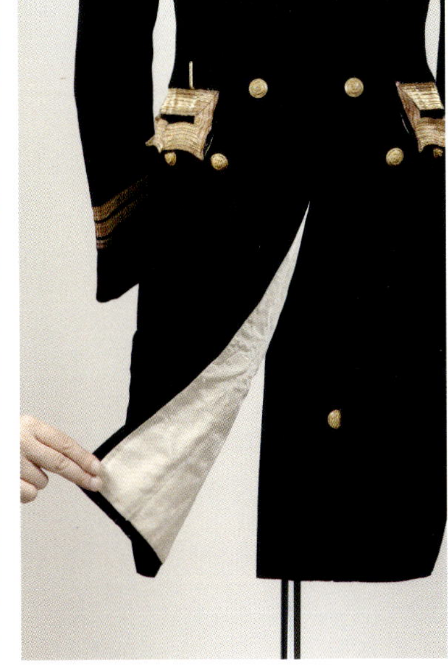

燕尾は先端に向けて細くなります。腰から裾にかけて飾りボタンが左右２個ずつ。また波型の装飾が施されています。やや重ねの深いセンターベントです。

写真の制服は実物。経年によるヨレやシワ、劣化などがあります。協力：斎藤文彦氏

各パーツの構造と解説

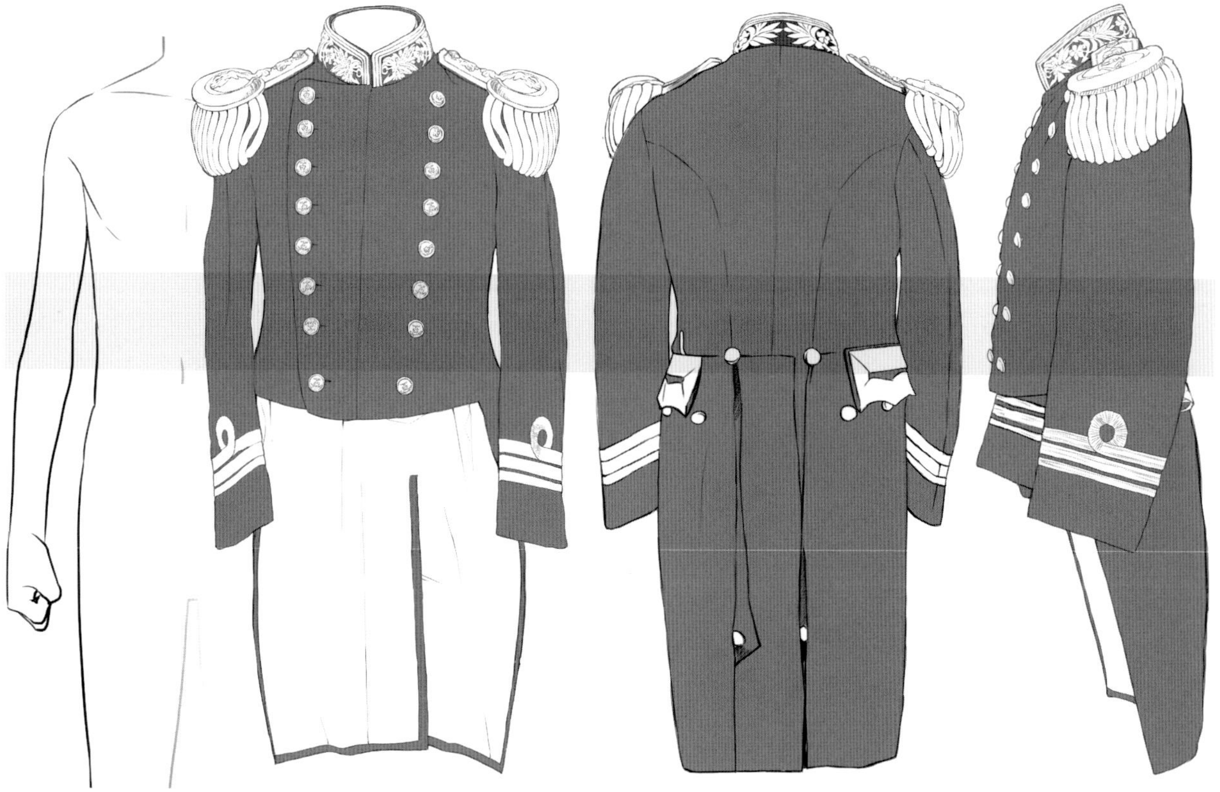

上半身はとてもタイト、ウエストが絞られた曲線的な砂時計型シルエットをしています。正面側の着丈はとても短く、絞りやベルト位置と合わせて胴短／脚長効果があります。なお、短いジャケット丈に合わせて、パンツの股上はとても深くなっています。

ベルト（正剣帯）と剣吊り

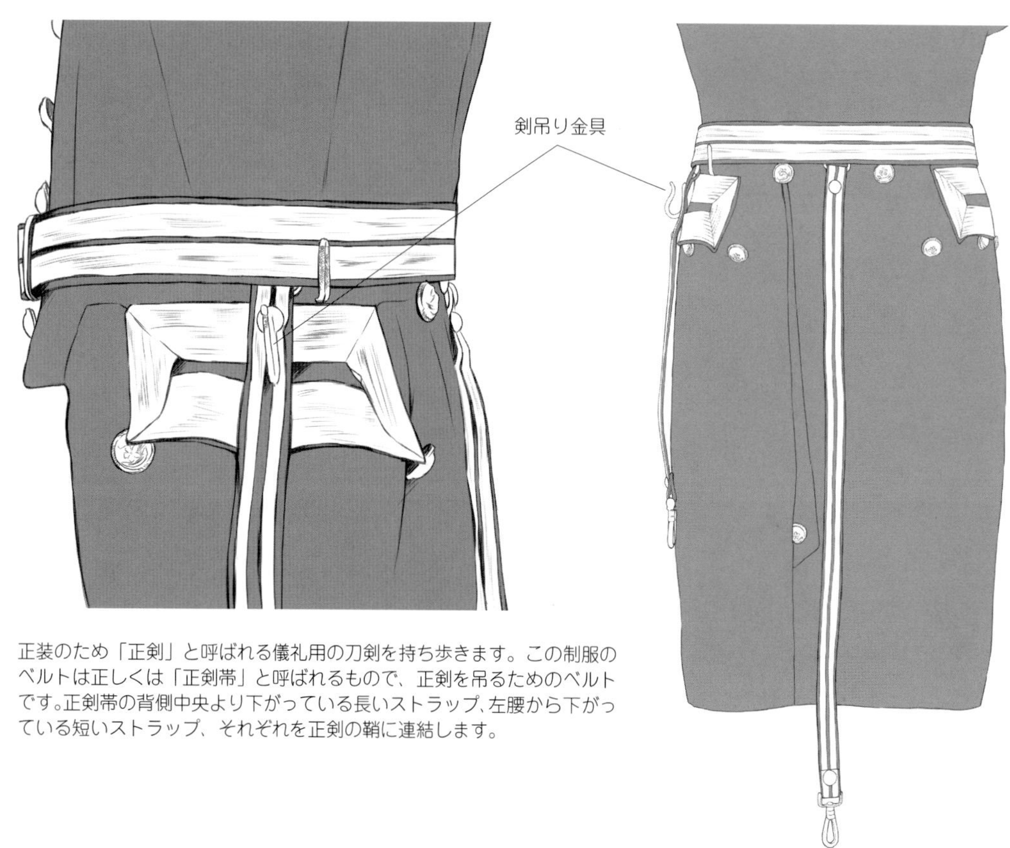

正装のため「正剣」と呼ばれる儀礼用の刀剣を持ち歩きます。この制服のベルトは正しくは「正剣帯」と呼ばれるもので、正剣を吊るためのベルトです。正剣帯の背側中央より下がっている長いストラップ、左腰から下がっている短いストラップ、それぞれを正剣の鞘に連結します。

パンツ

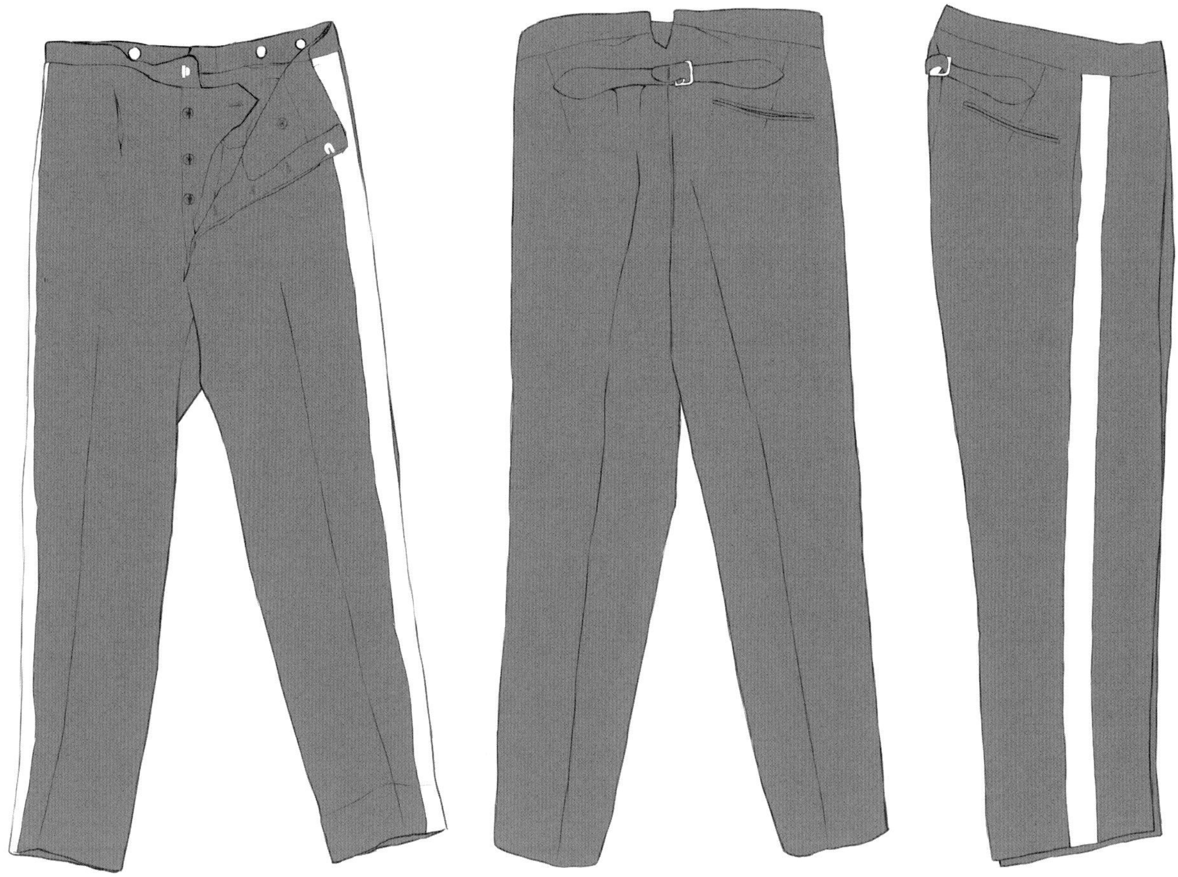

股上の深いストレートパンツです。サスペンダーで吊り、背側のストラップでウエスト幅を調整します。側面には太い金モールテープによる側線が入っています。

襟

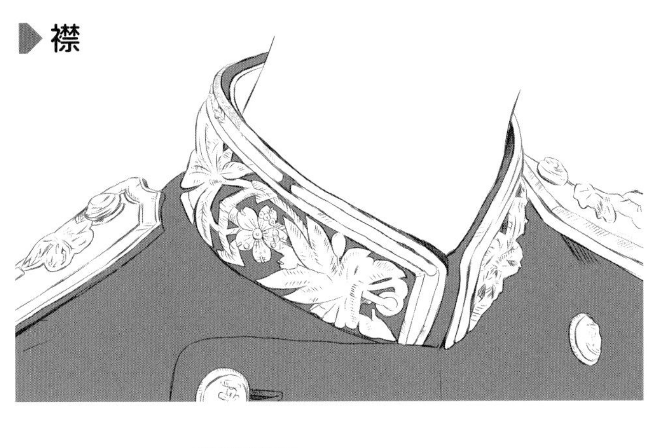

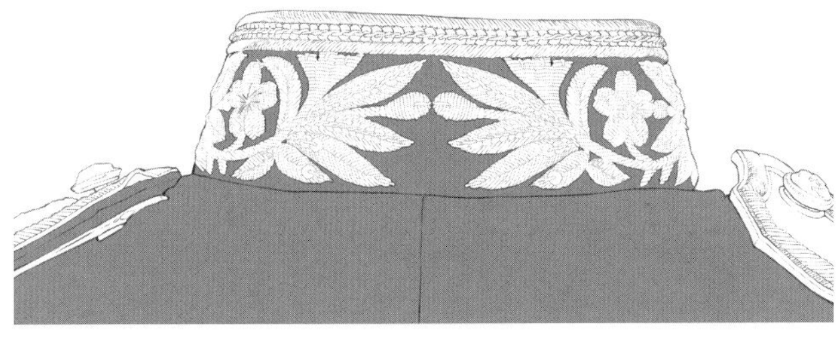

襟には日本海軍を象徴する錨と桜・桜葉・桜の蕾が金糸と銀糸で刺繍されています。襟の柄は尉官・佐官・将官用の３種類あり、階級が上位なほど込み入ったデザインになっています。イラストは佐官です。

裏地

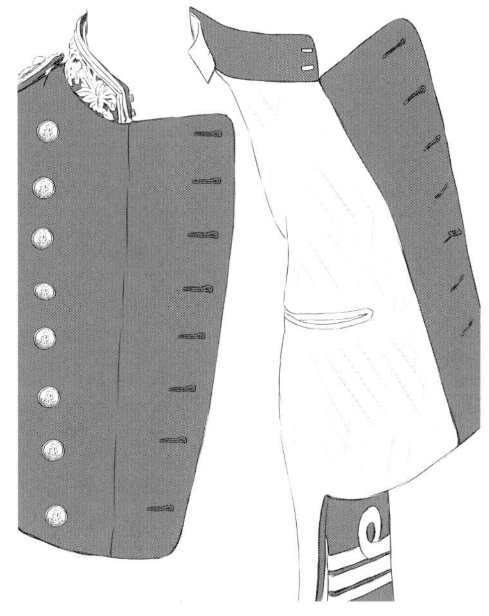

裏地は白い絹です。左胸に内ポケットがあります。また前合わせで隠れる右の身頃にもボタンホールが空いています。インナーには襟なしシャツ、襟には襟布（カラー）を使用します。

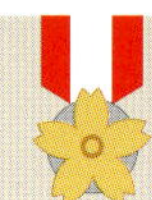

日本陸軍 大礼服 将校制服

時代：明治時代〜第２次世界大戦ごろ
用途：正装

日本陸軍において正装として着用されたのが、この詰襟ダブルブレスト軍服です。海軍の正装と同様に明治初期にヨーロッパの陸軍軍服に倣ってデザインされました。日本陸軍では「正装」と「礼装」を区別しており、この制服にはその２つの役割がありました。イラストのように帽子に羽飾り（「前立」と言う）をつけ、腰に飾り帯（「飾帯」と言う）を巻いた状態が「正装」で、最上位の儀礼用軍服と決められていました。陸軍創設以来、ほぼ全期間にわたって採用された軍服ですが、第２次世界大戦中に華美すぎるとして廃止されました。

陸軍歩兵少佐

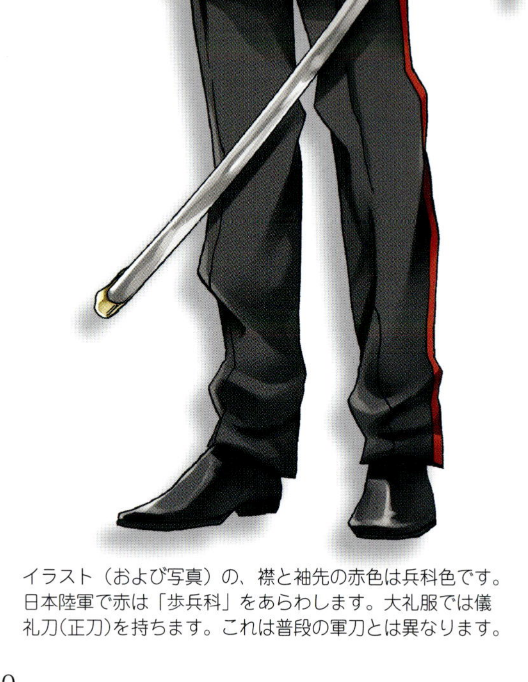

イラスト（および写真）の、襟と袖先の赤色は兵科色です。日本陸軍で赤は「歩兵科」をあらわします。大礼服では儀礼刀（正刀）を持ちます。これは普段の軍刀とは異なります。

描き方のポイント

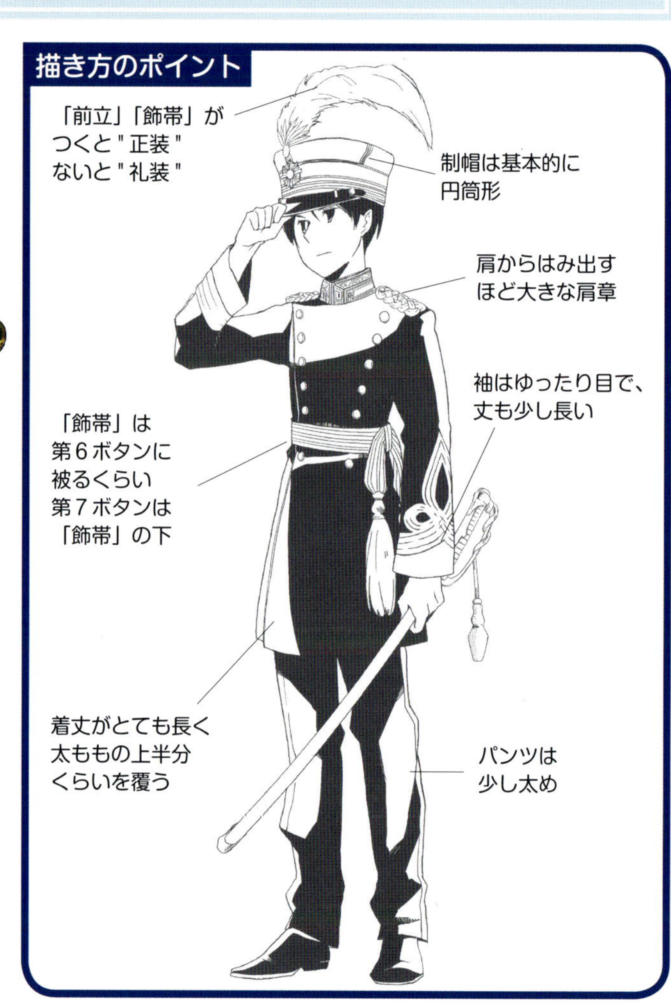

「正装」と「礼装」の着用については明確に規定されていました。例えば紀元節（現在の建国記念日）や天長節（現在の天皇誕生日）、宮中参賀など国家・皇室の重要催事は「正装」とされていました。

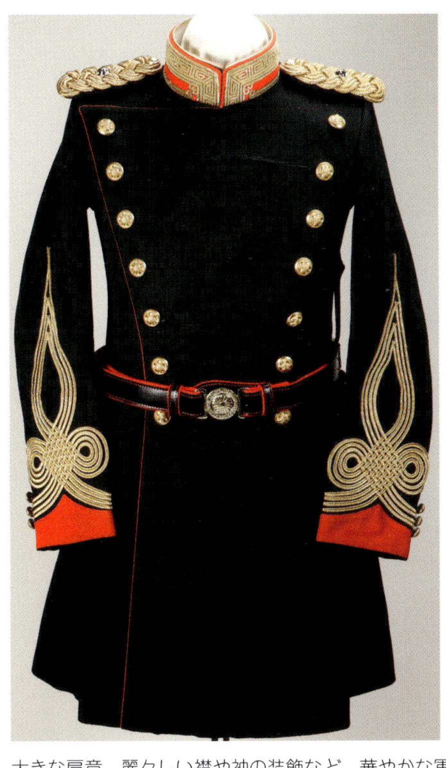

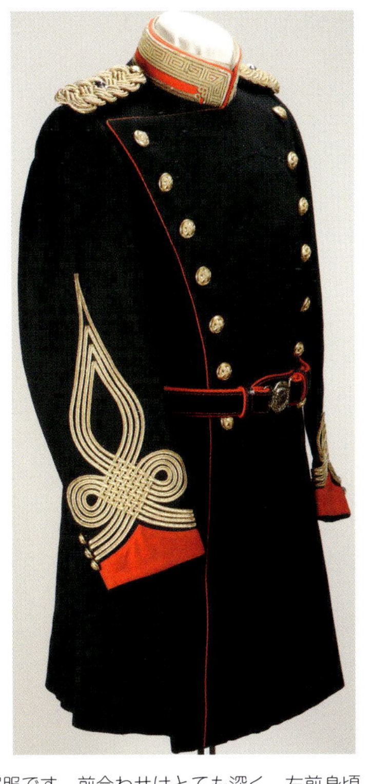

大きな肩章、麗々しい襟や袖の装飾など、華やかな軍服です。前合わせはとても深く、左前身頃が胴体前面をほぼ覆っています。前身頃は縁に沿って赤いパイピングが施されています。襟の装飾は尉官・佐官・将官用の3種類、袖は階級ごとに異なります。写真で、腰に巻いているのは革製の剣吊りベルト（正刀帯）です。正刀帯のみ巻いた状態は「礼装」、この上から「飾帯」を巻くと「正装」です。

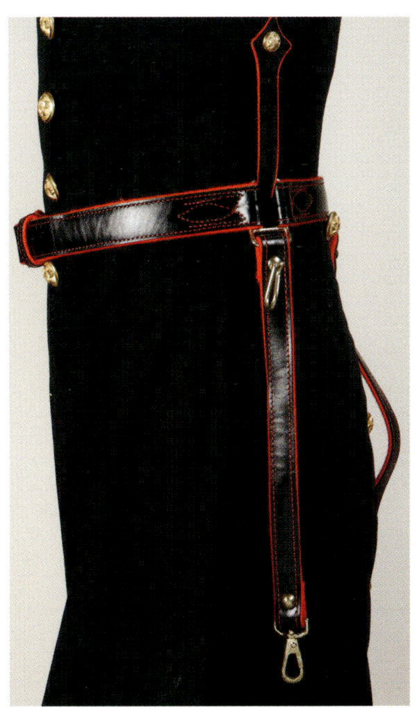

制服の左側面には矢印型のベルト吊り（制服と同じ生地製）が付属しています。正刀帯左側面の四角い金属リングに通して、ベルトを吊ります。また、四角い金属リングの下には儀礼刀を吊るための剣吊り帯（革製）が付属しています。

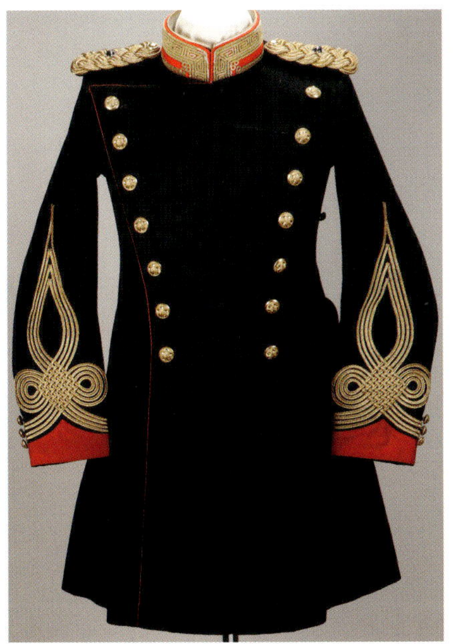

ボタンは胴のシルエットに合わせてＶ字に配置されています。

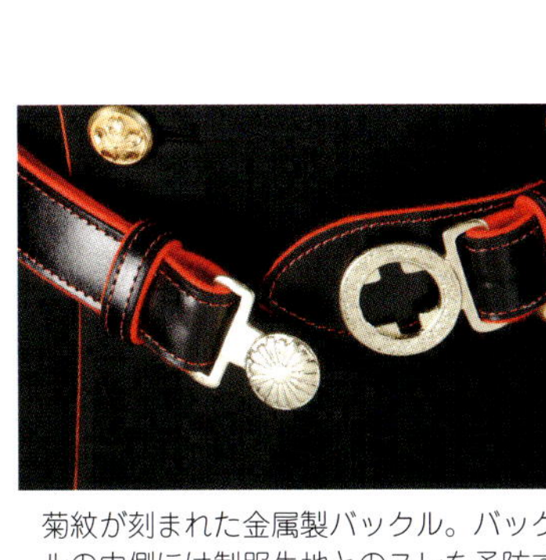

菊紋が刻まれた金属製バックル。バックルの内側には制服生地とのスレを予防するため、革製のベロがついています。

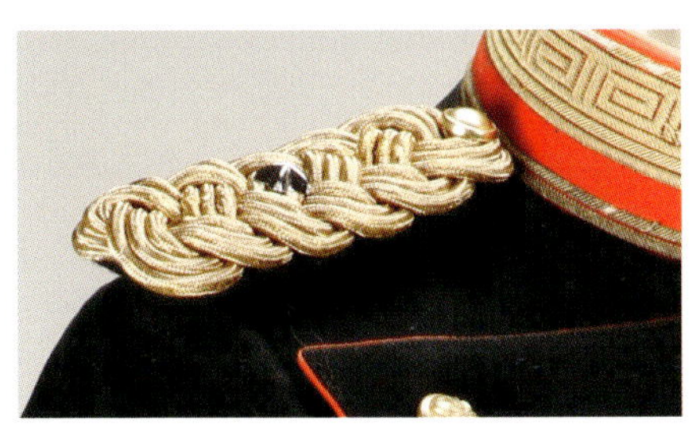

大きな金モール編込みの肩章（※写真の肩章は形状と色の似た陸上自衛隊正装用肩章で代用しています）。

写真の制服は実物。協力：斎藤文彦氏

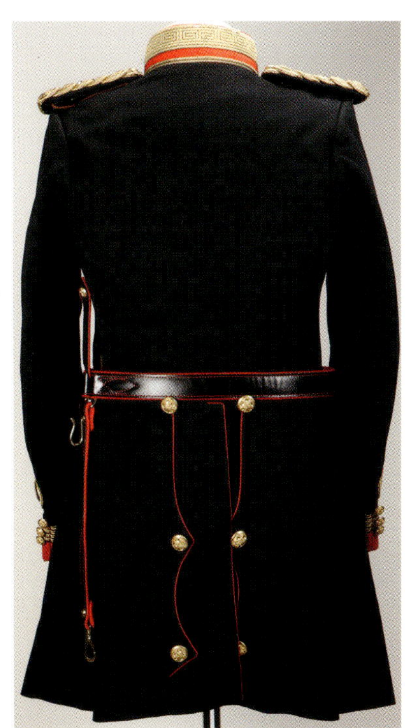

背側には裾に左右３個ずつの飾りボタンと波型の装飾が施されています。海軍の正装と同じく重ねの深いセンターベントです。

各パーツの構造と解説

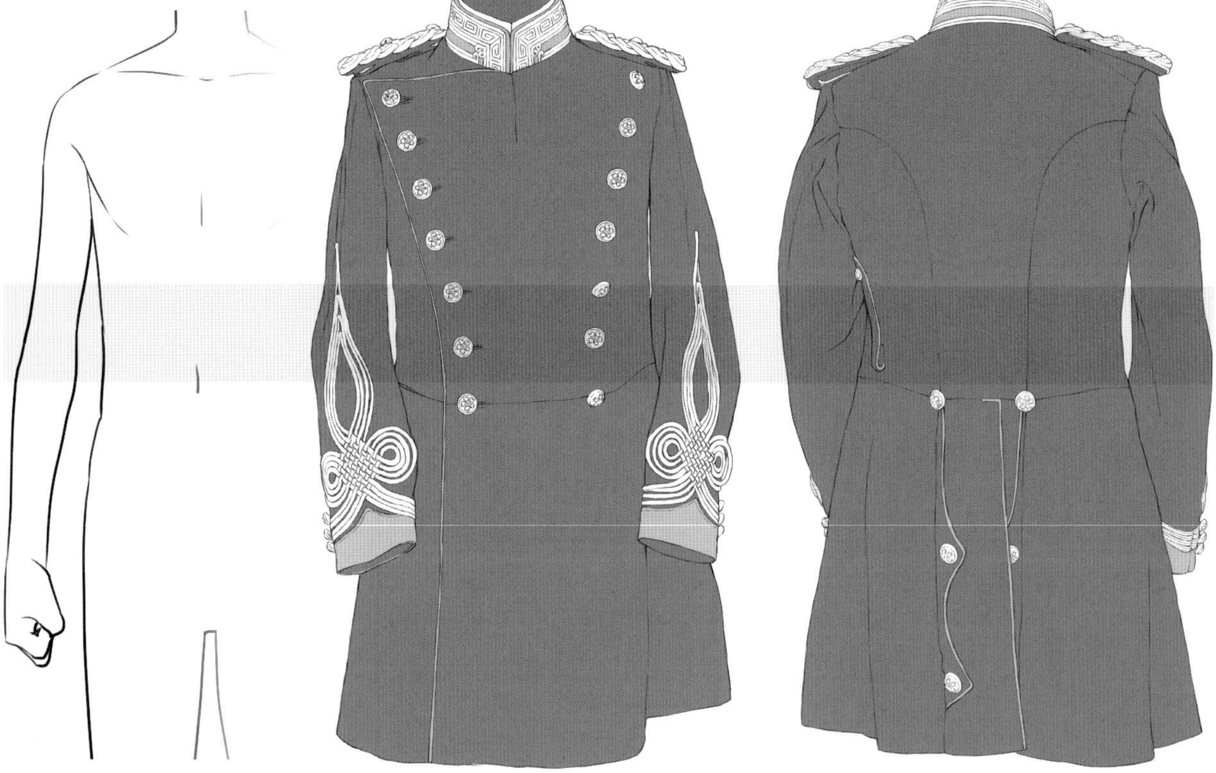

丈がとても長く、ジャケットというよりはコートに近い雰囲気の軍服です。上半身はタイト、一方でベルト下はふわりと広がり、上下で異なるシルエットを作ります。また、大礼服のベルト位置はおおよそヘソの高さです。

襟

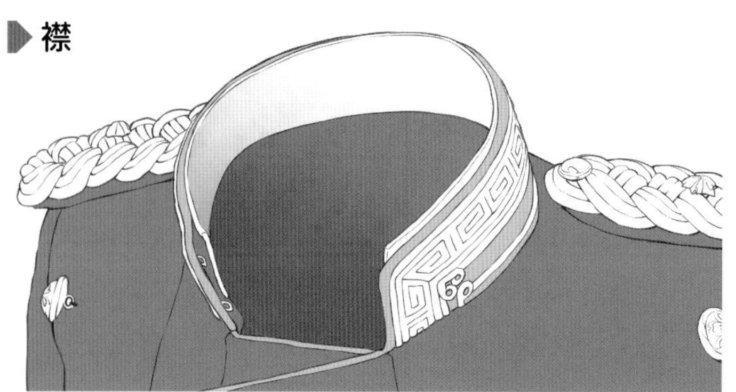

詰襟の内側には襟布（カラー）を取りつけます。インナーには襟なしシャツを着用します。

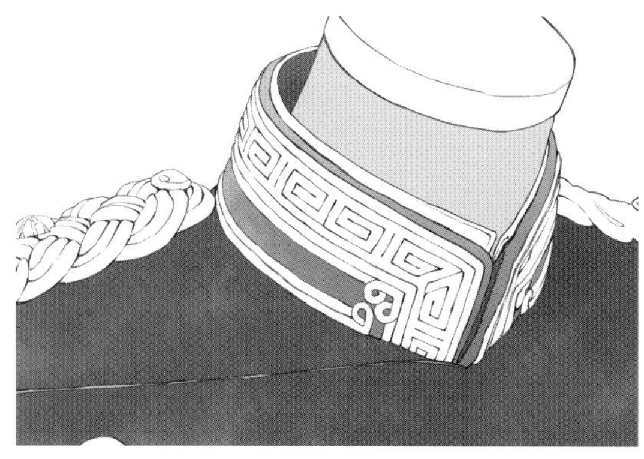

東洋的なデザインの襟装飾は、フェルト地の上に金糸で刺繍されています。襟の模様は尉官・佐官・将官の3段階で異なります。襟の地色は兵科色です。

ボタン

ドーム状のボタンには桜の紋様が刻まれています。

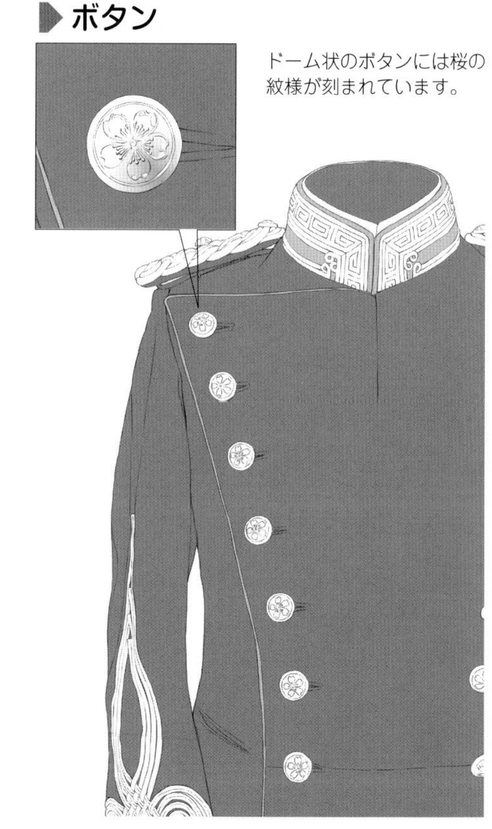

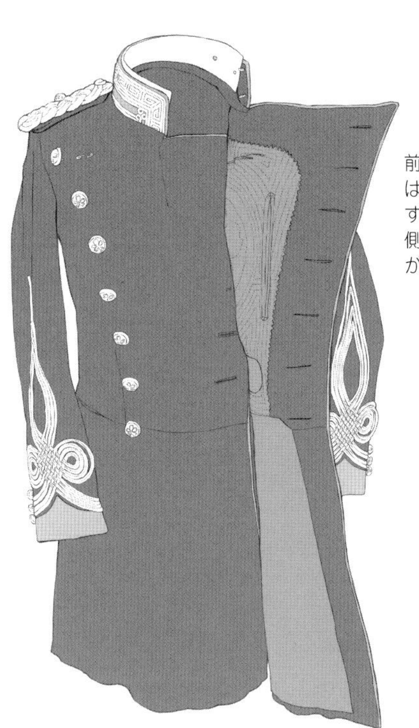

前身頃の合わせはとても深いです。左前身頃裏側に内ポケットがあります。

パンツ

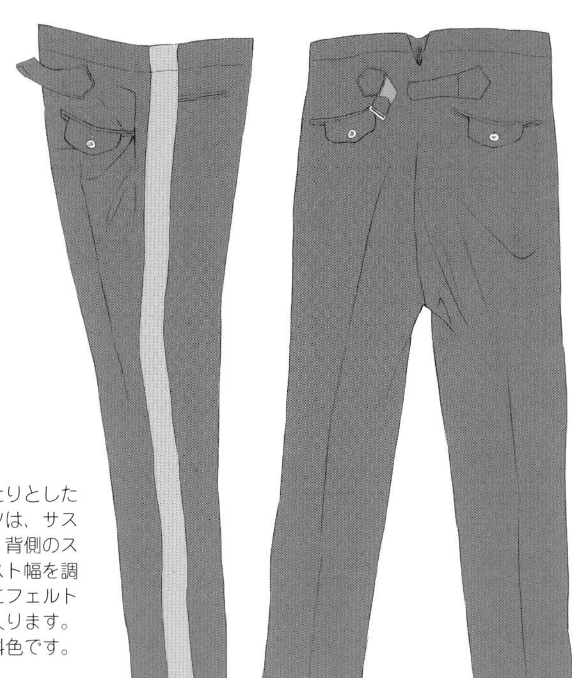

股上の深いゆったりとしたストレートパンツは、サスペンダーで吊り、背側のストラップでウエスト幅を調整します。左右にフェルトテープの側線が入ります。テープの色は兵科色です。

帽子

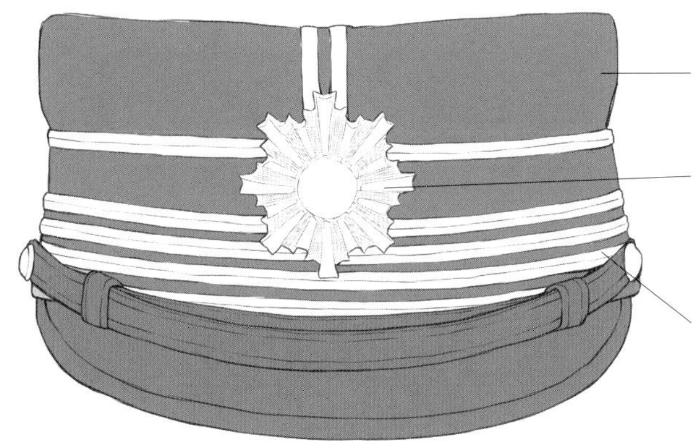

黒フェルト地。トップに丸み

日照（太陽）をイメージした金属プレート

金線の本数は階級で異なります。１本で少尉、２本で中尉……イラストは４本で少佐です

大礼服には「正帽」と呼ばれる専用の帽子を着用します。ほぼ円筒形で上部がやや膨らんでいます。イラストの状態は「礼装」。前立をつけると「正装」となります。前立は正面金属プレートの上部に挿して固定します。

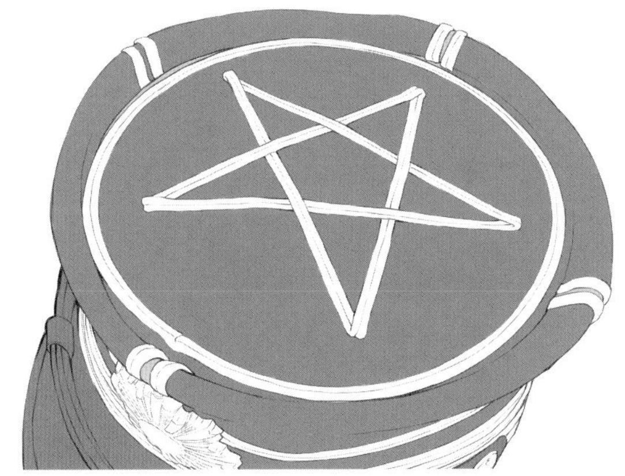

制帽上部は平らな円形で、中央に金線で五芒星が描かれています。日本陸軍の制服には五芒星マークが多いですが、一説には陰陽道由来の魔除けの意味があるとも言われています。

飾帯

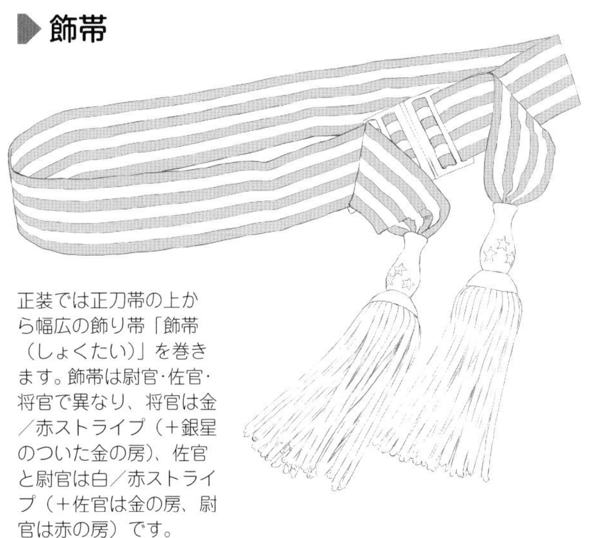

正装では正刀帯の上から幅広の飾り帯「飾帯（しょくたい）」を巻きます。飾帯は尉官･佐官･将官で異なり、将官は金／赤ストライプ（＋銀星のついた金の房）、佐官と尉官は白／赤ストライプ（＋佐官は金の房、尉官は赤の房）です。

アクション集

せっかくカッコいい軍服を着せても、棒立ちでは様になりません。背筋をぴんと伸ばして、軍人らしい敬礼などのポーズをつけると、より男らしく見せることができます。逆にちょっとくだけたオフショットでギャップをつくるのもいいでしょう。

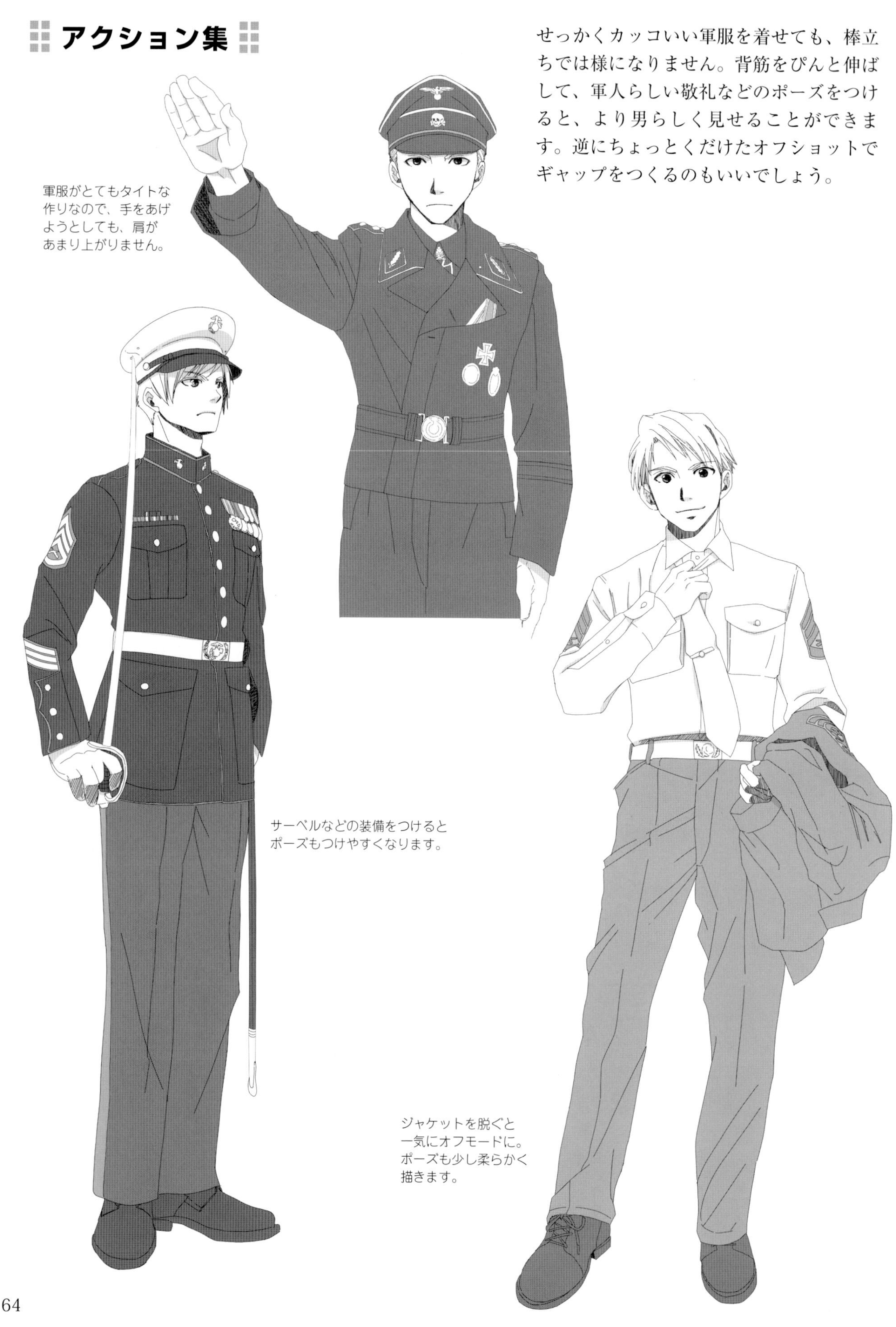

軍服がとてもタイトな作りなので、手をあげようとしても、肩があまり上がりません。

サーベルなどの装備をつけるとポーズもつけやすくなります。

ジャケットを脱ぐと一気にオフモードに。ポーズも少し柔らかく描きます。

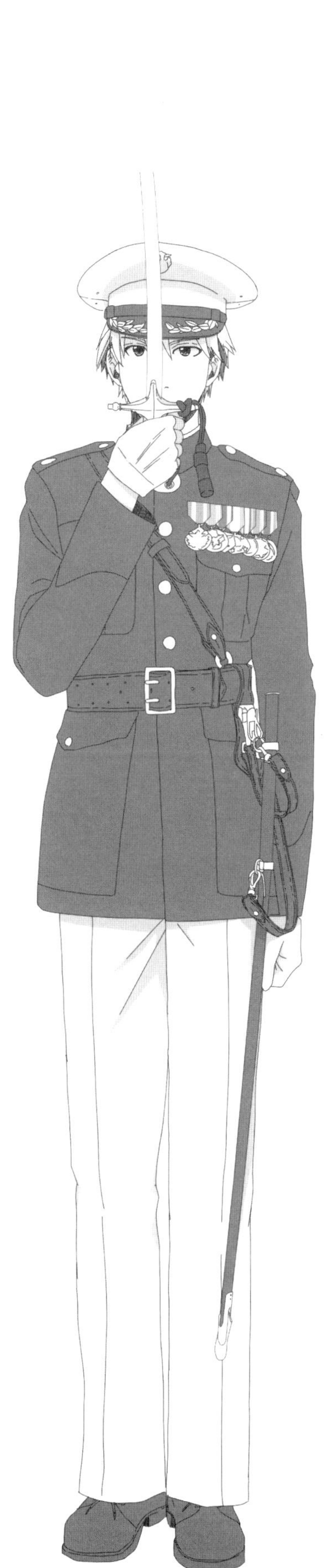

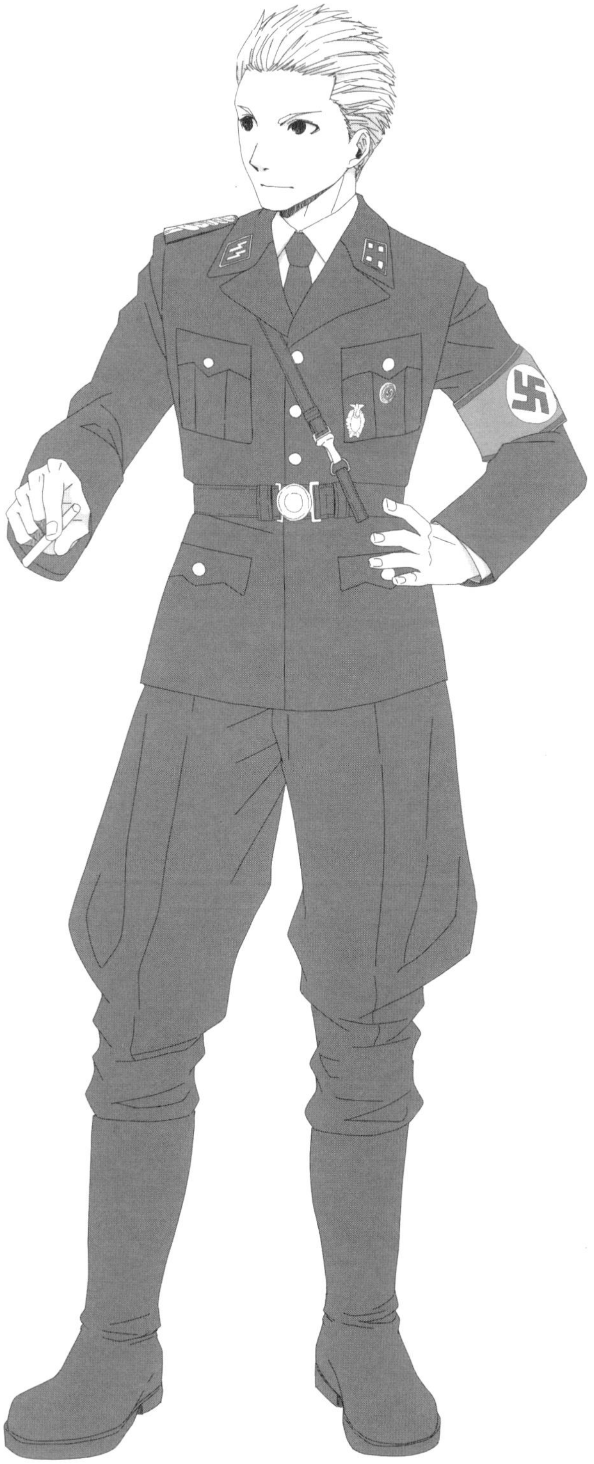

どんなポーズをさせても、
ジャケットやパンツの
シルエットはきちんと
保ちましょう。

乗馬パンツ

乗馬パンツは単に“太ももが膨らんだパンツ”ではありません。膨らむ部分、膨らまない部分、タイトな部分——緩急をつけて描きましょう。

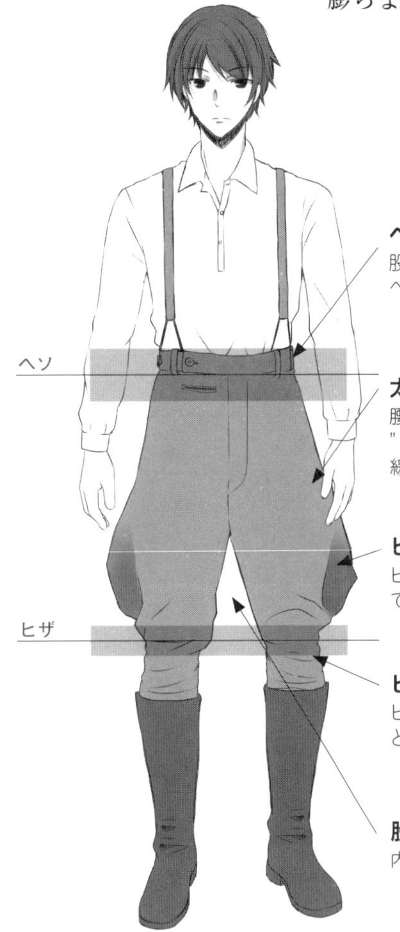

間違った描き方

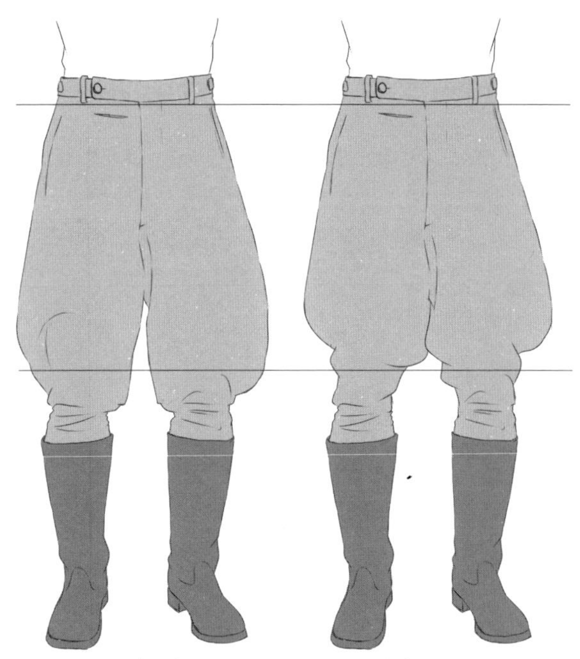

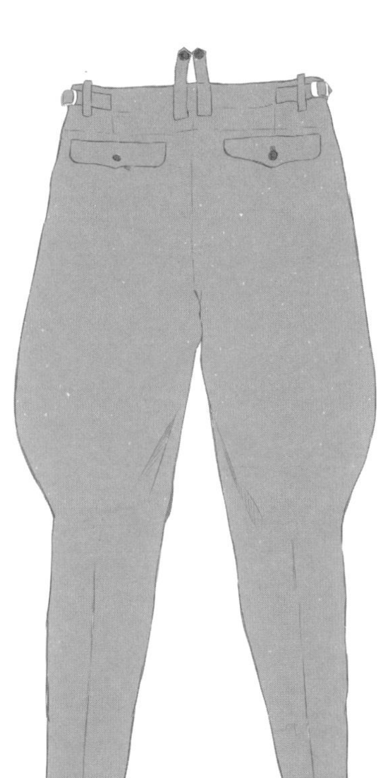

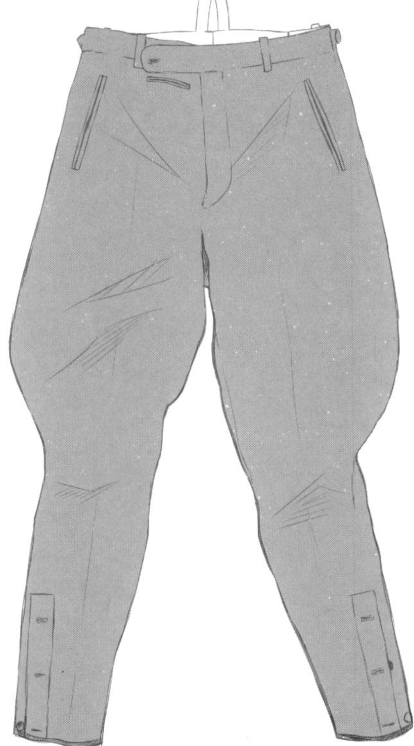

パンツそのものが
太いわけではない

太ももの外側
この部分が膨らむ

ヒザ上あたりから
タイトに絞られる

乗馬パンツのシルエット

正面から　“太もも部分のみ”が“外側”に向けて膨らんでいます。他の部分は膨らみません。

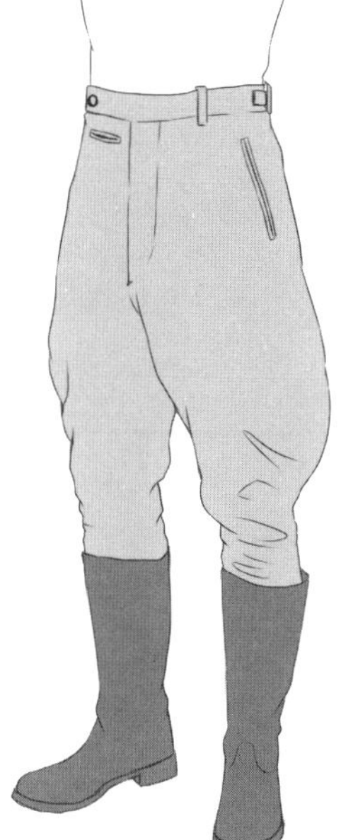

基本シルエット

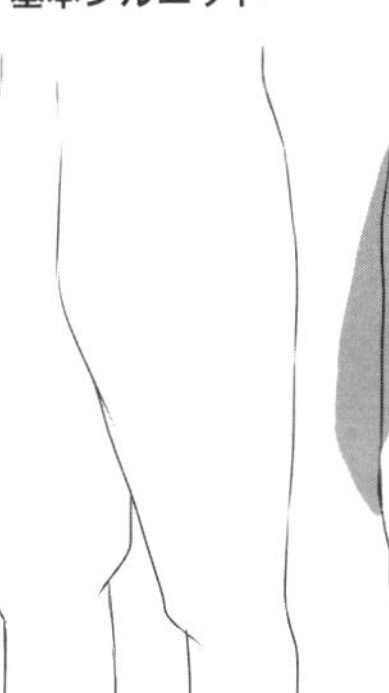

パンツの基礎部分はそれほど膨らんだシルエットではありません。

膨らみ部分

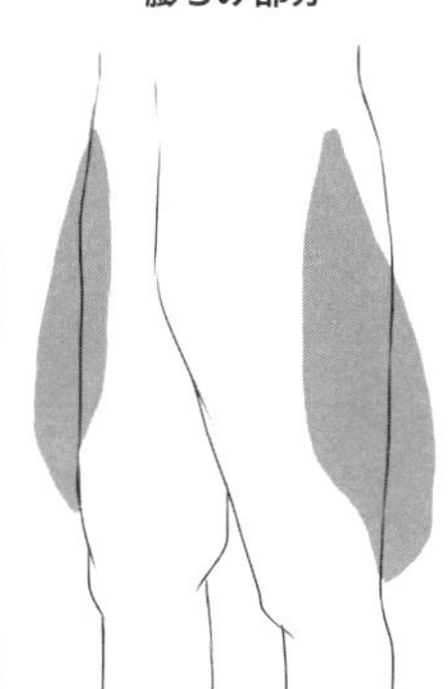

左右の外側に膨らみ、内側は膨らみません。

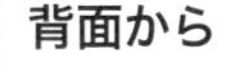

背面から　後ろ側にはほとんど膨らみはありません。おしりや太もも後部に限れば“ゆったりしたパンツ”程度のシルエットです。
そのため、パンツの上からでも、おしりや太もものボディラインが判別できます。

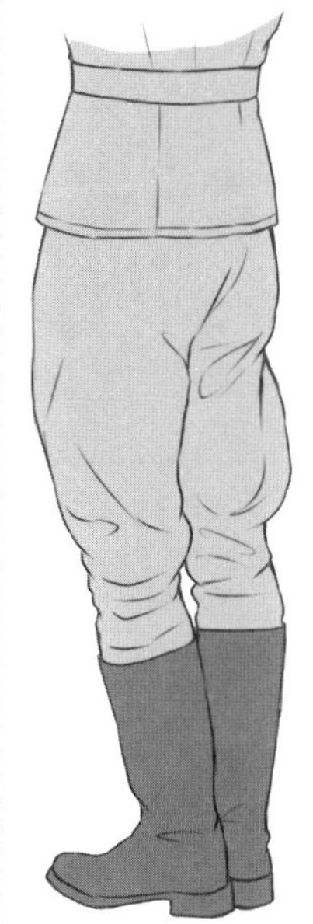

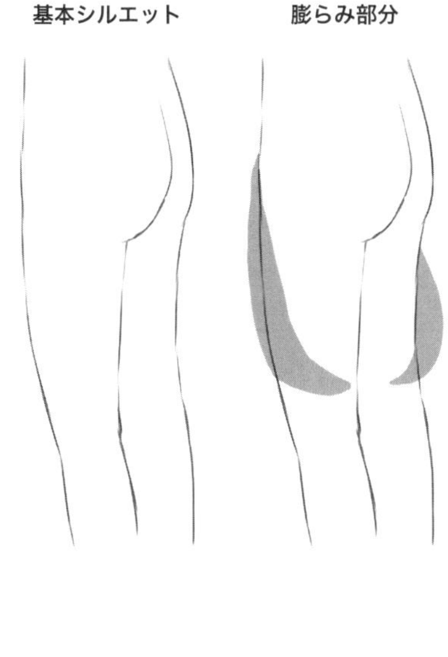

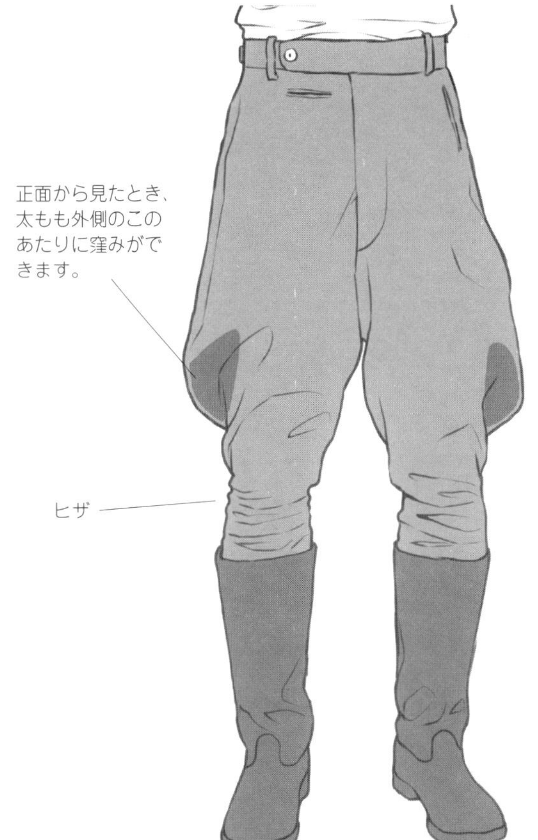

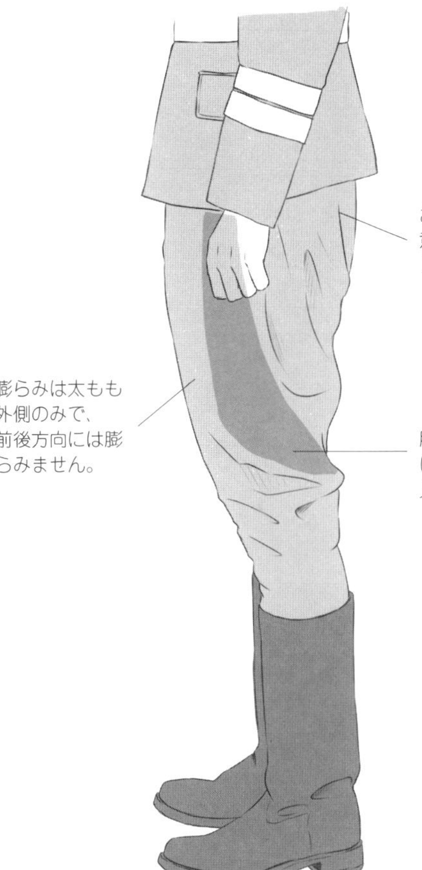

フットギア

軍隊には目的や制服に合わせてさまざまな靴が存在します。ここからのページでは、そのなかでも代表的なものを選び、紹介していきたいと思います。

アンクルブーツ（編上靴）

「ankle（くるぶし）」の高さの革製ブーツです。「編上靴（へんじょうか）」とも言います。このタイプの靴は主に戦闘用であり、脛まで覆うゲートルやレギンス（脚絆）などと合わせて使用されます。一方で、正装／勤務服に使用される場合もあり、その場合はストレートパンツと組み合わせて使用されます。

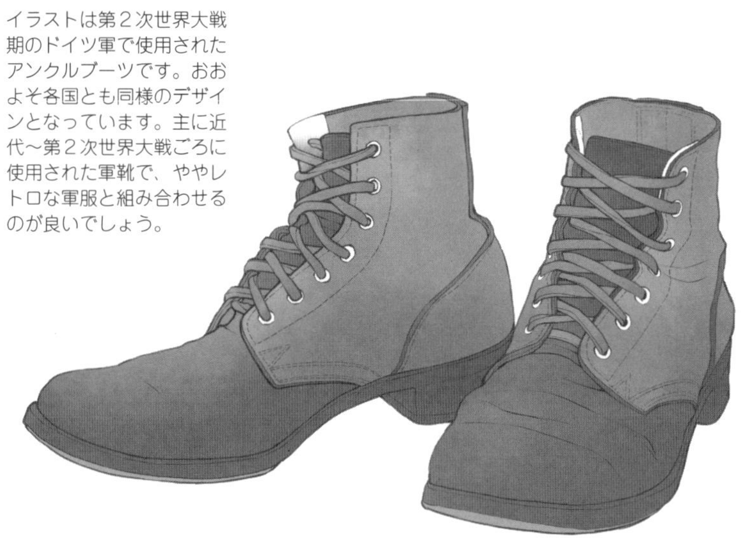

イラストは第２次世界大戦期のドイツ軍で使用されたアンクルブーツです。おおよそ各国とも同様のデザインとなっています。主に近代～第２次世界大戦ごろに使用された軍靴で、ややレトロな軍服と組み合わせるのが良いでしょう。

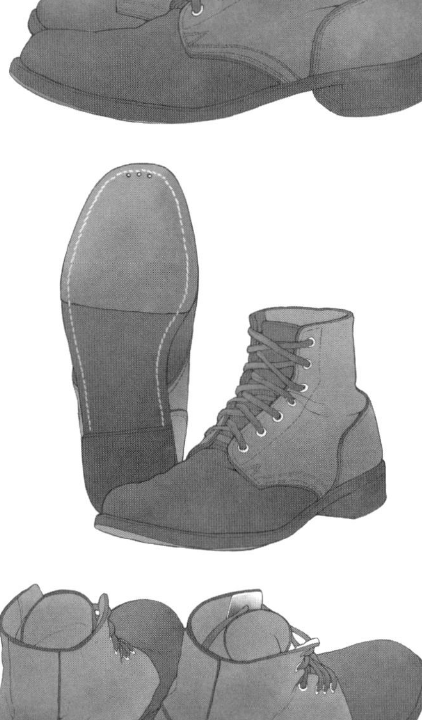

現代では一般的な「外羽根式」（靴紐を通す“羽根”の部分が甲より上にある）デザインは、もともと軍隊用に発明されたもので、初めて使用した将軍の名をとって「ブルーチャー式」とも呼ばれます。

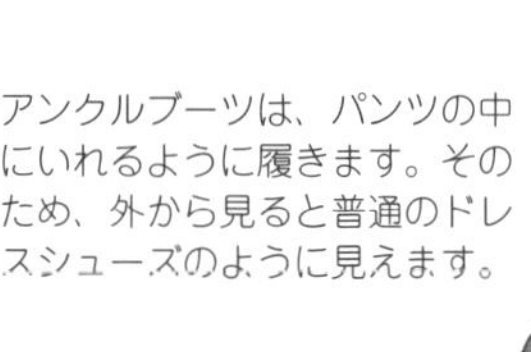

アンクルブーツは、パンツの中にいれるように履きます。そのため、外から見ると普通のドレスシューズのように見えます。

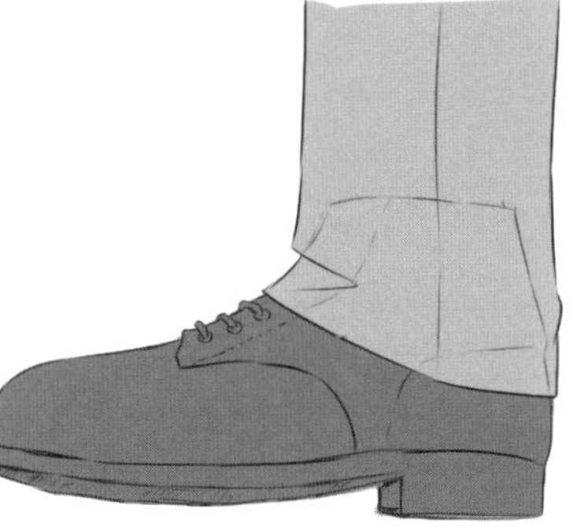

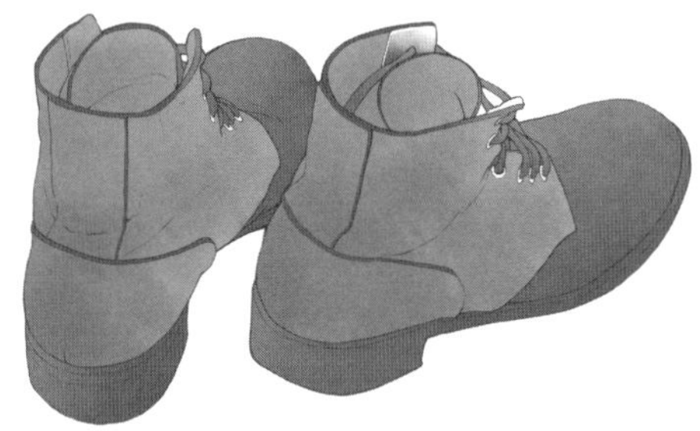

✷ 靴はピカピカ・バリバリに！

紳士服のオシャレは「靴に気を遣え！」と良く言います。それは軍服も同様です。どんなに制服が美しくても、靴が汚れてヨレヨレでは台無しです。軍隊では、正装／勤務服に合わせる靴を徹底的に美しく保つように、つま先がピカピカと輝くように入隊時から徹底的に教育されます。“靴磨き”は軍人の重要な嗜みなのです。

ドレスシューズ

一般的な紳士靴とほぼ同様のデザインであり、正装／勤務服専用の軍靴です。ストレートパンツと組み合わせて使用され、現代の正装／勤務服は、ほぼこのタイプの靴を履くと考えて良いでしょう。文字通りドレス（制服）に組み合わせる靴なのです。

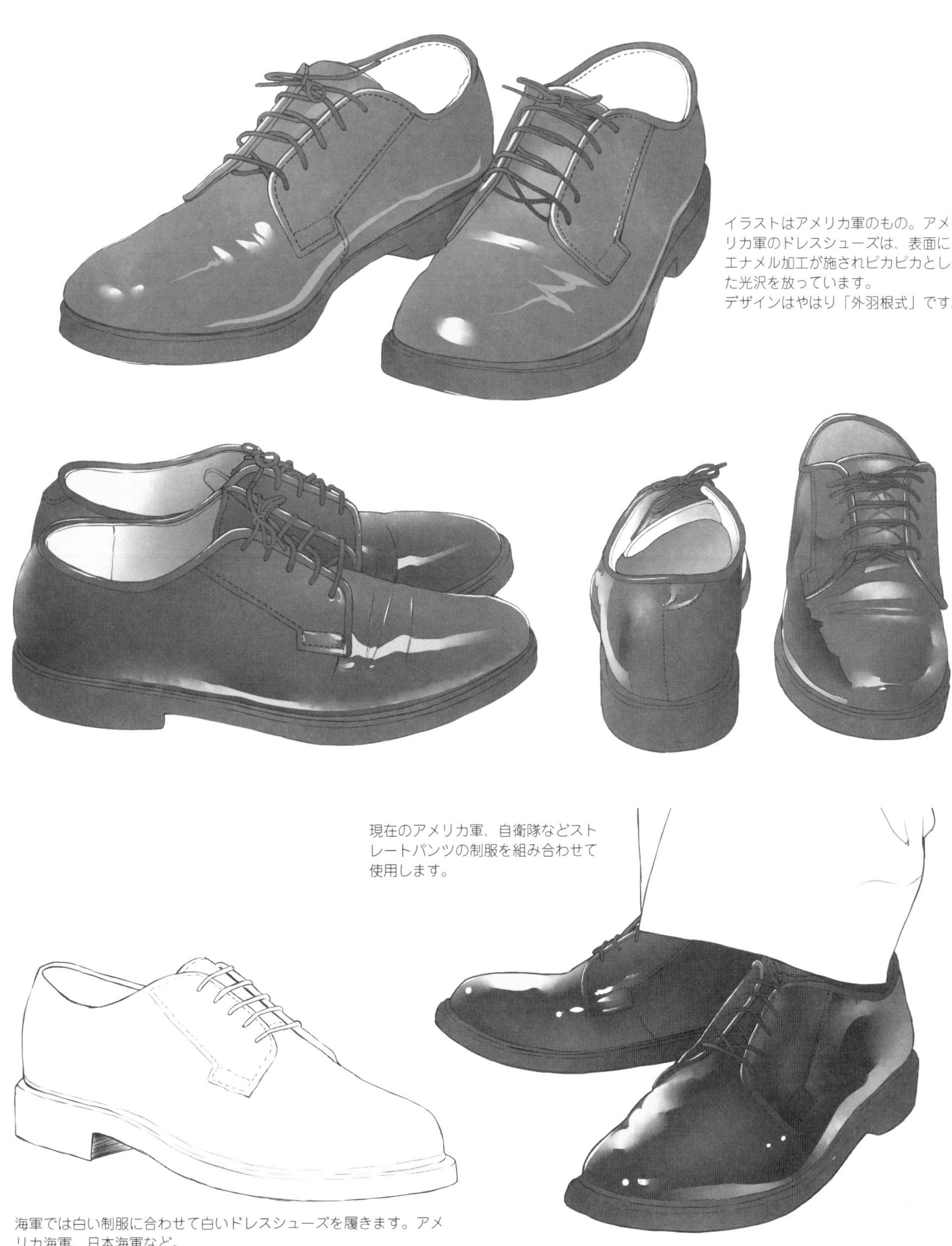

イラストはアメリカ軍のもの。アメリカ軍のドレスシューズは、表面にエナメル加工が施されピカピカとした光沢を放っています。
デザインはやはり「外羽根式」です。

現在のアメリカ軍、自衛隊などストレートパンツの制服を組み合わせて使用します。

海軍では白い制服に合わせて白いドレスシューズを履きます。アメリカ海軍、日本海軍など。

乗馬ブーツ

文字通り乗馬のためのブーツであり、乗馬パンツと組み合わせて使用します。単なる円筒形の長靴（ながぐつ）ではなく、厚みのある高品質な革で作られた靴で、シルエットもふくらはぎのラインに沿った美しい曲線を描きます。色は黒、まれに濃茶。

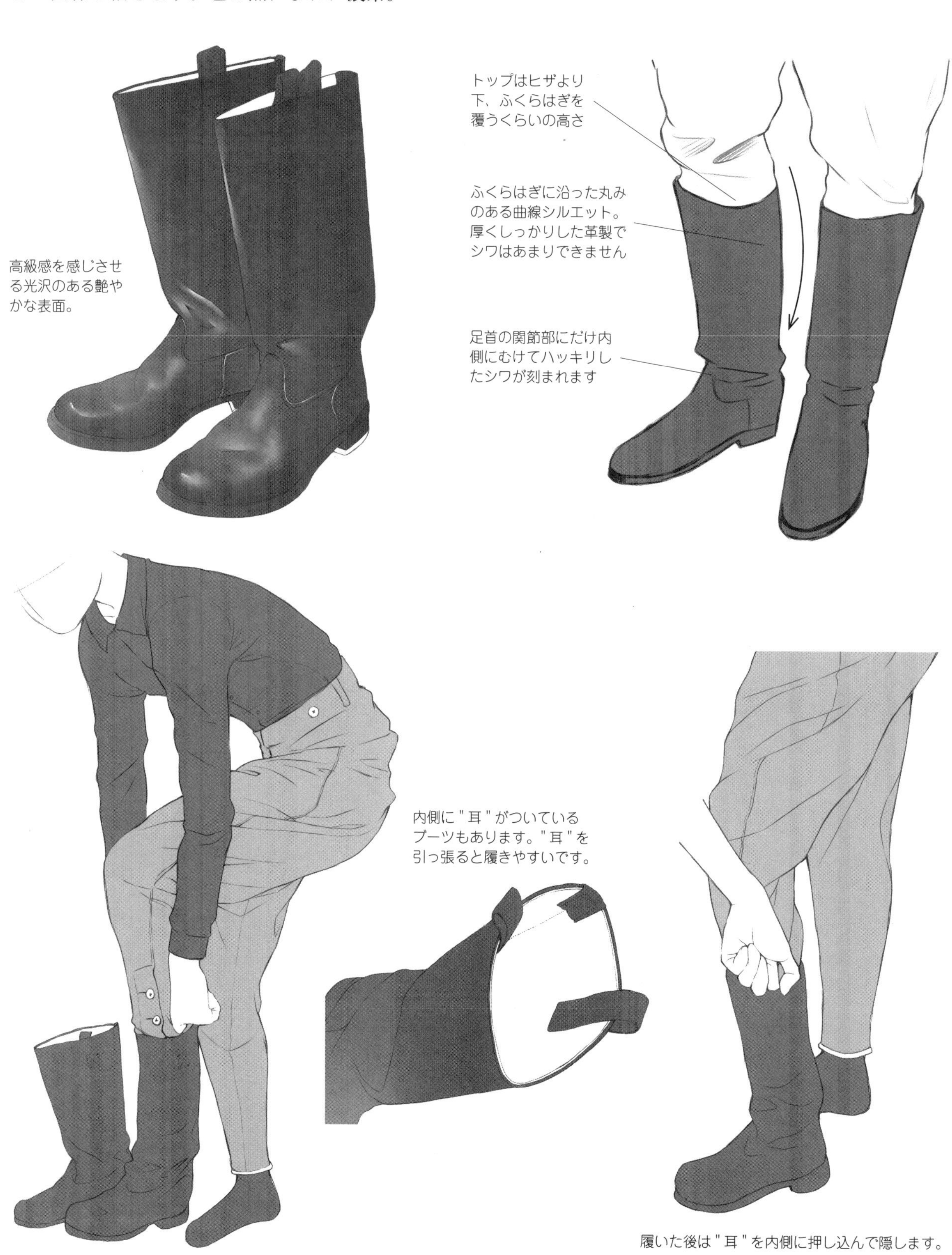

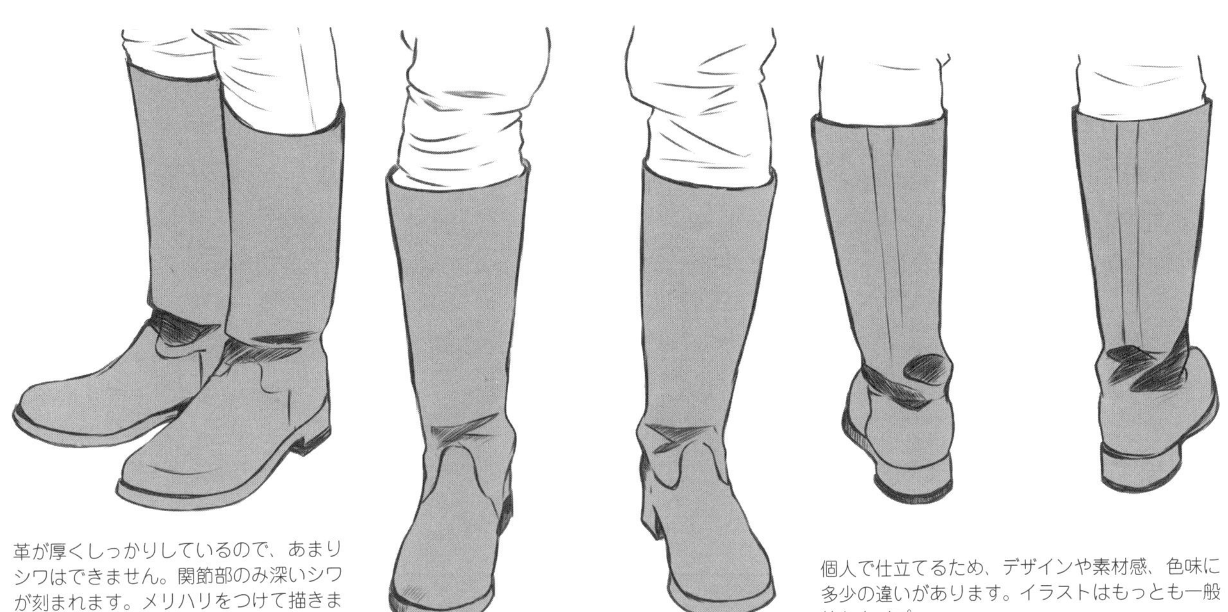

革が厚くしっかりしているので、あまりシワはできません。関節部のみ深いシワが刻まれます。メリハリをつけて描きましょう。

個人で仕立てるため、デザインや素材感、色味に多少の違いがあります。イラストはもっとも一般的なタイプ。

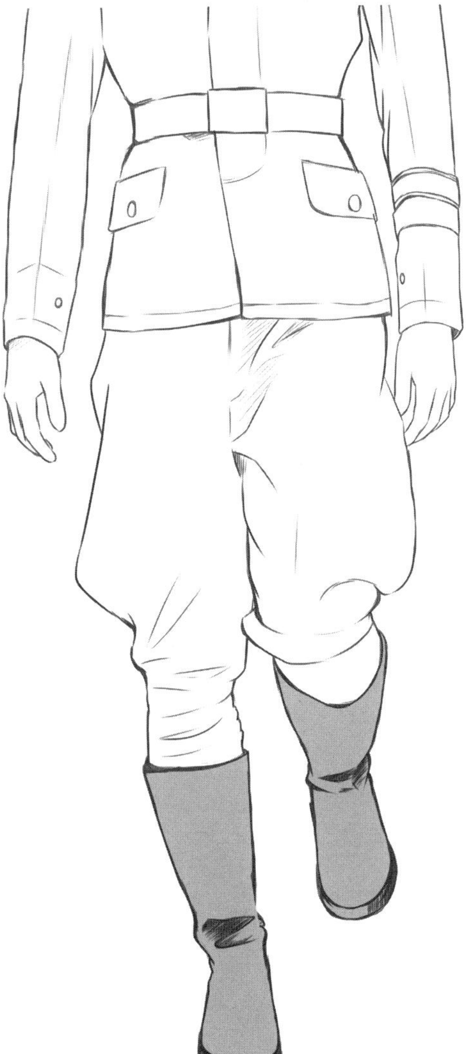

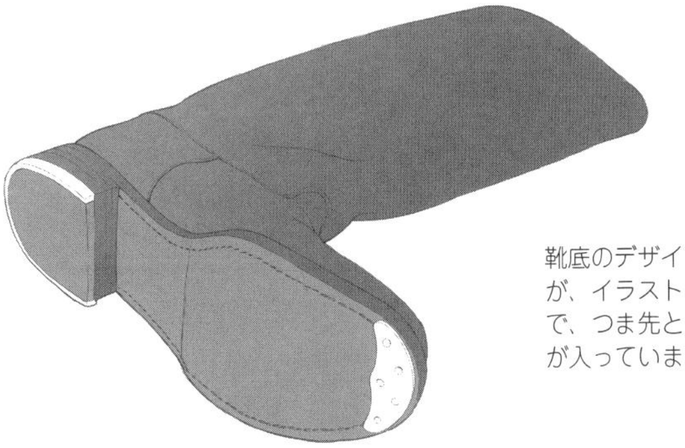

靴底のデザインはさまざまですが、イラストの靴は革製の靴底で、つま先と踵に金属製の補強が入っています。

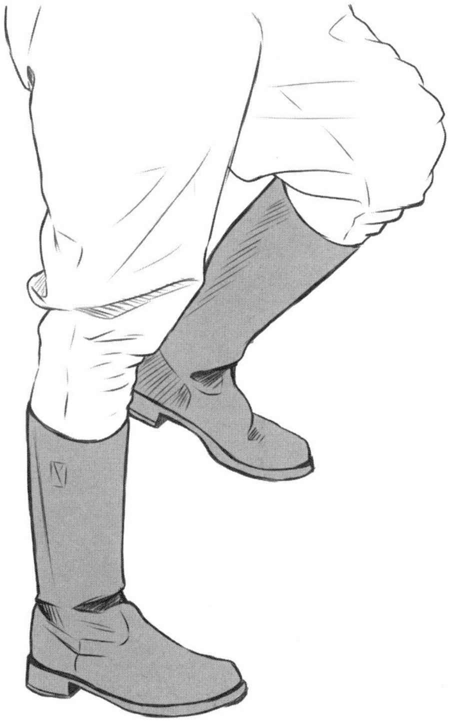

ヘッドギア

ジャケットやパンツ、靴と並んで軍服を構成する重要なアイテムが帽子です。実際、帽子は制服の一部として外出時の着用が決められており、軍服を描くときには決して忘れてはいけないものなのです。ここからのページでは、そうした軍隊の帽子の中から代表的なものを選んで、その形状と描く上での注意点を解説していきます。

制帽

軍隊の帽子と聞いてまず思い出すのが、円形のトップ部が特徴的な「制帽」ではないでしょうか。 19世紀ごろより各国の陸海軍に普及した帽子です。「制帽」は「ハチマキ」と呼ばれる円筒形部分を中心として、「トップ」や「ツバ」を含めた3パーツが基本構成となります。

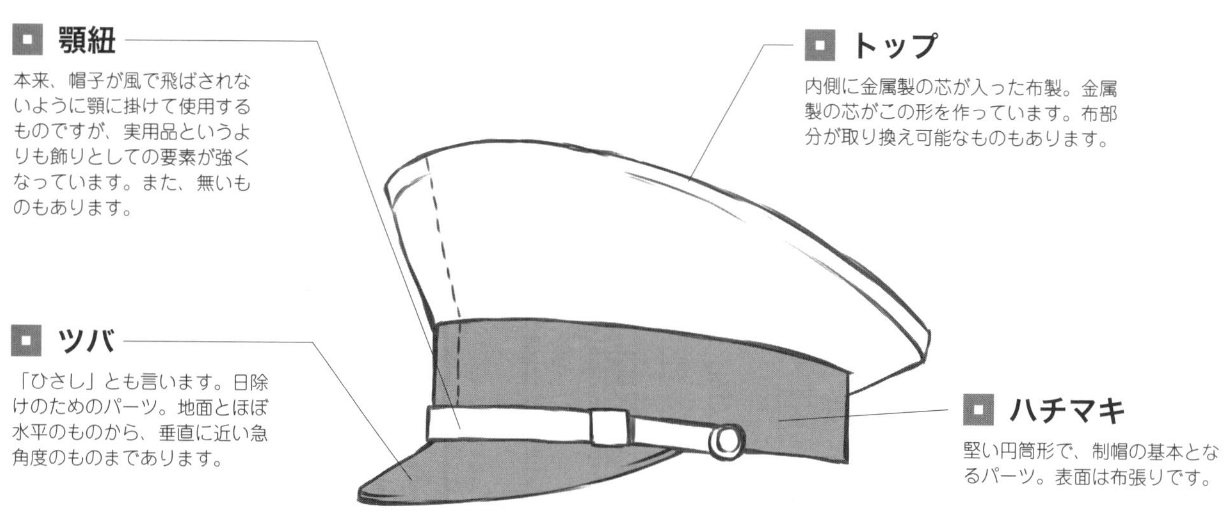

各パーツの位置

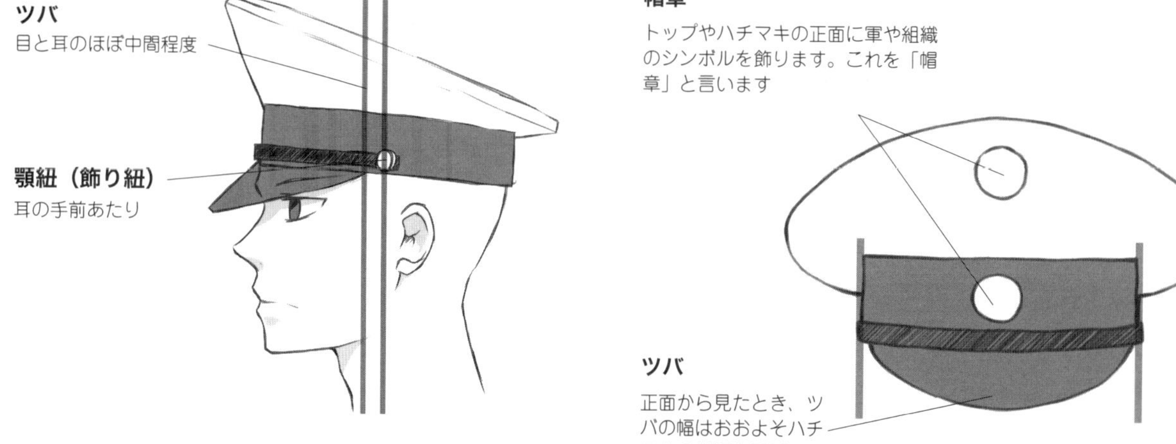

※「制帽」とは「制式に採用された帽子」という意味で、厳密には特定の形状をあらわす言葉ではありませんが、一般的にこの形状の帽子を「制帽」と呼ぶことが多いため、本書でも「制帽」の表現を使用します。この形状の帽子は「軍帽」または「ピークドキャップ（peaked cap）」とも言われます。

制帽の種類

制帽はトップ（およびツバ）の形状によって大まかに以下のような３種類に分けることができます。

トップが平坦な制帽

もっとも基本的な形状です。トップ上部が平坦で、上から見ると円形〜楕円形をしています。現代の制帽は多くがこのタイプで、例としているアメリカ海兵隊のほか、アメリカ各軍や自衛隊、欧州各国も同様です。

アメリカ海兵隊

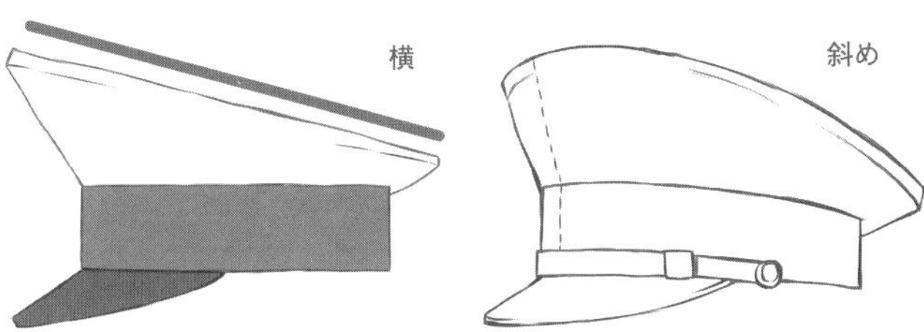

横から見たとき、トップ上面が平らでトップの布地はたるみが少なくピンと張っています。また、ツバは水平面に対して緩やかな角度です。

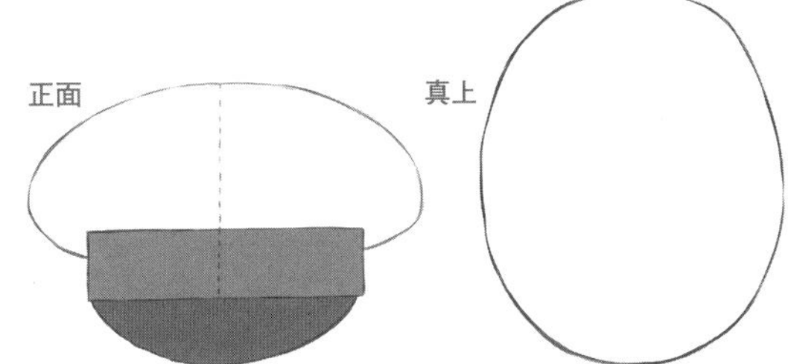

真上から見ると円形もしくは楕円形。正面から見たときも、トップがなだらかに円を描きます。

トップが湾曲した制帽

トップが湾曲し、正面側が立ち上がっている制帽です。トップは全体的に丸みを帯びたシルエットになります。第２次世界大戦期の制帽に多く見られます。

ドイツ軍

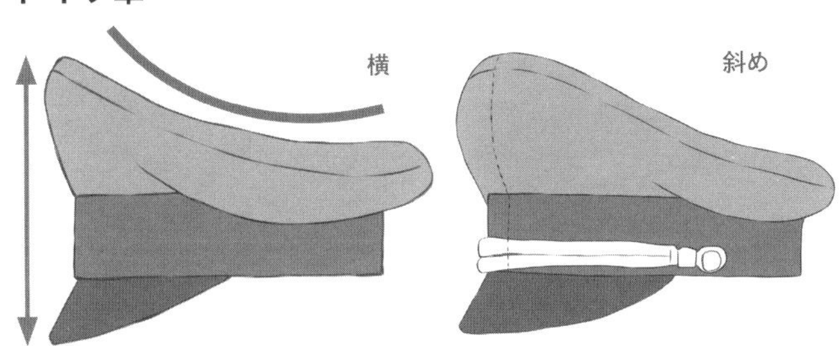

横から見たとき、トップ上面が湾曲し、正面が立ち上がっています。一方で、丸みのある両サイドは少し垂れ下がっていて、シルエットが馬の鞍に似ていることから日本では「鞍型」とも呼ばれます。ドイツ軍は特に正面の立ち上がりが高いものを好みました。また、立ちあがったトップに合わせてツバの角度もややきつくなっているものが多いです。

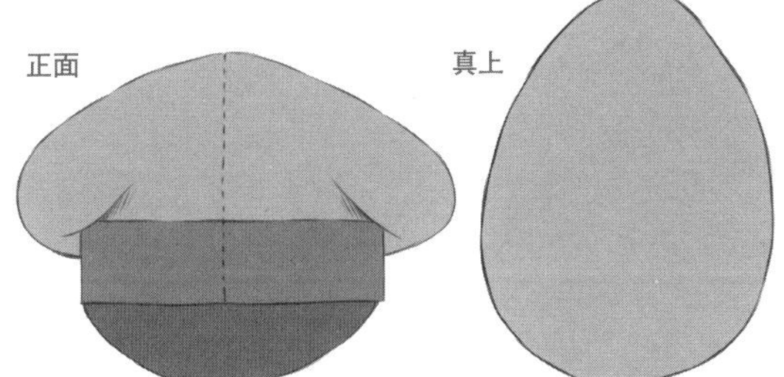

立ちあがったトップ正面部分が尖り、真上から見るとタマゴ型に近いシルエットになります。正面から見たときも、トップ正面が丸みを帯びた▲型を描き、また両サイドがハチマキの上に垂れ下がっています。

改造制帽

第２次世界大戦頃に気鋭の青年将校や最前線指揮官のあいだで流行したスタイルです。トップの芯を抜いたり、歪ませて、わざと形を崩しています。“わざと崩れた形を好む”という考えは昔の不良学生にも通じるセンスですね。

ドイツ軍　①トップの改造

トップ正面がさらに立ち上がり、中には反り返るものまでありました。全体的にたるんだシルエットで、両サイドが大きく垂れさがっています。

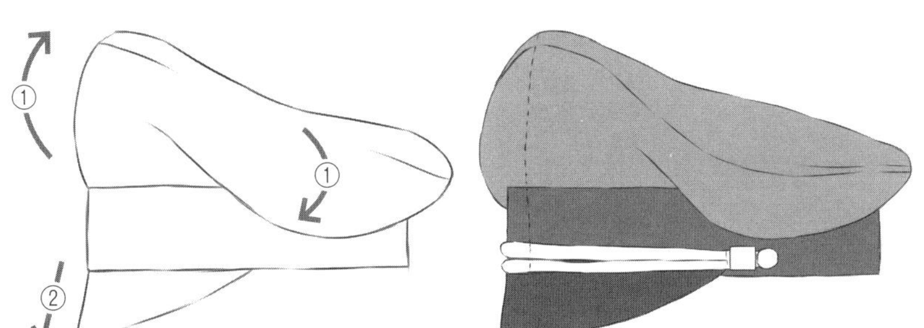

②ツバの改造

反り返るトップに合わせてツバも急角度にする改造も行われました。中には水平面に対して垂直に近いものもありました。

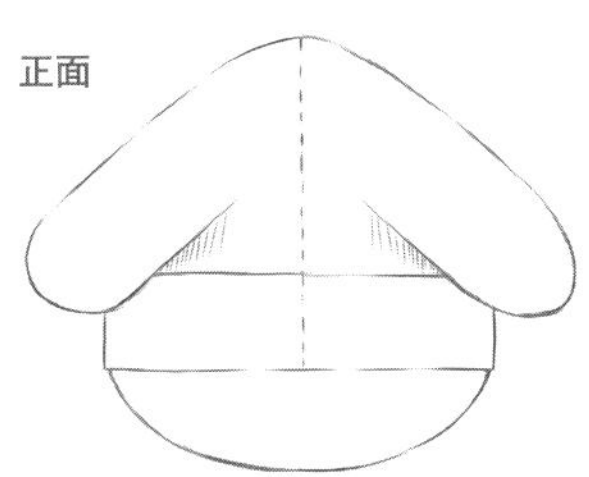

正面から見ると、両脇が大きく垂れさがり、トップ正面中央の▲型が目立っています。

トップが平坦な制帽

もっとも基本的な制帽のスタイルで、過去から現在まで多くの国で採用され、現在においても主流となっています。国によりトップ直径の大小、トップの角度、色や生地などの違いがあります。

アメリカ海兵隊ブルー制服 下士官用制帽

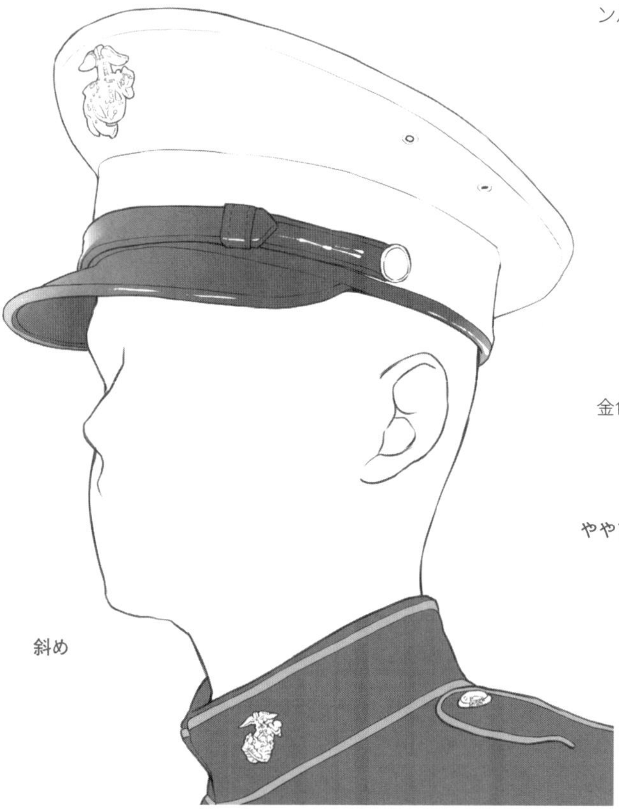

ピンと張ったキャンバス地のトップ

正面

金ボタン

金色の海兵隊紋章

ほぼ真円で直径の大きなトップ

ややアオリ

斜め

大きく張り出したツバ、直径の大きなトップは迫力と力強さを感じるアメリカ的なデザインです。

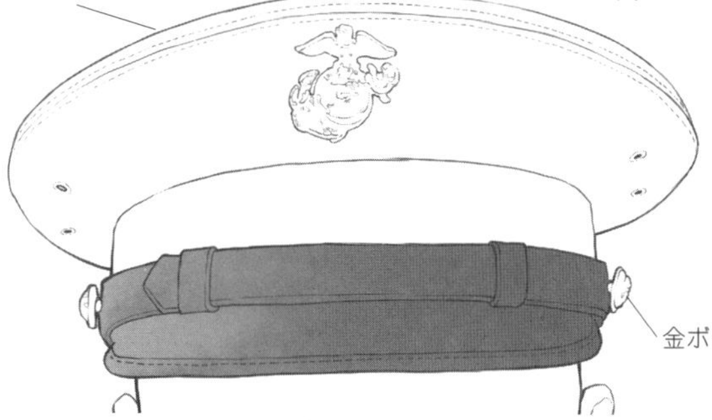

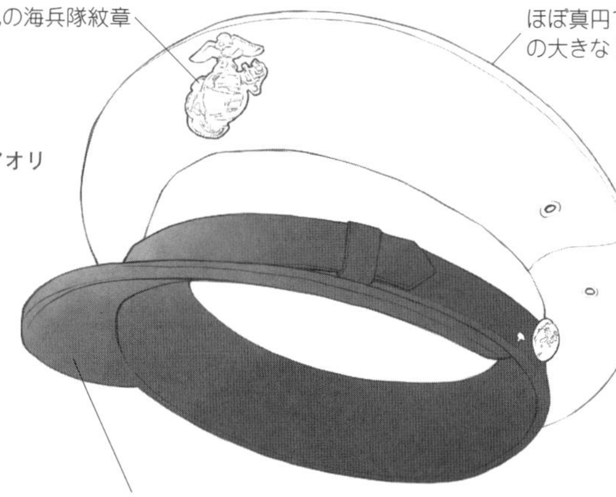

エナメル加工され黒光りするツバと顎紐

被り方

制帽の被り方、被ったときのシルエットは、私たちが普段目にする帽子とは全く異なります。注意してもらいたいのは“深さ”です。頭を覆うようにスッポリと深く被る一般的な帽子と異なり、制帽は浅い被り方になります。

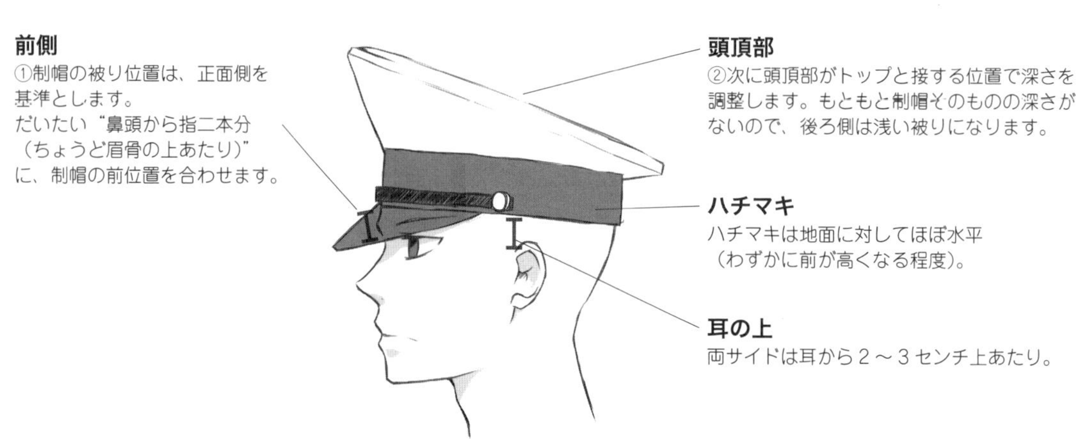

制帽は“前を深め、後ろを浅め”に被るのが基本です！

描き方

制帽は円筒形のハチマキを中心に構成されるので、描くときもまずハチマキで位置を確認すると良いでしょう。次にトップ外周の円の位置を決め、ハチマキとトップ外周を繋ぐと描きやすいです。

正面

①

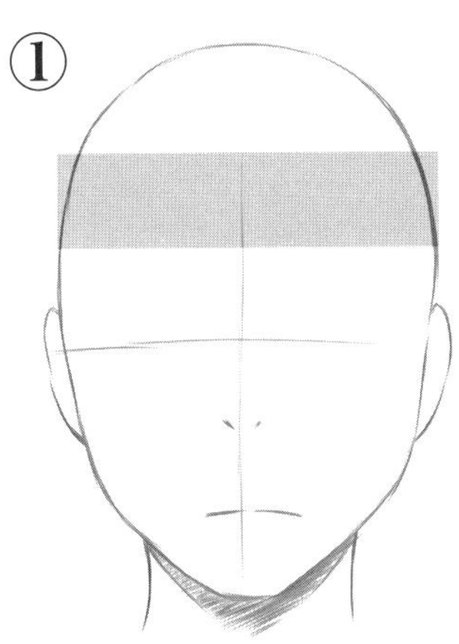

ハチマキで基本位置を決めます。前は眉骨の上あたり、横は耳より2～3センチ上に。

②

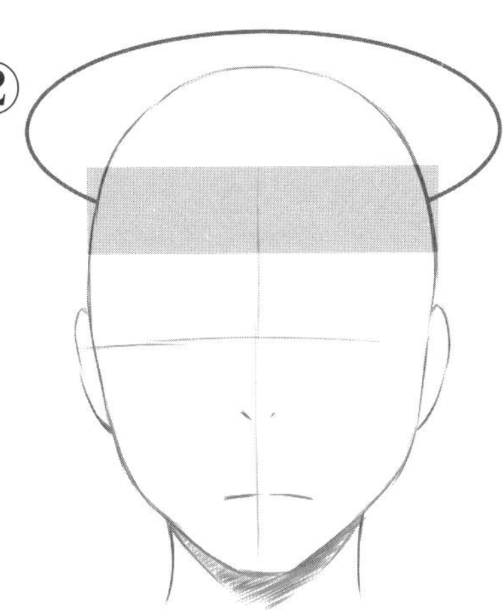

"天使の輪"のようにトップ外周円を描きます。

③

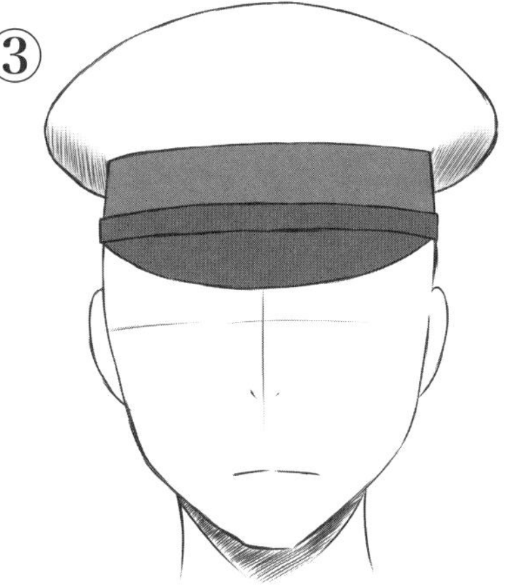

ハチマキは緩やかな曲線に、トップは正面が高く、横から後ろにかけては低く（影が入る）なることを意識して線を調整します。さらにツバや顎紐を追加します。ツバの横幅は、ほぼハチマキの正面幅と同じ。

側面

①

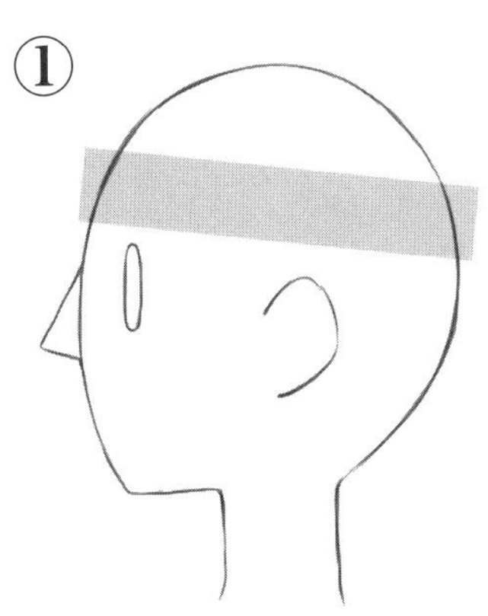

ハチマキで基本位置を決めます。前を深く、後ろは浅くなるように。ハチマキは地面に対してほぼ水平に近くなります。

②

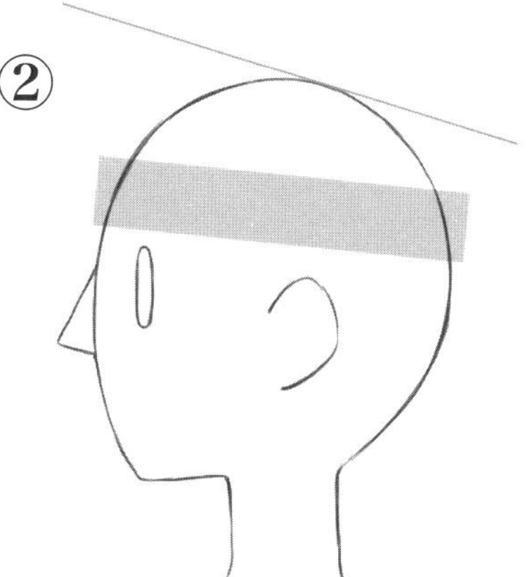

頭頂部と接するようにトップ上面を描きます。

③

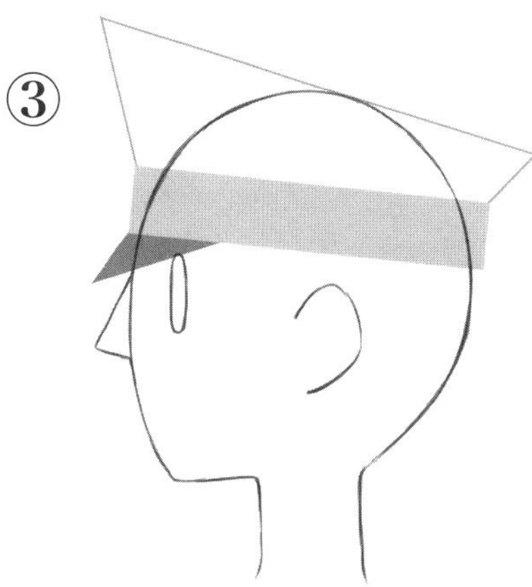

トップ上面の線とハチマキを繋げ、線を調整します。またツバや顎紐も追加します。

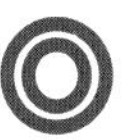

正しい被り方

ハチマキがほぼ水平になるように被る

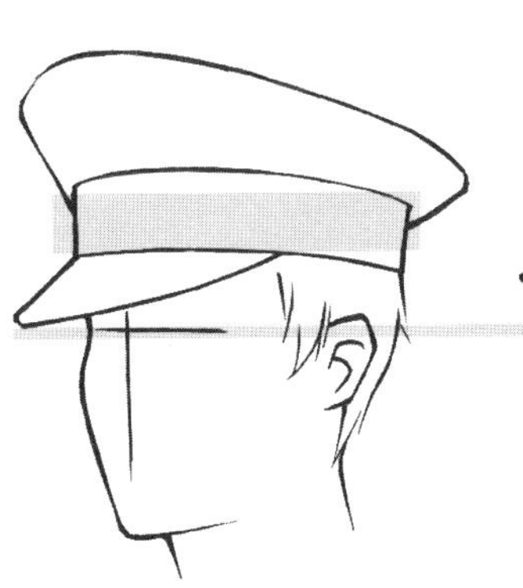

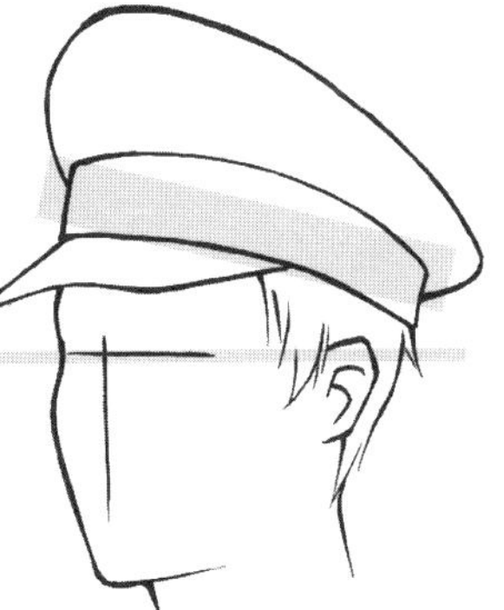

✕

間違った被り方

制帽の前を上げて、斜めに被る

反骨的性格・素行不良な軍人があえて間違った被り方をする場合もあります。

アメリカ海兵隊 シルエットサンプル

横

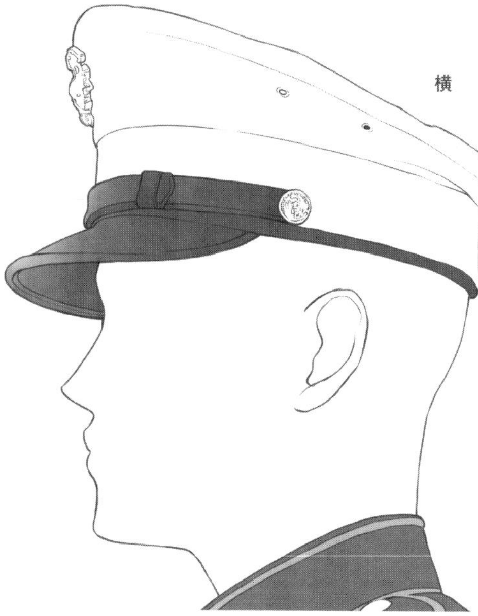

真下

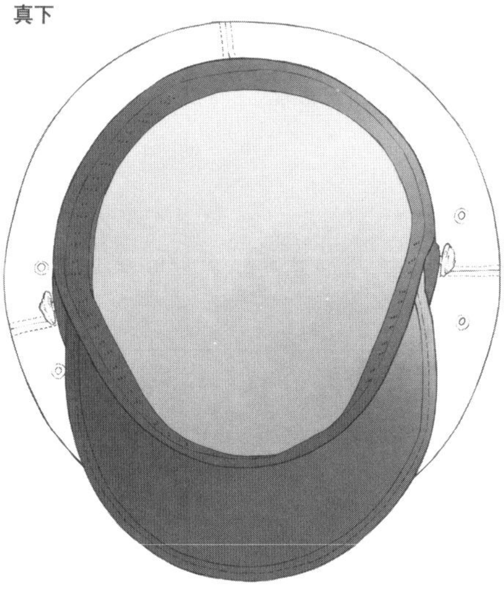

トップが平坦な制帽は、ツバが正面側に突き出して、地面（水平面）に対して浅い角度となります。

後ろ

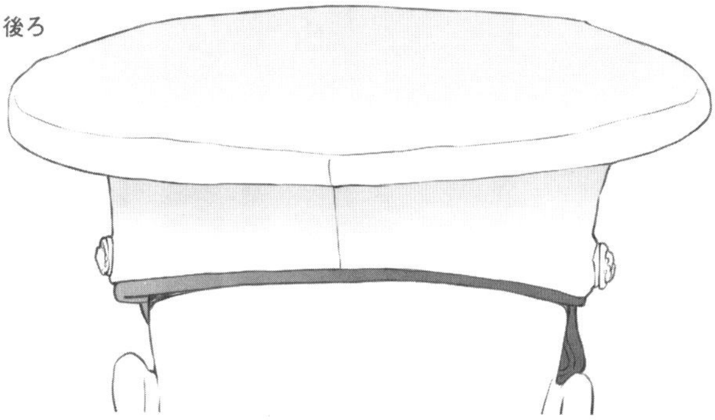

斜め後ろ

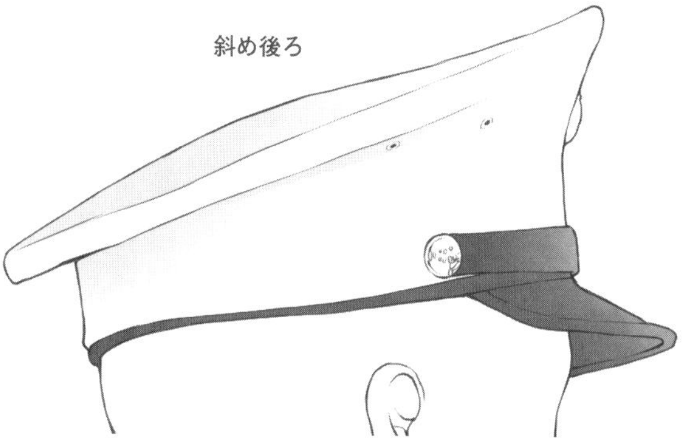

耳の位置と比較して、後ろ側とサイドが浅い被り方であることがわかります。

海兵隊将校用制帽　将校用と下士官用の違い

将校と下士官では制服同様に制帽のデザインも異なります。基本シルエットは同じです。

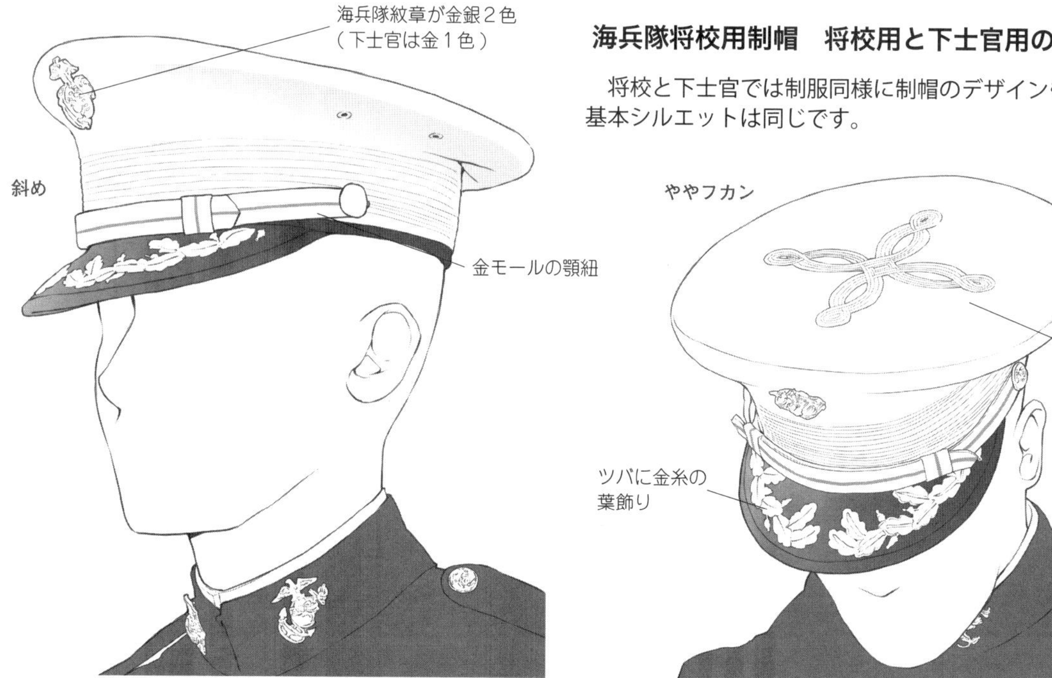

日本海軍 士官用

日本海軍の第二種制服（白詰襟、36ページ）と第一種制服（紺詰襟）に合わせる制帽がこちらです。トップが平坦な円形です。トップ上面が平坦なのに対して、トップ下面は柔らかな曲線を描いていて、全体的に直線的だった海兵隊制帽とは全く雰囲気が異なります。

第一種制服（紺）用

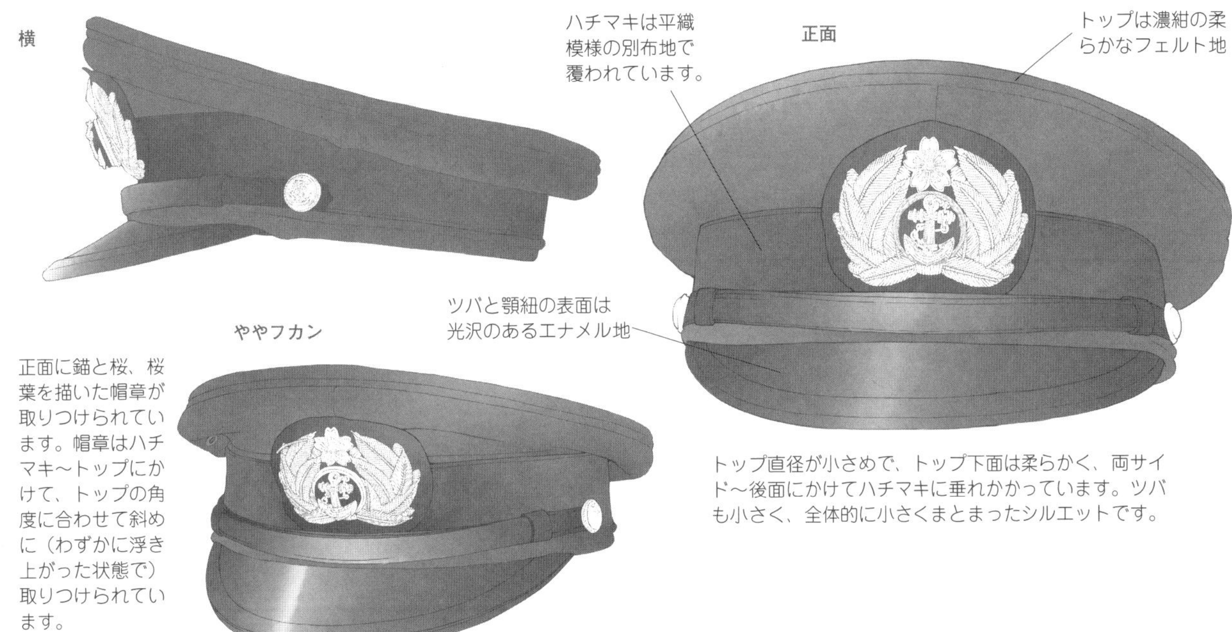

第二種制服（白）用

下

正面

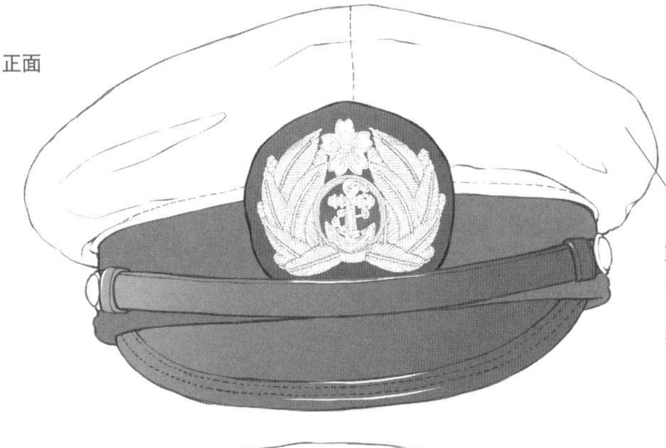

第二種制服（白詰襟）と合わせる場合は、トップに白いカバーを被せて使用します

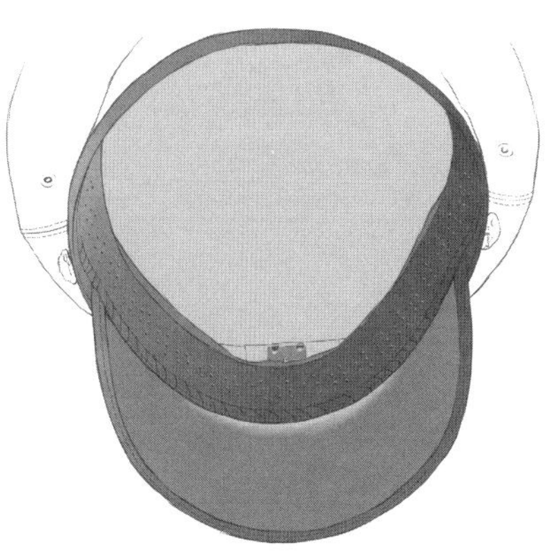

後ろ

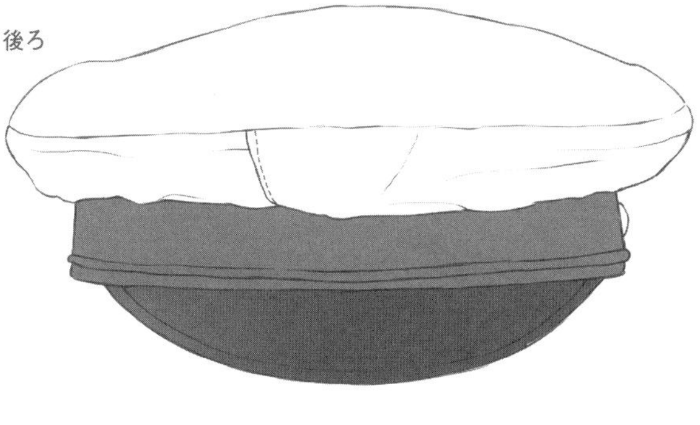

横

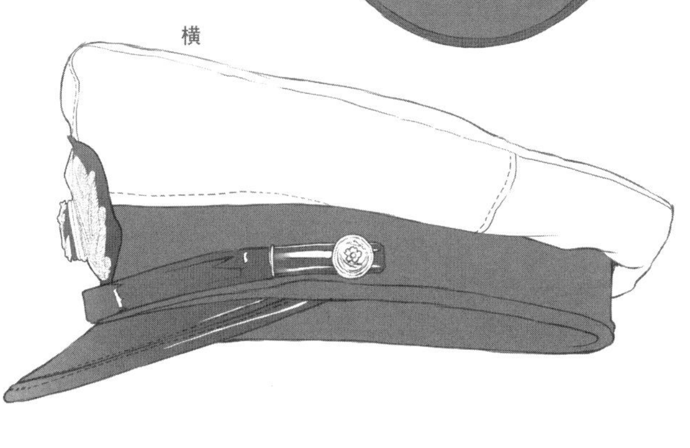

トップが湾曲した制帽

トップ上面が反り返るように湾曲し、正面に高さを出した制帽です。第２次世界大戦ごろのヨーロッパで見られたスタイルで、特にドイツ軍制帽のスタイルとして知られています。トップが大きめで、かつ正面の立ちあがったスタイルは迫力があり、日本にも伝わって陸軍の青年将校たちの間でも流行しました。

ドイツ軍陸軍制帽（将校用）

トップ正面が垂直に近い角度で立ち上がり、それに合わせてトップ上面は緩やかに湾曲しています。また、両脇がわずかに垂れ下がっています。このシルエットが馬の鞍に似ていることから「鞍型」とも言われます。ツバは、水平面に対して下向きにやや角度がつけられています。

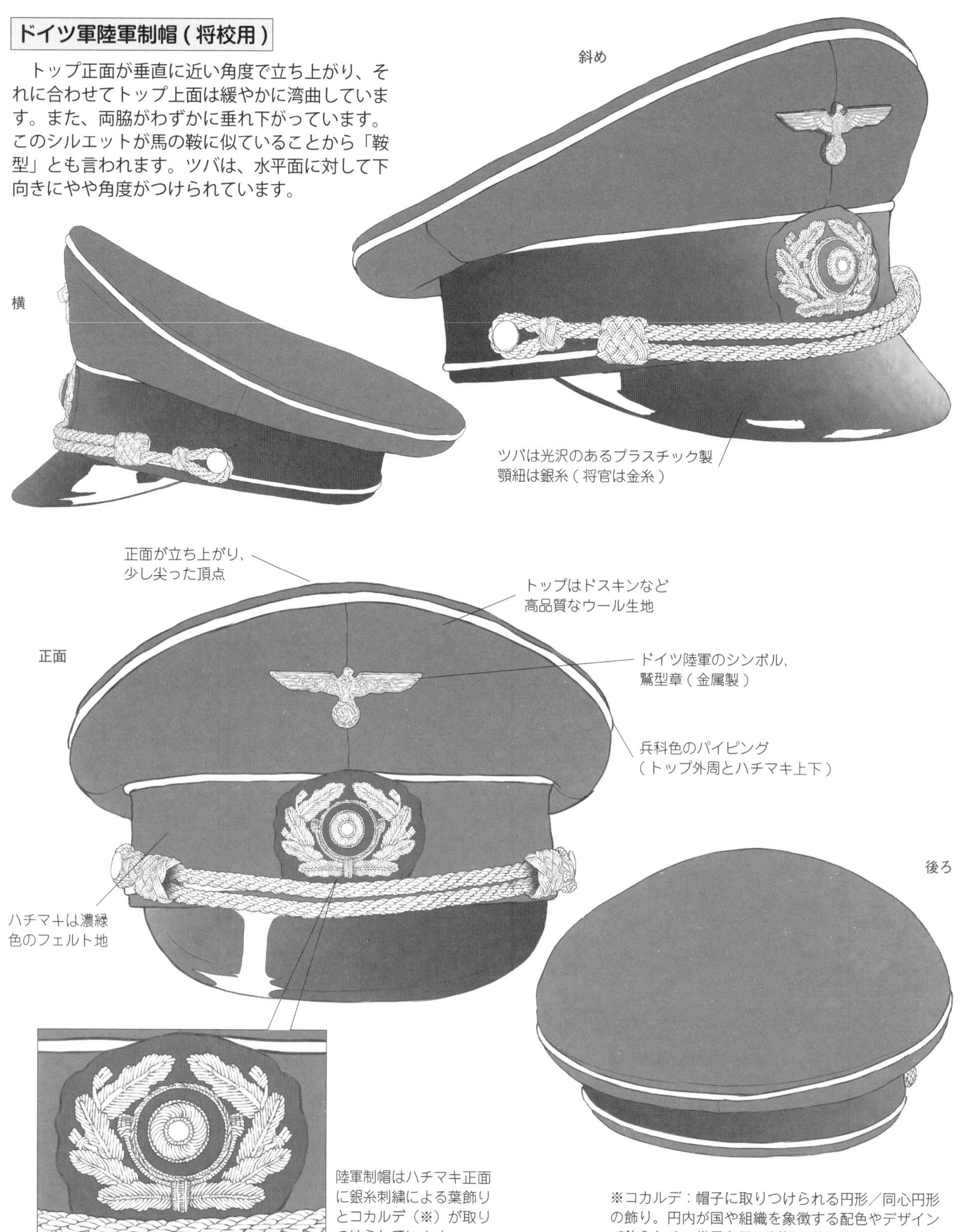

※コカルデ：帽子に取りつけられる円形／同心円形の飾り。円内が国や組織を象徴する配色やデザインで飾られる。世界各国の制帽に共通するデザイン。

被り方

基本的には前ページで解説した通り、正面側を基準として被ります。正面位置は前述の“鼻頭から指二本分”ですが、ドイツ軍ではやや浅く、額の中ごろあたりに被っている例も見かけます (A)。また、ドイツ軍ではやや右に傾けて被るスタイルも流行しました (B)。

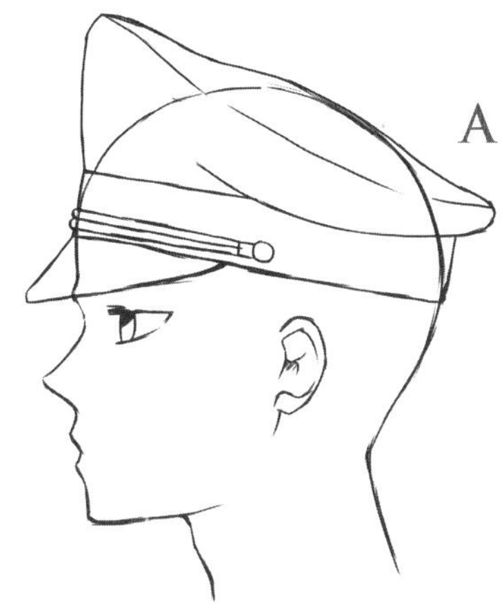

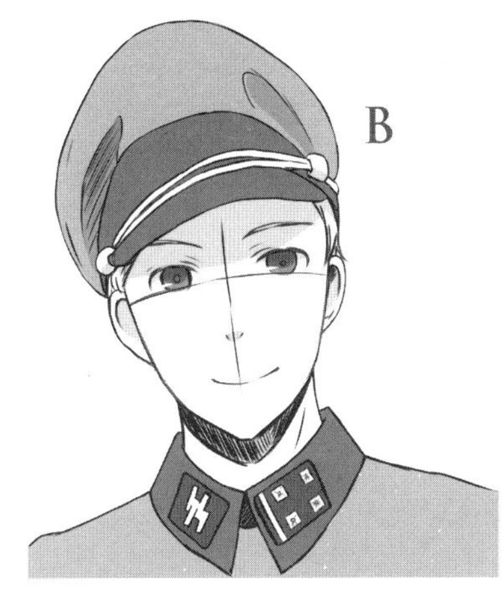

描き方

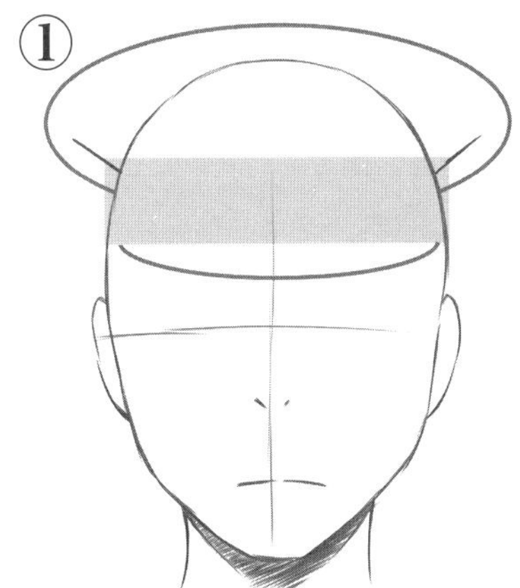

構造的にはトップが平坦な制帽を基準とします。

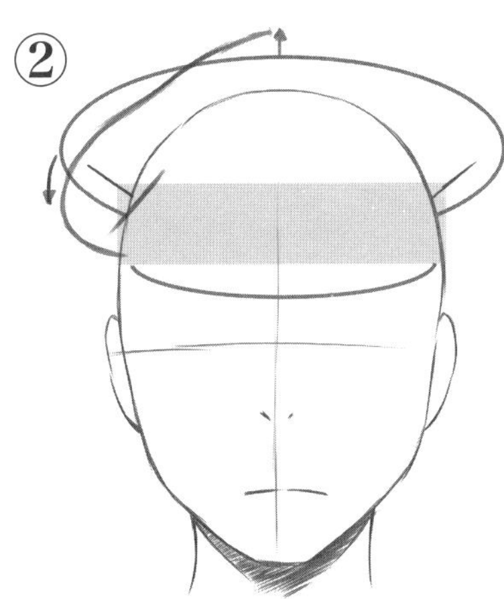

トップ正面を立ち上げて中央を尖らせます。またサイドは下げてハチマキに少し垂れさがるように線を調整します。

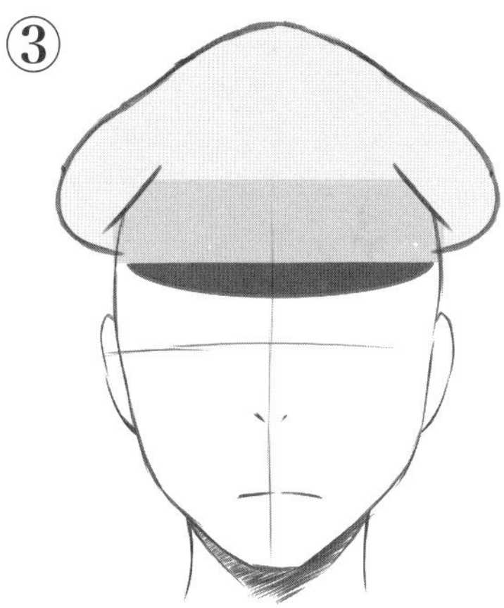

これでおおまかなシルエットは完成。ツバの角度がきつくなっているので、ツバのシルエットを下方向に伸ばすことも忘れないように。

ナチス親衛隊

構造は陸軍制帽と同じですが、制服に合わせて黒一色に白いパイピングとなります。トップ正面には親衛隊のシンボルである金属の鷲型章（陸軍とデザインが異なります）。ハチマキには同じくシンボルの金属のドクロ章が付属します。

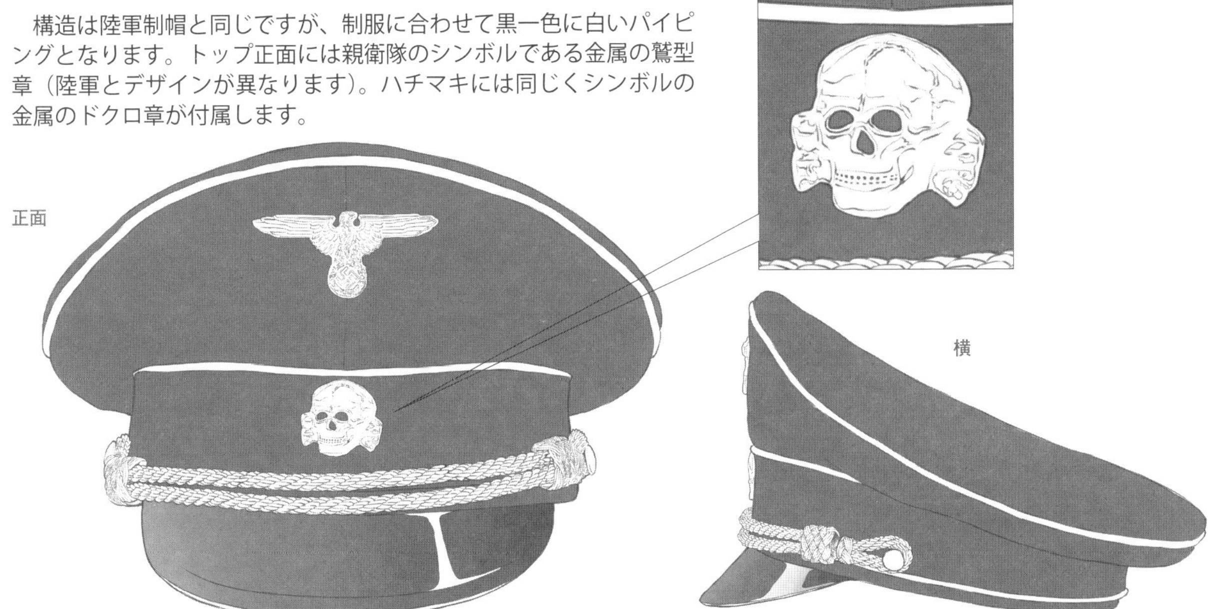

改造制帽

改造制帽とは、制帽のシルエットに軍人個人が独自に手を加えたものです。ジャケットのページでも解説した通り、軍人たちは軍服に自らの好みでアレンジを加えましたが、制帽も同様でした。改造のポイントは以下の通りです。

・トップ正面を反り返るほどに立ち上げる。
・トップ内側の芯をなくし、全体的に柔らかく、グニャリと垂れ下がるように潰れたシルエットにする。

以上2点に加えて、ツバの角度をきつくしたり、顎紐を取り外すなどの変更も行われました。こうした改造は主に第2次世界大戦ごろ、若手将校や最前線の中堅指揮官に流行しました。

ナチス武装親衛隊／ドイツ陸軍

制帽トップの芯を抜き、形を崩した典型的なドイツ軍改造制帽の例。第2次世界大戦中、最前線の中堅指揮官に流行しました。

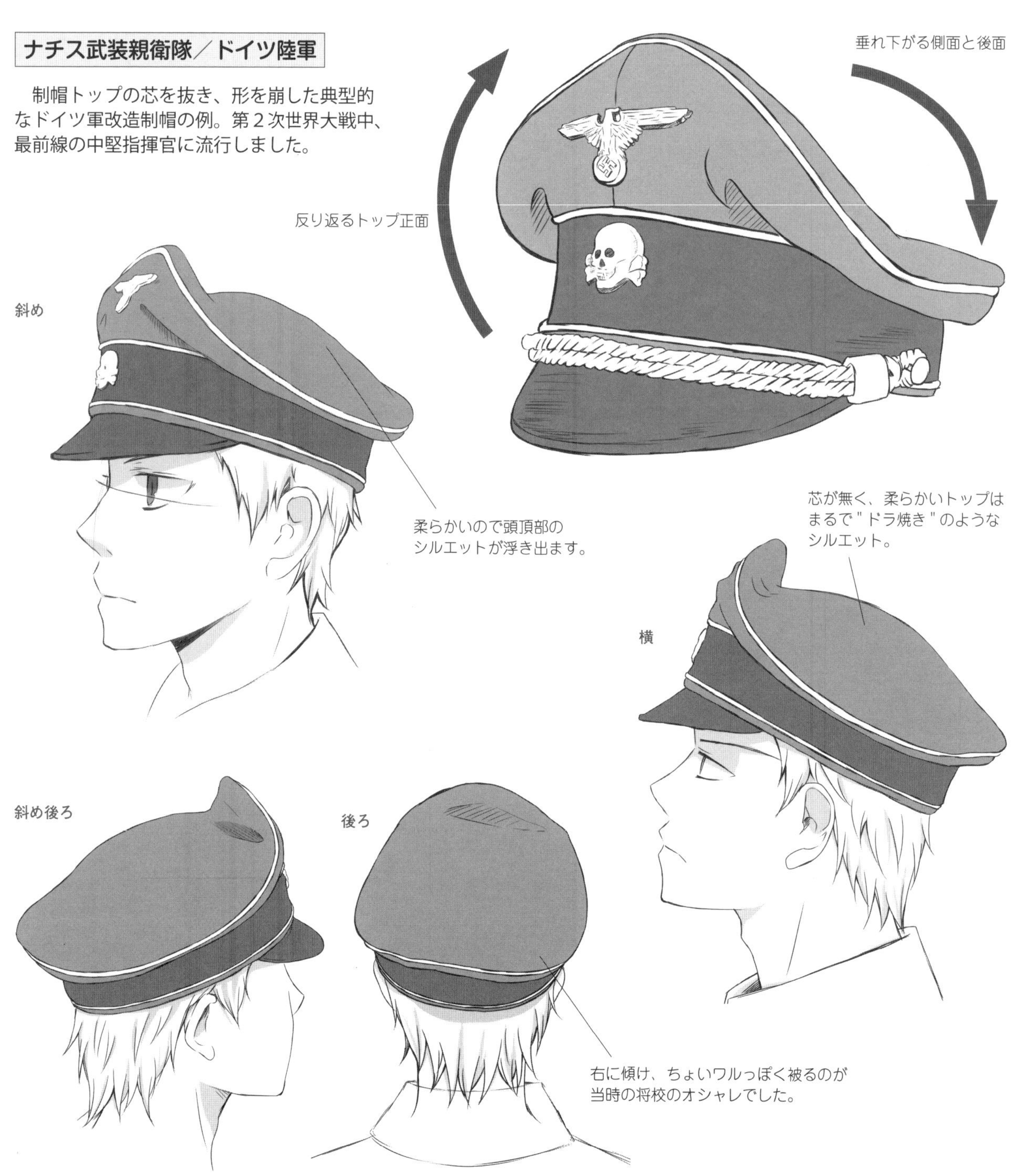

日本陸軍

昭五式制服のページで解説した通り、当時の青年将校たちは自分の好みにアレンジした軍服を仕立てました。制帽も同様にアレンジが行われ、前ページで紹介したようなトップの湾曲したシルエットの制帽が作られました。さらにトップの芯を抜いた潰れたシルエットの改造制帽タイプも作られました。

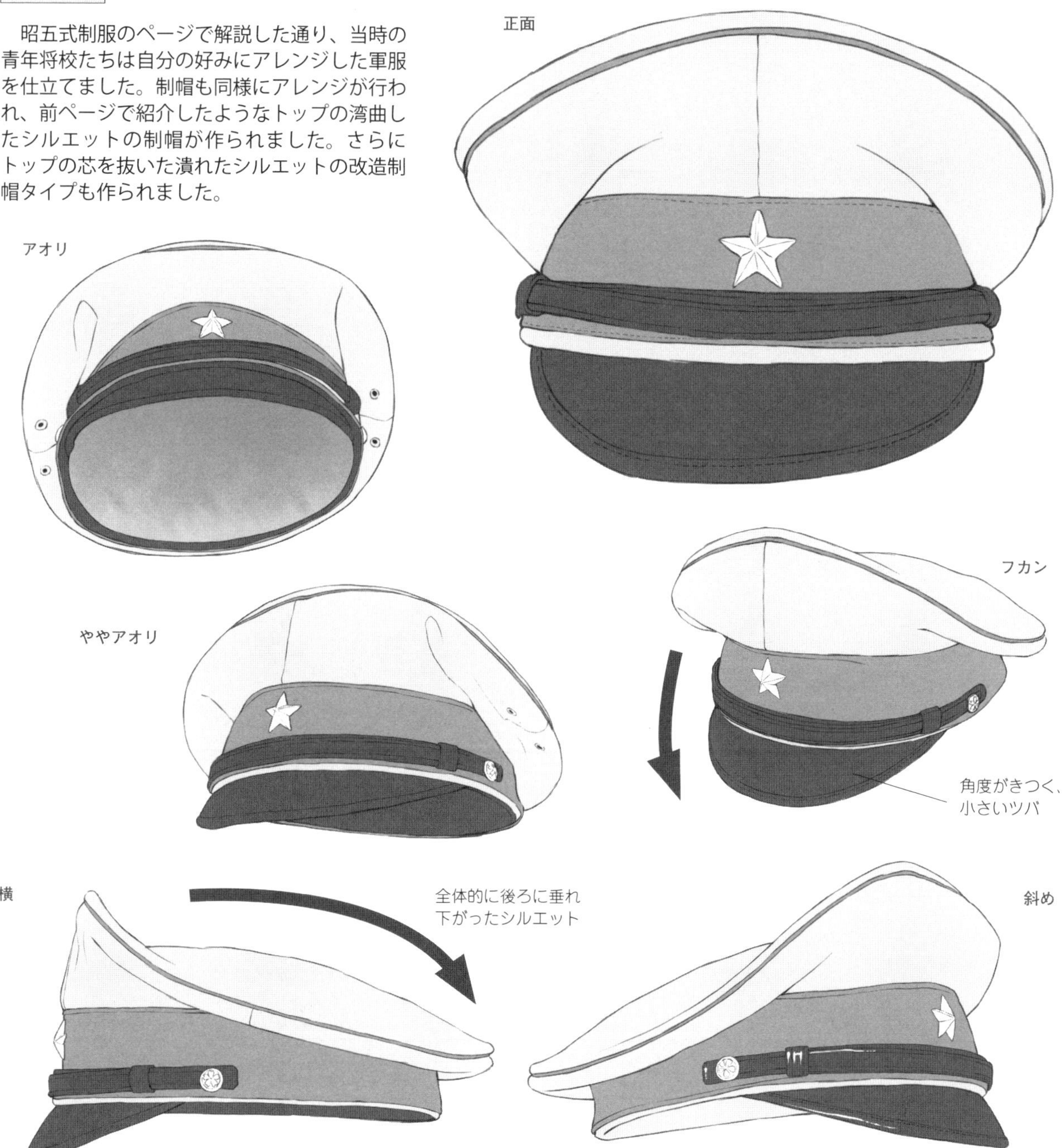

正面が反り返るように立ち上がり、一方でほかの部分は垂れ下がっています。トップの直径、ツバが小さく、全体として小さくまとまったシルエットです。

✷ トップ直径と頭の大きさ

ここで紹介した日本陸軍の制帽、77ページの日本海軍の制帽ともトップ直径は比較的小さめです。一方でドイツ軍などはトップが大きく迫力があります。こうしたトップの大きさの違いは、民族ごとの頭の大きさの違いに由来しています。頭が大きく丸顔な日本人には小さい帽子が、頭の小さく面長なドイツ人には大きな帽子が適しているというわけです。

もちろん個人差はあり、大きなドイツ軍スタイルの制帽を好む日本軍人も大勢いました。

ベレー帽

ベレー帽は制帽と並んで“軍隊の帽子”として知られています。ベレーにはさまざまなタイプがありますが、軍隊で使用するタイプは“片側を垂らして”“タイトに被る”という特徴があります。このページではアメリカ陸軍のベレーを例にとり、その描き方を説明していきます。

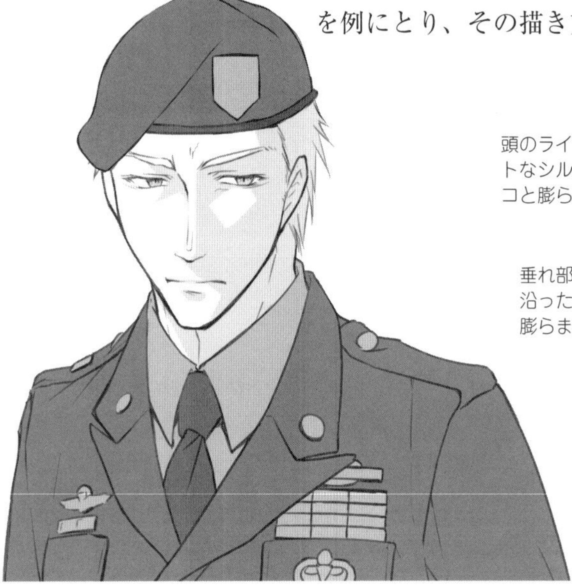

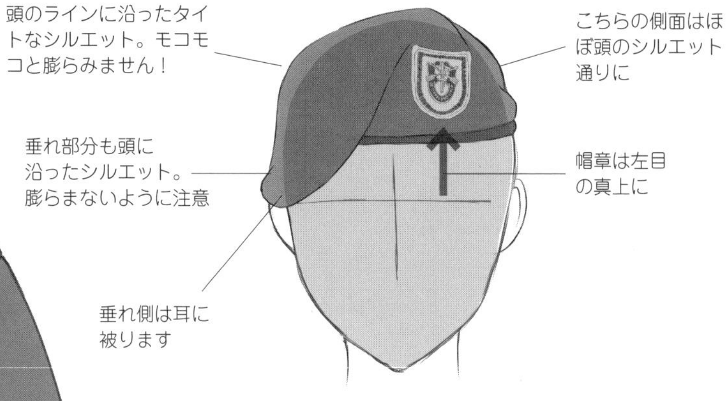

頭のラインに沿ったタイトなシルエット。モコモコと膨らみません！

こちらの側面はほぼ頭のシルエット通りに

垂れ部分も頭に沿ったシルエット。膨らまないように注意

帽章は左目の真上に

垂れ側は耳に被ります

垂直に立つ帽章。裏には凹み

側頭部から後頭部はとても浅く

アメリカ陸軍では一部の精鋭部隊がベレーを着用し、部隊によってベレーの色が異なります。特殊部隊は緑、パラシュート部隊は海老茶色、などです。
世界各国の軍隊でベレーは使用されていますが、イギリス軍の影響を受けた国は“右垂れ”、フランス軍の影響を受けた国は“左垂れ”です。

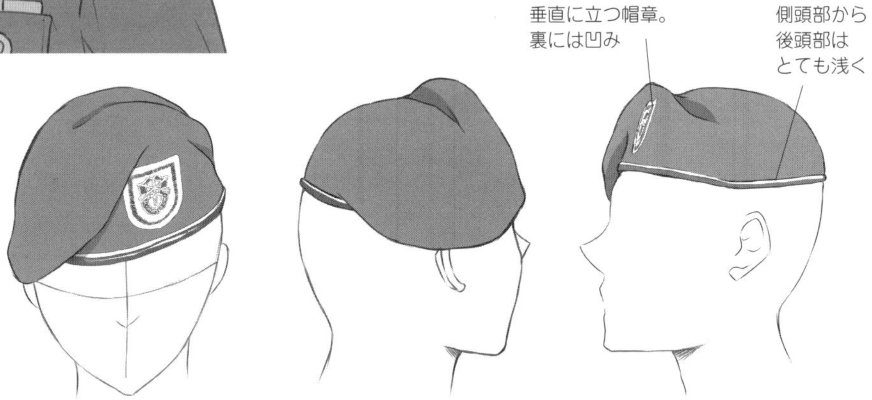

ベレー帽を描くときは“頭に沿ったタイトシルエット”、“浅く被ること”
——この2点を忘れないようにしましょう。

被り方

ベレーも制帽と同じく、前（額）の位置を基準として被ります。後頭部はとても浅く被ります。

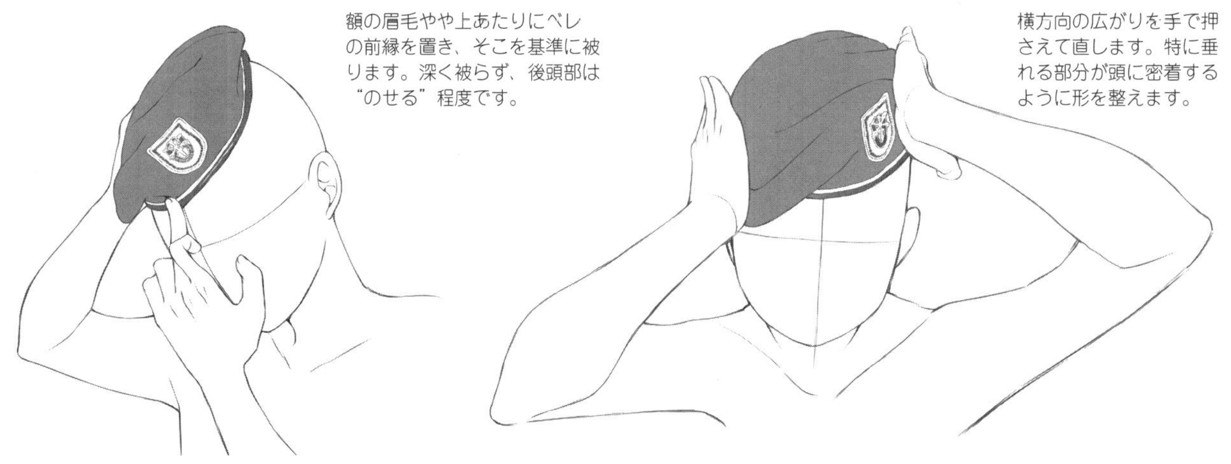

簡単な描き方

STEP.1

薄く平べったい半球形の帽子を頭にピッタリと被せます。

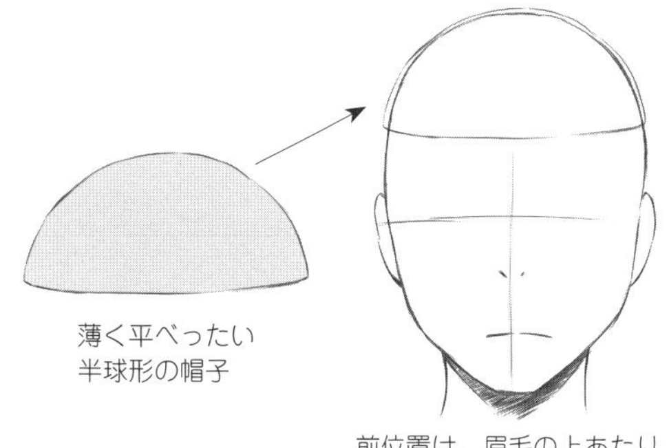

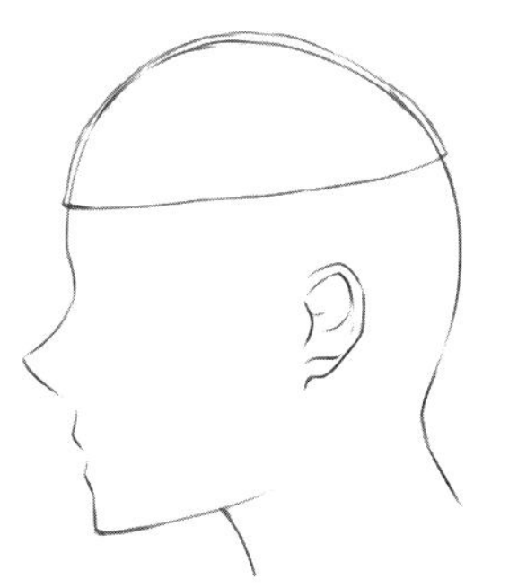

STEP.2 同じ帽子を、右斜め前にも被せます。今度は少し浮かせ気味に描きましょう。

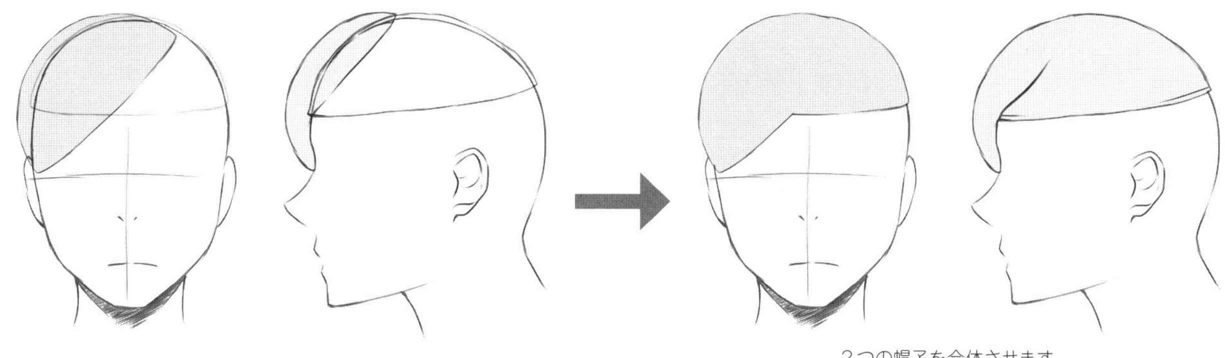

STEP.3 正面左側に、半月型の板を差し込みます。この板に合わせて、膨らみを調整します。

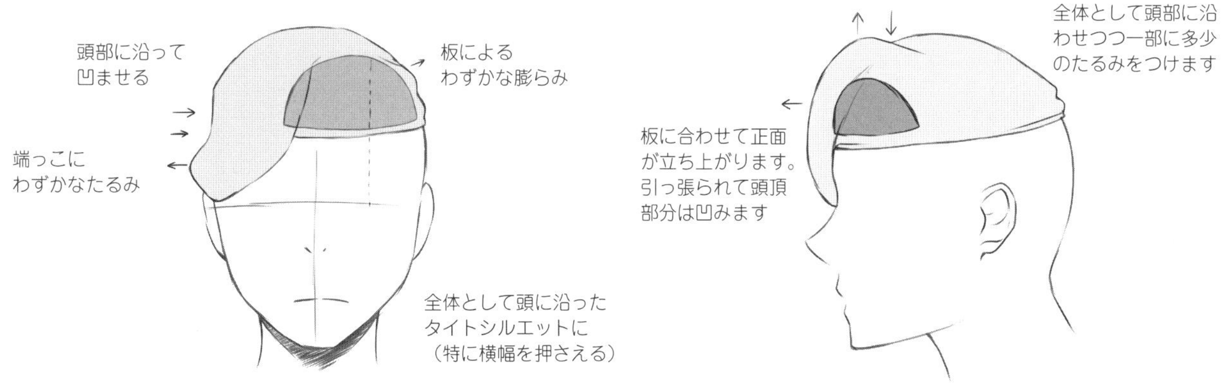

悪い例

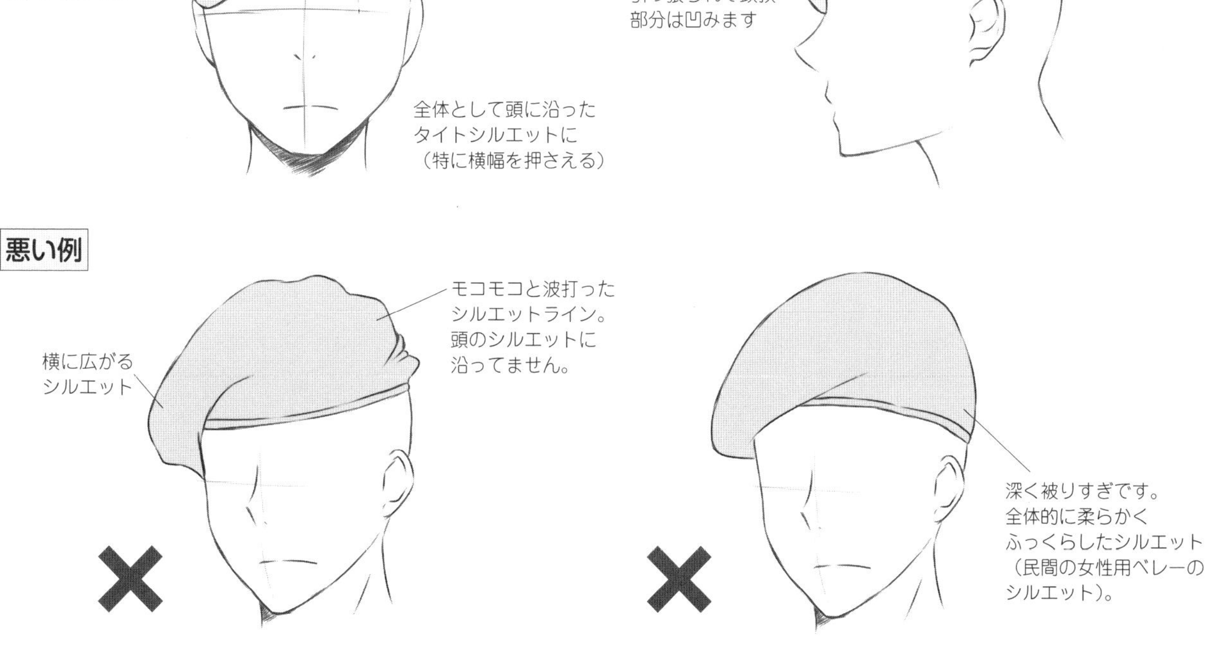

軍服着用次第

軍服は、身につけるパーツが多いため、どのような構造になっているか、なかなかわかりにくいと思います。ここでは、軍服の着用の仕方から構造を見ていきましょう。

0.ふんどし

日本陸軍の下着は越中ふんどしです。

1.シャツ

襟なしのシャツを着用します。
これが下着なので素肌に直接着用しますが、人によってはシャツの下に肌着を着る場合もあります。肌着はUネックのTシャツ型のもの、もしくはランニング型のものです。
下は、股ずれを防ぐため「跨下（こした）」と呼ばれる薄くゆったりした綿や麻のズボン下を穿きます。

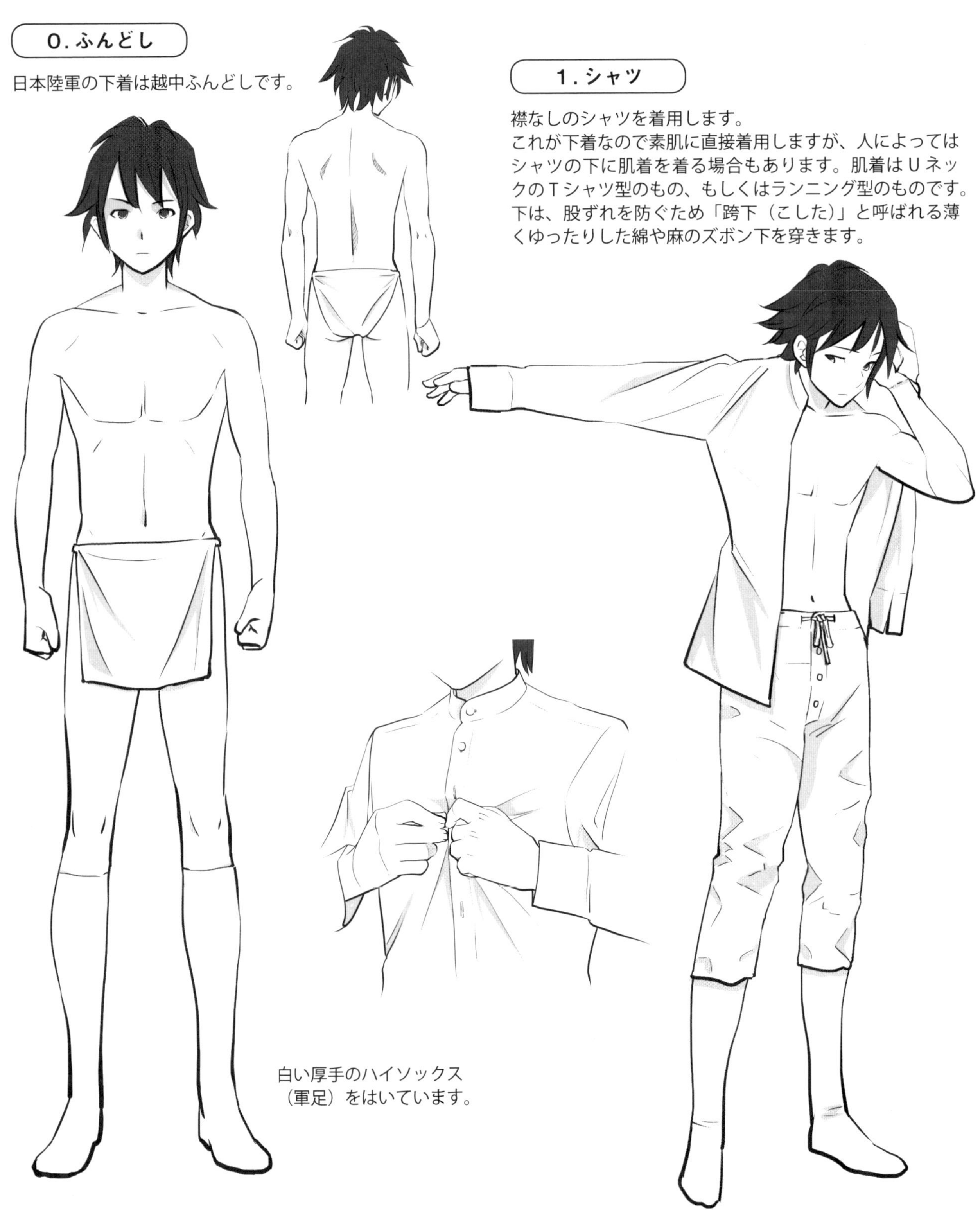

白い厚手のハイソックス（軍足）をはいています。

2. 乗馬パンツ

乗馬パンツを穿きます。第2次世界大戦期のパンツはサスペンダーで吊るのが一般的です。また、背面にあるストラップでウエストサイズを調整できます。乗馬パンツは股上がとても深く、ヘソ上〜肋骨下あたりまであります。パンツを穿いたら、ふくらはぎ部分のボタンを留めます。

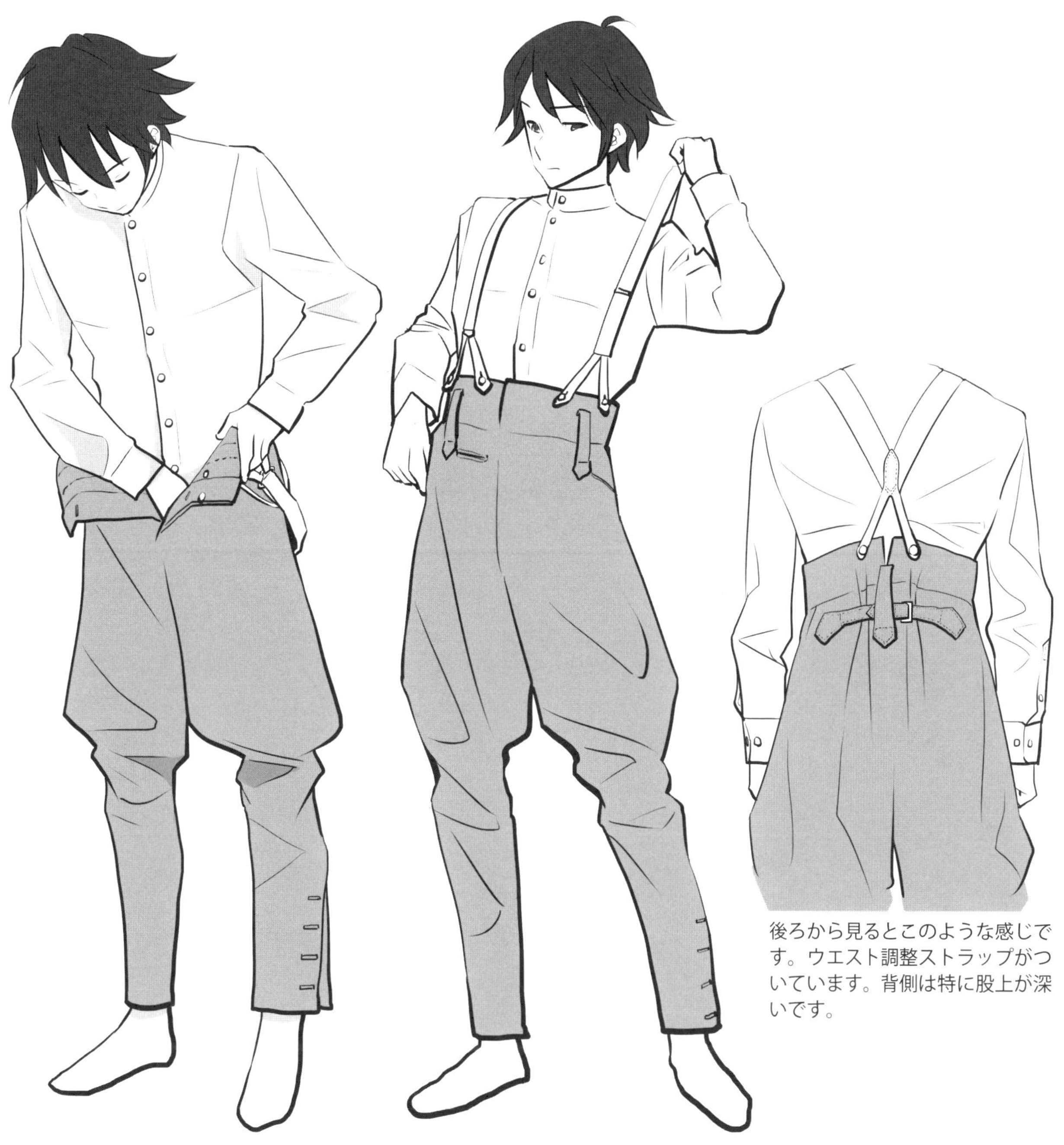

後ろから見るとこのような感じです。ウエスト調整ストラップがついています。背側は特に股上が深いです。

3. 略刀帯

軍刀を吊るためのベルト「略刀帯」を巻きます。「略刀帯」は左腰に剣吊り帯が下がっているので、パンツのベルトループを通すときは順番に注意しましょう。まず左前で通し、そのあと背側、右前と通していきます。

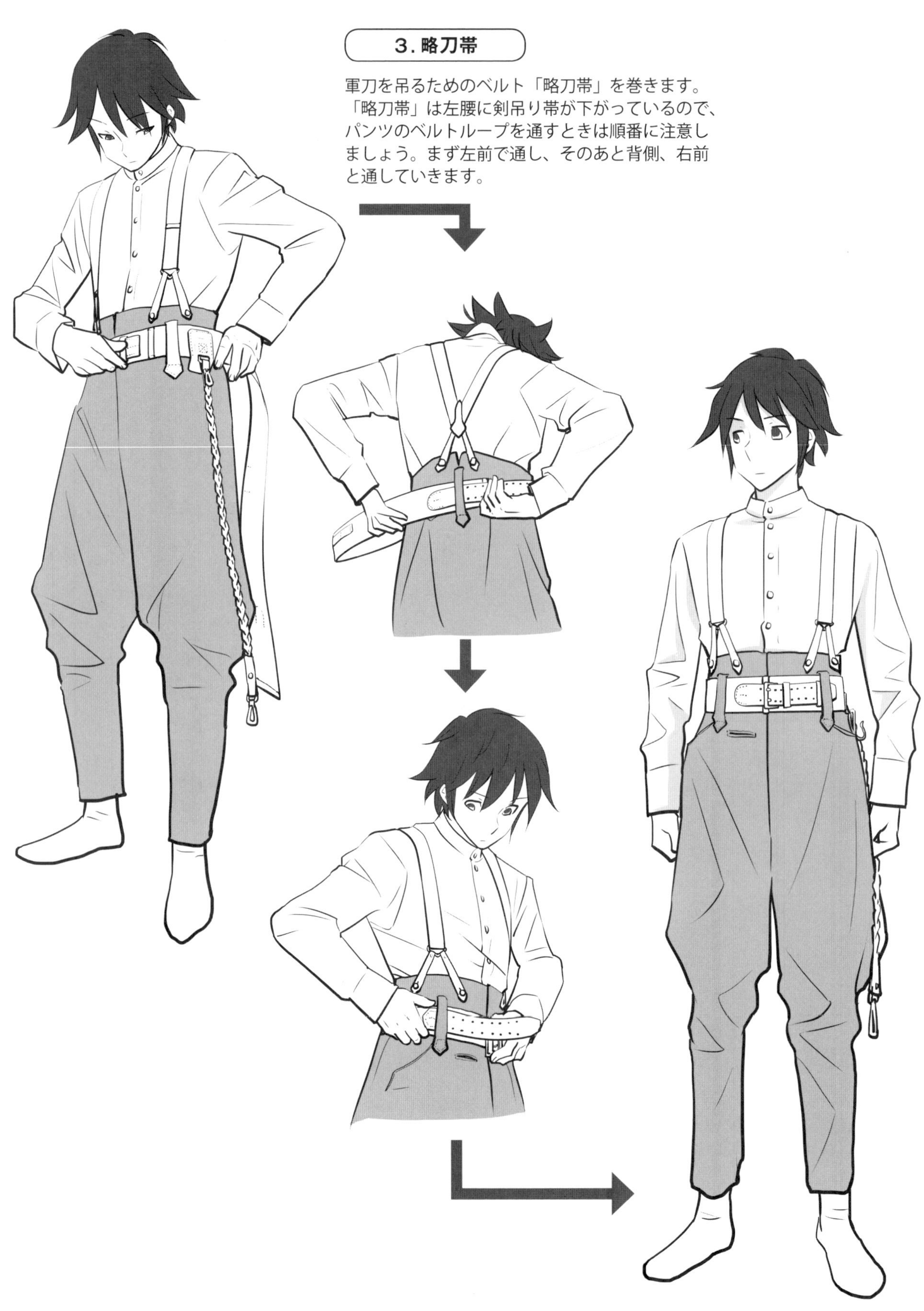

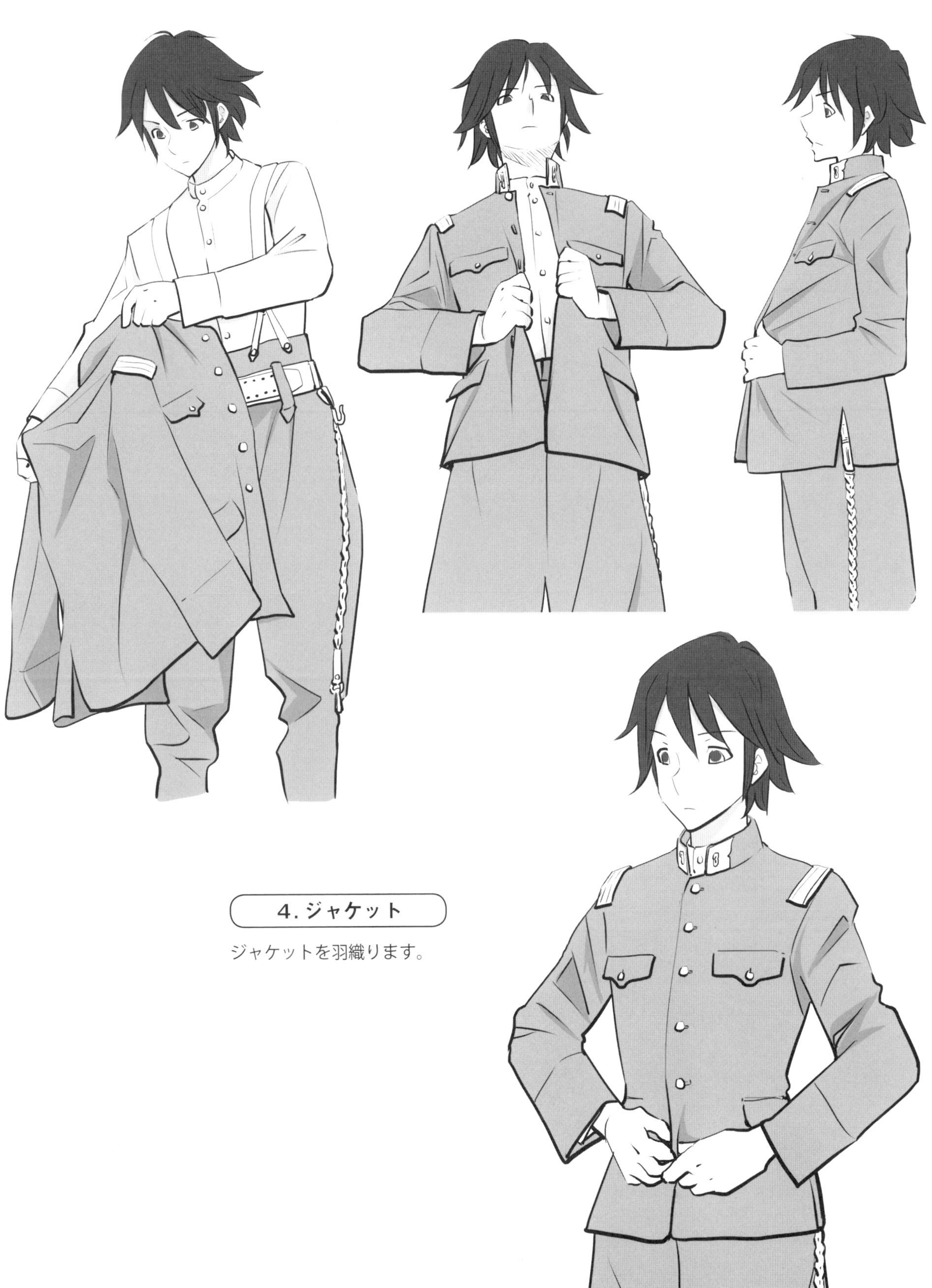

4. ジャケット

ジャケットを羽織ります。

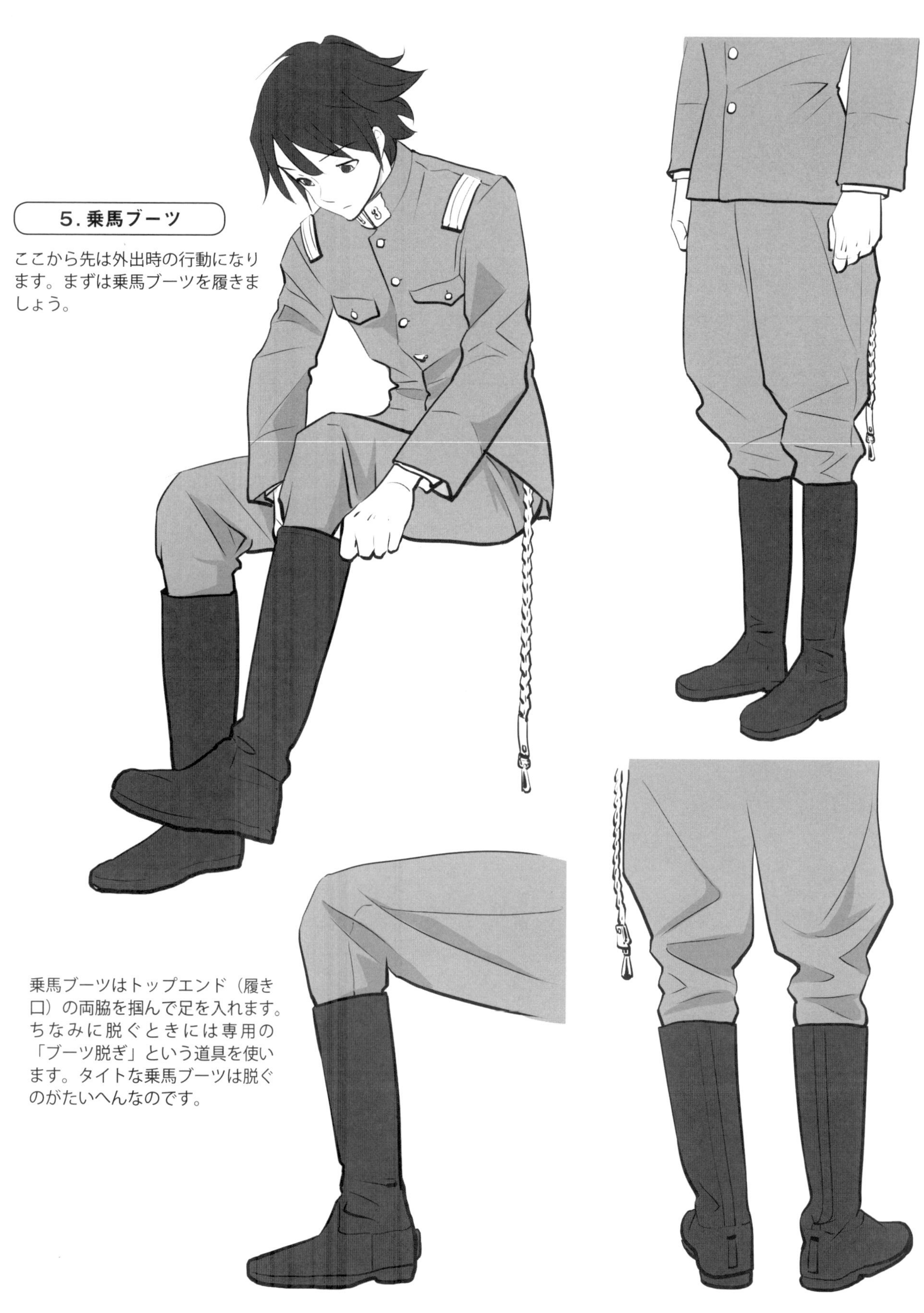

5. 乗馬ブーツ

ここから先は外出時の行動になります。まずは乗馬ブーツを履きましょう。

乗馬ブーツはトップエンド（履き口）の両脇を掴んで足を入れます。ちなみに脱ぐときには専用の「ブーツ脱ぎ」という道具を使います。タイトな乗馬ブーツは脱ぐのがたいへんなのです。

6. 軍刀

家屋のなかで帯刀することはありません。外出時に軍刀を吊ります。軍刀の鞘の佩環に剣吊り帯をつなぎ、左腰の剣吊り金具に吊ります（くわしくは140ページをご覧ください）。

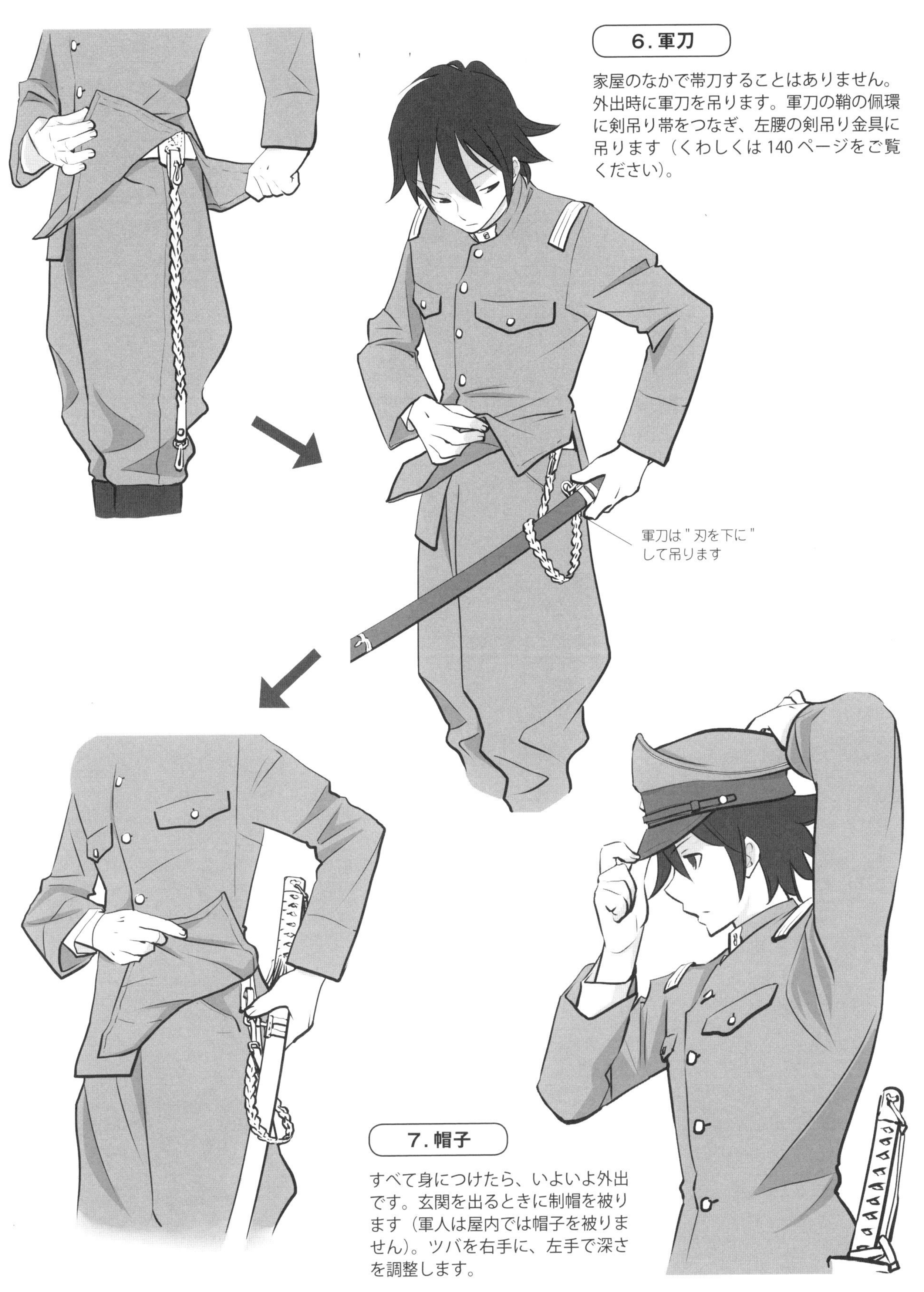

7. 帽子

すべて身につけたら、いよいよ外出です。玄関を出るときに制帽を被ります（軍人は屋内では帽子を被りません）。ツバを右手に、左手で深さを調整します。

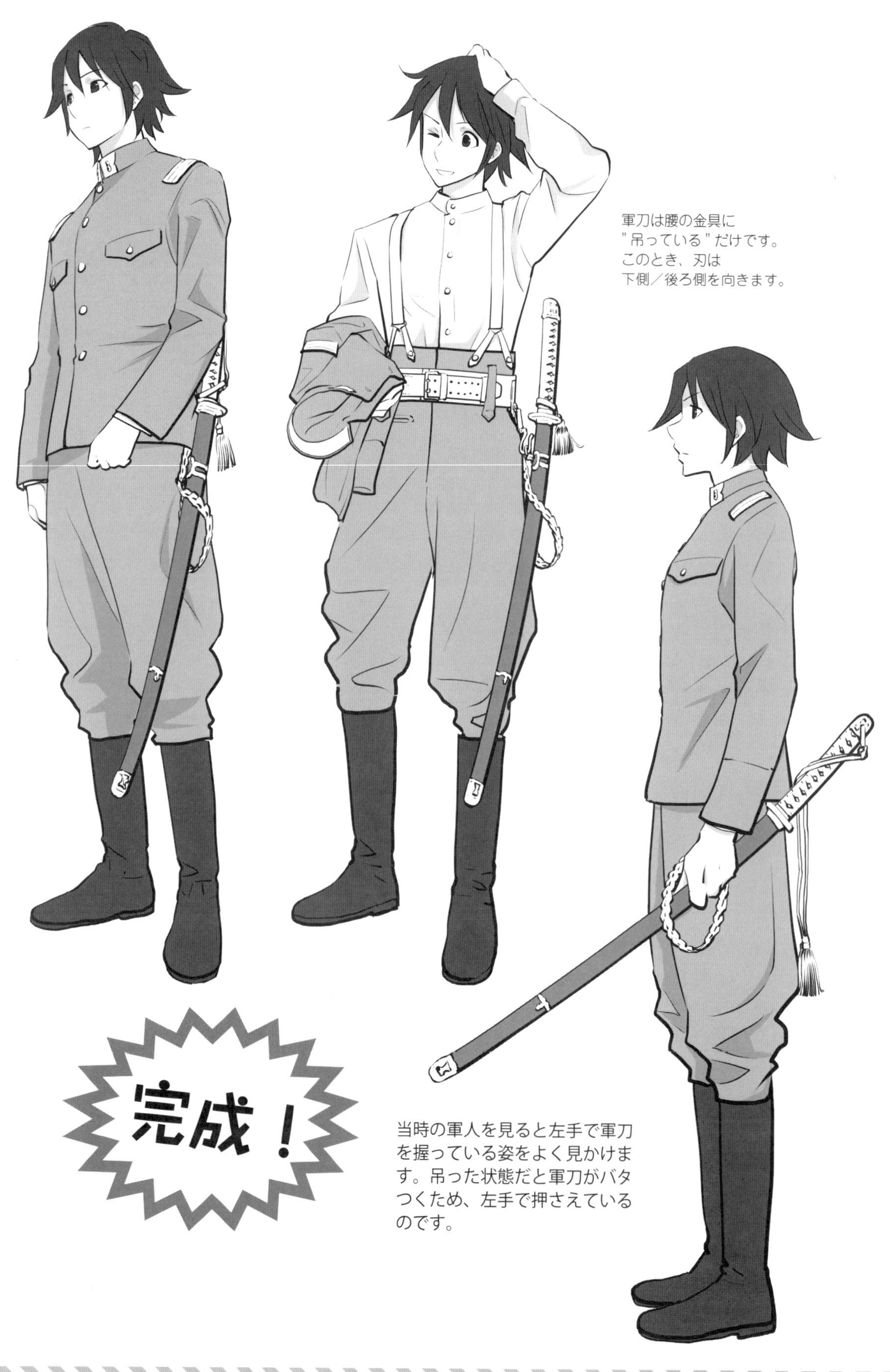
軍刀は腰の金具に
"吊っている"だけです。
このとき、刃は
下側／後ろ側を向きます。
完成！
当時の軍人を見ると左手で軍刀
を握っている姿をよく見かけま
す。吊った状態だと軍刀がバタ
つくため、左手で押さえている
のです。

第3章 軍服の装飾

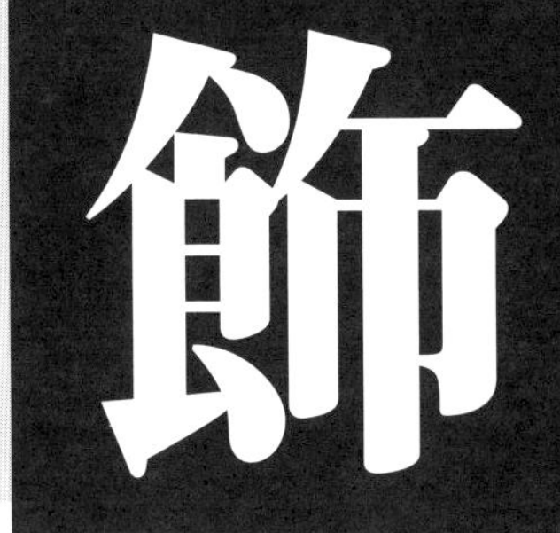

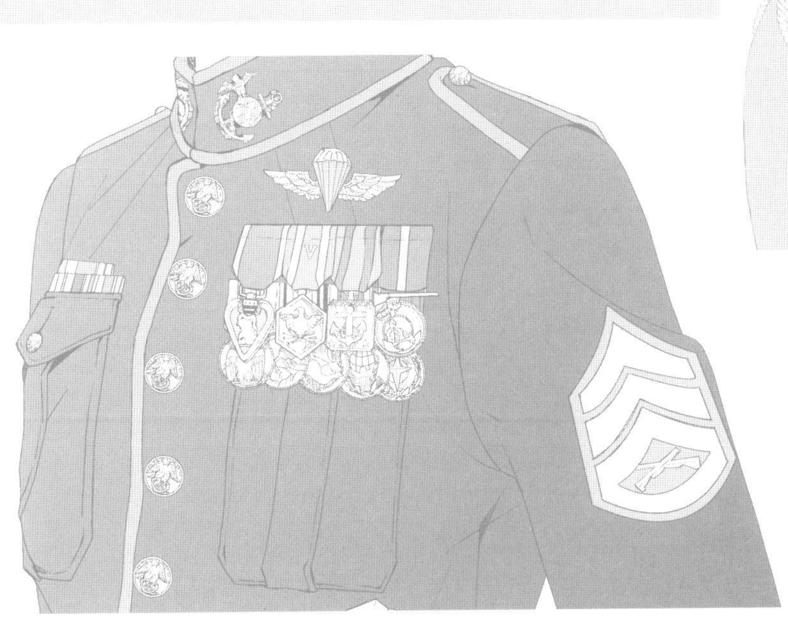

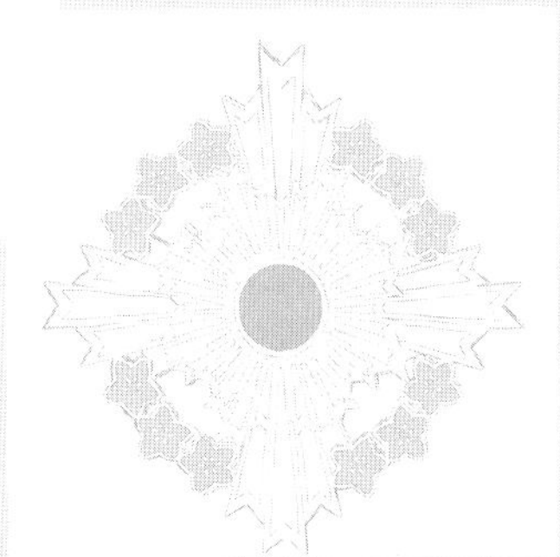

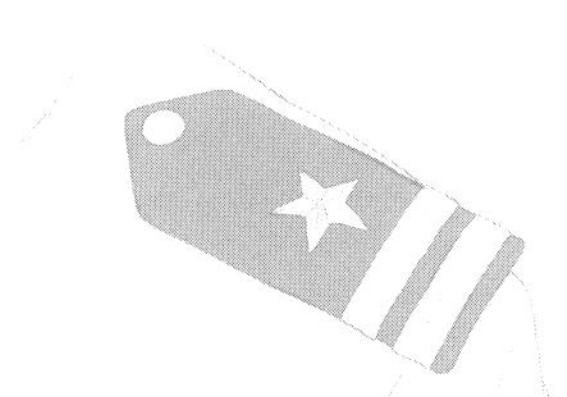

軍服を彩るさまざまな装飾(金属バッジやワッペン、刺繍など)は、軍服を描くときに欠かせない要素ですが「どこにつけたらいいのか？」「どんなデザインのものをつけたらいいのか？」「どういう意味があるのか？」など疑問が尽きないのではないでしょうか。

そもそも軍服の装飾は、単なる飾りではなく、着用している人物の階級や所属部隊、これまでの経歴や戦功など、さまざまな情報が含まれた、いわば“履歴書”のような役割があります。それだけに軍服初心者にとっては理解しづらいものになっています。

ここからのページでは、こうした装飾の「どこに、なにを取りつければいいのか」という点を中心に、意味や背景についてご説明していきます。

軍服を"飾る"

どこに、なにを、取りつける？—装飾の位置と意味—

まずは、おおまかな取りつけ位置と意味について説明します。装飾の取りつけ位置は各国とも、おおよそ共通の位置に取りつけます。一方で意味についてはさまざまです。

装飾の部位と意味

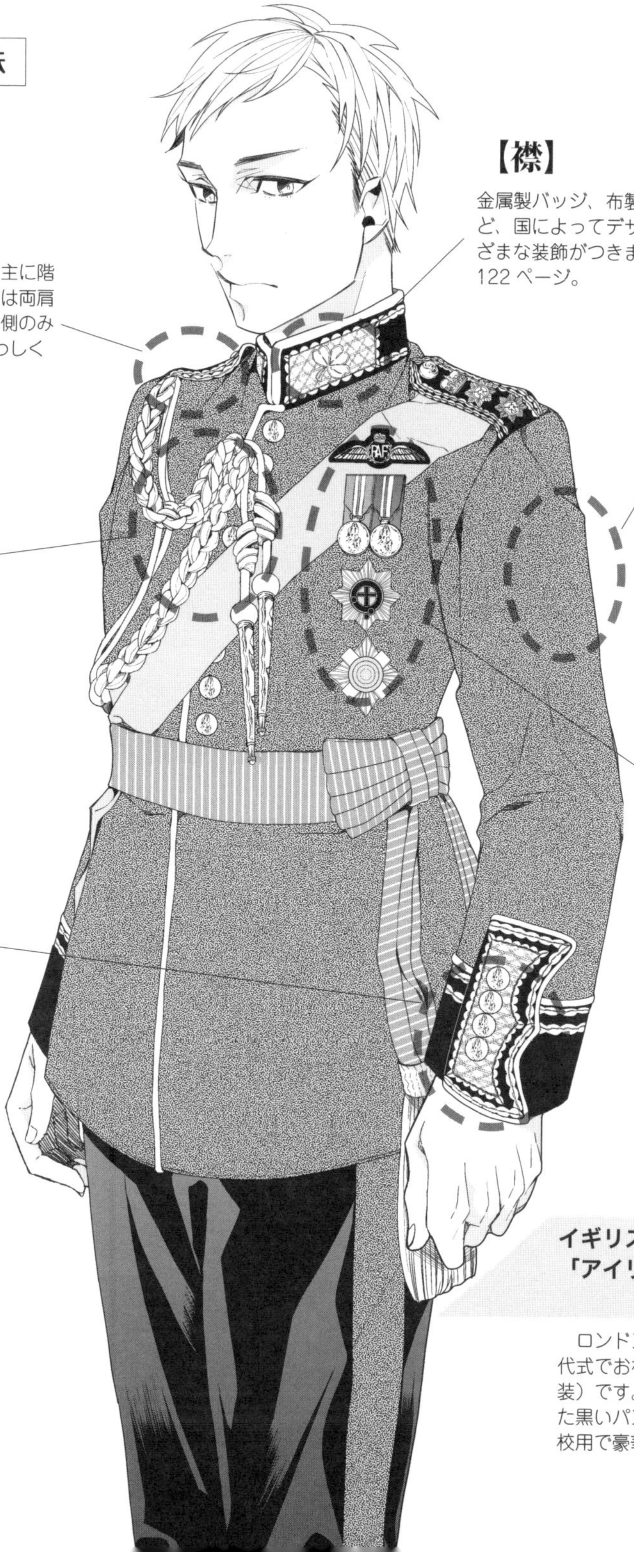

【肩】

「肩章」が付属します。主に階級をあらわします。肩章は両肩に付属します（まれに片側のみの場合もあります）。くわしくは116ページ。

【右肩〜胸】

「飾緒」と呼ばれる飾り紐が付属する場合があります。くわしくは130ページ。

【袖口】

国によってデザインも意味もさまざまな装飾が付属します。くわしくは126ページ。

【襟】

金属製バッジ、布製ワッペン、刺繍など、国によってデザインも意味もさまざまな装飾がつきます。くわしくは122ページ。

【上腕部】

階級章や部隊章が付属します。階級章は左右両腕につけます。部隊章は片腕のみにつけます（主に左）。くわしくは126ページ。

【胸】

勲章・戦功章・技能章など着用者個人に関する装飾が付属します。主に左胸につきます。くわしくは100ページ、勲章については102ページ。

イギリス陸軍　第4近衛歩兵連隊
「アイリッシュ・ガーズ」
フルドレス（大尉）

ロンドン名物であるバッキンガム宮殿衛兵交代式でおなじみのイギリス近衛兵の制服（正装）です。真っ赤なジャケットと赤い線の入った黒いパンツの組み合わせです。イラストは将校用で豪華な装飾が制服を飾っています。

装飾の分類

軍服の装飾には主に以下のようなものがあります。

国家章／組織章

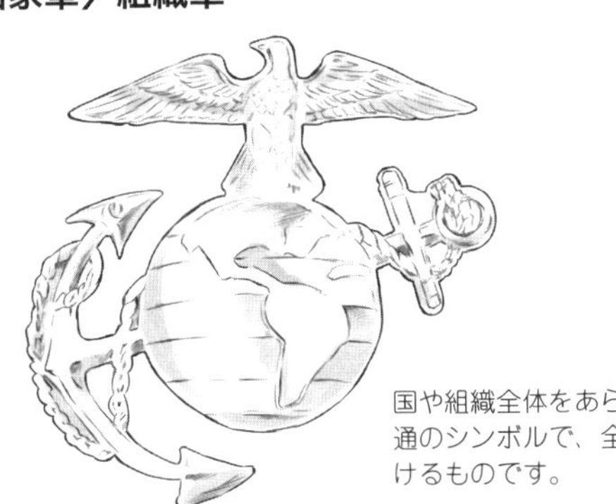

国や組織全体をあらわす共通のシンボルで、全員がつけるものです。

部隊章

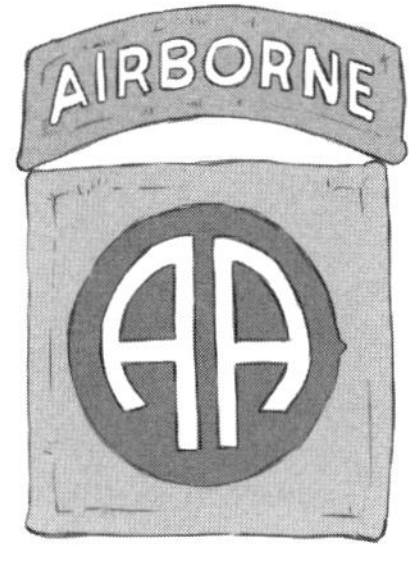

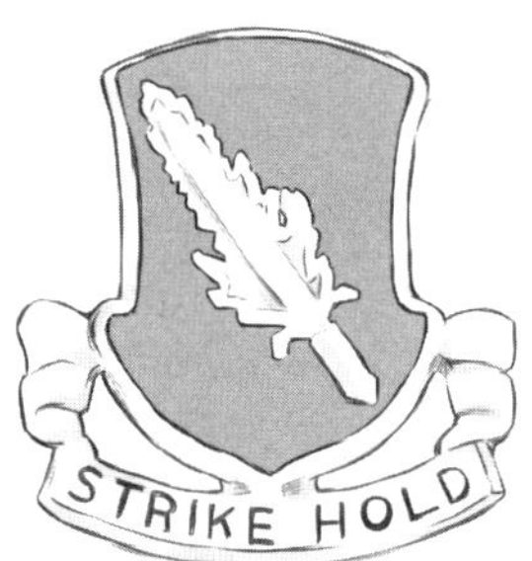

所属部隊をあらわすものです。

階級章

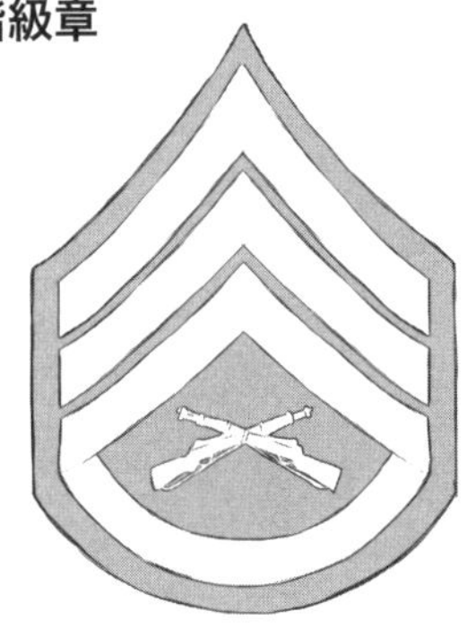

階級をあらわすものです。階級章は“肩と襟”“肩と袖”など2カ所に異なるデザインのものをつける場合が多いです。

兵科章

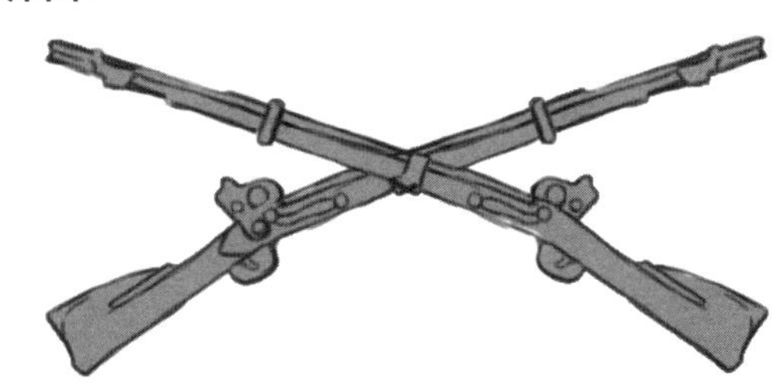

所属する兵科（軍隊内部の専門職種）をあらわすものです。個別の兵科章以外に、他の装飾の一部として“色”で兵科を表現することもよくあります。

技能章

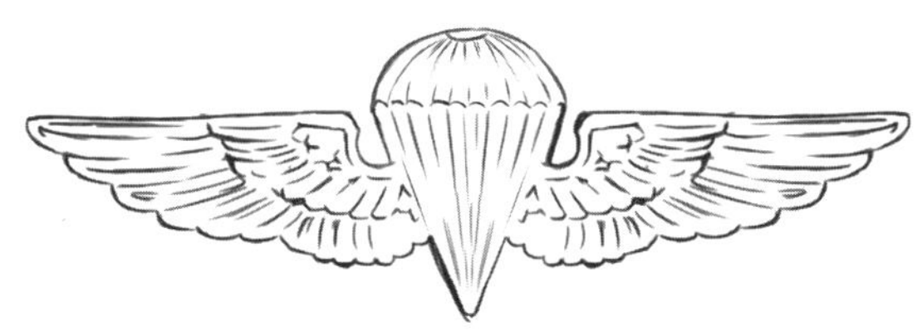

着用者が有している軍隊内部の専門技能をあらわすものです。パラシュート降下技能や、爆発物処理技能など。

勲章

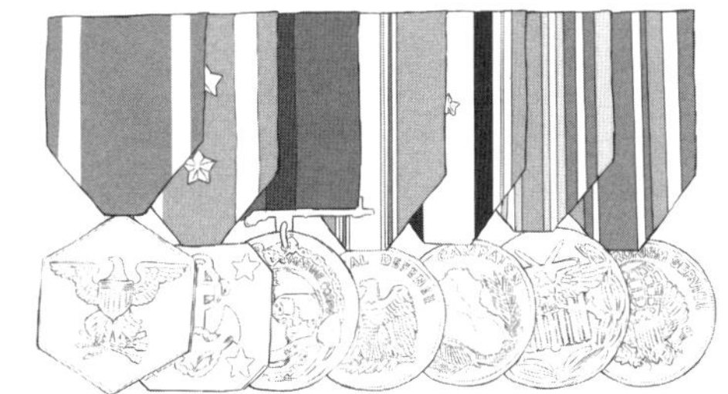

戦時・平時を問わず個人の功績を表彰するものです。形状など、くわしくは102ページより紹介します。

戦功章

「特定の戦闘に参加した」「指定の日数、戦闘に参加した」など、戦闘における一定の功績基準を満たすと授与されるものです。

飾緒

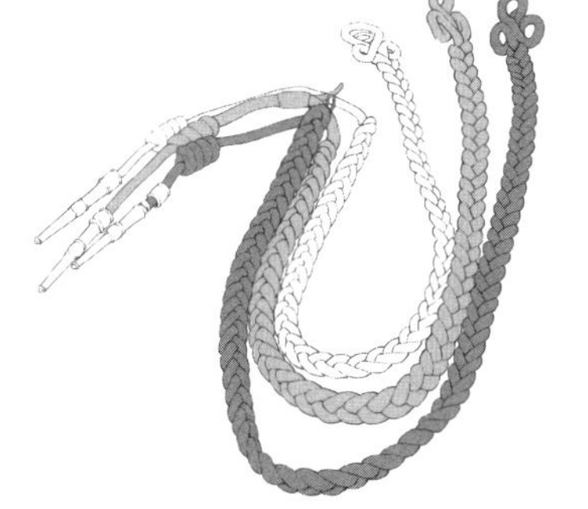

「しょくちょ」と読みます。肩から下がった飾り紐型の装飾。くわしくは130ページより。

※この分類は、本書の解説のため簡素化したものです。実際は国や組織による違いもあり、この分類と異なる場合もあります。

アメリカ陸軍 アーミーグリーンユニフォーム（勤務服／将校）第 82 空挺師団第 504 空挺歩兵連隊大尉

勤務服の装飾——所属や兵科、技能が一目でわかる

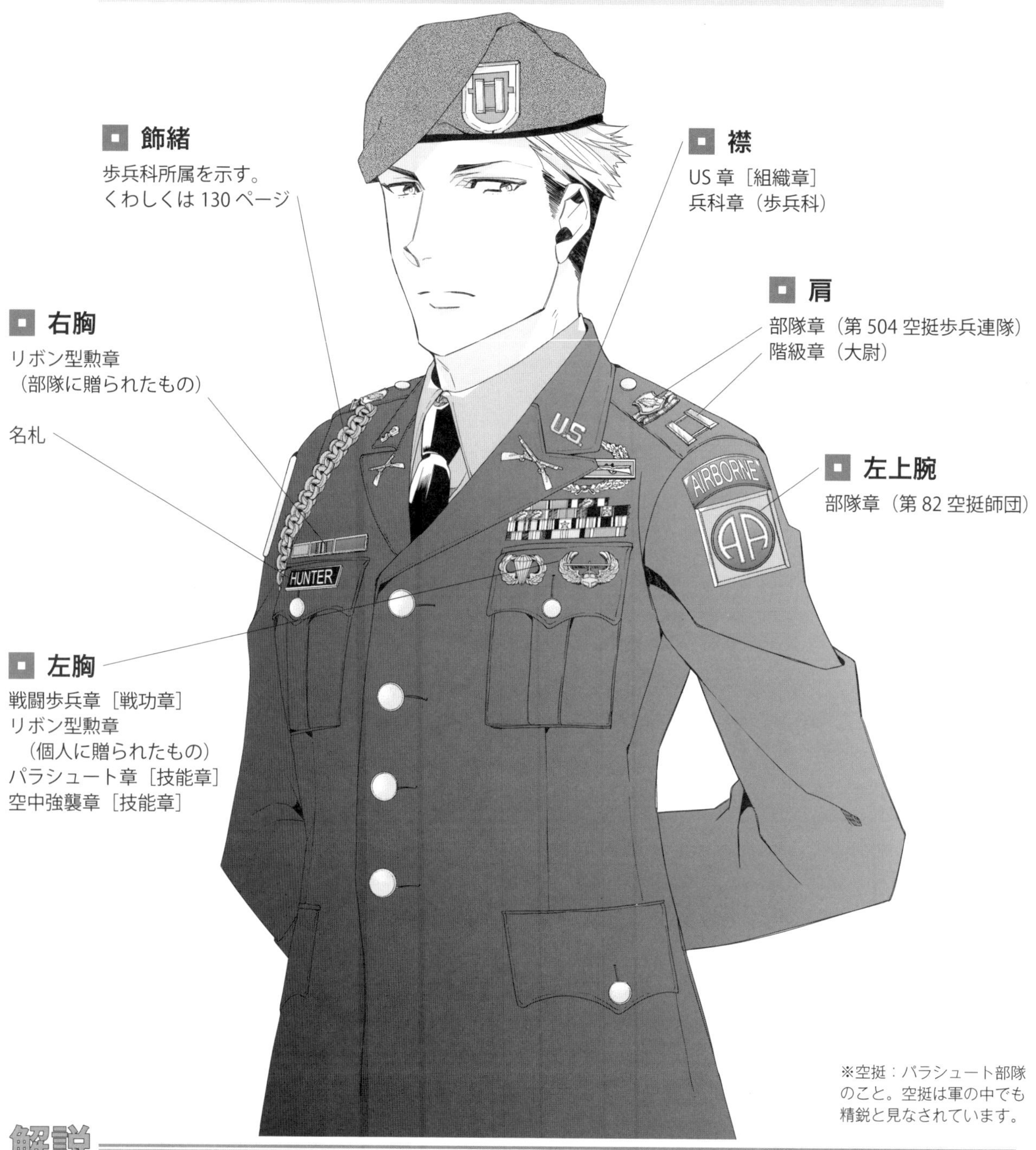

※空挺：パラシュート部隊のこと。空挺は軍の中でも精鋭と見なされています。

解説

アメリカ陸軍アーミーグリーン制服は、現代におけるもっともポピュラーな軍服（勤務服）です。装飾についても同様で、現代軍服における装飾の基本構成を知ることができます。日常的な勤務に用いられる制服のため、勤務に必要な情報——所属や技能といった要素が狭いスペースにうまくまとめられています。

上腕／肩／襟

所属をあらわす

軍は巨大な組織です。例えば陸上自衛隊で 13 万人、アメリカ陸軍では 40 万人もの人員が所属しています。ある人物が、どのような部隊で、どんな仕事をしているのか——勤務服の装飾はそれが一目でわかるようになっています。

上腕：部隊章（第 82 空挺師団）

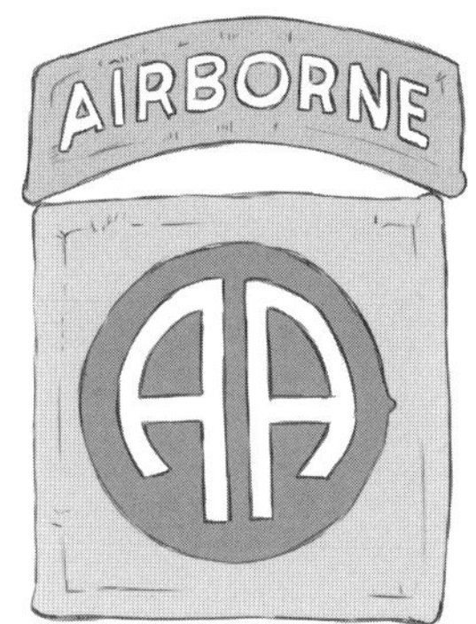

左上腕には現在所属する部隊(師団)の紋章をかたどった布製ワッペンが縫いつけられます。「師団」とは軍隊のもっとも基本的な構成要素のひとつです。

肩：部隊章（第 504 空挺歩兵連隊）

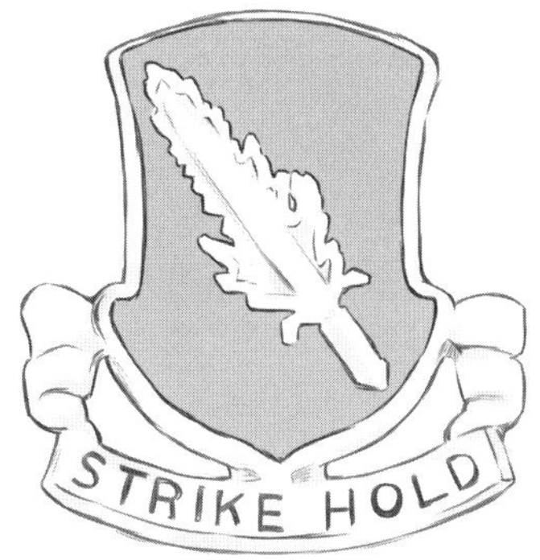

肩にも現在所属する部隊（連隊）を示す金属ピンズを取りつけます。「連隊」は師団の下にある部隊です。「連隊」はそれぞれが長い歴史を持ち、軍人が強い愛着と誇り、帰属意識（仲間意識）を感じる集団です。

襟：組織章（陸軍）／兵科章（歩兵）

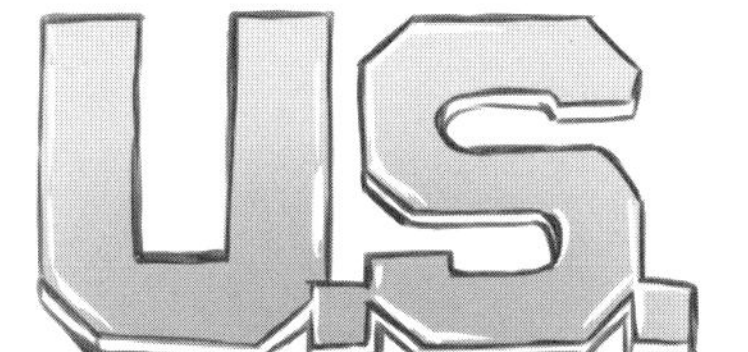

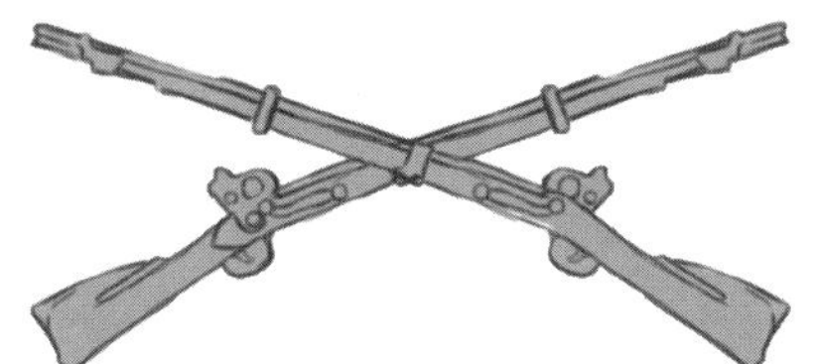

上襟に全陸軍将校共通の「U.S.」バッジを、下襟には兵科章を取りつけています。アメリカ陸軍では兵科ごとにシンボルマークがあり、そのマークをかたどった金属バッジを兵科章としています。歩兵科は古いマスケット銃が交差したデザインです。

胸

技能や経歴をあらわす

所属に続いて、その人物がどれほどの軍人なのか——特殊技能や過去の戦歴などをあらわしているのが胸の装飾です。胸の装飾が多ければ多いほど、経験豊富なベテラン軍人ということです。

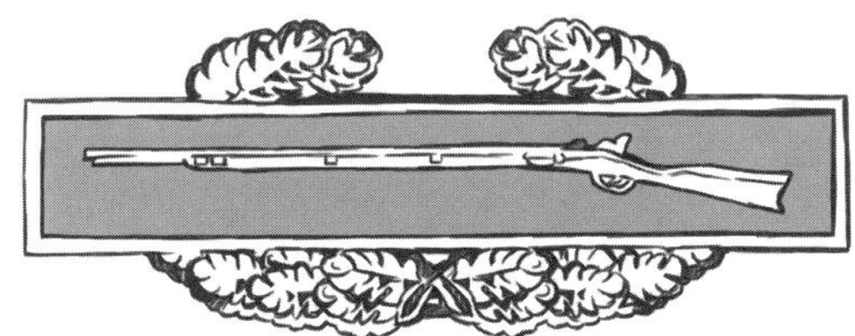

戦功章（戦闘歩兵章）

柏葉で囲まれたマスケット銃をかたどった金属バッジは「戦闘歩兵章」と呼ばれるもので、戦場で歩兵として戦った経験がある軍人に与えられます。

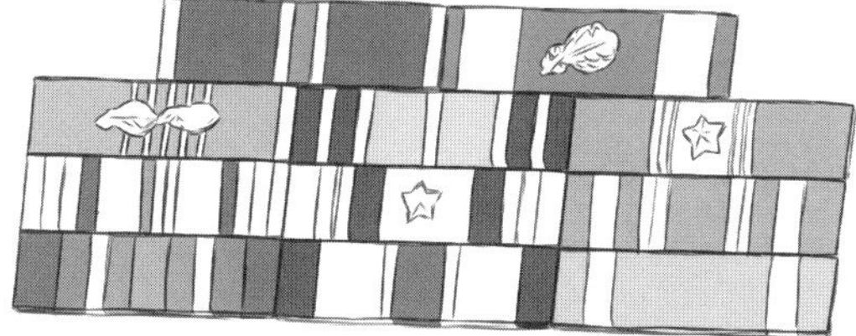

勲章——リボン型

左胸のカラフルな“板”は勲章です。小さな短冊型リボンが集まったもので、ひとつひとつの短冊が勲章です。勤務服には、このリボン型勲章をつけます。勲章については 102 ページ以降でくわしく説明しています。

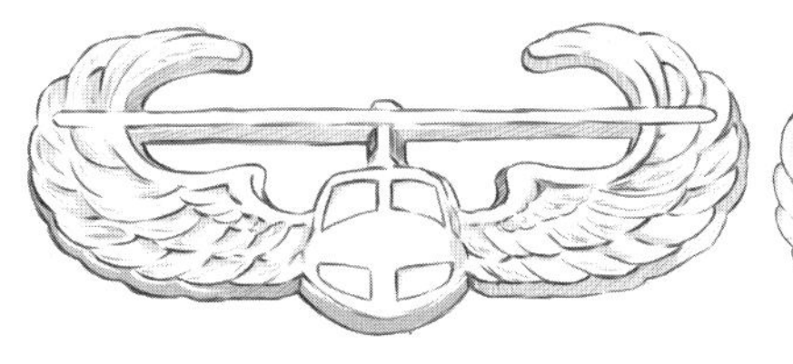

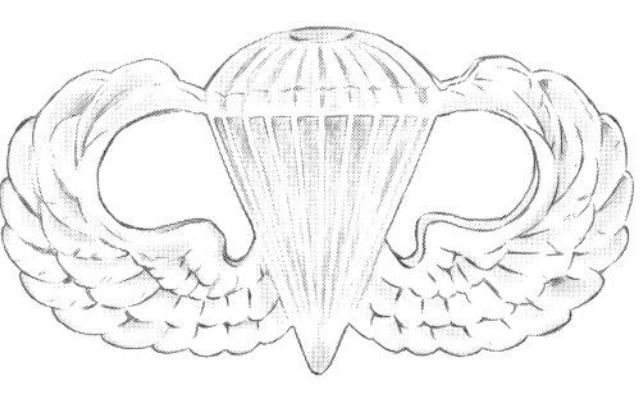

技能章（空中強襲章／パラシュート章）

ポケットフラップの小さな金属バッジは技能章です。「パラシュート章」（右）は「パラシュート降下能力」、「空中強襲章」（左）は「ヘリコプターを使用した戦闘能力」を示しています。

アメリカ海兵隊 ドレスブルーユニフォーム（正装／下士官）二等軍曹

正装の装飾——自らを飾る誇り高い制服

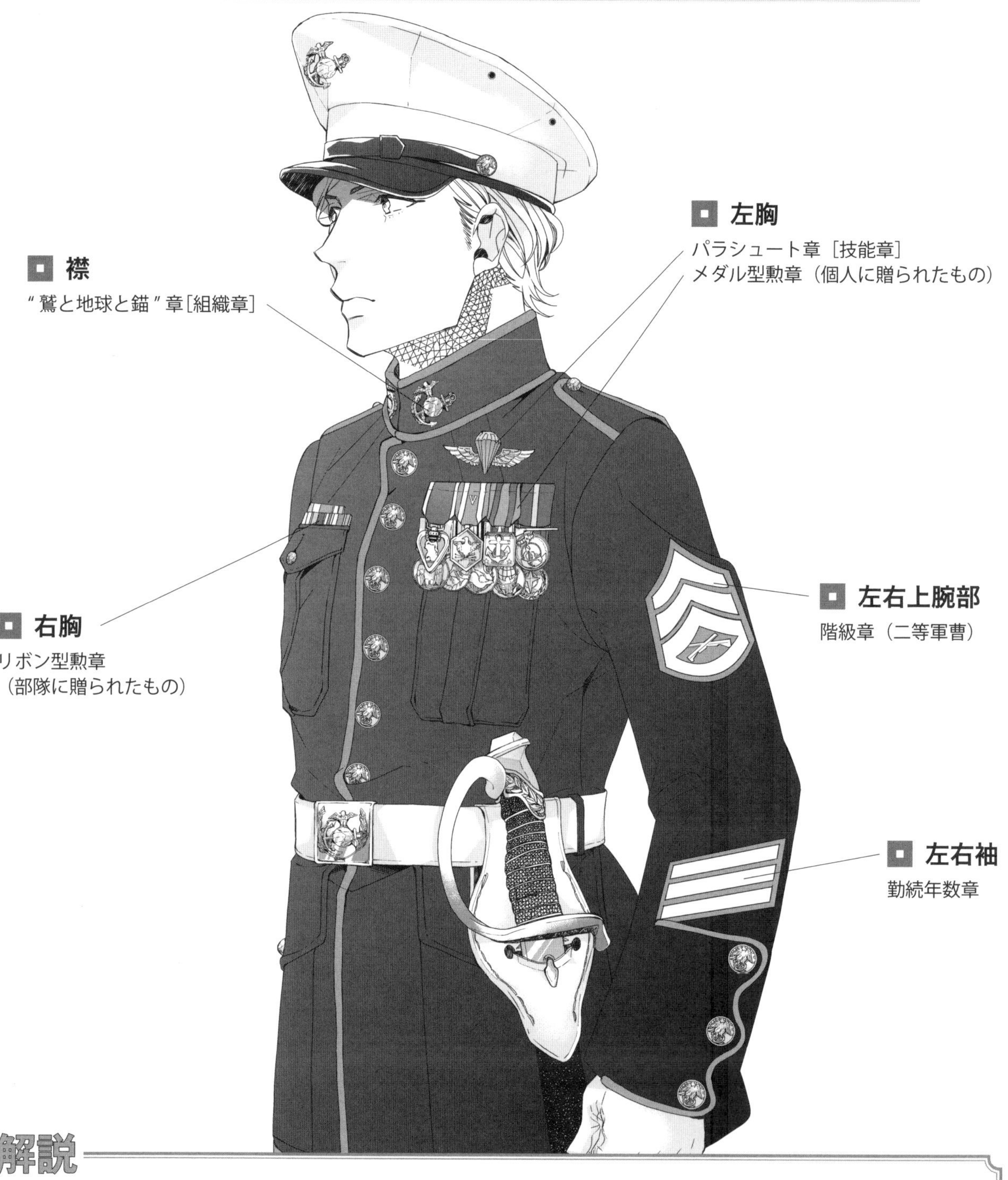

解説

ドレスブルー制服はアメリカ海兵隊の正装であり、式典やパレード、冠婚葬祭など特別なときに着用する制服です。それはまさに軍人の“晴れ姿”であり、ここぞとばかりに自分を着飾る服なのです。そのため、自らの功績を誇る勲章を中心として、実用性より美しさ･派手さ重視の装飾となっています。

襟　海兵隊員の誇り

“鷲と地球と錨”章

詰襟を飾るのは、海兵隊のシンボルである“鷲と地球と錨”章です。これは全海兵隊員共通であり、眩しいほどに光沢のある金色（士官は金銀２色）の金属バッジを両襟に取りつけます。
海兵隊は少数精鋭をモットーとして、入隊訓練の厳しさが有名です。それだけに“海兵隊員であること”は彼らにとって強い誇りとなっています。この紋章は“誇り”の象徴なのです。

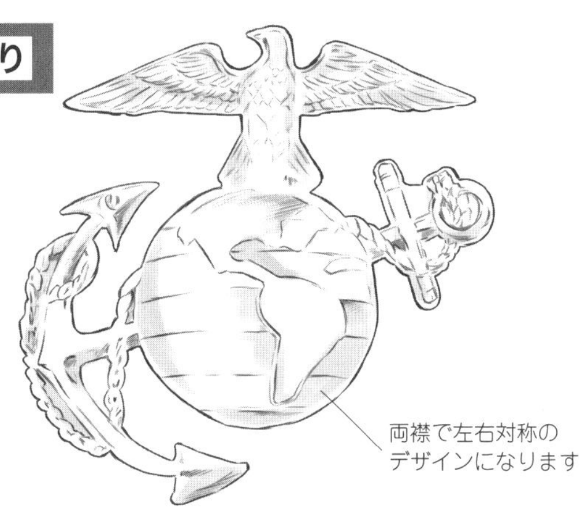

両襟で左右対称のデザインになります

胸　光り輝く勲章

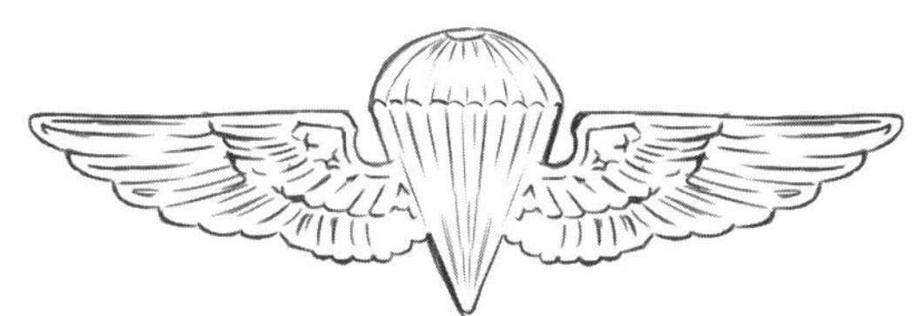

技能章（パラシュート章）

パラシュート降下能力があることを示す技能章です。こうした特殊技能は、それぞれが厳しい訓練を経て得られるものであり、軍人にとって誇るべきものです。

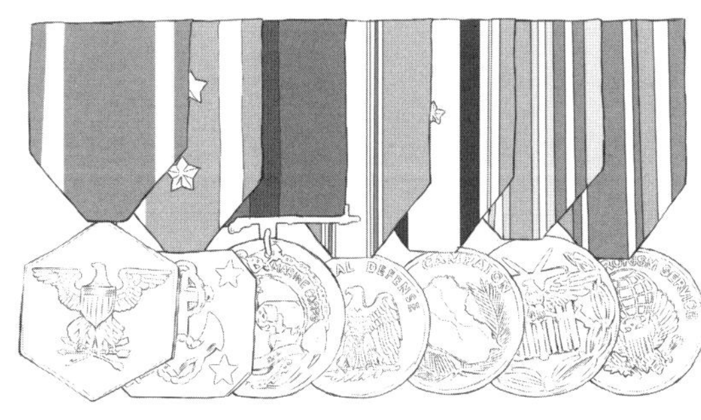

勲章――メダル型

正装のときはメダル型勲章を身につけます（勤務服では“簡略型”のリボン型勲章。95 ページ参照）。幅広のカラフルなリボンに、光り輝く金属メダルが吊り下げられたメダル型勲章は、とても目立ちます。勲章は軍人個人の戦果や功績を讃えるものであり、何より誇らしいものです。正装のときは、思いっきり勲章を目立たせるのです。

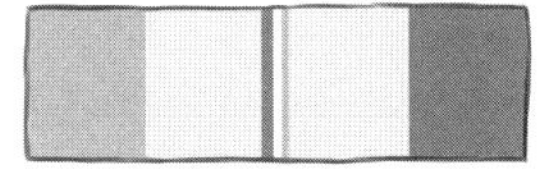

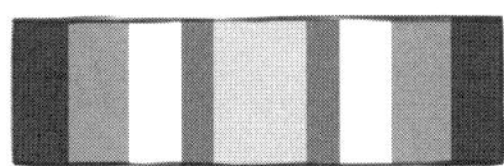

勲章――リボン型

勲章は個人に贈られるもののほか、部隊に贈られるものもあります。右胸には部隊に贈られた勲章を取りつけます。

腕　赤と金の派手な階級章

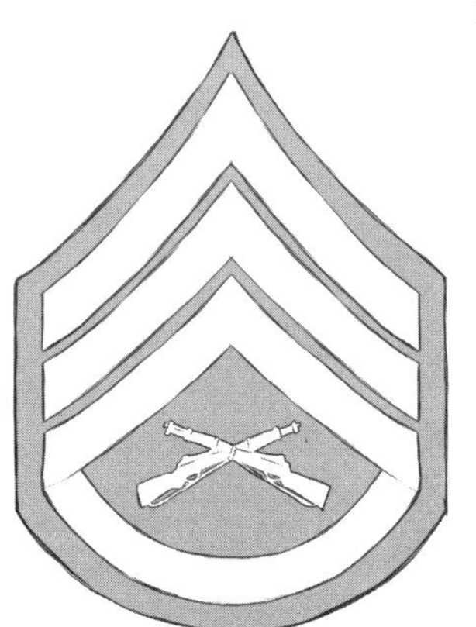

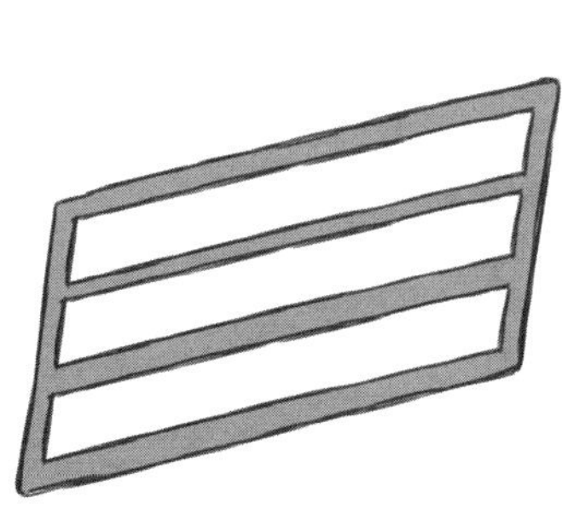

階級章（二等軍曹）／勤続年数章（勤続 12 年）

腕には階級章と勤続年数章のワッペンを縫いつけます。赤地に金線という派手な色で、黒い制服のアクセントになっています。
なお、勤続年数章は４年勤務で１本線となり、この人物は３本＝ 12 年勤務であることがわかります。

ナチス 武装親衛隊36年型将校制服（戦闘服・勤務服／将校）第1SS装甲師団「アドルフ・ヒトラー親衛隊旗」少佐

貴族文化の影響を残す第2次世界大戦期欧州軍服の装飾

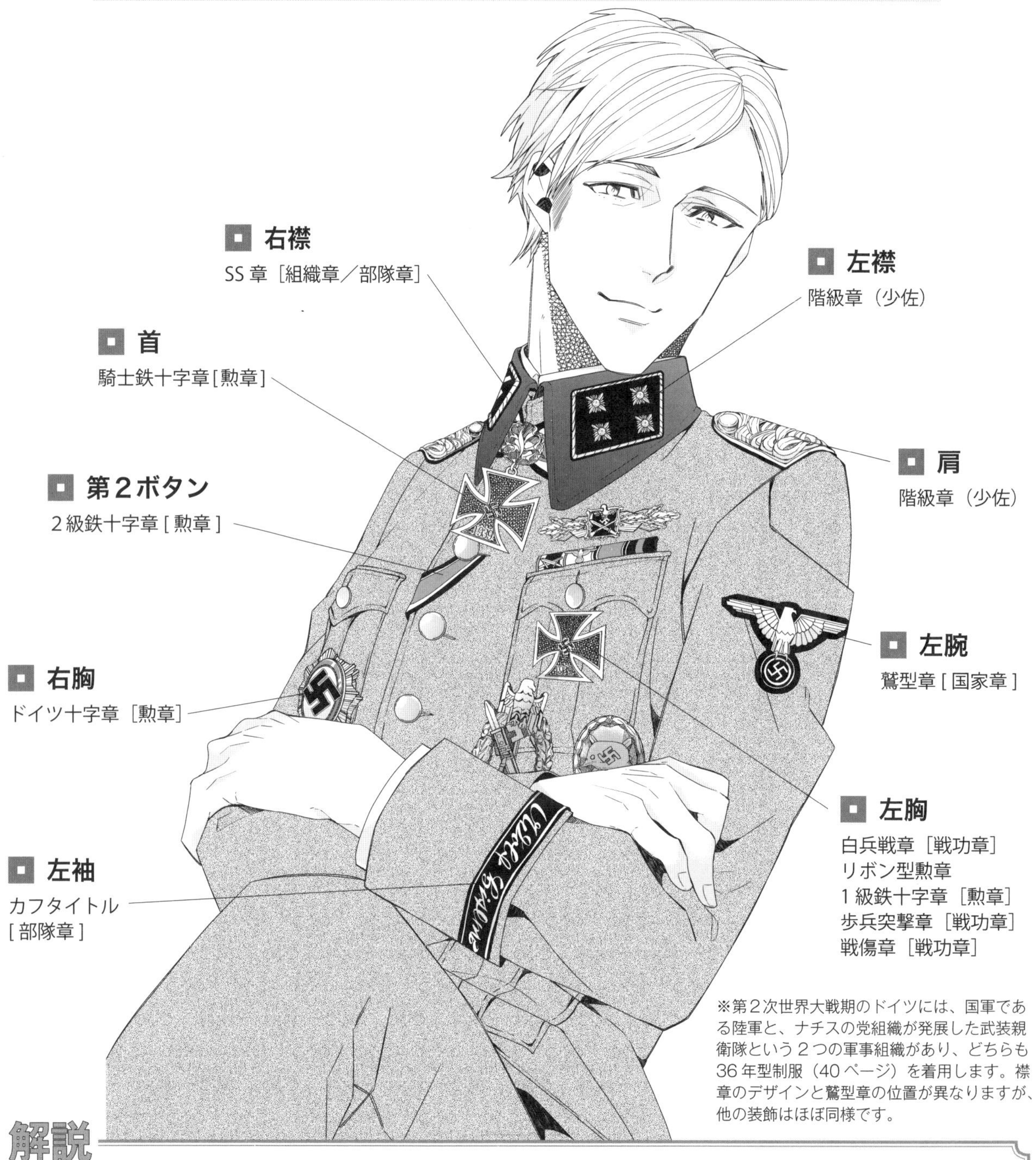

※第2次世界大戦期のドイツには、国軍である陸軍と、ナチスの党組織が発展した武装親衛隊という2つの軍事組織があり、どちらも36年型制服（40ページ）を着用します。襟章のデザインと鷲型章の位置が異なりますが、他の装飾はほぼ同様です。

解説

中世～近世以来の影響を残す第2次世界大戦期のドイツ軍将校服は、装飾にもその特徴が現れており、現代の軍服とは大きく異なります。勤務や戦闘に使用する制服ながら、派手な勲章・戦功章で飾り立てた独特のスタイルになっています。

襟／肩

銀糸を織り交ぜた目立つ階級章

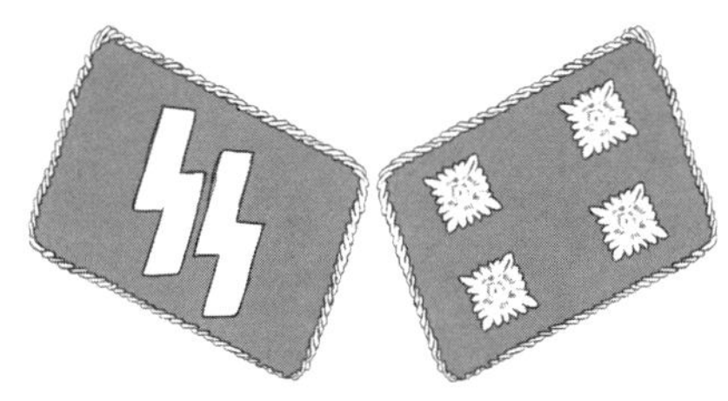

襟章（SS章／階級章）

右襟に親衛隊（SS）所属をあらわす「SS章」、左襟に階級章をつけます。どちらも黒い台布の周囲に銀のネジリ紐によるパイピングが施され、SSの文字は銀糸刺繍、階級章は銀色の金属ピンズと煌びやかなデザインです。

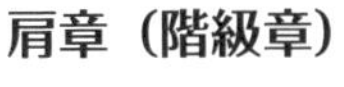

肩章（階級章）

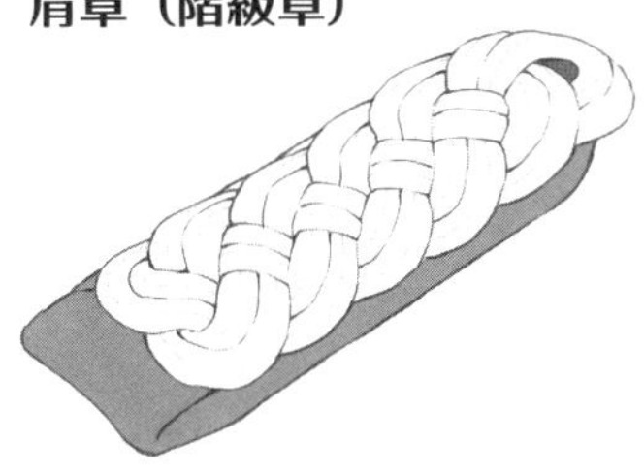

胸回り

ドイツ軍人の誇り「鉄十字勲章」

ドイツ軍は左胸ポケットを中心にさまざまな勲章／戦功章をつけます。

ここではドイツ軍人の憧れである「鉄十字勲章」シリーズを中心に解説します。鉄十字勲章は2等章に始まり、最高位の騎士鉄十字章まで数段階のランクづけがあります。

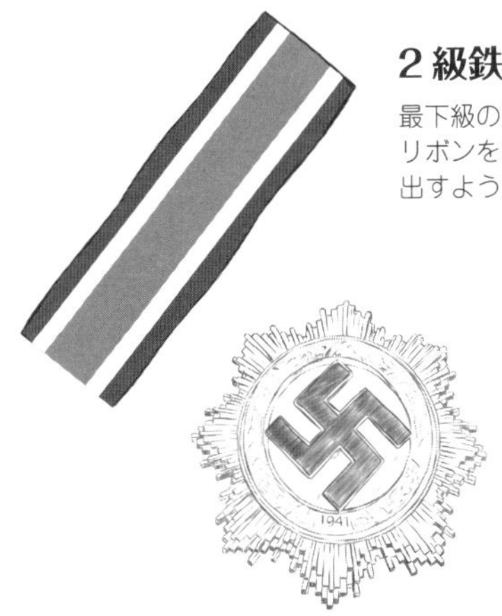

2級鉄十字章

最下級の鉄十字勲章です。専用のリボンを第2ボタンホールから出すように斜めに縫いつけます。

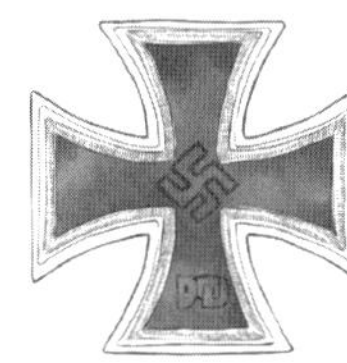

1級鉄十字章

金属製の十字型勲章です。左胸ポケットに取りつけます。左胸ポケットには1級章のほか、さまざまなバッジ型戦功章も取りつけますが、必ず1級章が一番上です。

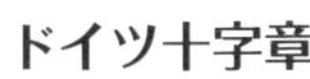

ドイツ十字章

右胸ポケットに取りつけます。金属バッジ型ですが、重いため布ワッペン型もあります。

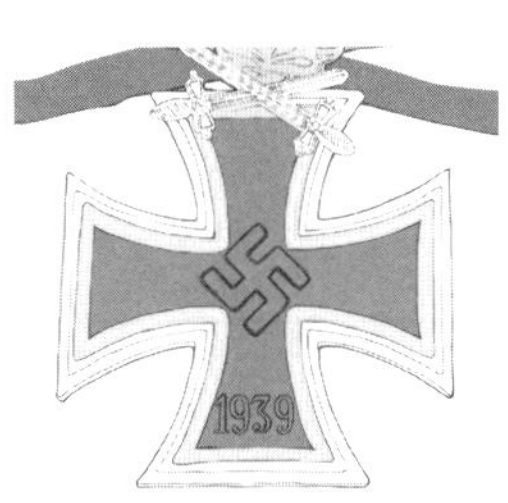

騎士鉄十字章

首からリボンで吊り下げます。くわしくは111ページをご覧ください。

白兵戦章

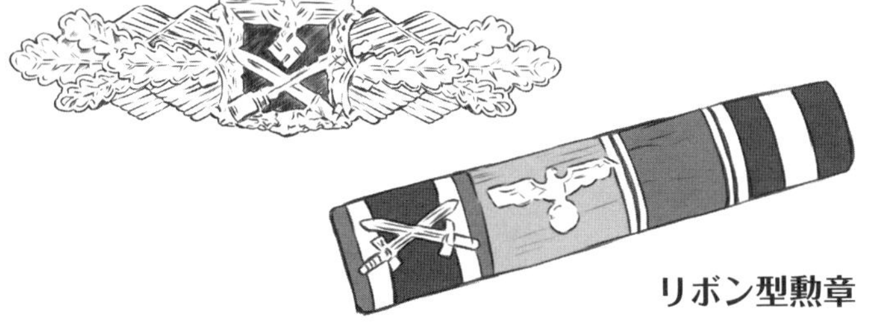

リボン型勲章

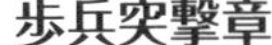

歩兵突撃章

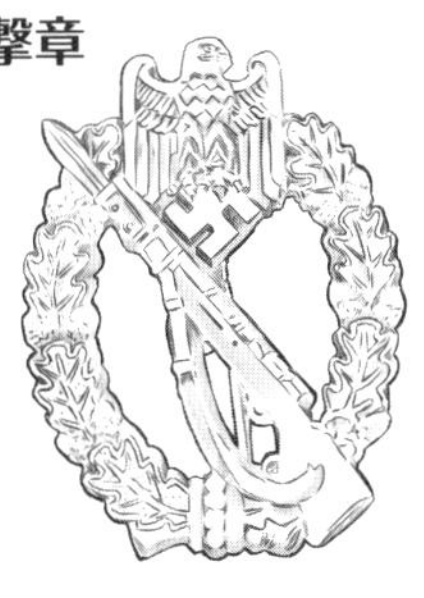

戦傷章

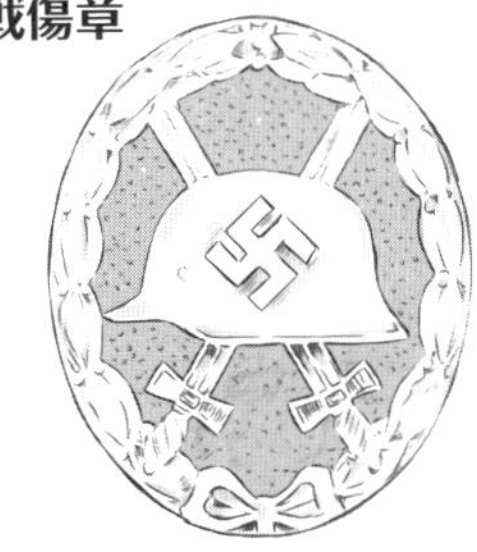

腕

ドイツ独特の装飾

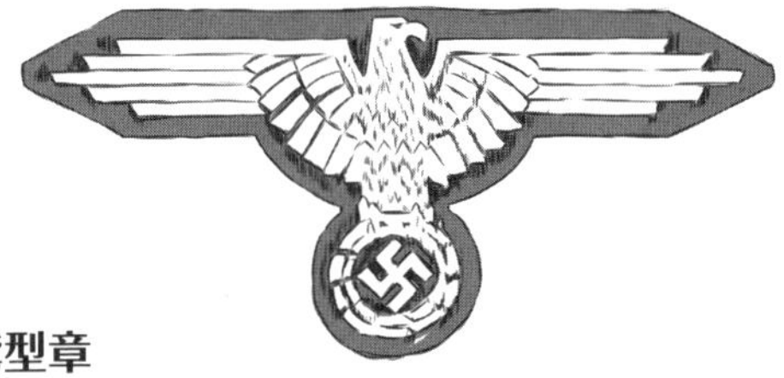

鷲型章

武装親衛隊員全員が取りつける国家章／組織章です。ドイツでは鷲は国家のシンボルであり、陸海空軍・武装親衛隊それぞれが独自の鷲型章をデザインし制服に縫いつけました。武装親衛隊は左上腕、陸海空軍は右胸ポケット上に取りつけます。

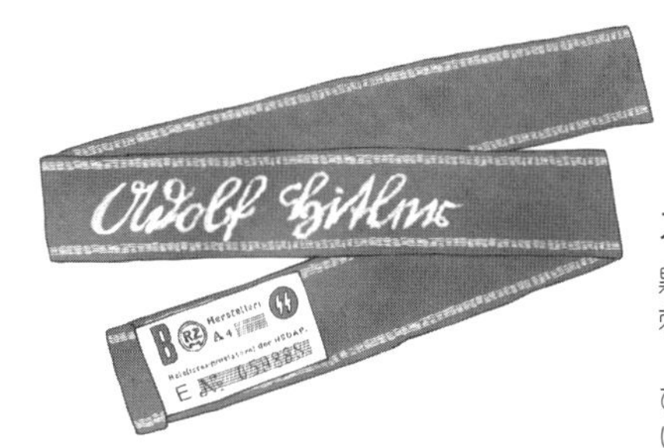

カフタイトル

黒地に銀糸で部隊名が刺繍されたリボンを「カフタイトル」と呼び、左袖にぐるりと巻いて縫いつけます。

胸の装飾（勤務服）

軍服において胸の装飾は必ず“左胸”に取りつけます。勤務服の場合、大小さまざまな金属バッジ型の装飾が付属しますが、これらは主に軍人個人に関するもの——勲章や戦功章（個人の功績）、技能章（個人の能力）などです。

カタチも大きさも違う、これらの勲章は一見複雑に見えるかもしれません。しかし、実は各国に共通する“取りつけ方のお約束”があるのです。

このページでは、アメリカ陸軍グリーン制服を参考例として“お約束”を説明していきたいと思います。

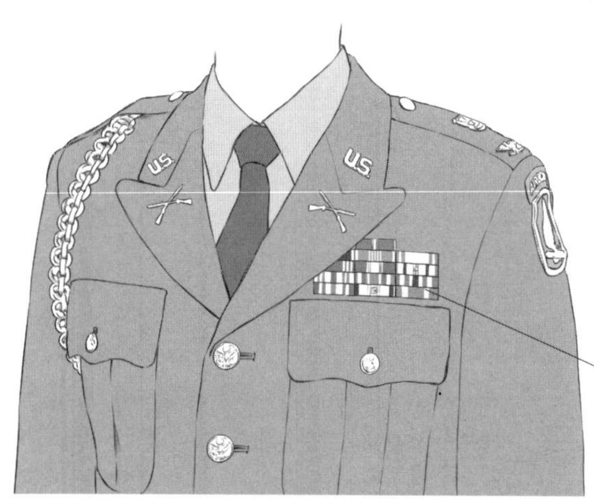

1.「勲章」を一番目立つ位置に

軍人が一番“誇りたい情報”、それは「勲章」です。「勲章」にはさまざまなカタチがありますが、勤務服には「略綬（リボンバー）」と呼ばれる短冊リボン型を用います。

この「略綬」を、胸の一番目立つ場所——胸の中心あたり、胸ポケットの上側に取りつけます。

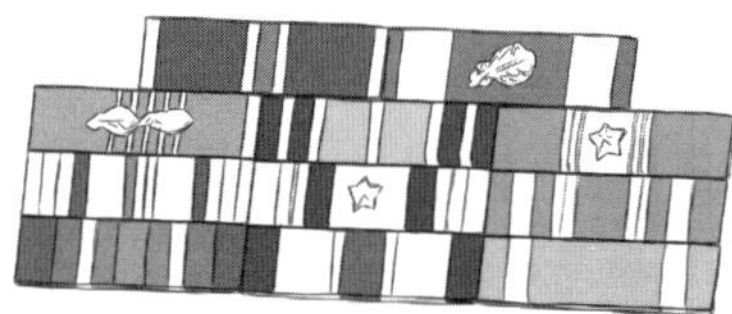

※「勲章」についてくわしくは 102 ページからの解説をご覧ください。

2.細長いバッジは上、小さいバッジは下に並べる

「勲章」の位置が決まったら、大小さまざまな金属バッジ（戦功章や技能章）はサイズとカタチで置く場所を決めていきます。

細長いバッジは勲章の上に、小さいバッジは勲章の下に並べます。

複数の場合、細長いバッジは上下に重ねて、小さいバッジは左右に並べていきます。

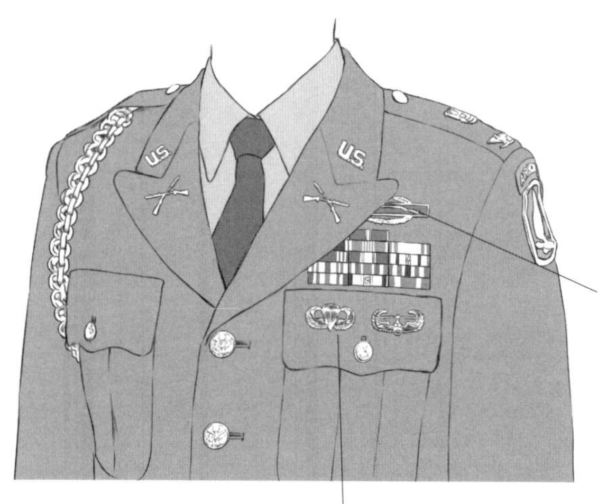

細長いバッジ

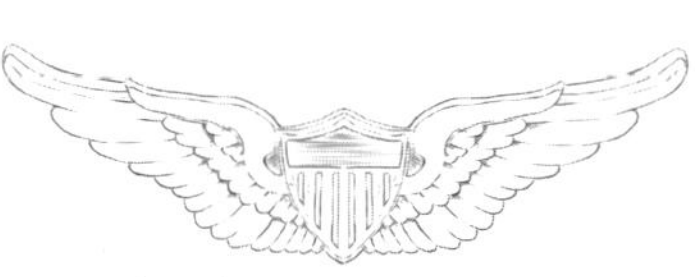

戦闘歩兵章（戦功章）　陸軍パイロット章（技能章）

小さいバッジ

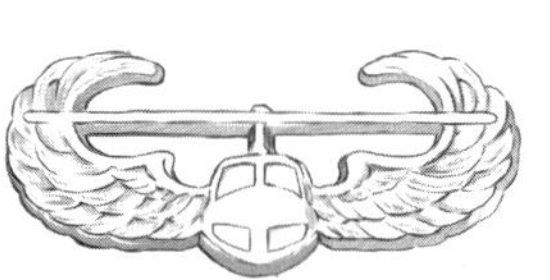

空中強襲章（技能章）

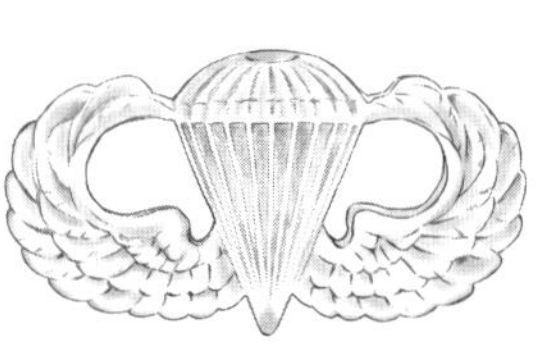

パラシュート章（技能章）

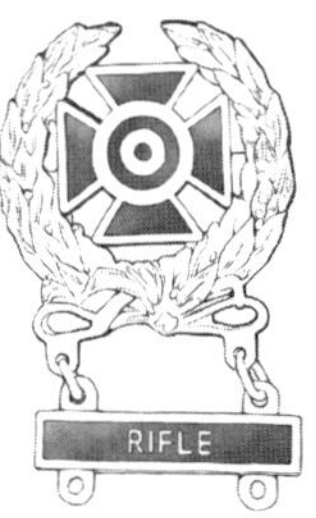

優秀射撃者章（技能章）

3. 大きなバッジはポケット

続いて、大きなバッジです。大きなバッジを取りつけることができる広さのある場所は、胸ポケットです。大きなバッジは胸ポケットにのせましょう。複数の場合は、横に並べたり右胸のポケットに取りつけます。

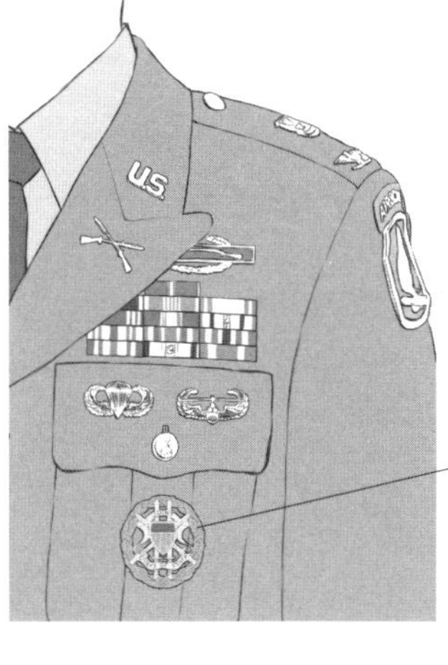

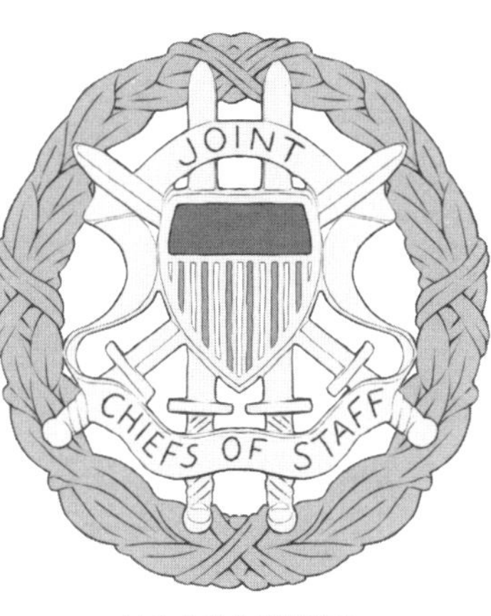

統合参謀本部勤務章

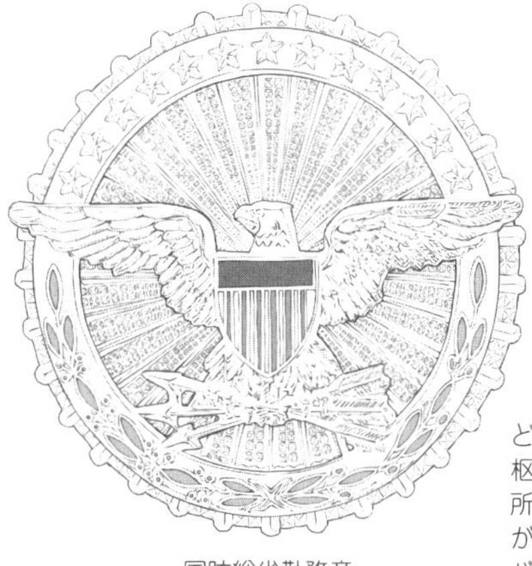

国防総省勤務章

どちらも国家の中枢にある特別な場所で勤務した経験があることを示すバッジです。

4. 残りものを右胸に

右胸には左胸におさまらなかったバッジをつけます。アメリカ陸軍の場合「部隊に贈られた勲章」や「他国の技能章」などです。

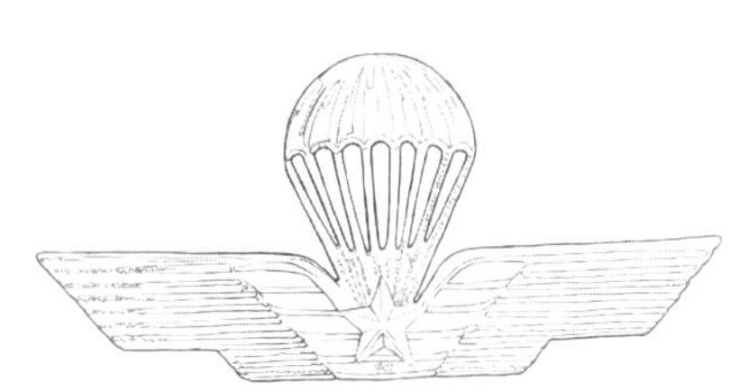

イタリア陸軍パラシュート章（技能章）
なぜ他国の技能章を持っているのか……共同訓練などの機会に取得することがあるからです。

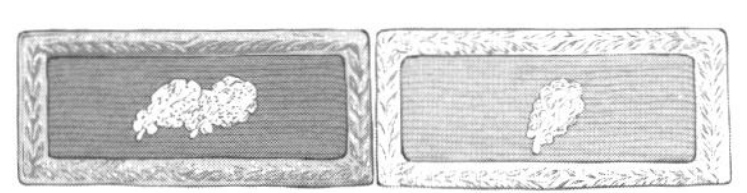

部隊に贈られた勲章
勲章には個人に対して贈られるものと、部隊（集団）に対して贈られるものが存在します。アメリカ陸軍では個人勲章を左胸、部隊勲章を右胸と定めています。

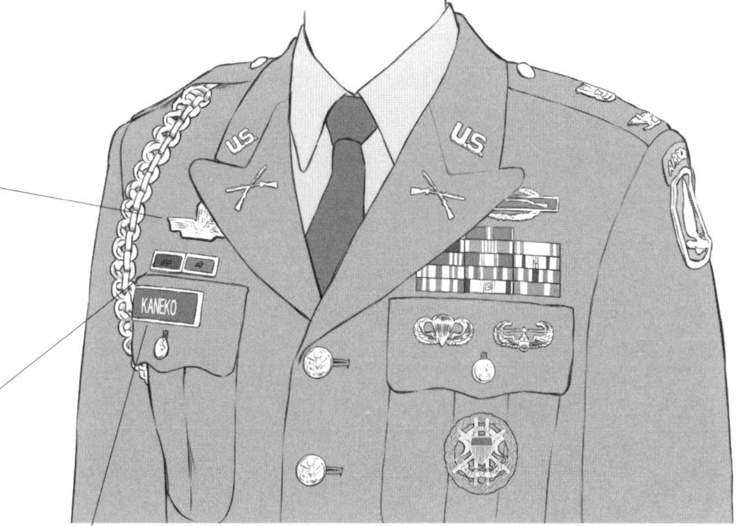

名札

・軍服の胸装飾は“左胸”に取りつけます。
・勤務服の場合、「勲章」「戦功章」「技能章」など軍人個人に関するものを胸につけます。
・「勲章」を左胸の中心に。細長いバッジは勲章の上、小さなバッジは勲章の下、そして大きなバッジはポケットに取りつけます。

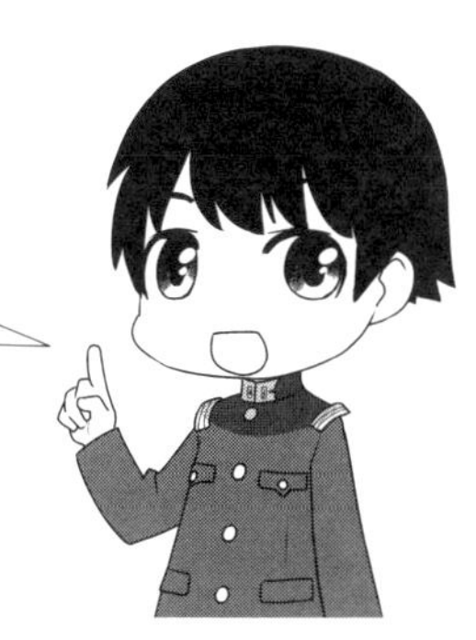

勲章

勲章の種類

勲章は、軍服を彩る装飾の中でも、もっとも派手でバリエーションも豊富です。多くの方は勲章と聞いて、胸に取りつけられたメダル型勲章を思い浮かべたかもしれませんが、勲章にはさまざまな形状があり、メダル型はその一部にすぎません。

チャールズ皇太子 イギリス海軍正装

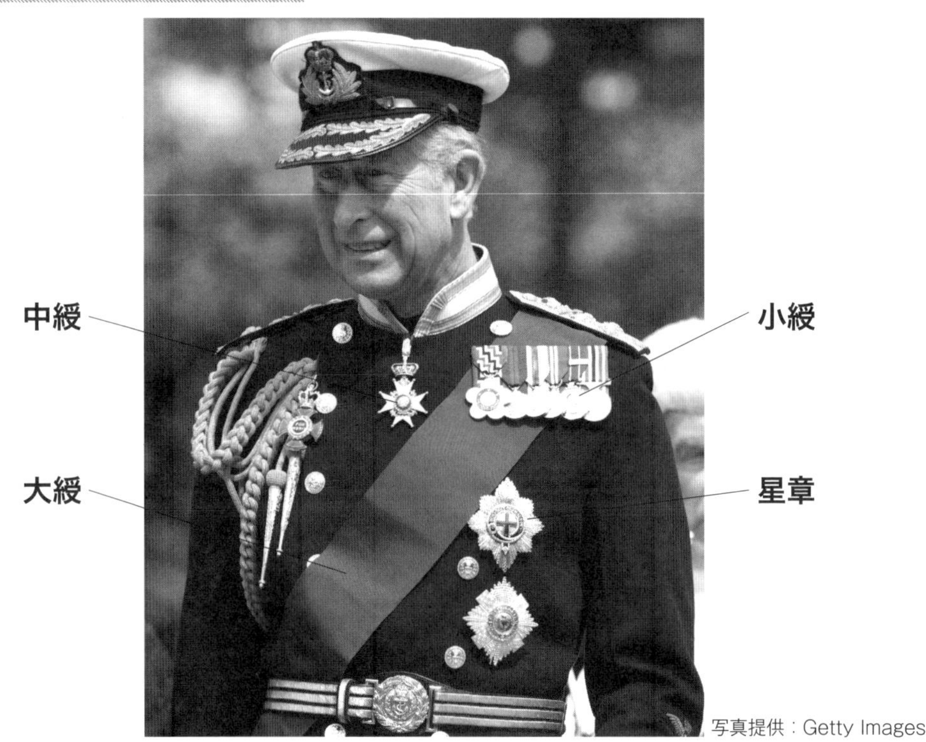

写真提供：Getty Images

勲章は、形状別に５種類に分類できます。それが――

大綬（サッシュ）　星章（ブレストスター）　中綬（ネックバッジ）
小綬（メダル）　略綬（リボンバー）

――です。

勲章とは？

勲章は、功績や功労を国家や組織が賞賛するもので、個人（もしくは集団）に対して贈られます。勲章には、民間人も含めた全ての人に贈られるものと、軍人に対してのみ贈られる軍事勲章があります。

勲章のランク

勲章にはランク(序列)があります。ざっくり言うと「大綬」型の勲章がもっとも高位の勲章で、以下「星章」＞「中綬」＞「小綬」の順番になります。「略綬」はこれらの勲章を“簡略化した略式勲章”です。

さらに細かく説明すると、ひとつひとつの勲章それぞれにもランクづけがあり、このランクづけに従って取りつけの順番（星章の取りつけ位置、小綬や略綬の並び順）を決定します。

勲章はどの軍服に取りつければいいの？

勲章は正装のときにのみ着用します。日常の勤務服では“略式勲章”の「略綬」を取りつけます。

※勲章には上記５種類のほかに「頸飾」と呼ばれる首飾り型も存在しますが、とても稀な勲章であまり一般的ではないため、今回は省略します。

勲章の形状と取りつけ位置

大綬（サッシュ）

幅広の飾り帯。肩からたすき掛けに佩用します。一般的に右肩から左腰に佩用しますが、国により最上位勲章のみ逆方向（左肩から右腰）に佩用する場合もあります。

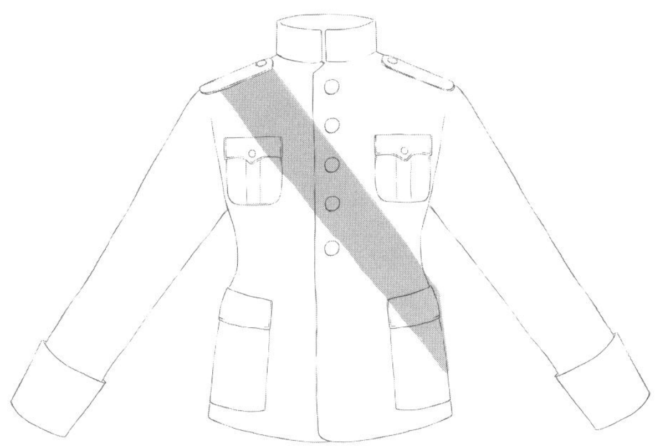

星章（ブレストスター）

大型の金属バッジ型。左胸肋骨下あたりに佩用します。周囲に放射状に突起が広がったデザインをしています。

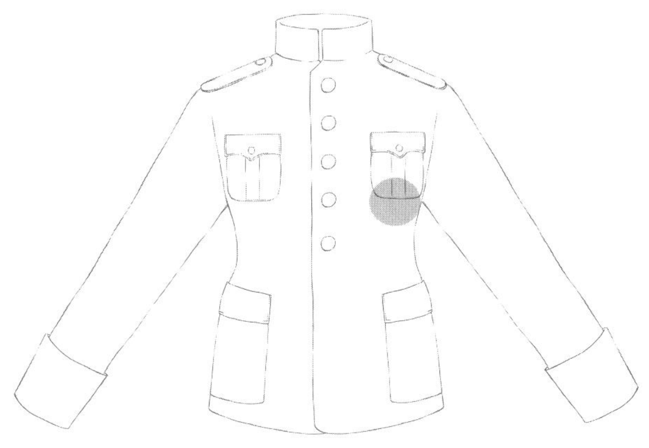

中綬（ネックバッジ）

小型の金属製勲章であり、首からリボンを掛けて佩用します。各国とも十字型（まれに星型）が多いです。

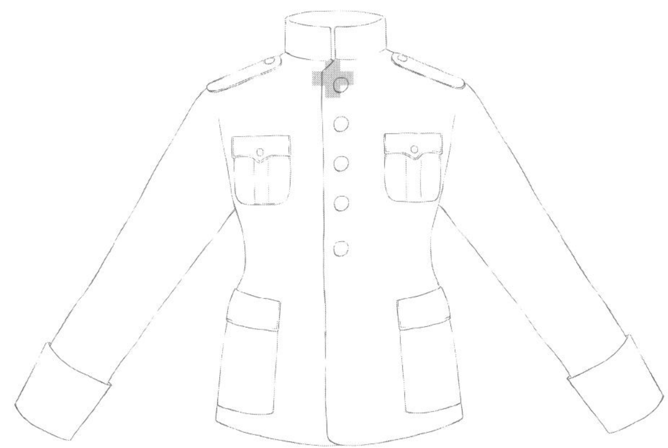

小綬（メダル）

リボンと金属製メダルで構成される、もっとも良く知られた勲章です。左胸ポケットの上に佩用します。

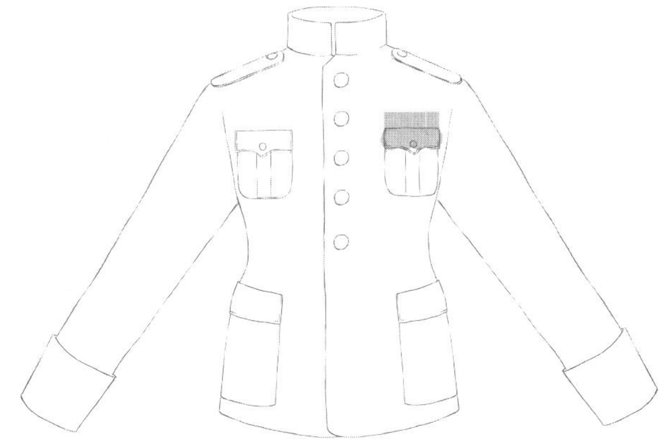

略綬（リボンバー）

裏側が金属などで補強された短冊型のリボンです。胸ポケットの上に佩用します（主に左胸）。

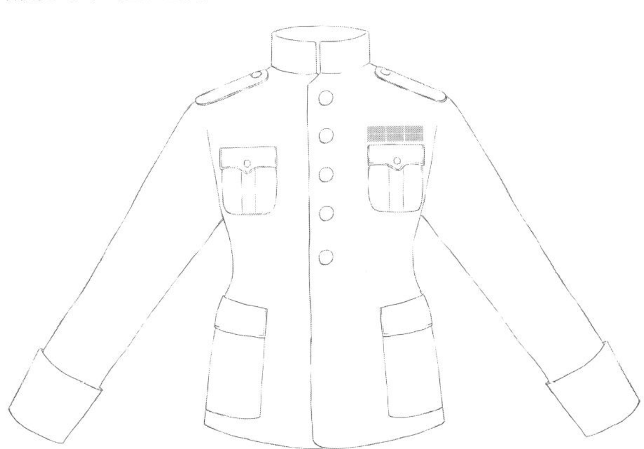

勲章を身につけることを
「**佩用（はいよう）**」と言います！

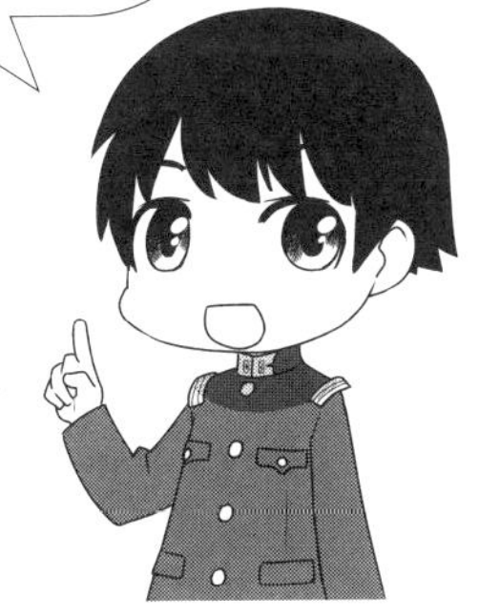

より詳しく勲章を知るために —— 勲章の歴史的背景と意味

「オーダー」と「デコレーション」

前ページで勲章を“形状別”に５種類に分類しましたが、“意味”という点で考えてみると、２種類に分類されます。それが「オーダー（騎士団勲章)」と「デコレーション（勲功章)」です。

「デコレーション(勲功章)」とは“ひとつひとつの活躍や功績”に対して授与される勲章です。例えば「戦場で勇敢に戦った」「戦闘を勝利に導く戦果を挙げた」など、一回（もしくは短期間）の貢献を讃えるもので、一般に考えられている「勲章」のイメージに近いものと言えるでしょう。

「オーダー（騎士団勲章)」は“長年の功績”に対して授与される勲章です。例えば「国家や軍の重要な役職の務めを果たした」など長期間の貢献を讃えるもので、「デコレーション（勲功章)」とは別系統の勲章です。

おおよそ「オーダー」は「大綬」「星章」「中綬」「小綬」の形態をとります。「デコレーション」は主に「小綬」、まれに「中綬」の形態をとります。

勲章の分類	授与の理由	勲章のかたち
オーダー (騎士団勲章)	長年の功績に対して授与	大綬・星章 中綬・小綬
デコレーション (勲功章)	ひとつひとつの活躍や功績に対して授与	小綬(・中綬)

「オーダー」と階級制度

「オーダー」には、もうひとつ「デコレーション」との大きな違いがあります。それは､「オーダー」受章者には“特別の地位”が与えられる場合があることです。イギリスを例にとると、「オーダー」を授与された者は「ナイト（勲爵士)」の称号を得て「騎士団」の一員となります。「騎士団」には定員があり、定員以上に「オーダー」が授与されることはありません。そもそも「オーダー(the order)」という言葉自体が「騎士団」を意味する言葉なのです。

ここまでの説明でわかる通り、「オーダー」は君主制度・階級社会を背景とした勲章です。現在「オーダー」を制定している国の多くは、日本やイギリスなど君主制度を持つ国や、かつて持っていた国となっています。逆に歴史的に君主制度のないアメリカには「オーダー」は存在しません。

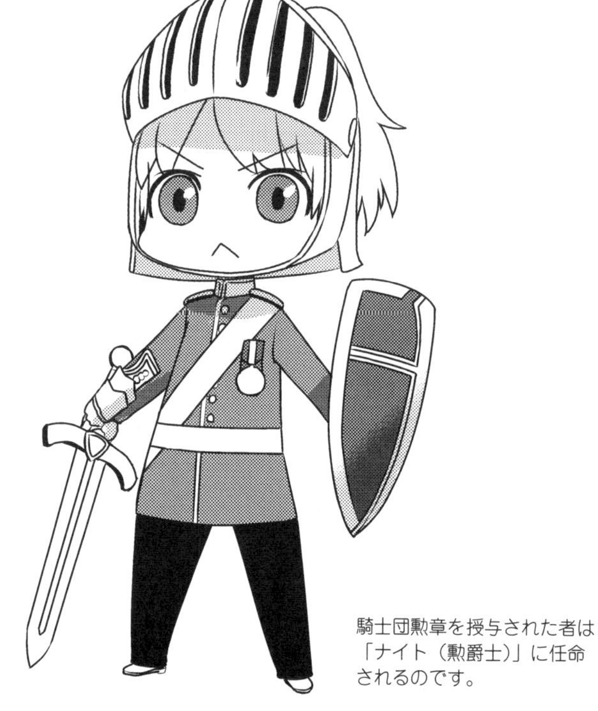

騎士団勲章を授与された者は「ナイト（勲爵士)」に任命されるのです。

セットで授与される勲章

大綬と星章

1回の授与にあたって、2つの勲章がセットで授与される場合があります。この2つは「正章」（メインの勲章）と「副章」（サブの勲章）と呼ばれます。「大綬」と「星章」は、多くの場合、この関係にあります。

例えば、「大綬」章を授与されると、副章として「星章」も一緒に与えられるのです。102ページのチャールズ皇太子をご覧ください。「大綬」を下げた皇太子の左胸を飾る2つの「星章」、このうちひとつ（上）が“副章”です。

“「大綬」には「星章」がついてくる！”と覚えましょう（「星章」単体の勲章もありますので注意しましょう）。

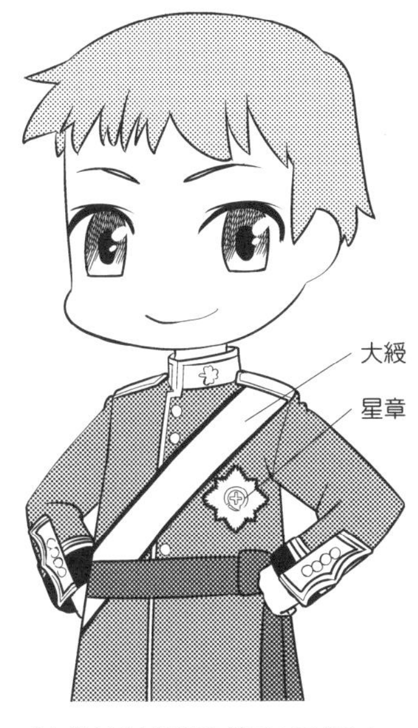

「大綬」には「星章」がついてくる！

略綬

「綬」という字は“リボン”という意味です。「大綬」「中綬」「小綬」などを見るとわかる通り、勲章は必ず“リボン”で吊るされています。各勲章の“リボン”は、それぞれ異なるデザインとなっています。この“リボン”部分だけをピックアップした勲章が「略綬」です。

「略綬」とは文字通り“他の勲章を簡略化した勲章”です。ほぼ全ての勲章（「大綬」「星章」「中綬」「小綬」）に「略綬」が存在し、セットで授与されます。

重く大きな勲章を佩用するのに適さない場面で、軽く小さな「略綬」を佩用するのです。

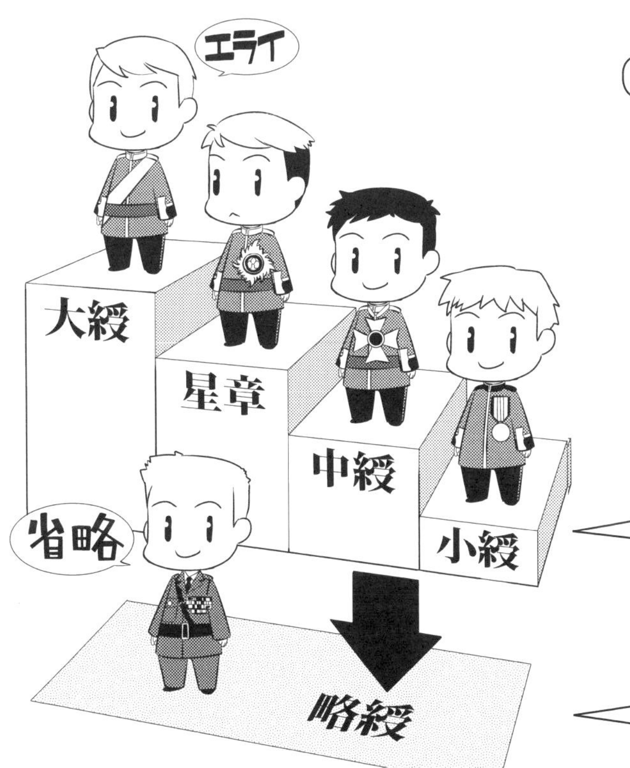

勲章の分類とランク

勲章は「大綬」型が高位で「星章」「中綬」「小綬」と続きます。こうした勲章は正装に取りつけます。

さらに細かく説明すると、ひとつひとつの勲章ごとにランク（序列）があります。取りつける時は、このランクの順番通りにしなければいけません。好き勝手に並べて良いわけではないのです！

「略綬」は、ほかの勲章を小型化した略式勲章です。勤務服に取りつけます。

大綬（サッシュ）

大綬（サッシュ）は、たすき掛けにして着用する幅広の飾り帯型勲章です。大綬とは“太いリボン（綬）”の意味で、この飾り帯を指します。飾り帯が目立ちますが、実は勲章本体は飾り帯の先に取りつけられた金属ブローチであり、飾り帯はこの勲章本体を吊るものに過ぎません。一般に右肩から左腰に掛けますが、例外的に左肩から右腰に掛けるものもあります。

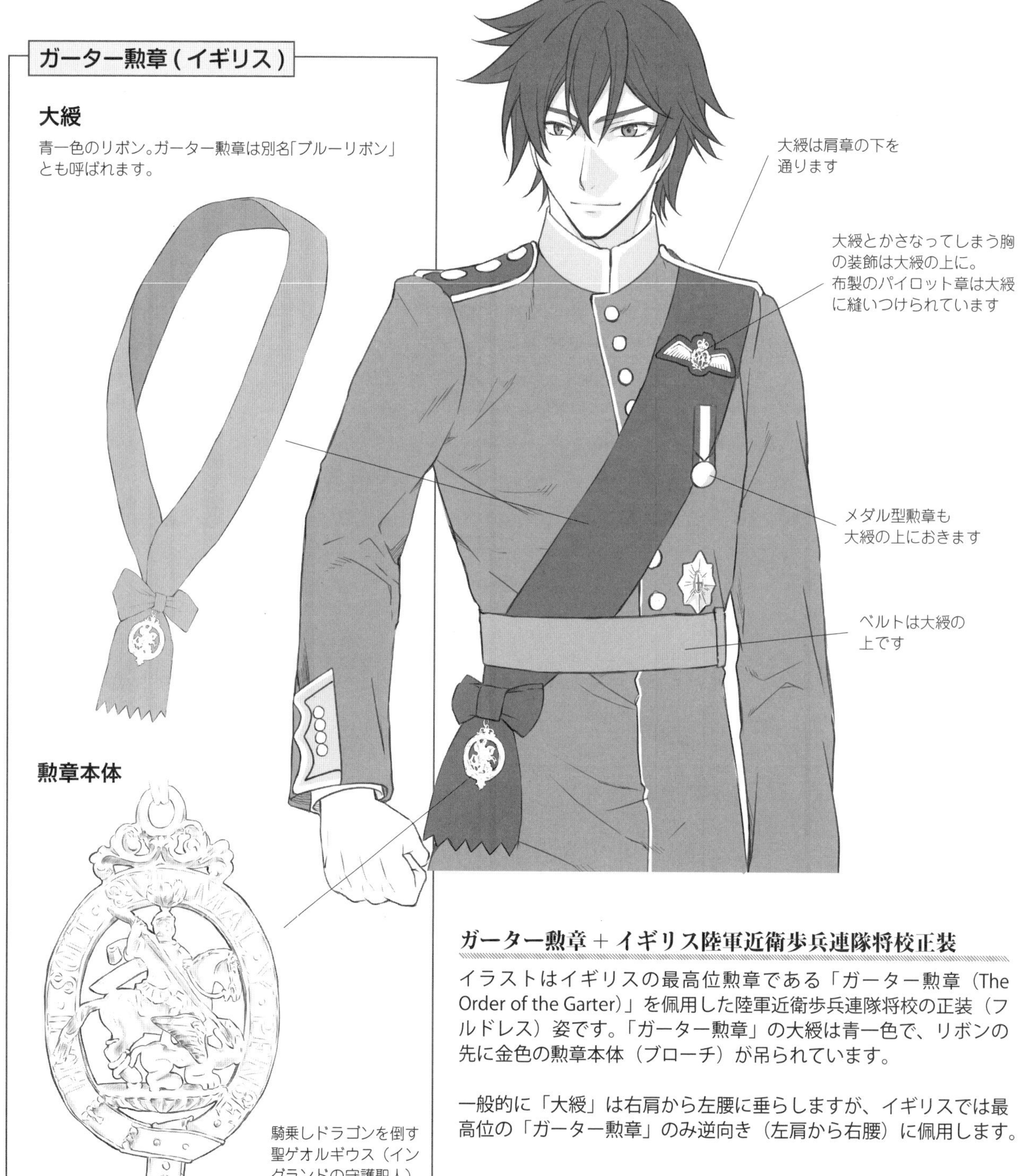

ガーター勲章＋イギリス陸軍近衛歩兵連隊将校正装

イラストはイギリスの最高位勲章である「ガーター勲章（The Order of the Garter）」を佩用した陸軍近衛歩兵連隊将校の正装（フルドレス）姿です。「ガーター勲章」の大綬は青一色で、リボンの先に金色の勲章本体（ブローチ）が吊られています。

一般的に「大綬」は右肩から左腰に垂らしますが、イギリスでは最高位の「ガーター勲章」のみ逆向き（左肩から右腰）に佩用します。

※近衛部隊とは王や王室の守護を目的とした軍事組織のことです。戦前は日本にも「近衛師団」があり皇居近くに置かれました。

さまざまな大綬

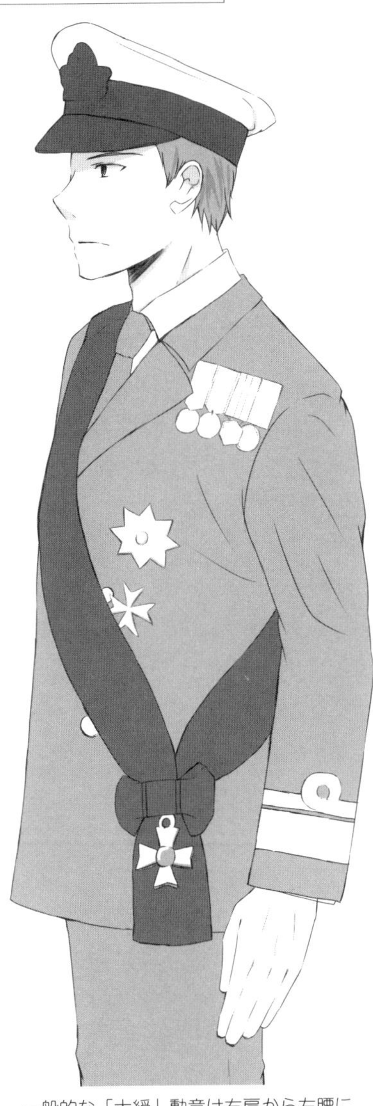

一般的な「大綬」勲章は右肩から左腰に佩用します。左胸の勲章などとかぶらないようにするためです。

ロイヤル・ヴィクトリア勲章 大綬章（イギリス）

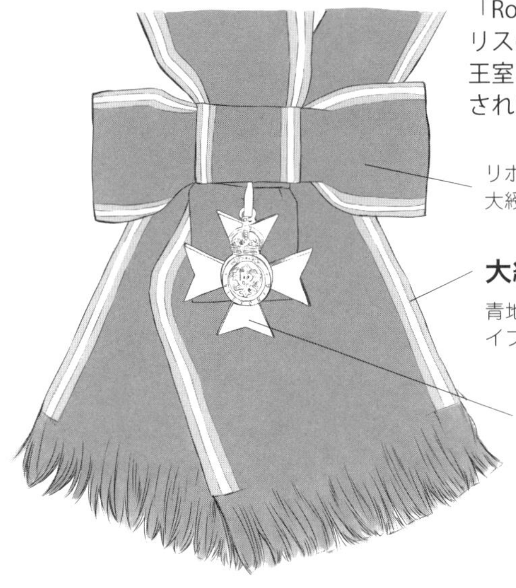

「Royal Victorian Order」。イギリスの騎士団勲章のひとつで、王室に貢献のあった人物に授与されます。

リボンの結び方、デザインは大綬によってさまざまです。

大綬
青地の両端に赤白赤のストライプ柄。

勲章本体
騎士道精神を象徴するマルタ十字をモチーフに、中央に「R」と「V」の文字や王冠をあしらったデザイン。

桐花大綬章（日本）

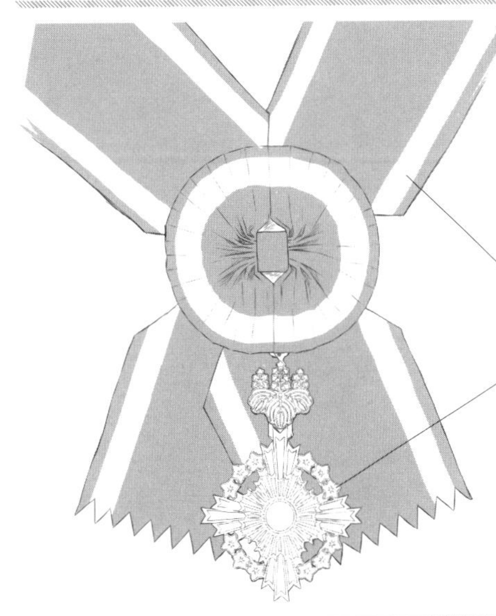

日本の高位勲章のひとつ。国家に対する長年の功績に対して授与されます。

大綬
赤地の両端に白線。

勲章本体
旭日（太陽の光）をイメージした放射状に広がる光を円形に連なった桐花が囲んでいます。ブローチ上部には日本の国家紋章でもある五七桐があしらわれています。

✦ 皇族・王族と勲章

高位勲章を授与される王族

日本の皇族方や各国の王族が正装のとき、大綬や星章など高位の勲章を佩用している姿を見たことはありますか？　高齢の王族はもちろん、若い王子など“国家に対する長年の功績”をおさめたとは思えないような方まで佩用していますが……。

実は、皇族や王族の子弟は一定年齢に達すると、さまざまな勲章（騎士団勲章）を授与されることが定められています。前ページで紹介した「ガーター勲章」授与者（ガーター騎士団員）を例にとっても、エディンバラ公フィリップ殿下（女王の配偶者）、チャールズ皇太子、ケンブリッジ公ウィリアム王子（チャールズ皇太子の長男）など数人の王族がおられます。

そのため、年若い王子でも高位の勲章を佩用し、また102ページのチャールズ皇太子のように壮年の王族ともなると、複数の高位勲章を佩用するようになるのです。

星章（ブレストスター）

大型の金属製バッジ型勲章で、多くの場合、中央から放射状に線が広がっていくデザイン（星が輝くようなデザイン）をしています。裏側に大きなピンがあり、軍服にピンを通すループを縫いつけて佩用します。主に左肋骨下あたりに佩用しますが、まれに右につける場合もあります。

桐花章 星章

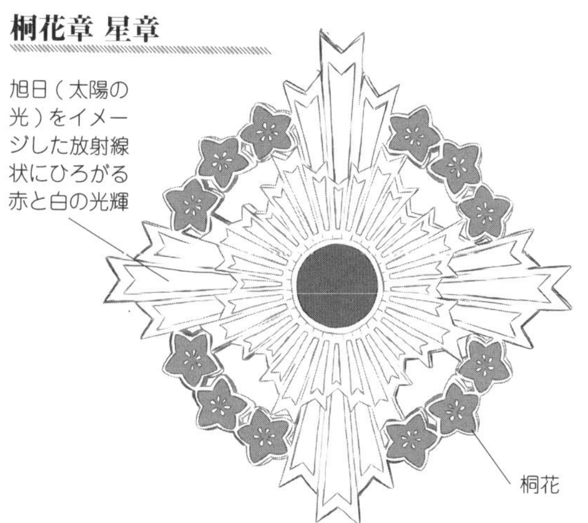

大綬ページでも紹介した。「桐花」勲章シリーズの星章タイプです（より正確に言えば、この星章は「桐花大綬章」の“副章”としてセットで授与されたものです。副章については105ページ）。

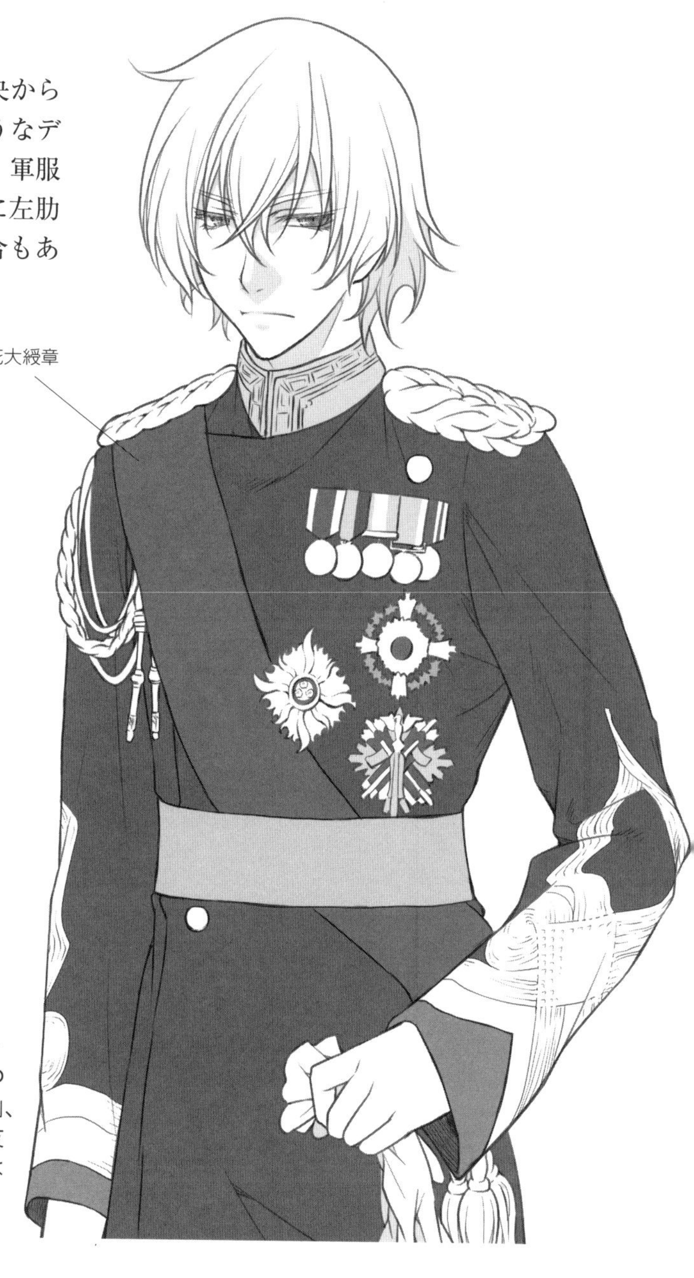

日本陸軍大礼服

陸軍将官の正装姿です。右肩から大綬を、左胸に3つの星章を佩用しています。ひとつは「桐花大綬章副章」、さらにイギリスのバス勲章、日本の金鵄勲章です。友好国の軍人に勲章が授与されることは珍しいことではなく、この人物はイギリスの勲章を佩用しています。

バス勲章（英）

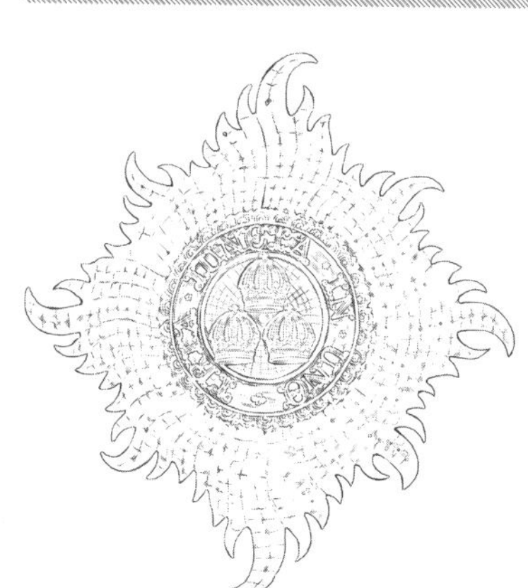

「Order of the Bath」。イギリスの高位勲章です。中央に3つの王冠（イングランド、スコットランド、アイルランドの3王権を意味する）、その周囲を「Tria Juncta In Uno（ラテン語：3つがひとつに）」の文字が囲んでいます。

金鵄勲章

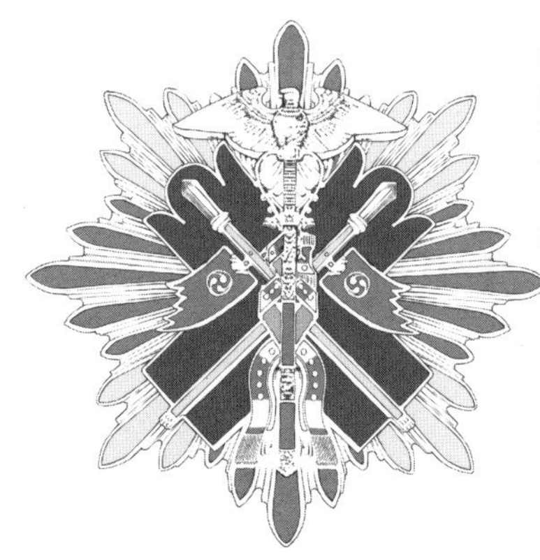

「金鵄勲章」は日本の軍人向け勲章です。日本神話に基づくデザインで、古代の剣や盾、矛の上に金鵄（金色のトビ）が配されています。

イギリスの星章

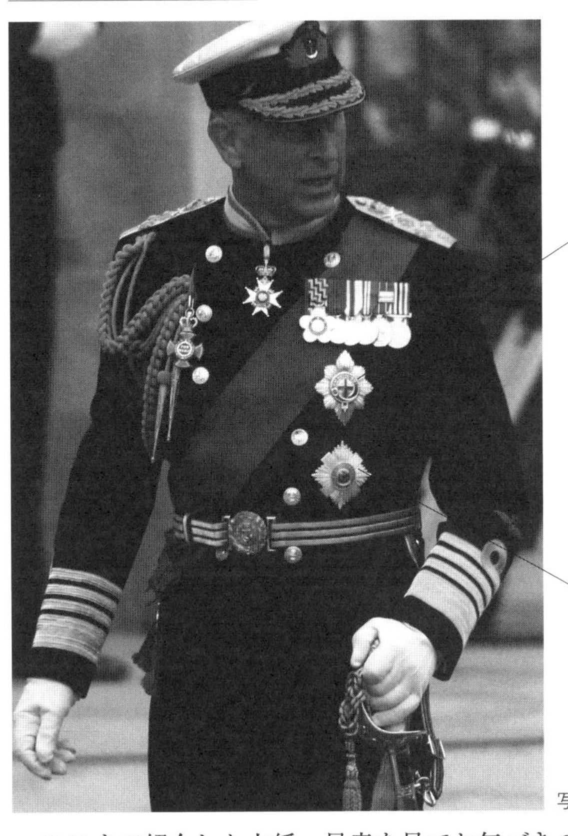

写真提供：Getty Images

ガーター勲章 副章（星章）

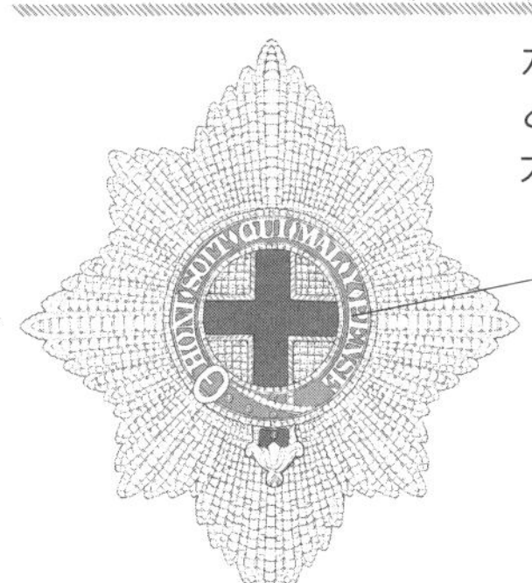

ガーター勲章（大綬章）の副章として授与されるもので、必ず大綬とセットで佩用します。

ガーター（靴下留め）

勲章の名前の由来ともなったガーター（靴下留め）が十字を囲んでいます。ガーターには「Honi soit qui mal y pense（ラテン語：悪意を抱く者に災いあれ）」と刻まれています。

シッスル勲章

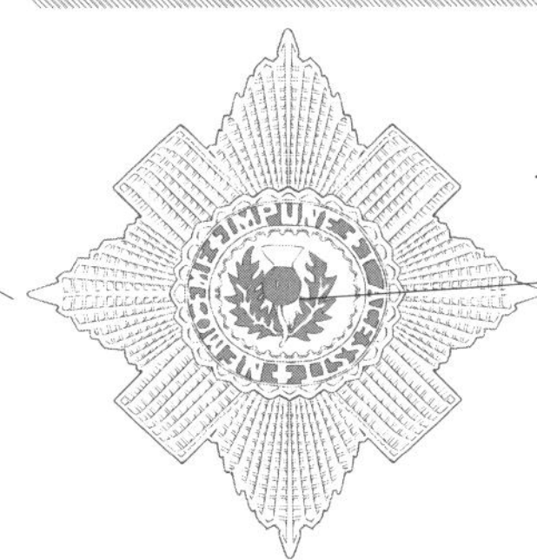

「Order of the Thistle」。スコットランドの最高位勲章です（現イギリス王国では第2位）。

アザミの花

中央にスコットランドの象徴であるアザミが、その周囲には「Nemo me impune lacessit（ラテン語：我に触れて無事な者はいない）」の文字が配されています。

ここまで紹介した大綬・星章を見てお気づきの通り、こうした高位勲章（騎士団勲章）は、それ自体が古い歴史的背景を持っていて、デザインにもそれが反映されています。それだけに、欧州や日本など伝統的な王朝の歴史を持った国のみが大綬・星章を制定しているのです。

勲章の取りつけ方法&位置

勲章にはランクづけが存在します（105ページで解説）。同じ星章の中でも上位から下位まで勲章の“偉さ”が決まっているのです。

星章は基本的に左肋骨下に佩用しますが、この限られたスペースに佩用するため、取りつけ位置がおおまかに決められていて、“偉い順”に並べていきます。下のイラストはイギリスにおける星章の取りつけ位置と、順番です。他の国もだいたい似たようなものと考えてもらってかまいません。

1個

1個の場合は、特に問題ありません。

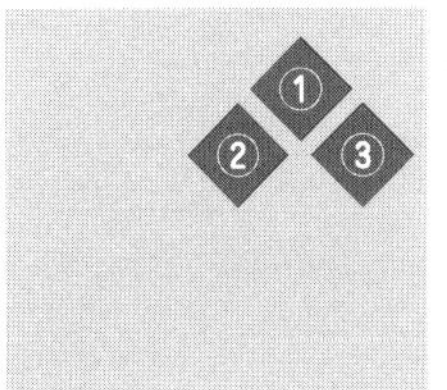

3個

3角形に配置します。

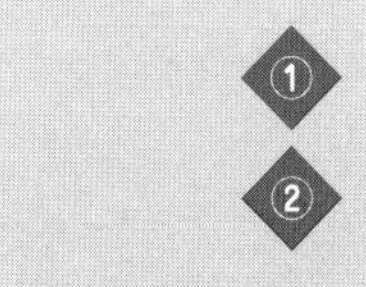

2個

上下に連ねて配置します。もちろん上のほうが“偉い”勲章です。

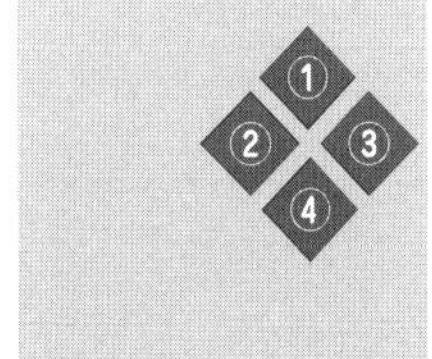

4個

4角形（ダイアモンド型）に配置します。

中綬（ネックバッジ）

「中綬（ネックバッジ）」は首からリボンで下げる金属製のメダル型勲章です。オリンピックの金銀銅メダルなどでもお馴染みのスタイルですが、軍人はリボン部分を襟の下に隠して、金属メダル部分のみを出して佩用します。各国とも、ほとんどの中綬は十字型をしています。

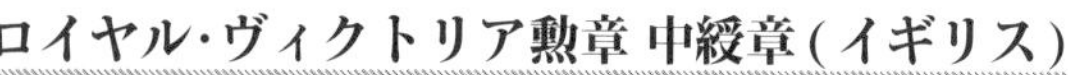

ロイヤル・ヴィクトリア勲章 中綬章（イギリス）

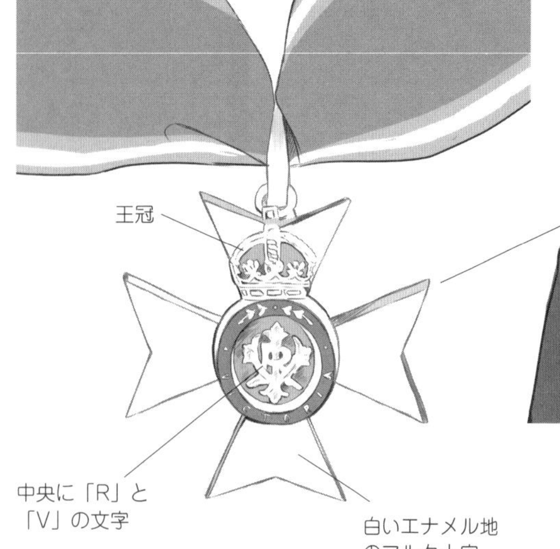

リボンは青字の両端に赤白赤のストライプ

裏面

大綬のページでも登場した「ロイヤル・ヴィクトリア勲章」の、こちらは中綬タイプです。デザインは基本的に同じく、白いマルタ十字の中央に「Royal Victorian」の “R” と “V” をかたどった金文字、その周囲を円形に「VICTORIAN」の文字が囲い、上側に王冠が配されています。リボンも大綬章と同じく、青地の両端に赤白赤のストライプです。

✷ 勲章と等級

「ロイヤル・ヴィクトリア勲章」には最上位の「ナイト・グランド・クロス」章（大綬）以下、「ナイト・コマンダー」章（星章）、「コマンダー」章（中綬）、「レフテナント」章、「メンバー」章（ともに小綬）の５種類・５等級があります。イギリスや日本など、高位勲章（オーダー）の多くには、こうした等級制度があります。

騎士鉄十字章（第２次世界大戦期ドイツ）

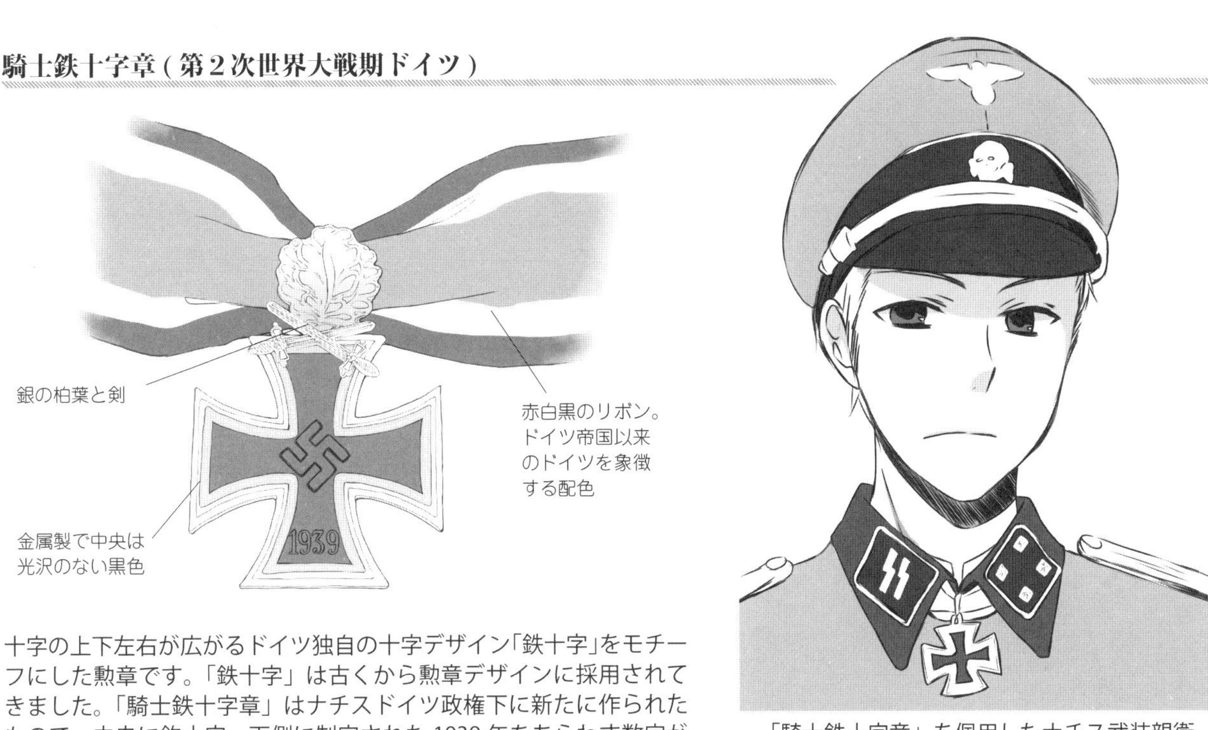

十字の上下左右が広がるドイツ独自の十字デザイン「鉄十字」をモチーフにした勲章です。「鉄十字」は古くから勲章デザインに採用されてきました。「騎士鉄十字章」はナチスドイツ政権下に新たに作られたもので、中央に鉤十字、下側に制定された1939年をあらわす数字が刻まれています。さらにリボンの上に柏葉と宝剣をかたどった飾りが付属しています（※）。

「騎士鉄十字章」を佩用したナチス武装親衛隊将校。36年型制服の折襟の下にリボンを通して佩用しています。

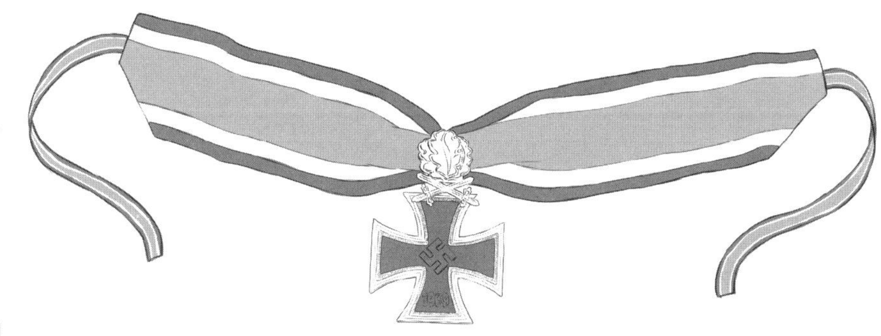

中綬のリボンはそのままでは襟の下に着用できないため、軍人はリボンを改造しています。イラストはその一例です。リボンの両端を短く切り、細い紐を縫いつけて、後ろで結べるようにしています。

中綬の着用方法（詰襟軍服）

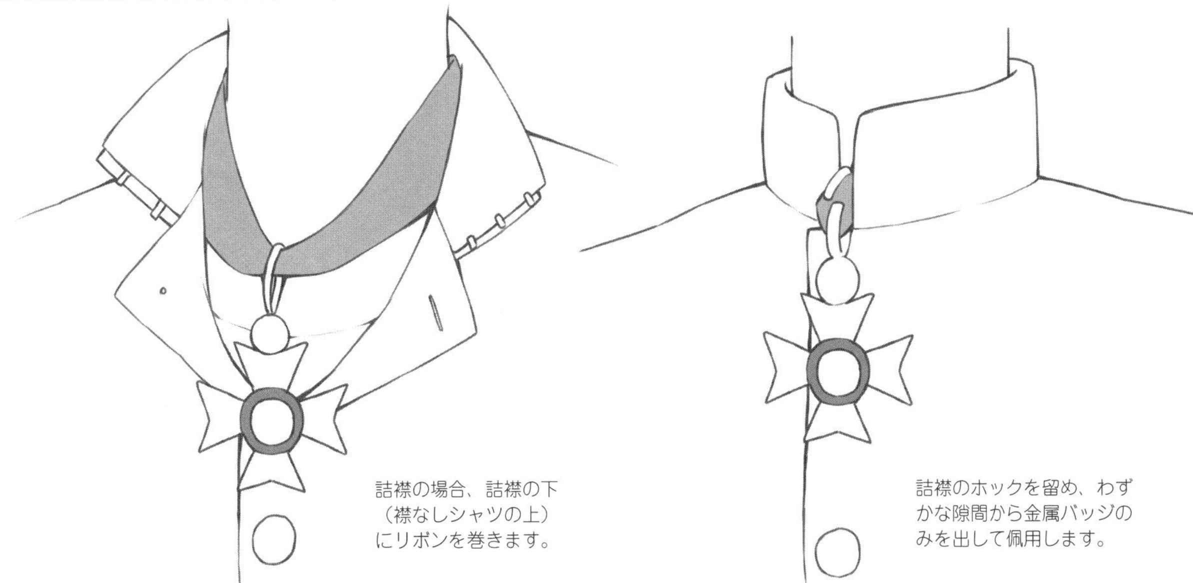

詰襟の場合、詰襟の下（襟なしシャツの上）にリボンを巻きます。

詰襟のホックを留め、わずかな隙間から金属バッジのみを出して佩用します。

※柏葉と宝剣：「騎士鉄十字章」には５等級があります。柏葉と宝剣のついたものは第３位の「剣・柏葉つき騎士鉄十字章」です。

小綬（メダル）

「小綬」は、金属製メダルと、メダルを吊るリボンで構成される勲章で、最もポピュラーな勲章ではないでしょうか。左胸（胸ポケットの上）に佩用します。

「小綬」は、リボンの裏側にピンを取りつけて、制服に留めます。また、リボンの裏側に補強板を入れて形を整えることも多いです。特に複数の小綬を佩用するときは、ひとつの補強板にまとめて固定します。

イギリス軍の小綬の例――「従軍章（キャンペーン・サービス・メダル）」。戦闘地域に派遣された軍人に与えられる勲章です。リボンとメダルを繋ぐ金具に派遣先の地名が彫られています。イラストのものは「NORTHERN IRELAND（北アイルランド）」です。

NORTHERN IRELAND

ELIZABETH II DEI GRATIA REGINA F.D.

リボン

勲章ごとに柄の異なるカラフルなリボン。基本的に縦方向のストライプ柄です。

メダル

円形や多角形型の金属製メダルには、勲章の授与条件に関連した絵柄や、国家を象徴する絵柄が刻まれています

イギリス軍の小綬

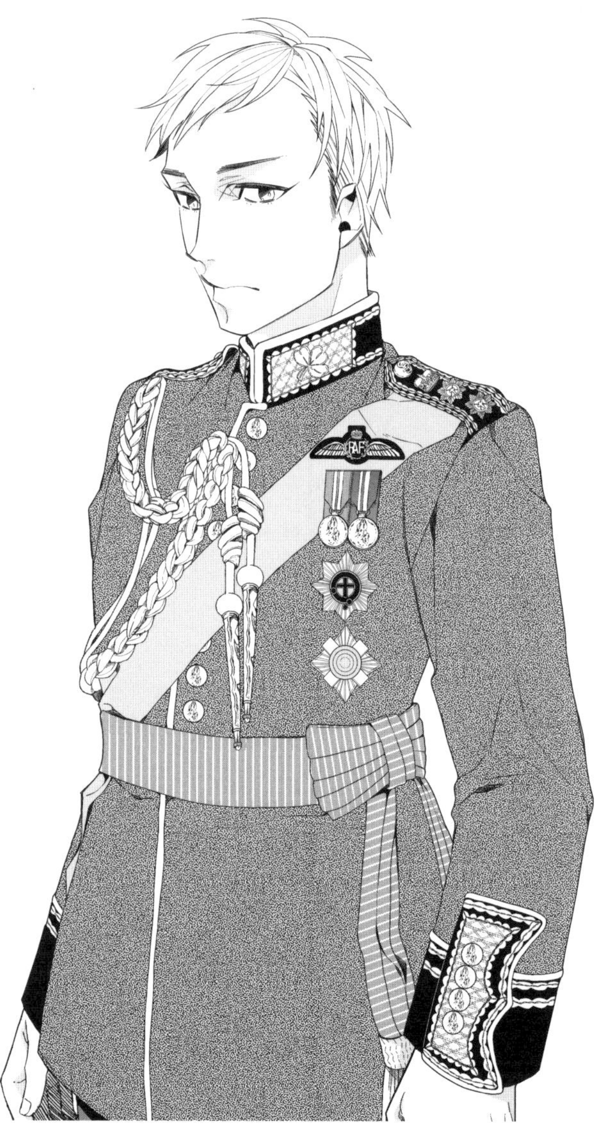

上位 ⟷ 下位

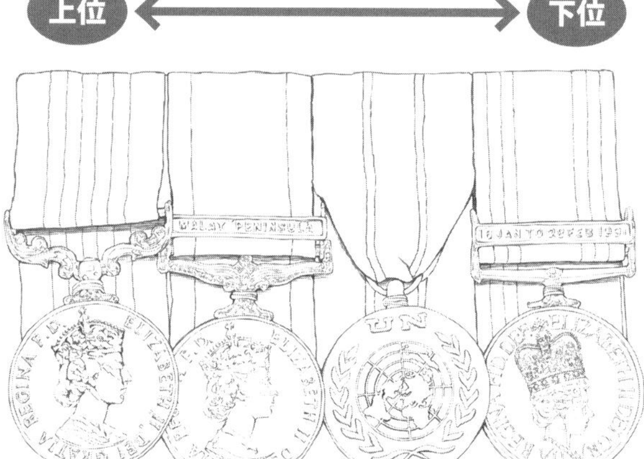

4つの小綬を連結した例。勲章にはランクづけがあり、左に上位の、右にいくほど下位の勲章を並べます。

裏面

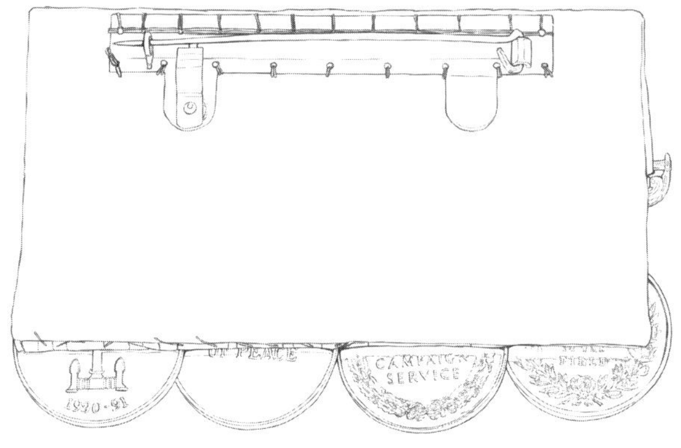

裏面は一枚の補強板で固定されています。バラバラに取りつけると、綺麗に横一列にならずカッコ悪いのです。

アメリカ軍の小綬

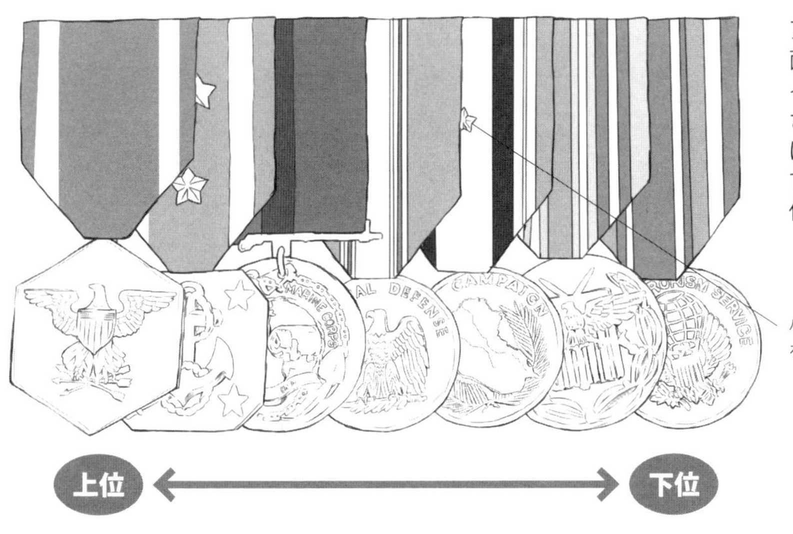

アメリカ軍（海兵隊）の小綬です。やはり裏面に補強板を敷いて複数個を連結しています。イラストの小綬は、相互に重なりあって連結されています。単に横に並べただけでは胸幅におさまらない場合、このように重ねて連結することもあるのです。この中では左端が高位で、右に行くほど下位の勲章です。

小さな星は複数回の授与をあらわしています。

胸の取りつけ位置

各国各軍とも、小綬の取りつけ位置は服装規定で定めています。ここではアメリカ海兵隊を例にとって取りつけ位置と方法を解説します。

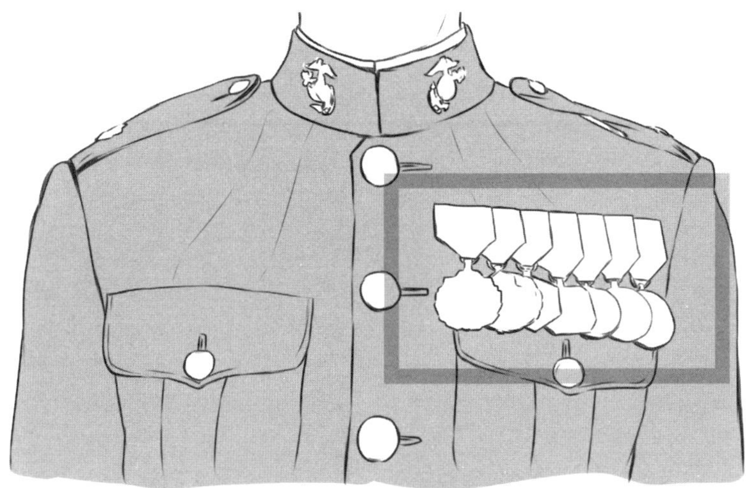

1列の場合

勲章の取りつけ位置は、左胸ポケット上。上端ラインが第1-第2ボタンの間、ほぼ中央に位置するように。横一列には最大7個まで並べることが許可されています。

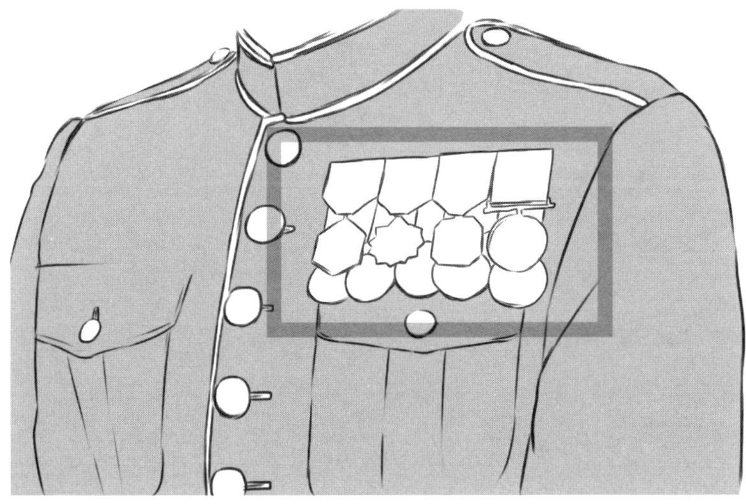

2列以上の場合

小綬の数が多い場合は2列以上に分けて佩用します。この場合も、なるべく上端ラインは第1-第2ボタンの間の高さとして、下方向に伸ばしていくようにします（個人の体格差があるため絶対ではない）。
なお、上下の列の幅は揃えなければいけません。奇数個——例えば合計9個の勲章の場合、上列に4個、下列に5個として、下列の勲章を重ねて横幅を上段に合わせます。

略綬（リボンバー）

「略綬（リボンバー）」は、すでに説明した通り、「大綬」～「小綬」までの勲章を簡略化した略式勲章です。各勲章の“綬(リボン)”のデザインを短冊状にしたもので、裏面を厚紙や金属で補強した小さな長方形です。

「略綬」は、主に勤務服に取りつけます。大きく重い勲章を日常から佩用するわけにはいかないため、このような小さく軽い略式勲章が生み出されたのです。取りつけ位置は、左胸（ポケットの上）です。

小綬と同じく、1つ1つバラバラに取りつけると見かけが悪いため、連結加工をして佩用します。取りつけ方法は国によりさまざまで、服に直接縫いついてしまう場合もあれば、バッジ式にする場合もあります。

このページではアメリカ軍の略綬を例にとって解説をしていきます。

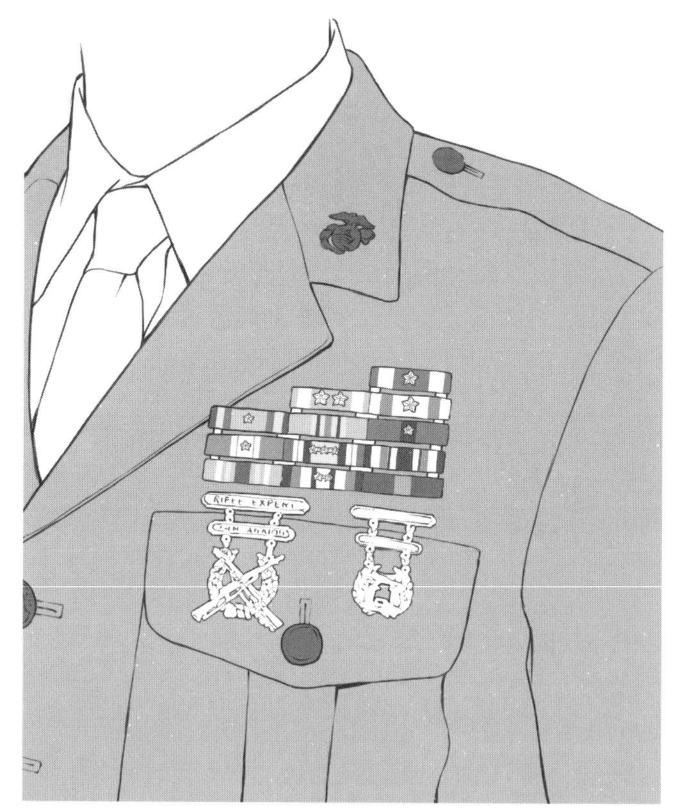

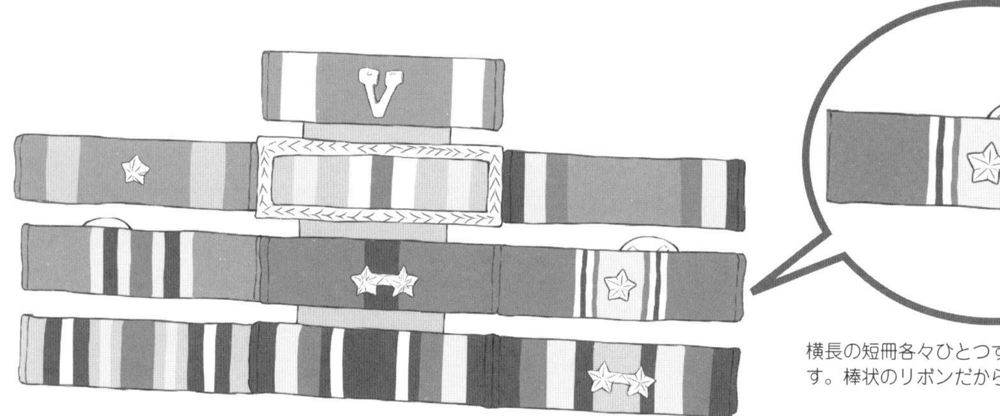

横長の短冊各々ひとつずつが勲章（略綬）です。棒状のリボンだから「リボン・バー」です。

リボンの上の小さな星型は同じ勲章を２度以上受章したことを、Ｖ字型は戦闘による功績で受章されたことを示しています。

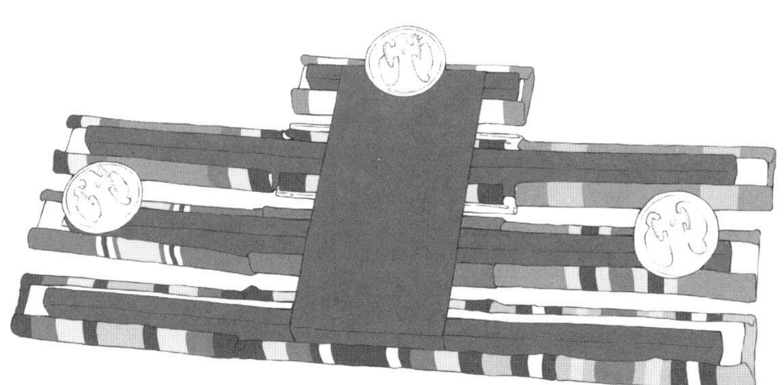

裏面にはピンがあり、制服に刺して固定します。

略綬の構造

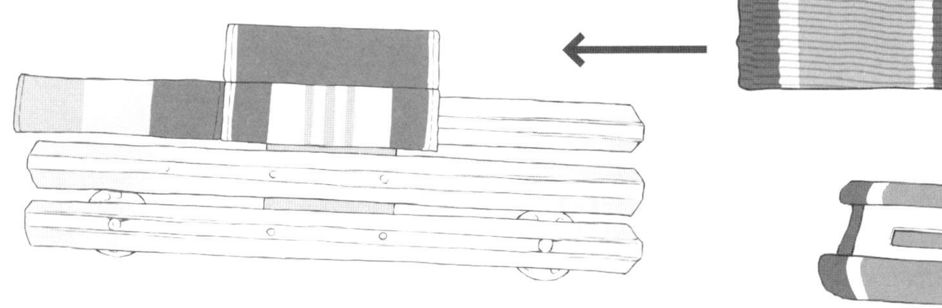

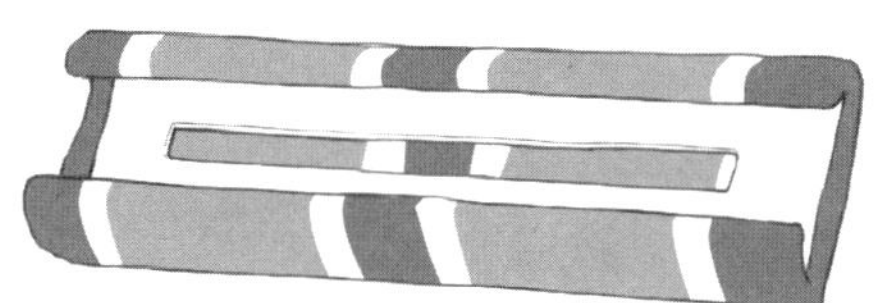

略綬は裏面がレール状になっていて、ガイドレールである専用の台に横から通して取りつけます。

略綬の順番

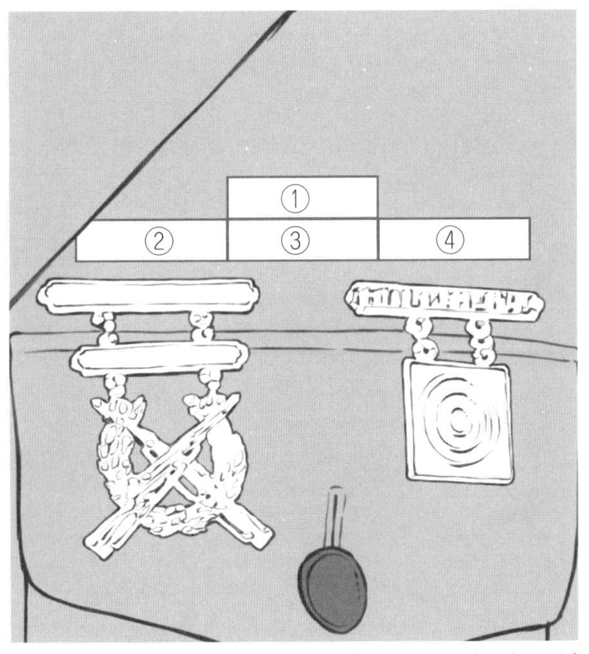

アメリカ軍の略綬は1列3個（まれに4個）を並べて、上に向けてピラミッド型に組んでいきます。上列・左側が上位となります。

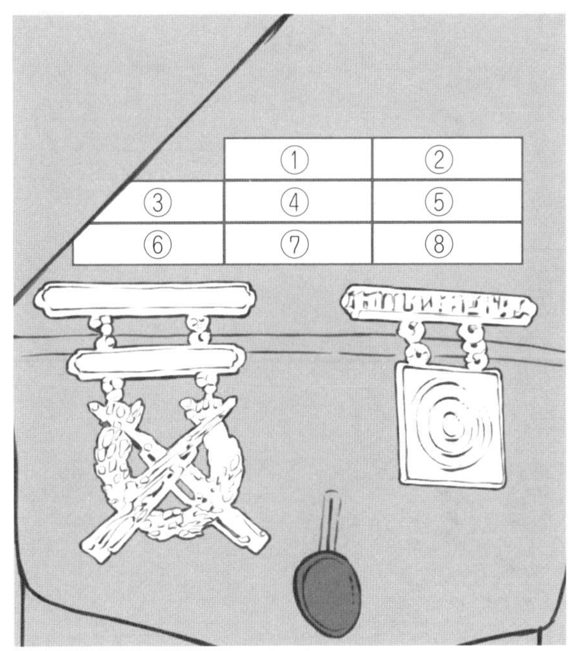

開襟ジャケットなど襟が略綬に被ってしまう場合は、襟を避けて階段型に組むこともあります。

ドイツ軍（第2次大戦期）の略綬

第2次世界大戦期のドイツ軍は、ちょっと変わった略綬を使用しているので、ご紹介します。ドイツ軍の略綬は、横幅が狭く正方形に近い形状で、中央が少し盛り上がったカマボコ型をしています。

下のイラストは7個の略綬が連結されています。横幅が狭く1列に納まる数が多いため、ドイツ軍では2列以上の略綬はほとんど見られません。

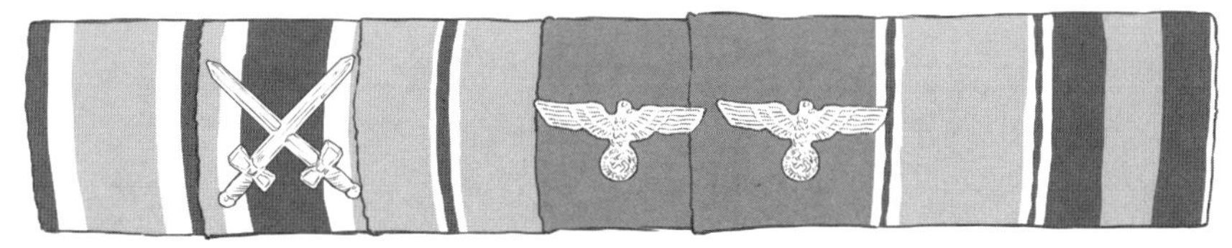

左から「2級鉄十字章」「2級戦功十字章」「東部戦線従軍章」「陸海軍勤続章（4年）」2連、「オーストリア併合記念章」「ズデーテンラント併合記念章」

肩章

軍服の肩を飾るのが「肩章」です。「肩章」はほとんど全ての軍服についているパーツで、“軍服らしい”デザインを考える上でなくてはならないものと言えるかもしれません。

肩章は、肩の防具に由来すると言われており、軍人を象徴とする“飾り”の目的があります。また実用面では「階級」をあらわす役割も果たしています。

エポレット

《特徴》
- 大型のプレートで先端が円形に膨らんでいる。
- 円形部分の周囲が総（ふさ）で飾られていることが多い。
- 正装の“飾り”の役割。

もっとも古いタイプの肩章です。伝統的な装飾として、現代では正装など儀礼用軍服を飾るパーツとなっています。儀礼用のため、金糸や銀糸、赤など豪華な配色で、堅く厚みのある派手なつくりです。

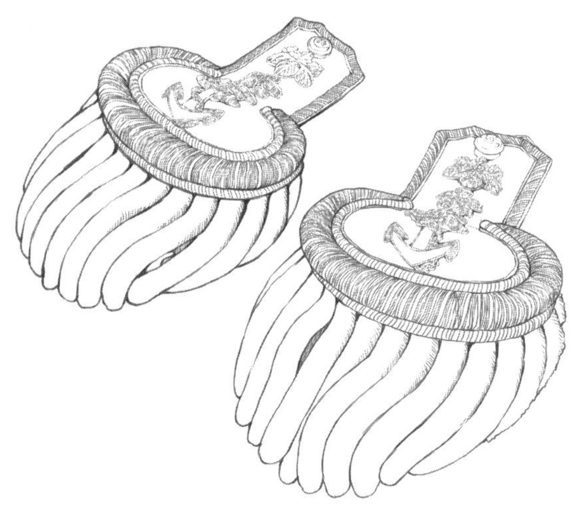

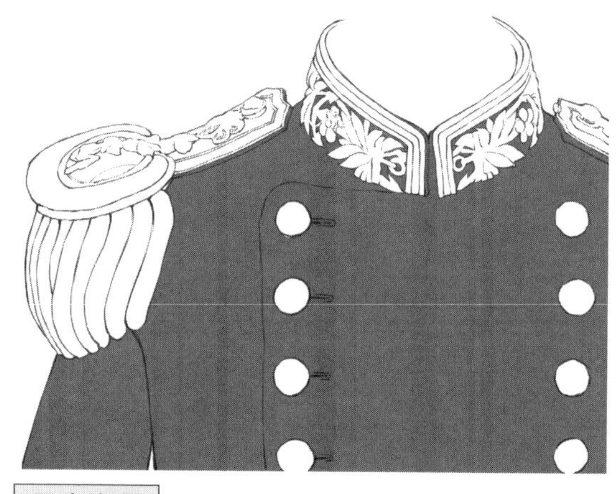

日本海軍

正装（燕尾服）に使用します。将官用・佐官用・尉官用の３種類があり､肩章の上の「桜花」の数が違います。また尉官用は総がありません。イラストは佐官用です。

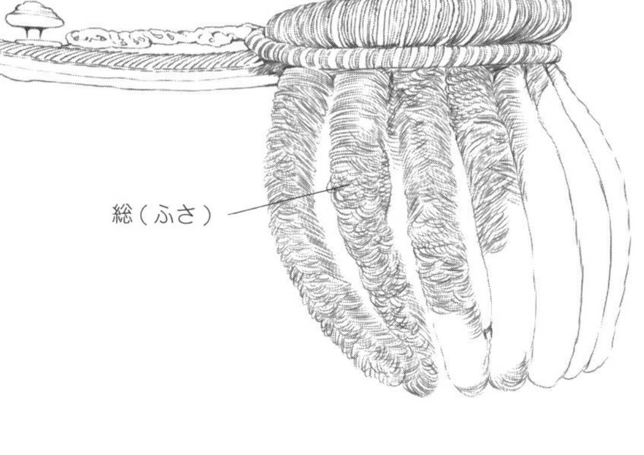

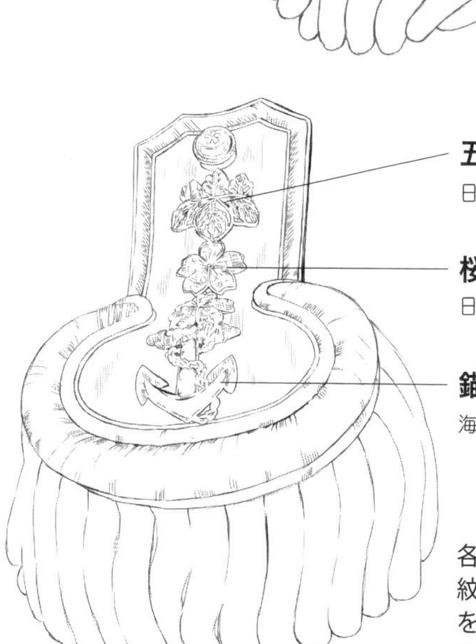

五七桐
日本国を示す「五七桐紋」

桜花
日本海軍の象徴「桜」

錨
海軍を示す「錨」

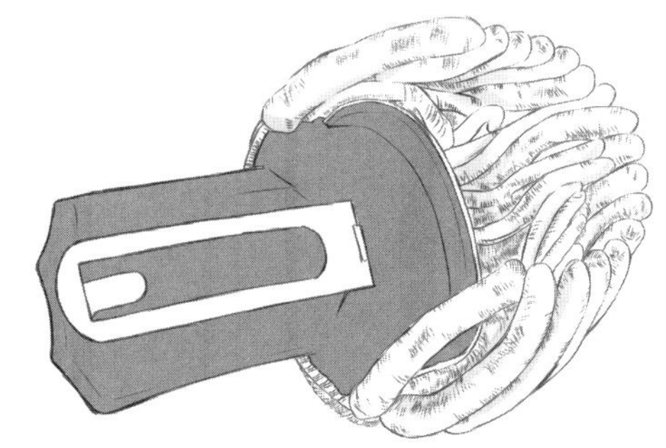

各国とも伝統的な紋様でエポレットを飾ります。例えばイギリスは「王冠」や「剣」など。

ショルダーストラップ

《特徴》
・堅く細長い短冊型で、肩に対して縦方向に取りつける。
・"階級章"の役割。

　階級章として使用されます。軍服が簡略化した現代では、正装の飾りとして使う場合もあります。

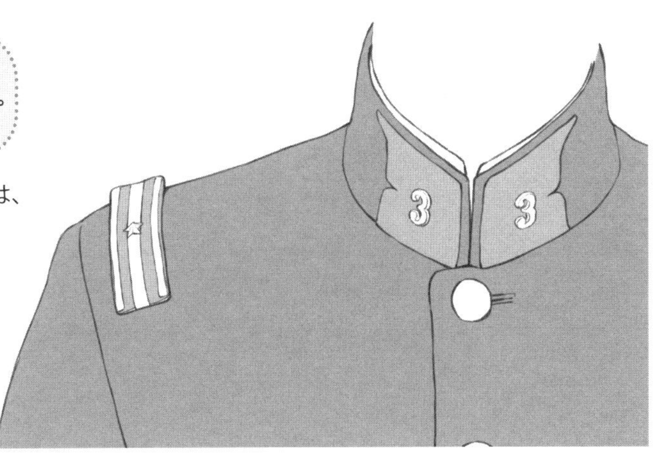

日本陸軍

昭五式制服の肩章として、ストラップ型の階級章を使用します。肩に沿って湾曲した堅いプレートで、赤いフェルト地を金糸や金星が飾っています。

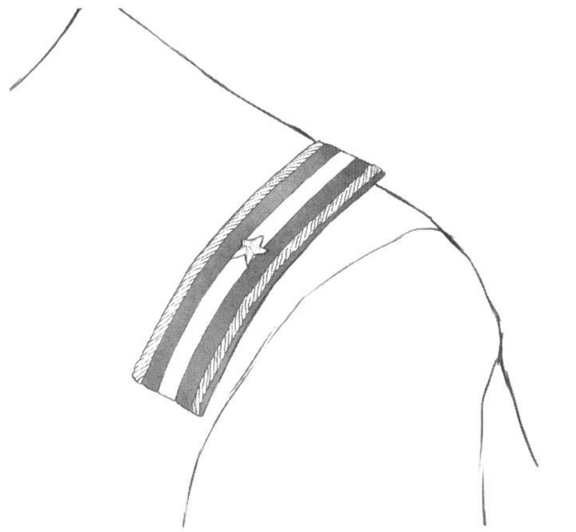

金線の数や太さ、金星の数で階級を示します。
イラストは陸軍少尉。

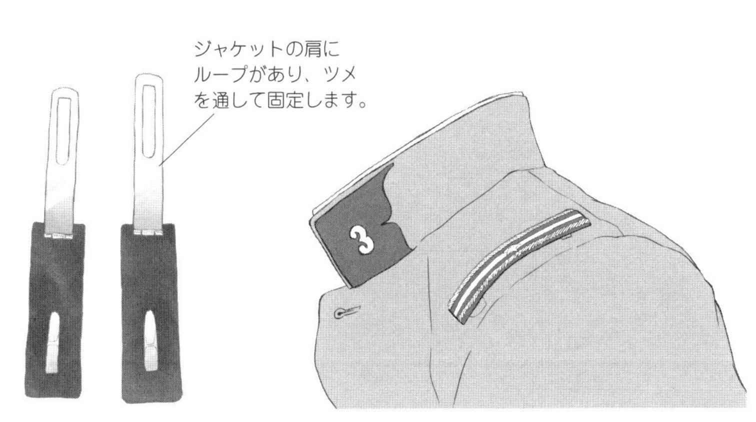

ジャケットの肩にループがあり、ツメを通して固定します。

アメリカ陸軍

アメリカ陸軍の正装である「アーミーブルーユニフォーム」は開襟ジャケット＋ショルダーストラップの組み合わせです。

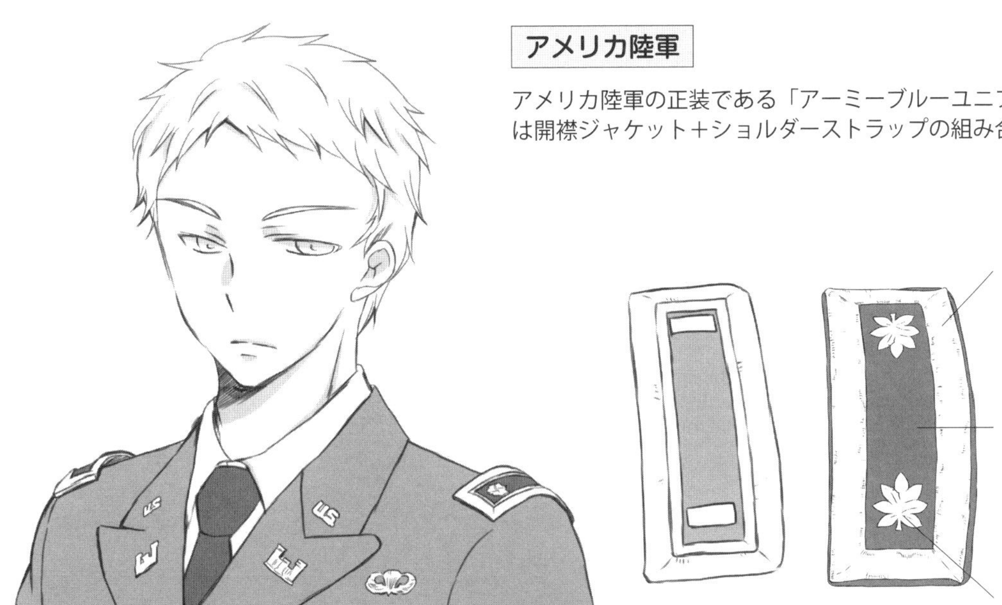

金糸
周囲を金糸で飾っています。

兵科色
中央は兵科色（例：歩兵は青／砲兵は赤／騎兵は黄など）

階級マーク（前後２個）
階級を示すマーク

ショルダーボード

多くの人がイメージする「肩章」が、このタイプではないでしょうか。肩のラインを強調するような細長い短冊型です。大きくわけて以下のような２種類が存在します。

《特徴》
・堅く細長い短冊型で、肩に沿って取りつけるもの。
・主に“階級章”の役割。正装の飾りとなることもある。

ボード型

薄く堅い板状で、主に各国海軍の白詰襟制服を飾っています。黒い台布の上の金線や金属パーツの数で階級を示します。

日本海軍

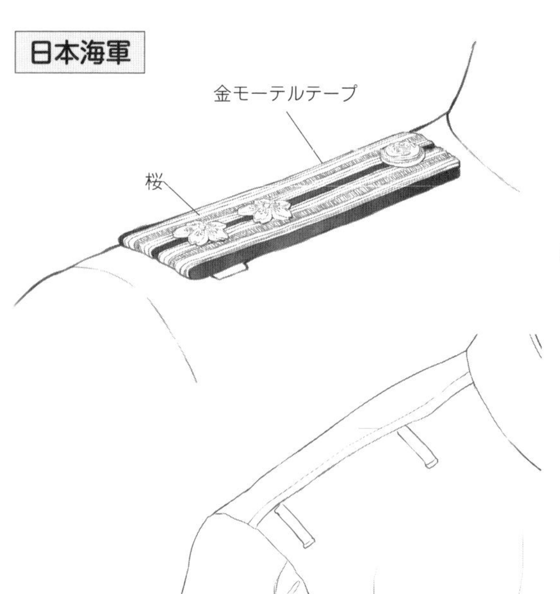

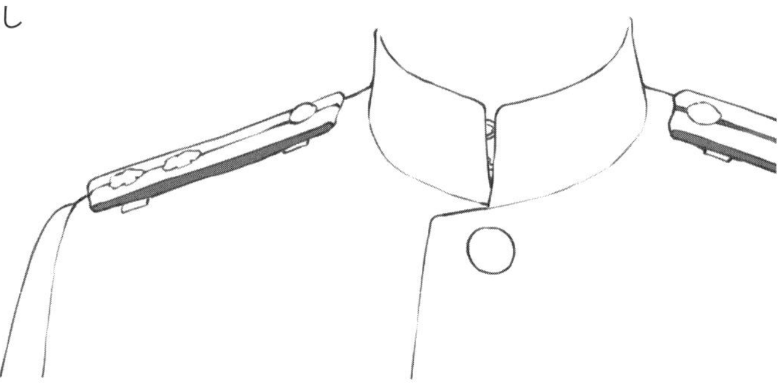

金モールテープの本数や太さ、銀桜の数で階級を示します。イラストは海軍中佐。

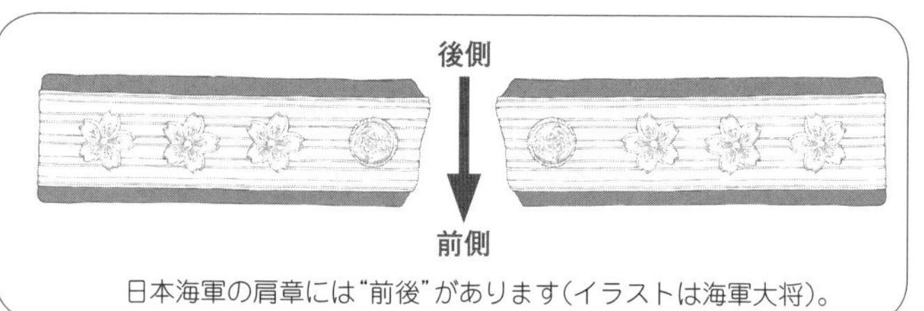

日本海軍の肩章には“前後”があります（イラストは海軍大将）。

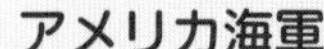

アメリカ海軍

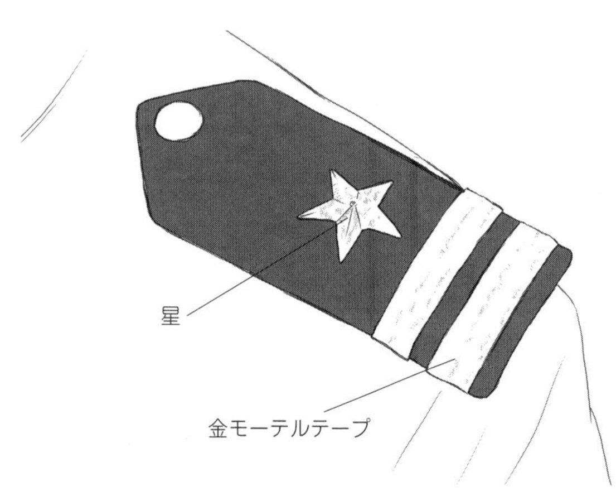

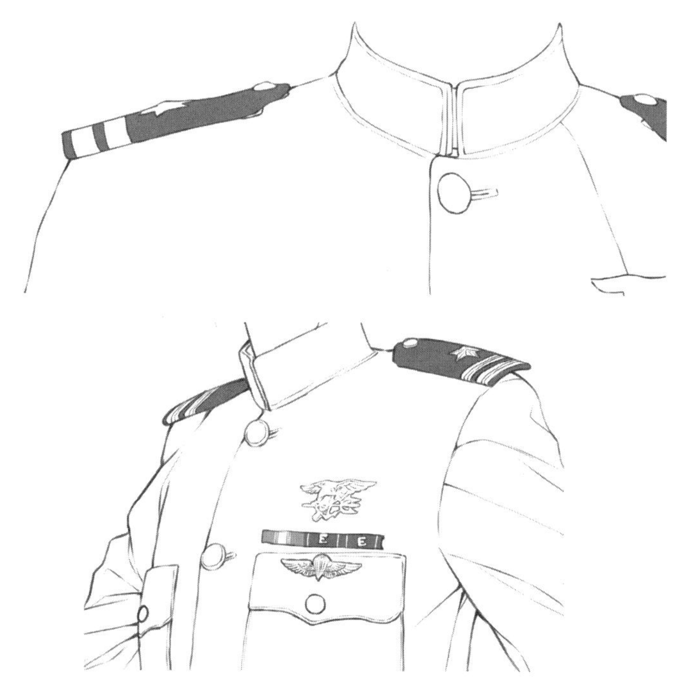

金モールテープの本数や太さで階級を示します（イラストは海軍大尉）。「星」マークの向きに注意。「星」マークは“着用者本人目線で正位置”であり、他者から見たときは逆さになります。

編み込み型

金糸や銀糸などによる太い編み込み模様をしたボリュームのある肩章。ややクラシカルなデザインであり、第２次世界大戦期のドイツ軍や、現代では儀礼用軍服の飾りとして使われています。

ドイツ軍（第２次世界大戦期）

佐官用

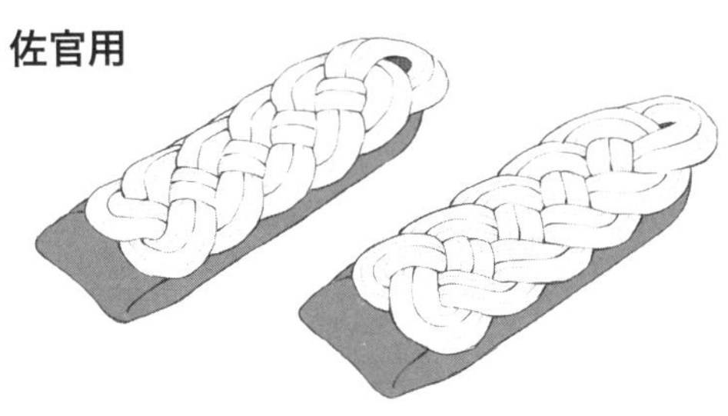

兵科色の台の上に編み込み模様。

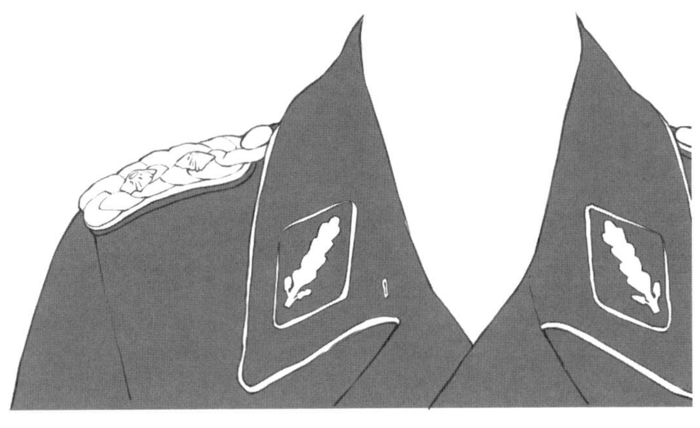

尉官用

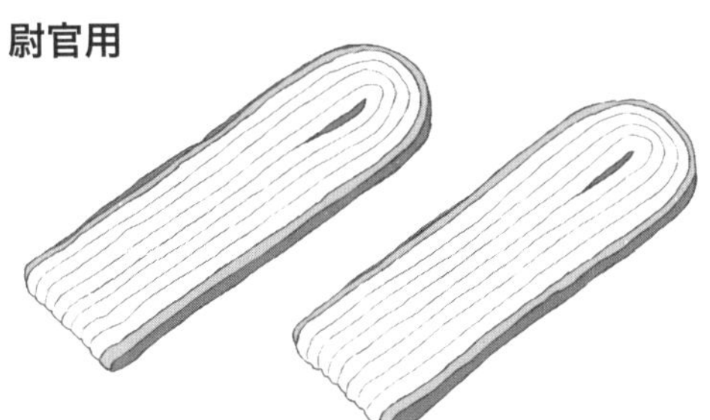

兵科色の台の上に編み込みなしの紐模様。

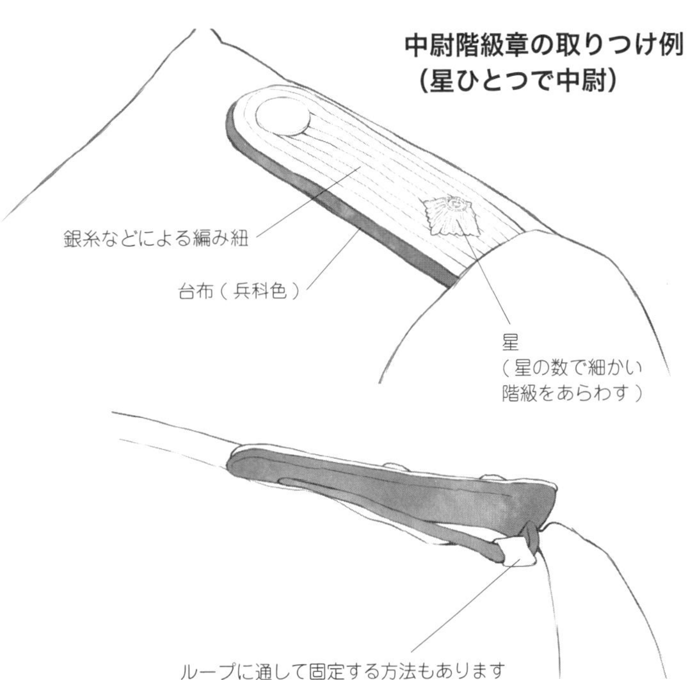

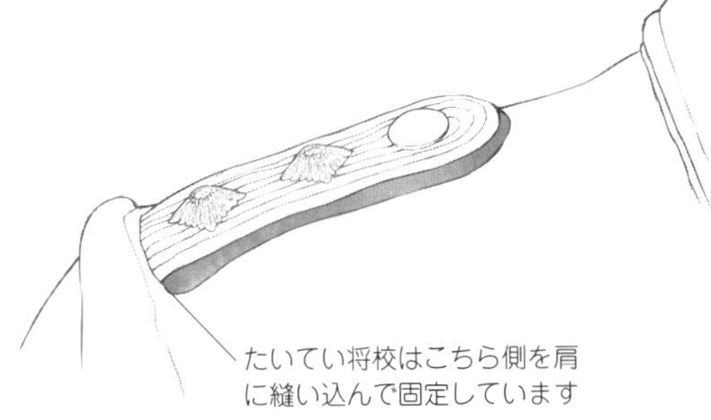

イギリス軍将校正装用

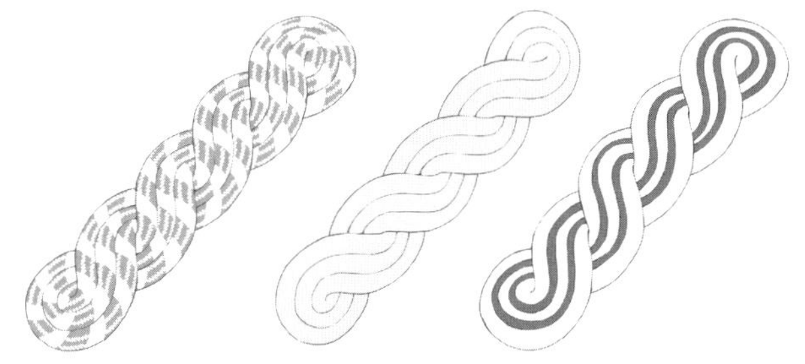

将校正装（No.1 ユニフォーム）用の肩章。部隊により編み紐の色や柄が違います。

陸上自衛隊幹部正装用（日本陸軍将校大礼服用）

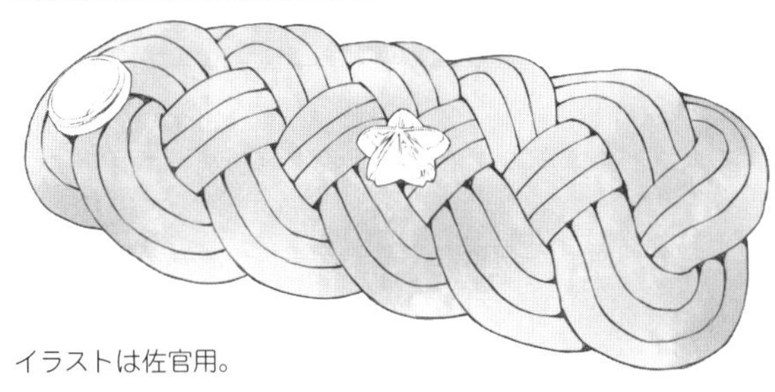

イラストは佐官用。

金線による太くボリュームのある肩章。金属製「桜」マークの数で細かい階級を示します。日本陸軍用は「桜」ではなく「星」マークです。

ショルダーループ

《特徴》
- 制服と同じ生地による布製パーツ。
- 特に意味はない（単なる"飾り"）。
- 金属製の階級章や部隊章をとりつける土台として利用される。

制服と一体のパーツです。トレンチコートやミリタリー風ジャケットのデザインとして、私たちにもおなじみのデザインです。

クラシカルなエポレットやショルダーボードに対して、簡略化された現代軍服の多くがループ型肩章を使用しています。

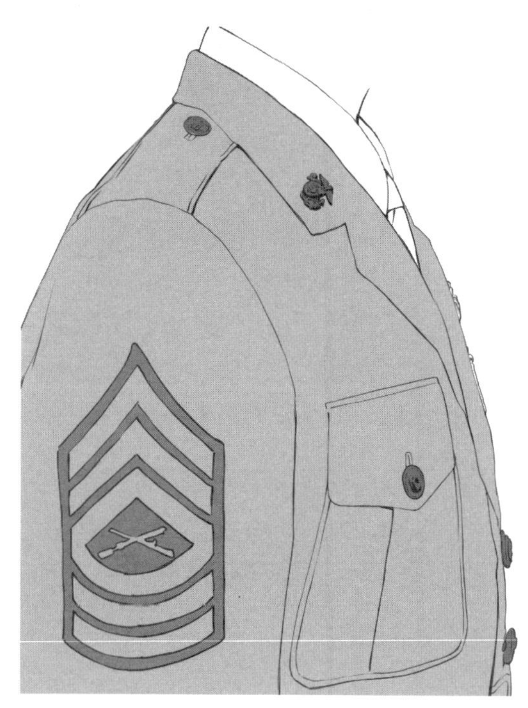

アメリカ海兵隊グリーン制服

海兵隊では、将校はループに金属製階級章をつけます。下士官は上腕にワッペン型階級章をつけるため、ショルダーループは単なる"飾り"です。

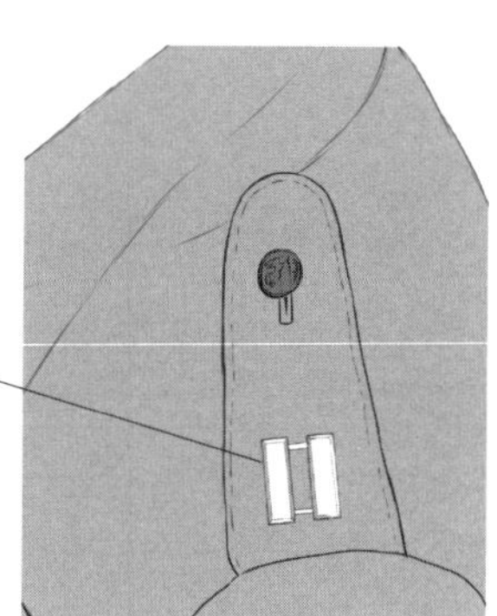

アメリカ陸軍グリーン制服

陸軍のグリーン制服（勤務服）も、将校はループに金属製階級章をつけます。また、ループの中央に金属製部隊章もつけます。

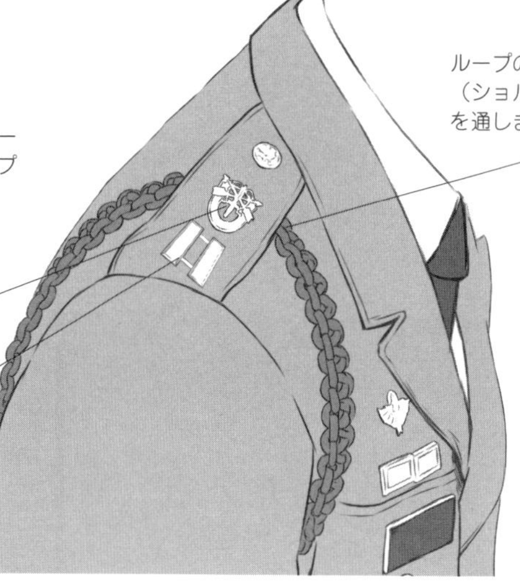

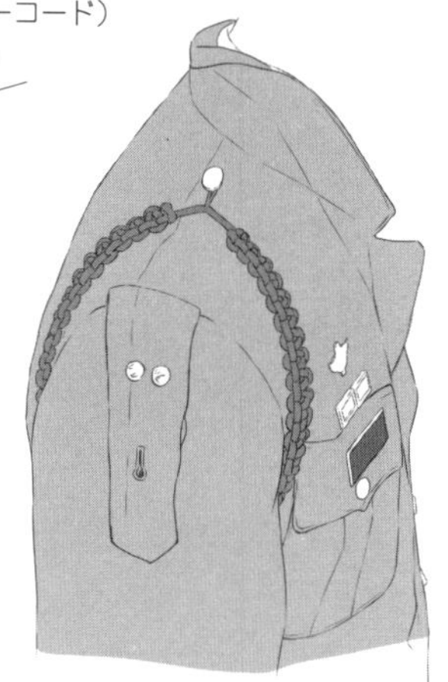

アメリカ海兵隊下士官ブルー制服

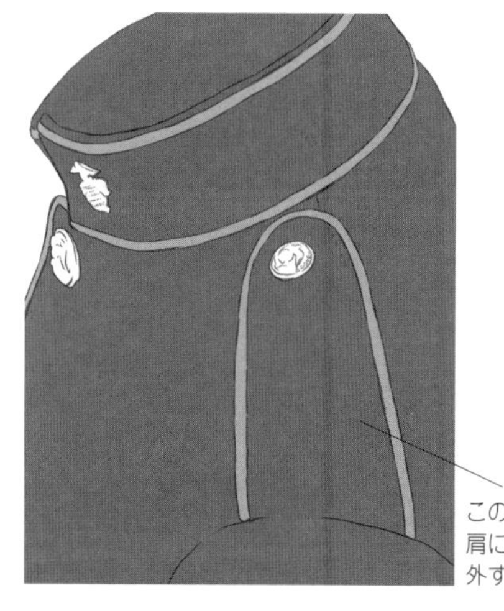

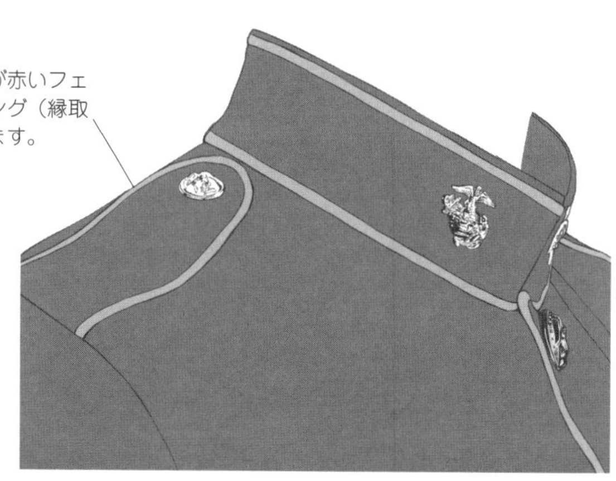

肩章の位置――肩章は“前寄り”に！

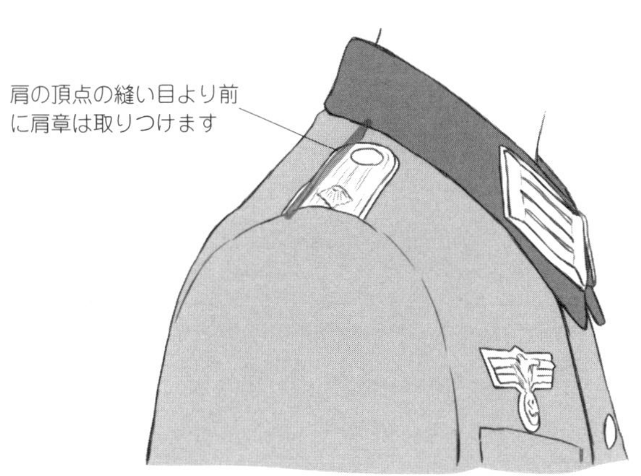

肩章は“相手に対して見せる”ものです。そのため、肩の頂点ではなく、やや前寄りの位置に取りつけます。

・前から見たとき

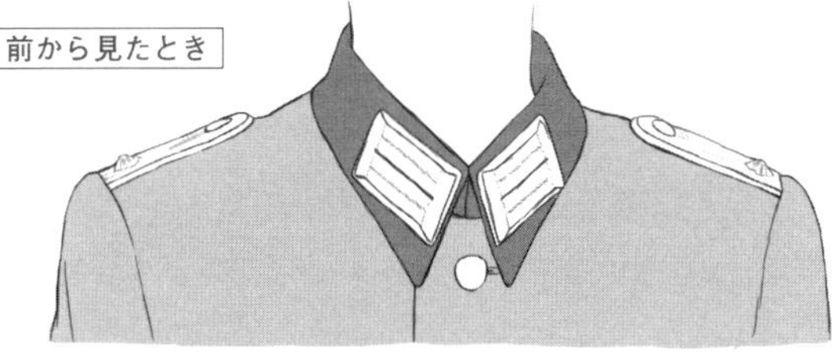

肩章の上面を視認することができます（前寄りに傾いているので）。

後ろから見たとき

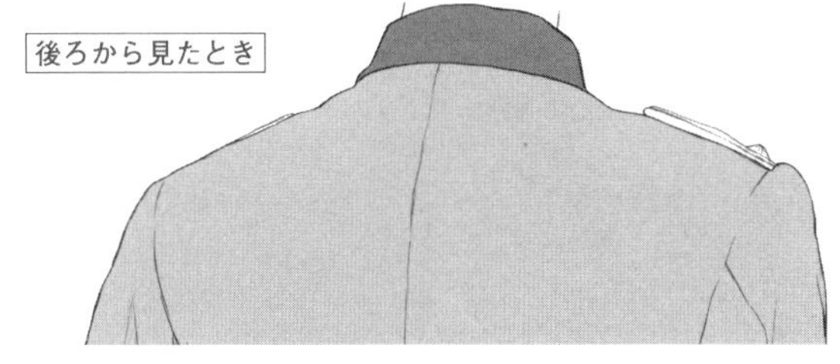

肩章はほとんど見えません。

肩章の位置の比較

・エポレット
日本海軍

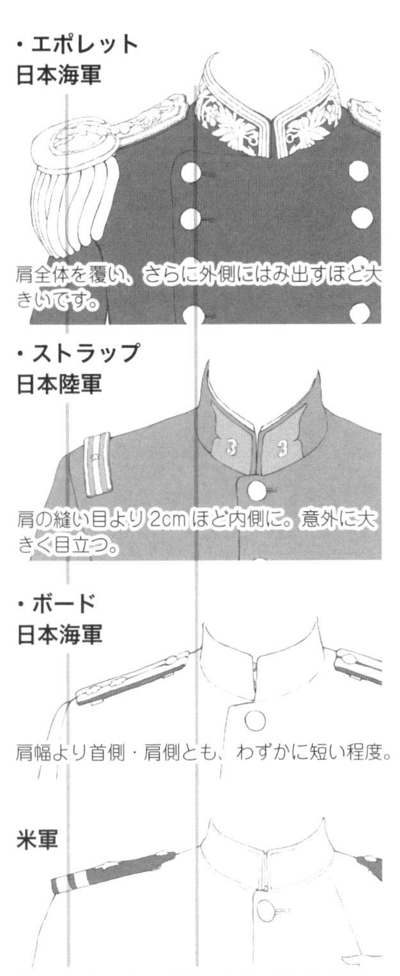

肩全体を覆い、さらに外側にはみ出すほど大きいです。

・ストラップ
日本陸軍

肩の縫い目より2cmほど内側に。意外に大きく目立つ。

・ボード
日本海軍

肩幅より首側・肩側とも、わずかに短い程度。

米軍

全長は肩幅くらいだが、やや肩寄りに取りつけ肩側で縫い目よりわずかにはみ出ます。

・ボード
ドイツ軍（尉官）

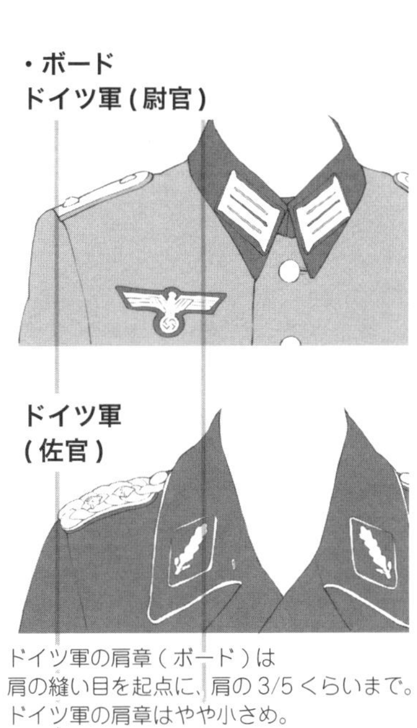

ドイツ軍
（佐官）

ドイツ軍の肩章（ボード）は
肩の縫い目を起点に、肩の3/5くらいまで。
ドイツ軍の肩章はやや小さめ。

日本陸軍
大礼服

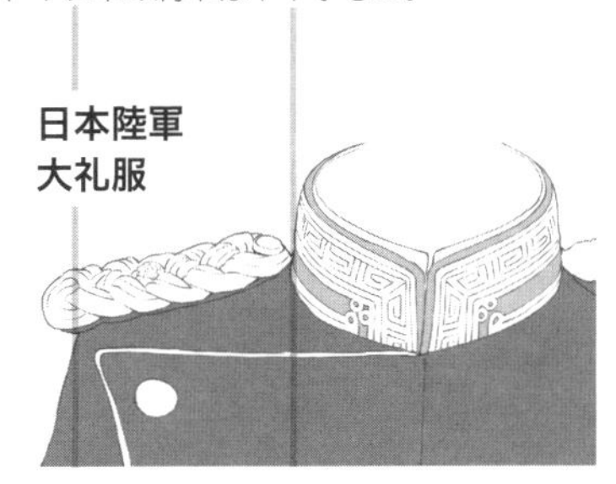

日本陸軍 大礼服の肩章（ボード）は
首の縫い目から、肩からはみ出すほど。
正装用なので特に大きく派手。

・ループ
米陸軍

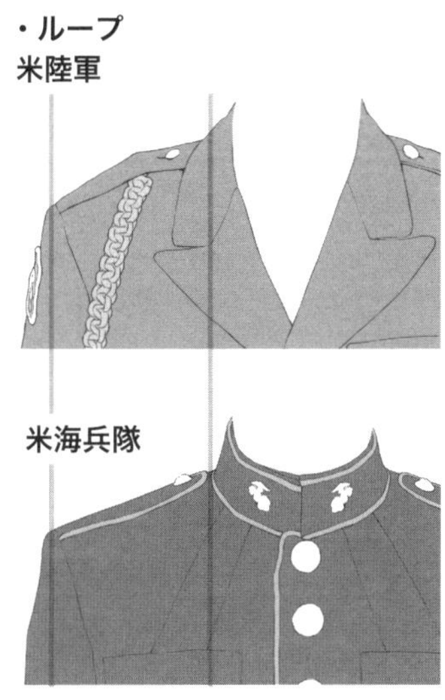

米海兵隊

肩の縫い目から、ほぼ首の縫い目あたりまで。

襟の装飾

飾りとしての詰襟

襟は軍服の中でも特に目立つ部位です。そのため刺繍やワッペン、バッジ類などさまざまな装飾のベースとなることがよく見られます。逆に言えば、ほとんどの軍服で襟には何かしらの装飾が施されているとも言えます。多くの場合、正装では「組織のシンボル的紋様」のような実用性が低いもの、勤務服では「階級章」「兵科章」など実用性が高いものとなります。

日本陸軍 大礼服 佐官

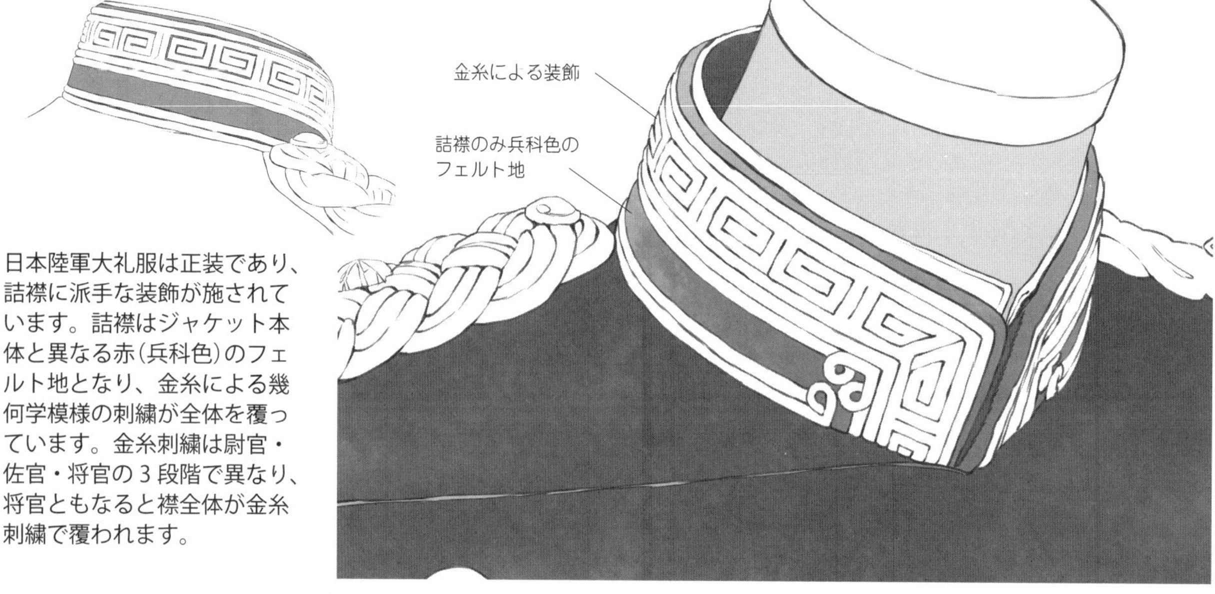

日本陸軍大礼服は正装であり、詰襟に派手な装飾が施されています。詰襟はジャケット本体と異なる赤(兵科色)のフェルト地となり、金糸による幾何学模様の刺繍が全体を覆っています。金糸刺繍は尉官・佐官・将官の３段階で異なり、将官ともなると襟全体が金糸刺繍で覆われます。

イギリス陸軍近衛騎兵連隊「ブルース＆ロイヤルズ」フルドレス 将校

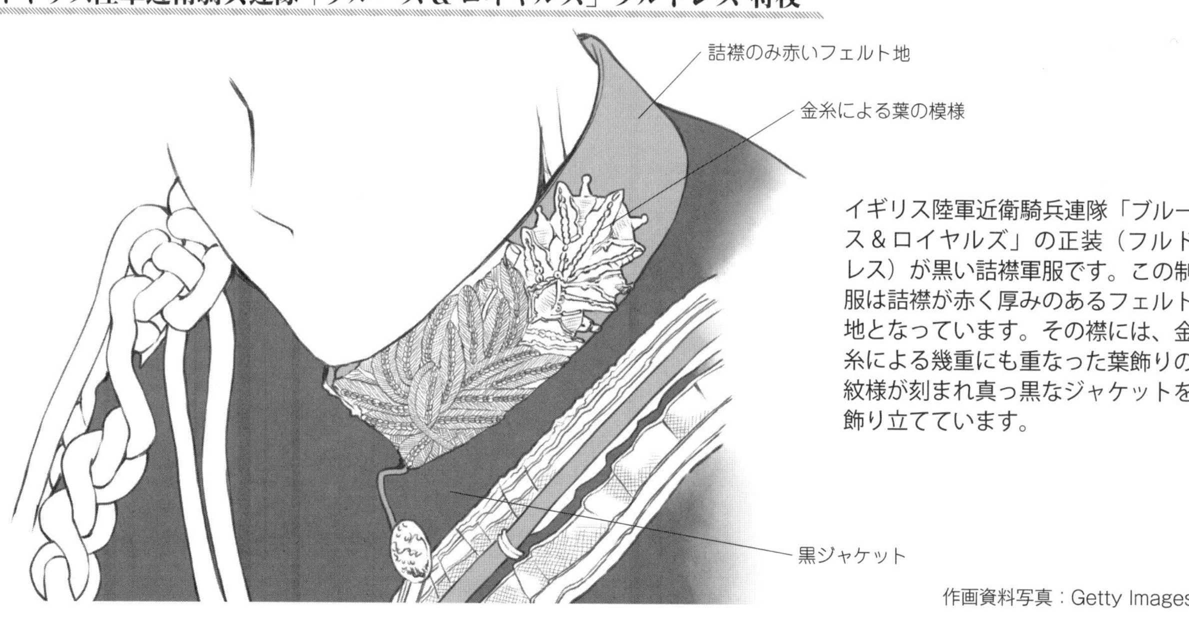

イギリス陸軍近衛騎兵連隊「ブルース＆ロイヤルズ」の正装（フルドレス）が黒い詰襟軍服です。この制服は詰襟が赤く厚みのあるフェルト地となっています。その襟には、金糸による幾重にも重なった葉飾りの紋様が刻まれ真っ黒なジャケットを飾り立てています。

作画資料写真：Getty Images

イギリス陸軍第４近衛歩兵連隊「アイリッシュ・ガーズ」フルドレス 将校

真っ赤なイギリス陸軍近衛歩兵連隊の制服は、襟が黒いフェルト地となり金糸で飾られています。また、この部分には部隊ごとに、それぞれのシンボルマークが刺繍されています。第４連隊「アイリッシュ・ガーズ」はアイルランドのシンボル「シャムロック（クローバー）」を、第５連隊「ウェルシュ・ガーズ」はウェールズのシンボル「リーキ（西洋ネギ）」などです。

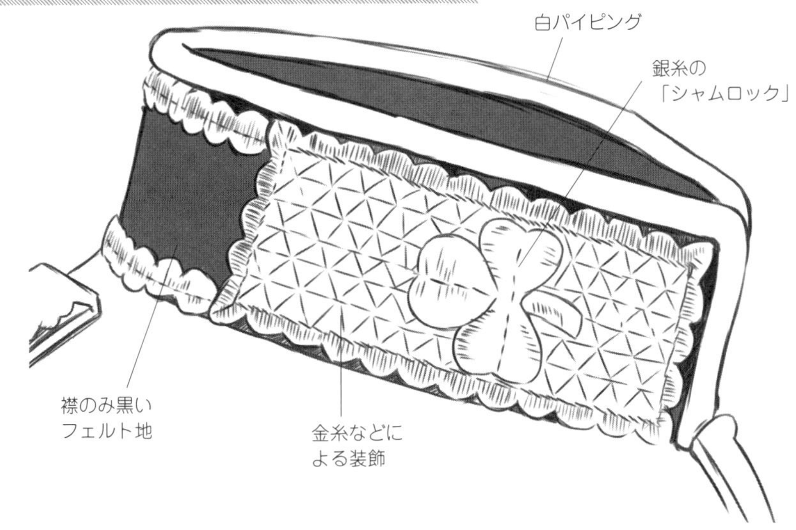

日本陸軍 昭五式制服――「鍬形」

第２章でも解説した通り、日本陸軍の昭五式制服には「鍬形（くわがた）」と呼ばれる独特の装飾が施されています。この紋様の由来には諸説あり、大和王朝時代の盾とも、武者の兜とも、「八双金物※」とも言われています。単なる飾りではなく、「兵科」と「所属部隊」を示す実用性のある装飾で、兵科と所属部隊をあらわしています。
色で兵科（歩兵は赤、騎兵は萌黄色など）を、金属パーツが部隊（部隊番号）をあらわします。

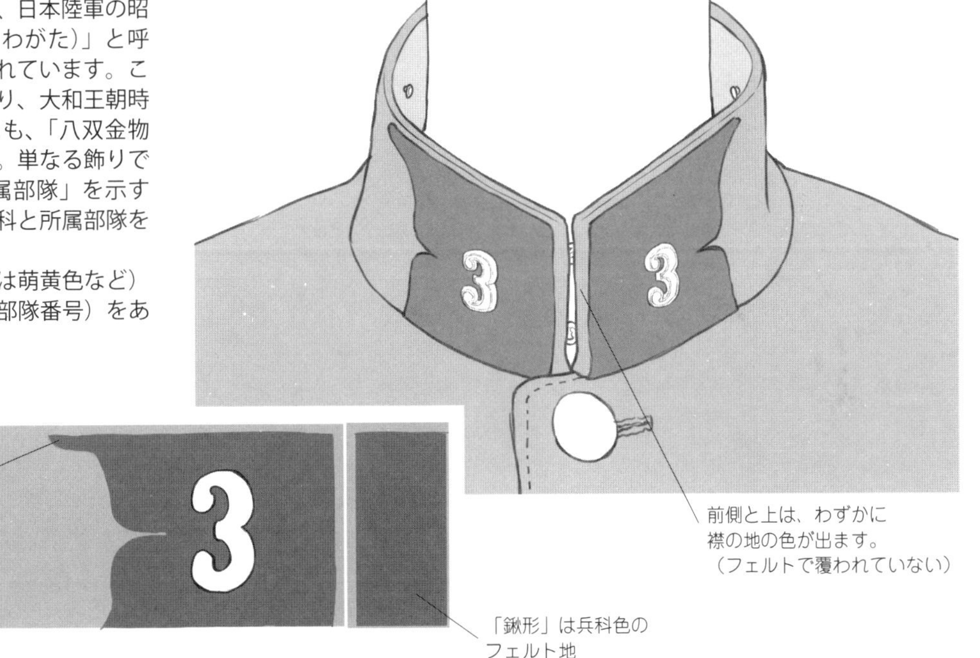

部隊番号を示す金属パーツが両襟に付属します。番号は連隊番号です。赤地に「1」なら歩兵第１連隊、萌黄地に「1」なら騎兵第１連隊となります。また一部の職種や独立部隊は、特別な金属パーツをつける場合もあります。下イラストの右端３点が、その例です。

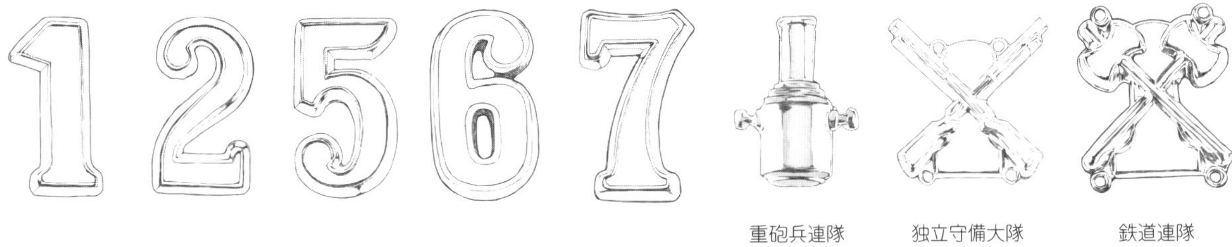

※八双金物：箪笥などの木工品や、神社仏閣など建築物を飾っている金属プレート状の装飾のこと。

ワッペンによる装飾

正装としての詰襟軍服と異なり、勤務服・野戦服では実用性が重視され、伝統的デザインやシンボルを取り入れつつも簡略化されたもの、また「情報」としての意味のあるものが求められるようになりました。そこで生まれたのがワッペン型の襟装飾です。

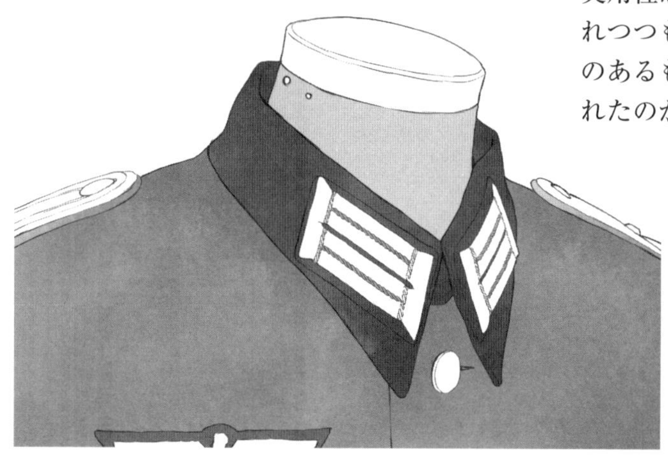

ドイツ陸軍36年型制服「ドッペリッツェン」

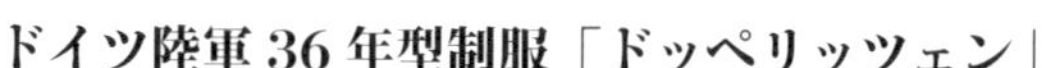

ローマ数字の「II」に似たマークは「ドッペリッツェン」と呼ばれるヨーロッパ軍隊の伝統的な紋様です。古代建築の列柱をイメージしたもので、もともとは襟全体を覆う装飾でしたが、簡略化されてワッペン型となりました。全陸軍軍人が取りつけますが、将校用は銀糸などを使った豪華なものです。実用目的は低く、シンボル的な装飾です。

ドイツ陸軍36年型制服「ラリシュ・シュティッケライ」

陸軍将官は「ラリシュ・シュティッケライ」と呼ばれる、アラベスク紋様のワッペン型装飾を襟に縫いつけます。帝政期以来の伝統的紋様です。赤い台布に金糸の刺繍が施された見た目にも豪華なデザインです。
「ドッペリッツェン」、「ラリシュ・シュティッケライ」ともドイツ軍の伝統的デザインとして戦後も引き継がれ、現在でもドイツ連邦軍制服の襟を飾っています。

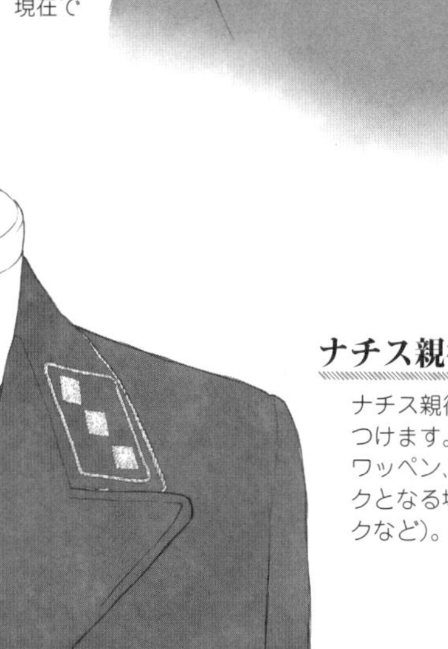

ナチス親衛隊32年型勤務服 組織章／階級章

ナチス親衛隊は実用的意味のあるワッペン型装飾を襟に取りつけます。イラストの右襟が親衛隊（SS）所属を示す「SS」ワッペン、左襟が階級章（少尉）です。右襟は部隊別のマークとなる場合もあります（第2章45ページの「ドクロ」マークなど）。

材質と立体感

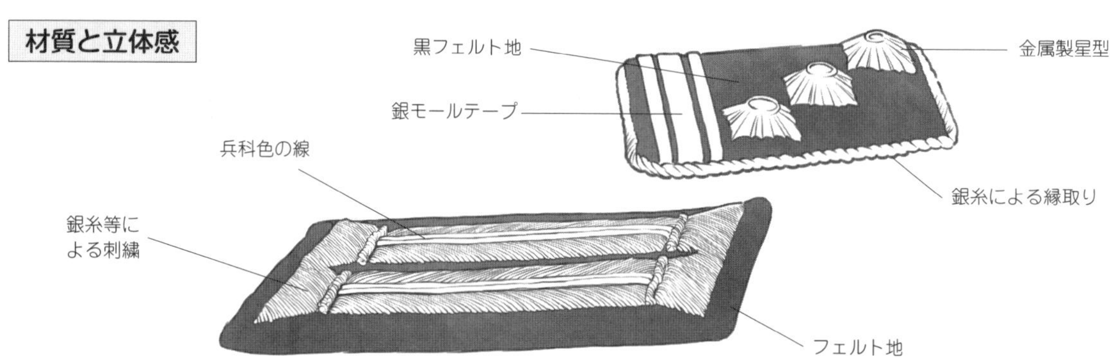

金属バッジ型の装飾

ワッペン型装飾よりさらに実用性・簡易性の高い襟装飾が金属バッジによる装飾です。現代の軍服の襟装飾は多くが金属バッジ型になっています。

海兵隊

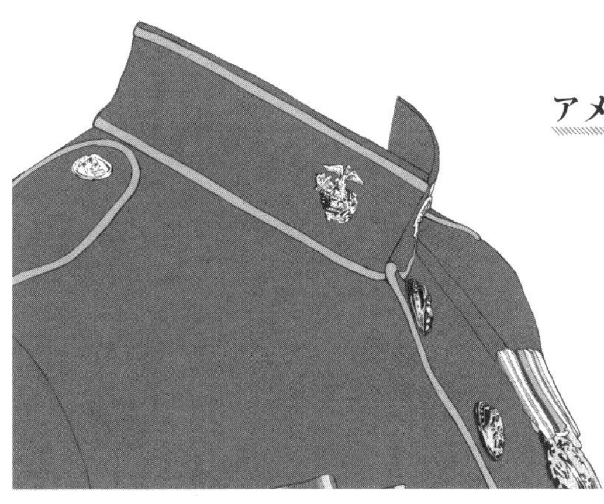

アメリカ海兵隊ドレスブルー制服「鷲と地球と錨」章

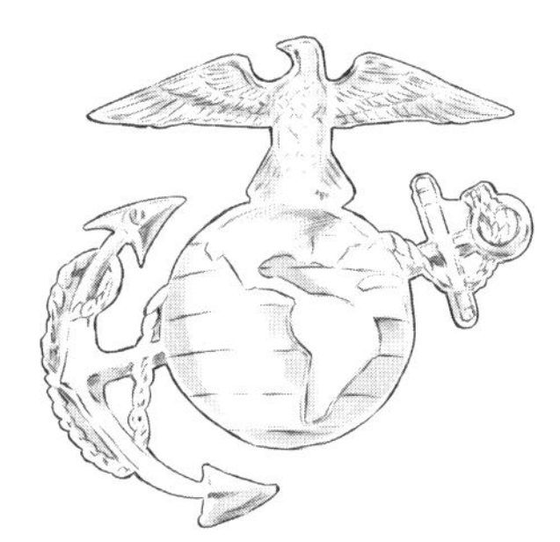

海兵隊のシンボルマークが「鷲と地球と錨」です。「鷲」がアメリカを、「地球と錨」が全世界に派遣される部隊の任務を象徴しています。全隊員が襟に取りつけます。立体的な金属バッジで、正装（ブルー制服）では将校が金銀２色、下士官･兵は金１色。勤務服(グリーン制服)では全隊員黒１色となります。

アメリカ陸軍

アメリカ陸軍アーミーグリーン制服 組織章／兵科章

勤務服であるグリーン制服は、実用的な意味のある金属バッジ型装飾です。上襟の「US」章は陸軍将校全員が取りつけるものですが、下襟は兵科をあらわしています。

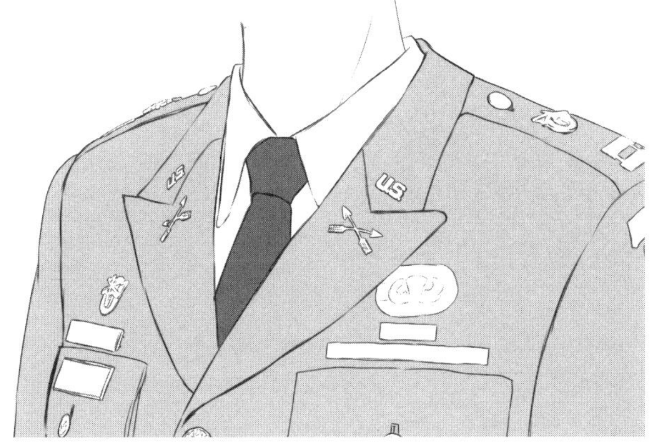

取りつけ位置解説

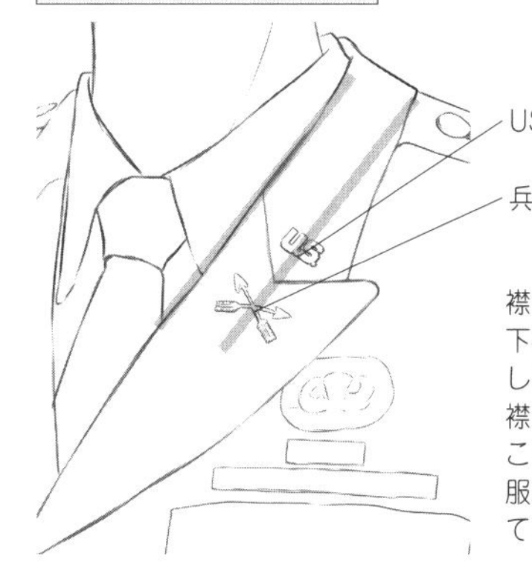

襟の内側の縁と平行で、上下襟の中心を通る線を軸として、上襟に US 章を、下襟に兵科章を取りつけます。こうした装飾の位置は軍の服装規定で細かく定められています。

兵科章いろいろ

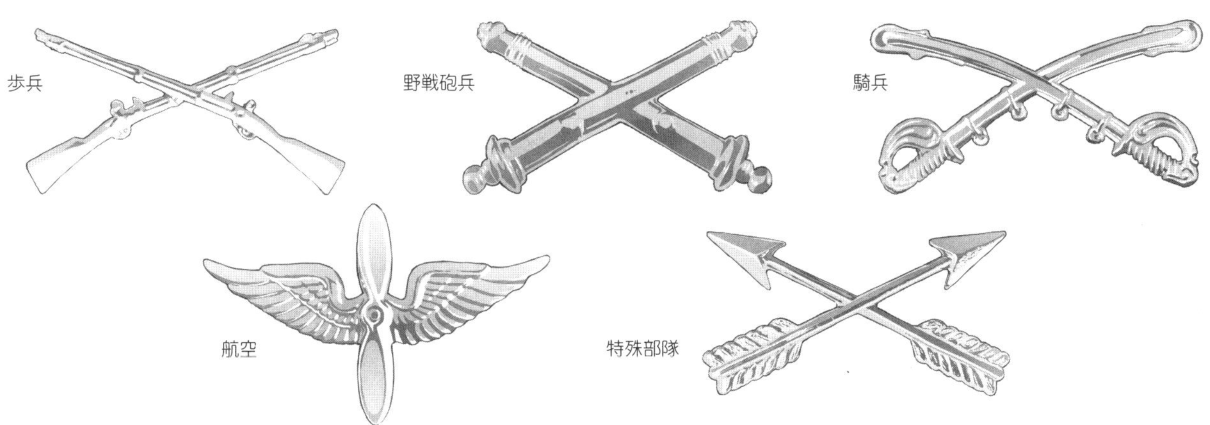

腕の装飾

腕は布の面積が広く、大きめの装飾を取りつけることに適しています。腕の装飾は主に左腕、または両腕共通です。装飾の位置は2カ所——上腕と袖口です。上腕は主に部隊章と階級章が、一方で袖口にはさまざまなバリエーションが見られます。

部隊章／階級章

腕の装飾としてもっともポピュラーなものが上腕部の「部隊章」、そして「階級章」です。アメリカ陸軍グリーン制服を例に、「部隊章」と「階級章」を中心として腕の装飾を見ていきましょう。

アメリカ陸軍アーミーグリーン制服 下士官

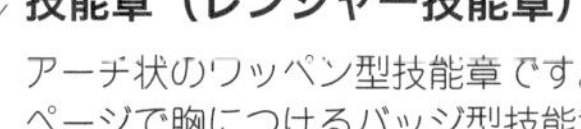

技能章（レンジャー技能章）

アーチ状のワッペン型技能章です。94ページで胸につけるバッジ型技能章を紹介しましたが、アメリカ陸軍では上腕につけるアーチワッペン型技能章もあります。
「レンジャー」とは、特別な訓練を受けた精鋭歩兵のことです。

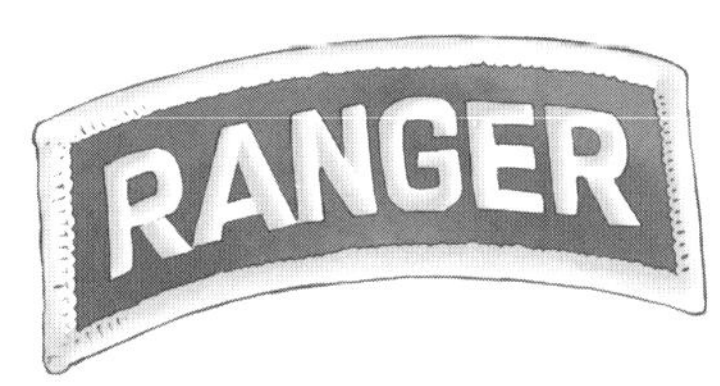

部隊章（特殊部隊グループ）

部隊のシンボルマークのワッペンです。イラストは「特殊部隊グループ」のマークで、青地に黄色の糸で3本の稲妻を貫く剣がデザインされたカラフルなものです。
ワッペン型部隊章は、多くの国で左上腕に取りつけます。
なお、「AIRBORNE」のアーチワッペンは、この部隊が「パラシュート能力（Airborne）」を持っていることをあらわしていて、部隊章の一部です。

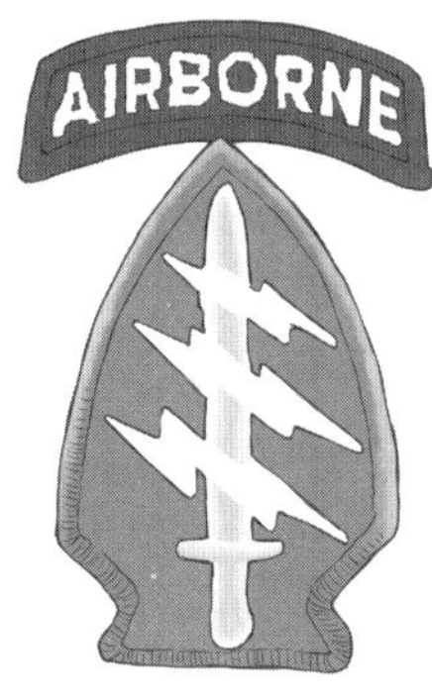

階級章（曹長）

“下士官・兵”は目立つ大きなワッペン型階級章を左右上腕につけます。これは多くの国に共通した腕の装飾です。
戦場で指揮官（将校）が下士官・兵を一目で認識して、命令を出しやすいようにしたことが由来と言われています。
アメリカ陸軍のワッペン型階級章は黒地に金線です。肩の縫い目と肘のちょうど中間に縫いつけるように決められています。

勤続年数章

軍での勤続年数をあらわすワッペンです。黒地に金線で、線1本あたり3年。イラストの場合、7本線ですから勤続21年となります。
なお、右袖には似たようなデザインの「海外派遣回数章」がつきます。こちらは線1本あたり6か月の海外戦闘任務をあらわします。海外派遣の多いアメリカ軍特有の装飾です。

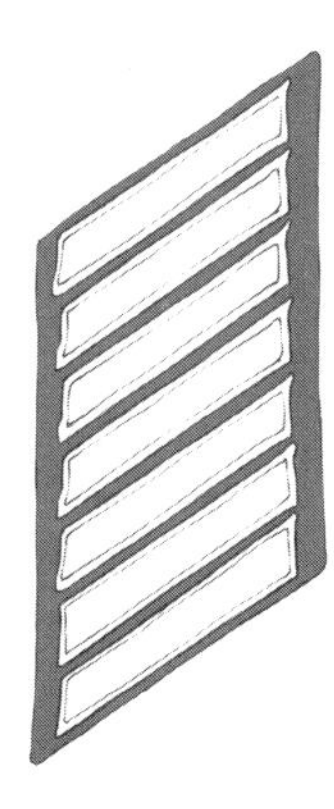

実用的な腕装飾

ナチス親衛隊32年型勤務服

ナチス親衛隊の黒制服といえば、真紅の鉤十字腕章が有名です。この腕章は上下とも腕に縫いつけられています。
また、袖の折り返し部分に「カフタイトル」と呼ばれる装飾が付属します。これは文字や記号が刺繍された幅広リボン型で、腕をぐるりと巻いて縫いつけられています。
親衛隊では部隊名が刺繍され「部隊章」として使われています。イラストは「第3SS髑髏連隊チューリンゲン」をあらわします。

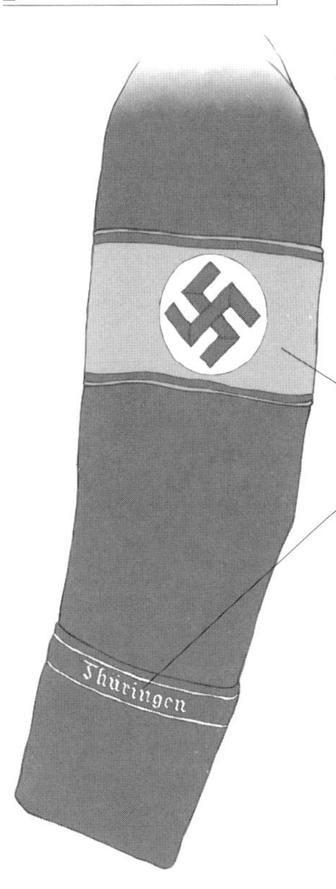

腕章は上下が縫いつけられています。

カフタイトル「Thüringen（チューリンゲン）」の文字

海上自衛隊のシンボル"桜"

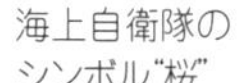

海上自衛隊第一種冬服

真っ黒な海上自衛隊ダブルブレスト制服は、肩や襟に何も装飾がなく、袖口の装飾で階級をあらわします。
金線の太さと本数の組み合わせで階級をあらわします。この金線階級章は各国海軍共通です。また、海上自衛隊のシンボル"桜"が刺繍されています。この部分は他国では別のデザインの刺繍となります。

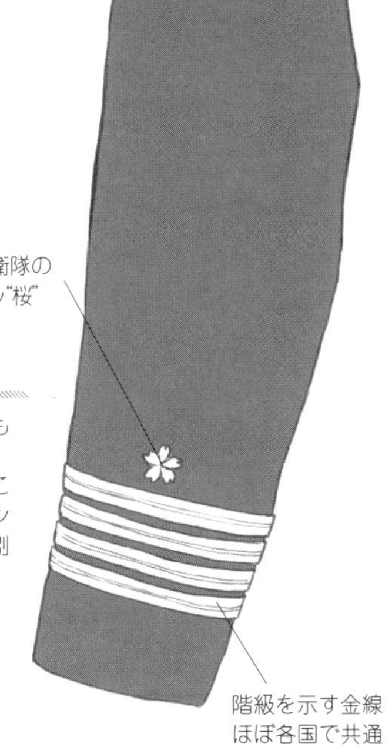

階級を示す金線
ほぼ各国で共通

飾りとしての腕装飾

日本陸軍大礼服

正装である大礼服の袖は、金線と兵科色で飾られています。
金線は階級によって異なり、少尉が1本、中尉が2本……イラストは4本で少佐となります。

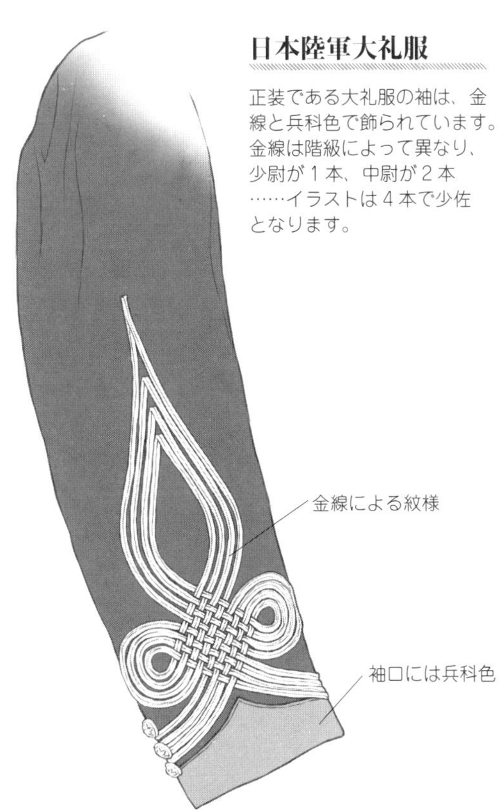

金線による紋様

袖口には兵科色

イギリス陸軍近衛連隊フルドレス

下士官・兵

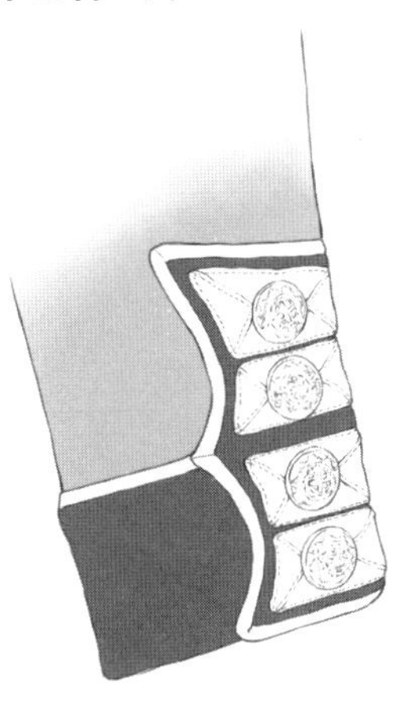

将校

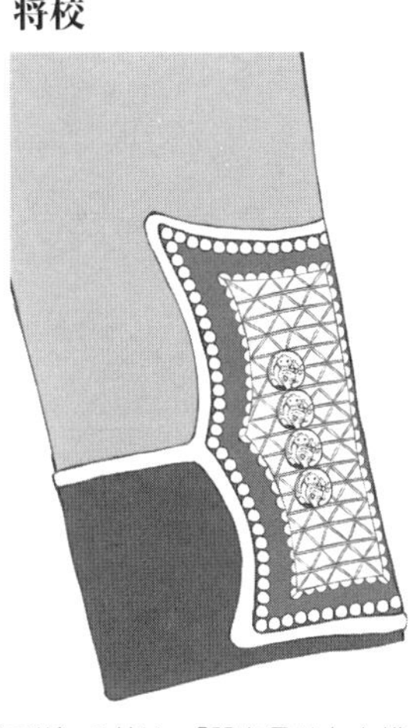

イギリス近衛歩兵連隊のフルドレス（正装）の袖は、「開き見せ」を模した模様が装飾されています（模様のみで開きません）。基本のデザインは同じですが、階級により派手さ・豪華さに違いがあります。
下士官・兵用が白パイピング、白生地に薄い金ボタンによる装飾なのに対して、将校用は金糸の刺繍が施されています。

襟と袖口——シルエットを引き締める“差し色”効果

軍服、特に詰襟の正装軍服によく見られるデザインが、襟と袖口に共通の“差し色”を入れるというものです。こちらの比較イラストを見てください。襟と袖口にジャケット本体と異なる色——“差し色”を入れると、軍服の輪郭がハッキリとして、上下のシルエットが引き締まった“いかにも軍服らしい”デザインになるのがわかります。

袖口の装飾にはシルエットを引き締めるというデザイン上の効果があるのです。

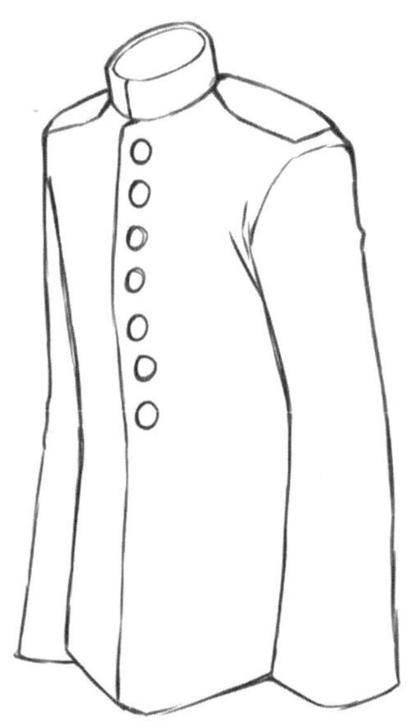

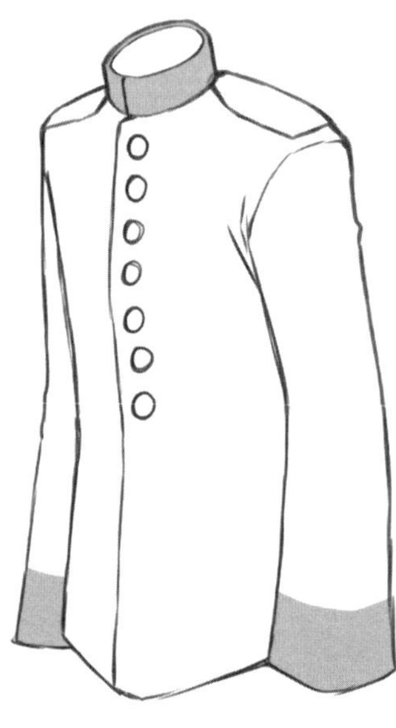

襟と袖口にジャケット本体と異なる“差し色”を入れることで、上下のシルエットが明確になり、引き締まった軍服らしい雰囲気が生まれます。

イギリス陸軍近衛歩兵連隊

イギリス陸軍近衛連隊の制服（兵用）。真紅のジャケットのなかで、襟と袖口に黒色を差しています。

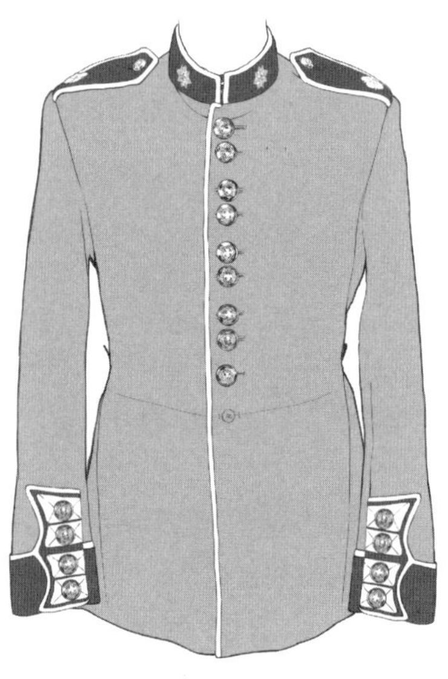

日本陸軍大礼服

日本陸軍大礼服（60ページ参照）。襟と袖口に兵科色が入ることで、差し色としての効果を発揮しています。

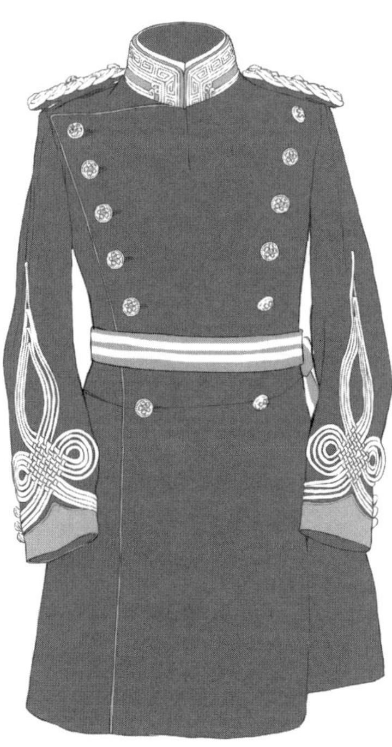

日本海軍正装

日本海軍正装（56ページ参照）。袖口の金線による階級章は、襟の金糸装飾とセットで、差し色の効果を生んでいます。

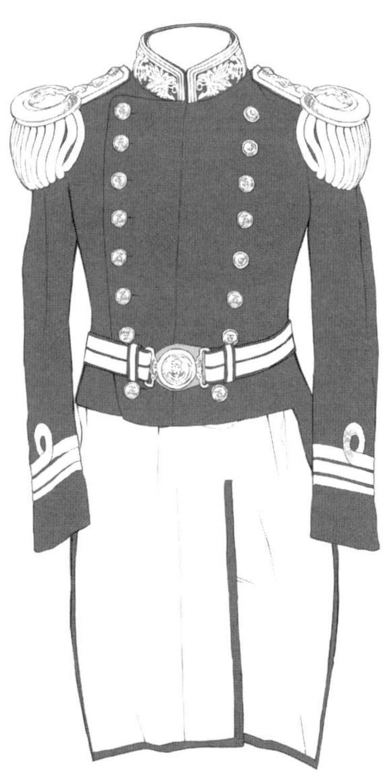

【コラム】 パイピング装飾とテープ装飾

縁に沿って鮮やかな色で飾りつける「パイピング（縁取り）」装飾は、軍服に多く見られるデザインです。「パイピング」は布地の“側面”に施されるもので、“表面”に縫いつける「テープ」装飾とは異なります。このページでは「パイピング」の構造について、そして「テープ」との違いも説明していきます。

1. 布によるパイピング

アメリカ海兵隊ブルー制服を縁取る赤いラインは、布によるパイピングです。これは制服を仕立てるときに、表地と裏地の間に２つ折りにした赤いフェルト地を挟みこんだものです。フェルト地が立体的に細いパイプ（管状）になることから“パイピング”と言います。

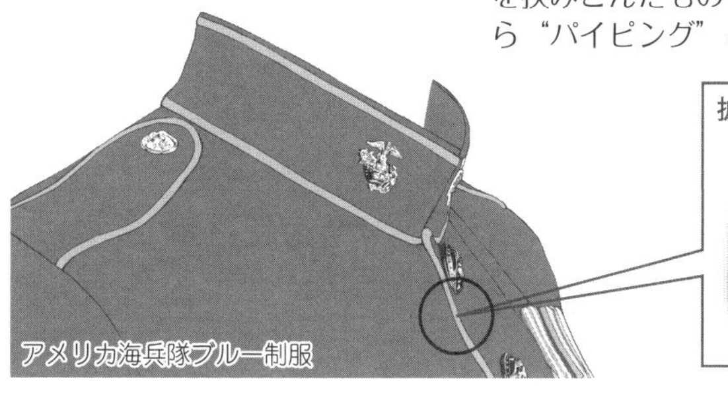
アメリカ海兵隊ブルー制服

拡大

２枚の布地の間にパイピング用の布地を挟み込みます

２つ折りになった生地がパイプ状になります。パイプの中に芯を入れて丸みを出す場合もあります

2. 銀線によるパイピング

ナチス武装親衛隊パンツァーヤッケの上襟を縁取る銀のラインが、銀線によるパイピングです。銀糸のネジリ紐を厚みのある襟生地の“側面”に縫いつけます。銀のほかにも金線や白黒２色ネジリ紐の場合もあります。

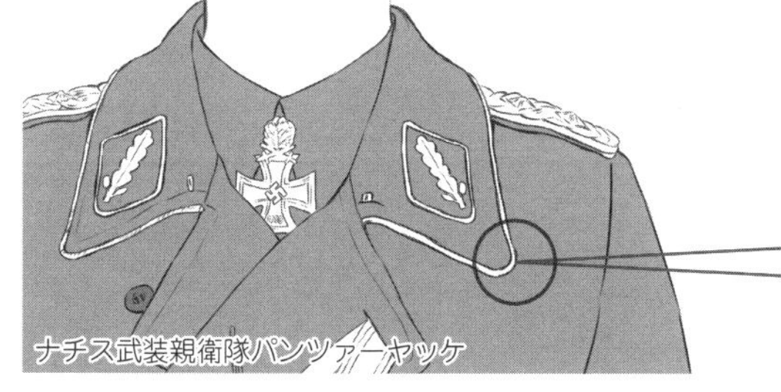
ナチス武装親衛隊パンツァーヤッケ

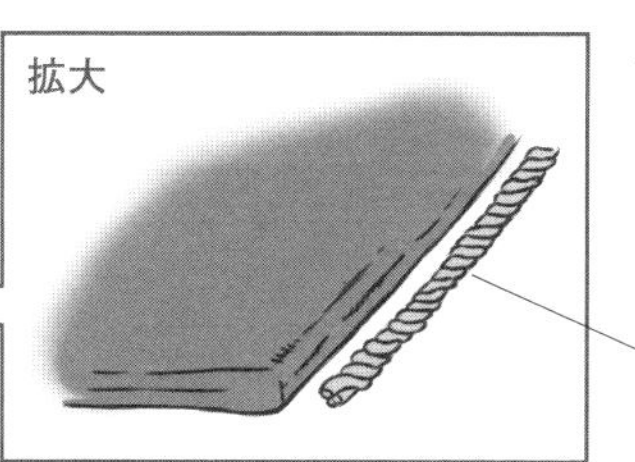

比較的厚みのある布地の側面にネジリ紐を縫いつけます

3. テープ装飾

テープ装飾は薄く平べったいテープ状の金モールや銀モールを生地の“表面”に縫いつけるものです。パイピングより平面的で、縁取り以外にもさまざまな部分を飾っています。

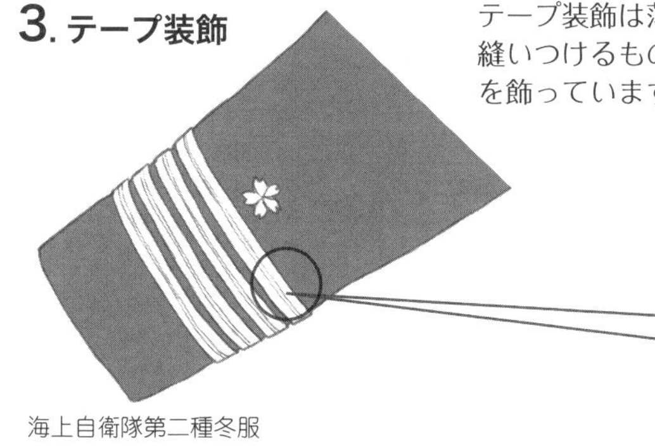
海上自衛隊第二種冬服

拡大

布地の表面にテープを縫いつけます（パイピングと違い立体感はなく、裏側からは見えない）

まとめ

「パイピング」装飾は“側面”を飾るので、側面や裏から見ても縁取りをハッキリ確認できます。一方で、「テープ」装飾は幅が広く、よりシッカリとラインを作ることができます。

飾緒（しょくちょ）

「飾緒（しょくちょ）」は、軍服の肩から胸にかけて吊るされている飾り紐のことです。「飾緒」は国によって意味が異なりますが、主に2つ——「参謀」や「副官」など“職務を示す目的”、または“正装の飾り”として使用されます。

飾緒の基本構造——ドイツ軍

飾緒は肩と胸（胸ボタン）の2カ所で取りつけます。たいていの飾緒が太い編み紐2本と、細い編み紐の組み合わせになります。また、胸から「ペン」と呼ばれる細長い金属パーツが2本ぶら下がります。

飾緒の由来には諸説ありますが、司令官に従う参謀たちが、戦場で命令などを書き留めるため筆記具を吊るしていたことに起源があるとも言われています。

そのため、現在でも「参謀」や「副官」といった、司令官を支える職務を示すアイテムとして使用されることが多いのです。

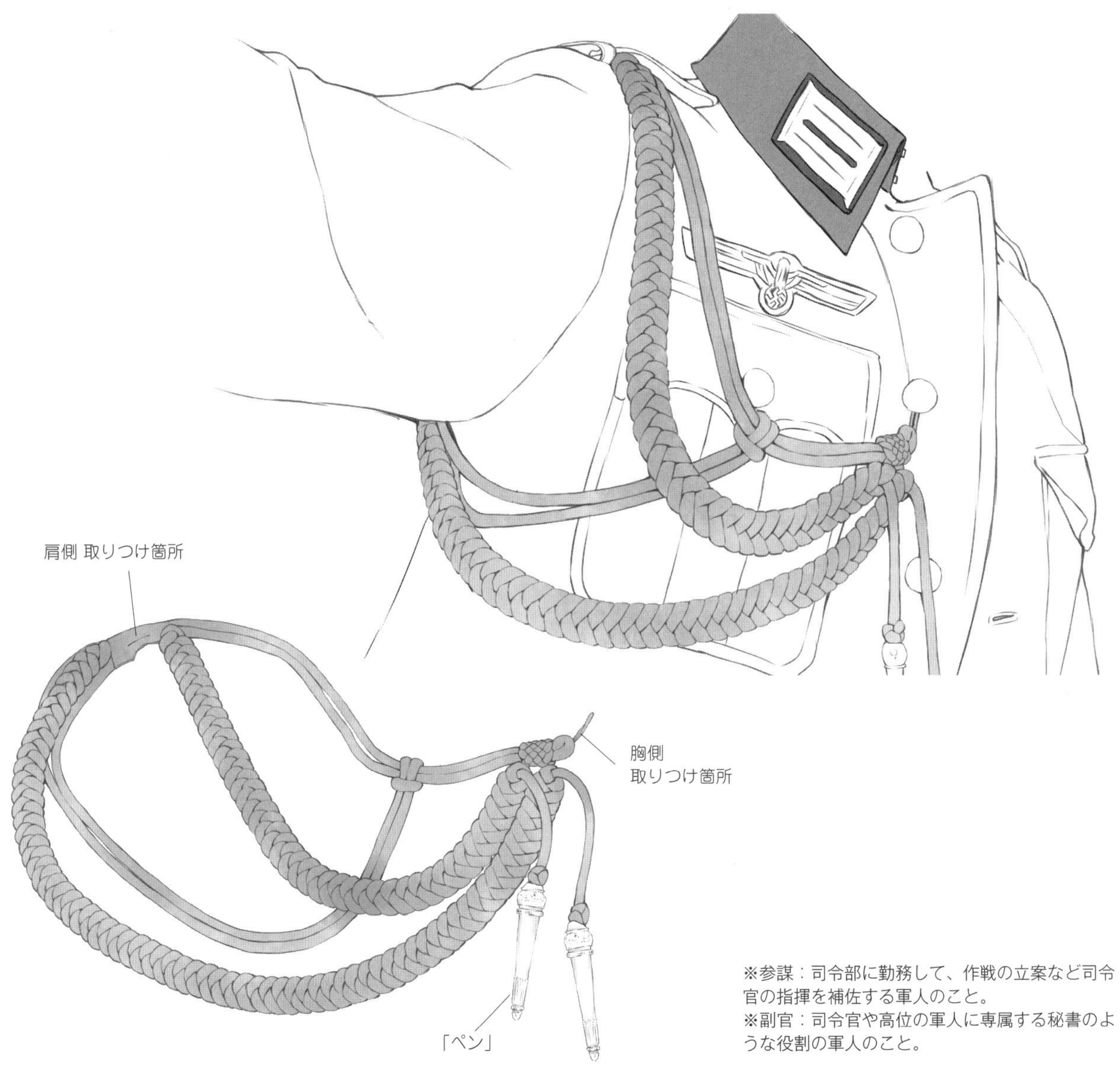

※参謀：司令部に勤務して、作戦の立案など司令官の指揮を補佐する軍人のこと。
※副官：司令官や高位の軍人に専属する秘書のような役割の軍人のこと。

ドイツ軍 36 年型制服

第２次世界大戦期のドイツ軍では「参謀」用、「副官」用、「正装の飾り」用として飾緒を使用していました。イラストは「参謀」用です（「正装の飾り」は同型、「副官」用は異なります）。「参謀」用飾緒の色はシルバーグレーです。

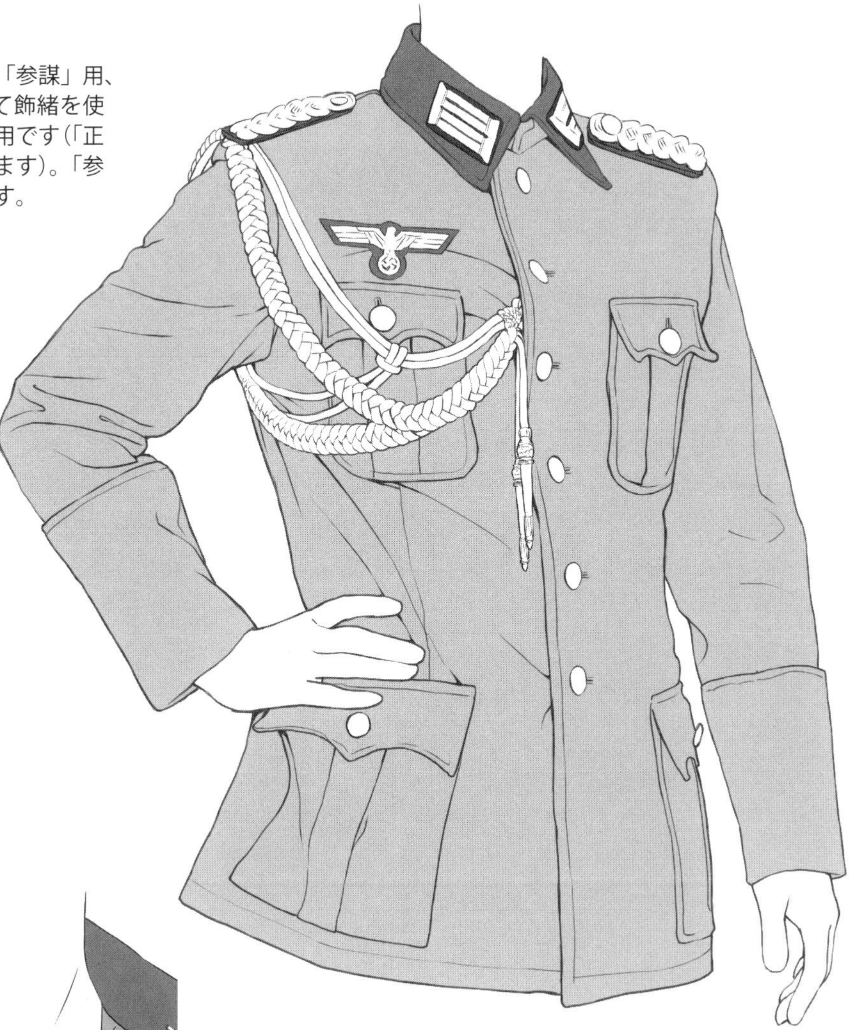

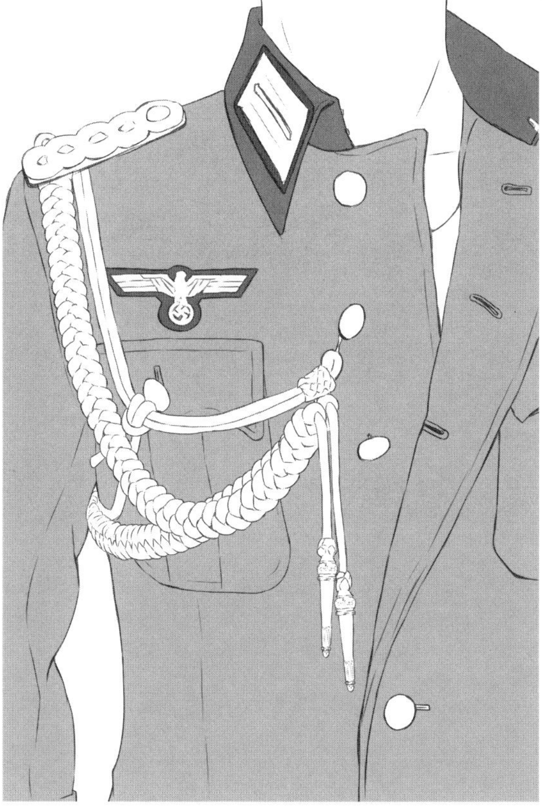

胸側はジャケットの第２ボタンから吊りました。第２ボタンの直下に飾緒吊り専用の小ボタンを縫いつける軍人もいました。

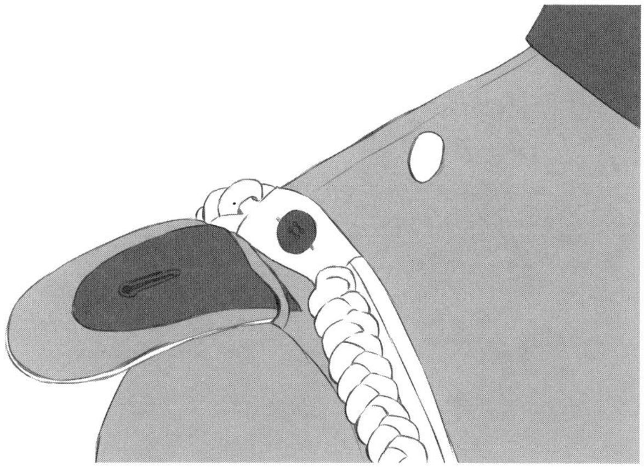

肩側は肩章（階級章）の裏側に、専用の小ボタンを縫いつけ、飾緒のボタンホールに通して固定しました。

前

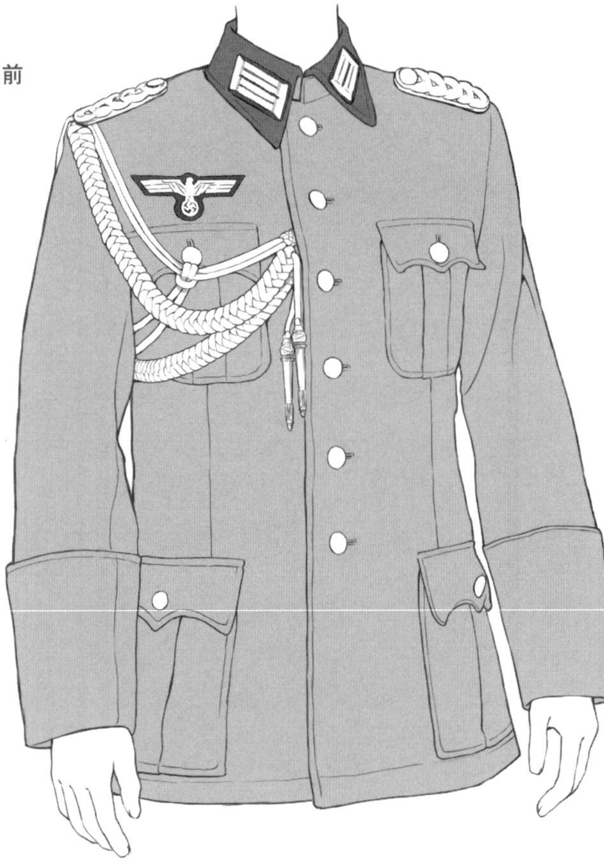

後ろ

正面から見たとき、胸から出た太い編み紐２本はそれぞれ肩と脇の下に分かれて下がります。さらに２本１束になった細い紐が胸から肩へ、そして中央の結び目から出たもう１束が脇の下と通ります。

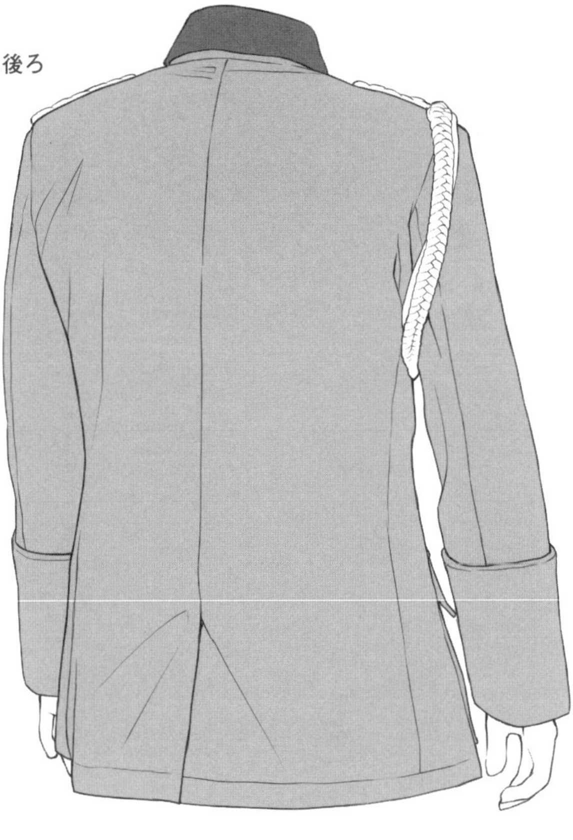

背側のシルエットはシンプルです。脇の下を通った太い編み紐１本、細い紐１束のみです。

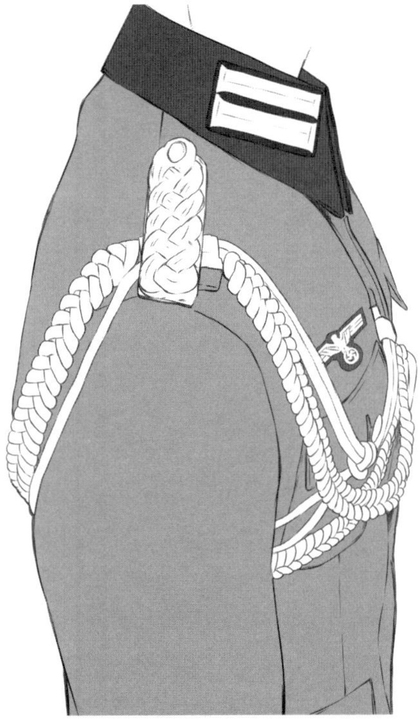

肩章の裏側で固定するので、肩章から前後方向に編み紐が出るシルエットです。

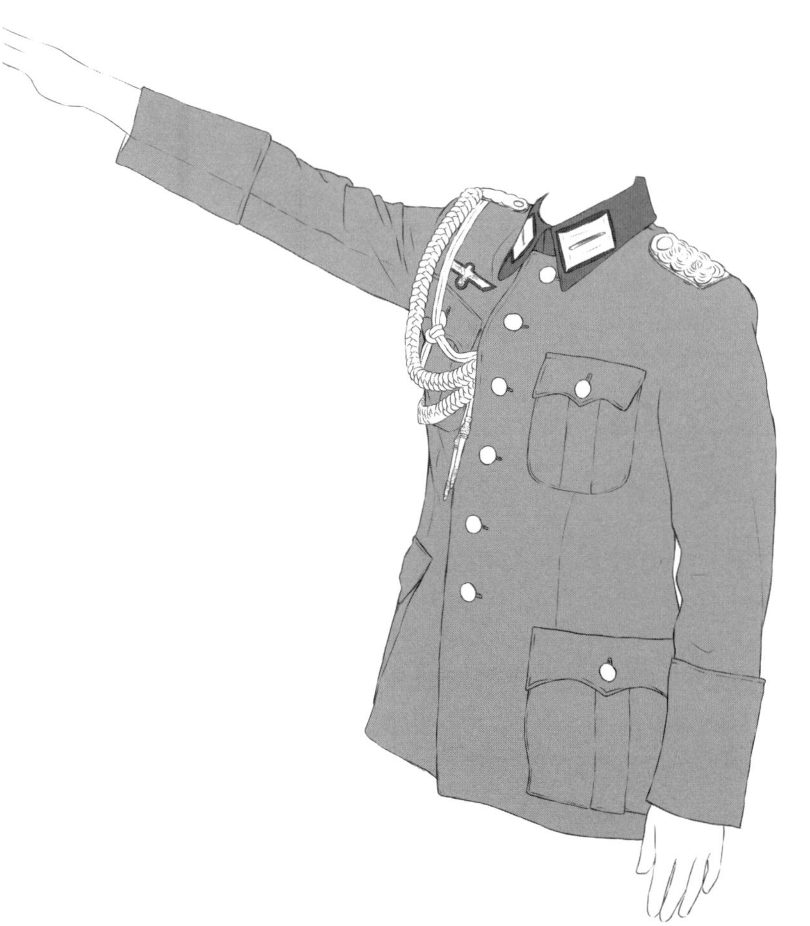

ナチス親衛隊32年型勤務服

ナチス親衛隊では「正装の飾り」用、「副官」用として飾緒を使用していました。イラストは「正装の飾り」として使用している例です（「副官」用は異なるデザイン）。軍の「参謀」用（「正装の飾り」用）と同型で、こちらもシルバーグレー色です。

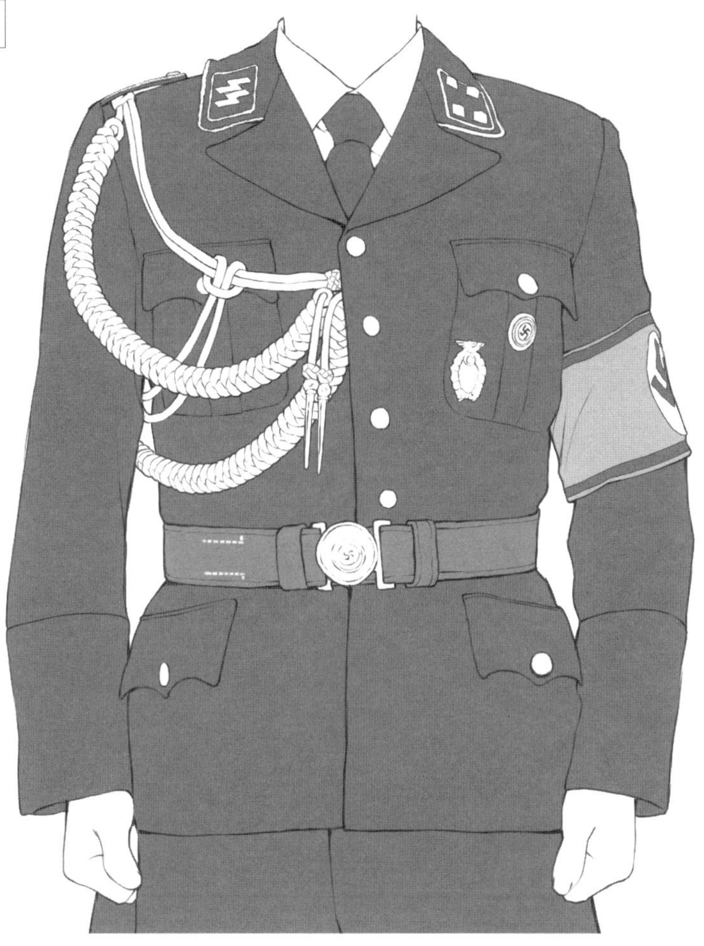

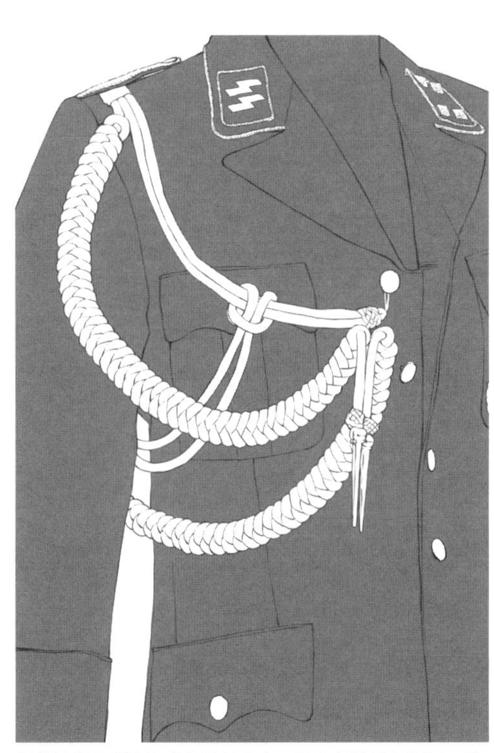

胸側は第1ボタンから吊ります。軍人と同じように、ボタンの直下に飾緒吊り専用の小ボタンを縫いつける隊員もいました。

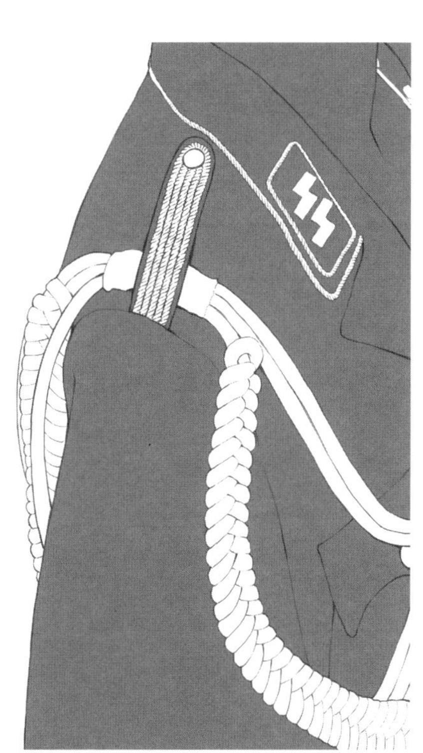

こちらも肩章の裏側に、専用の小ボタンを縫いつけて固定します。

日本軍（陸・海）

日本陸海軍では飾緒を次のような目的で使用していました。形状は全て同じで、目的によって色が異なります。

職務を示すもの

1. 参謀：金色
2. 侍従武官／東宮武官／皇族付武官：銀色・白絹
3. 副官（海軍のみ）：銀色・白絹

正装（大礼服／燕尾服）の飾り

将官のみ：金色

ドイツ軍と同じく、太い編み紐２本と細い紐、そして２本のペンというパーツ構成ですが、全体の形状や取りつけ位置が異なります。

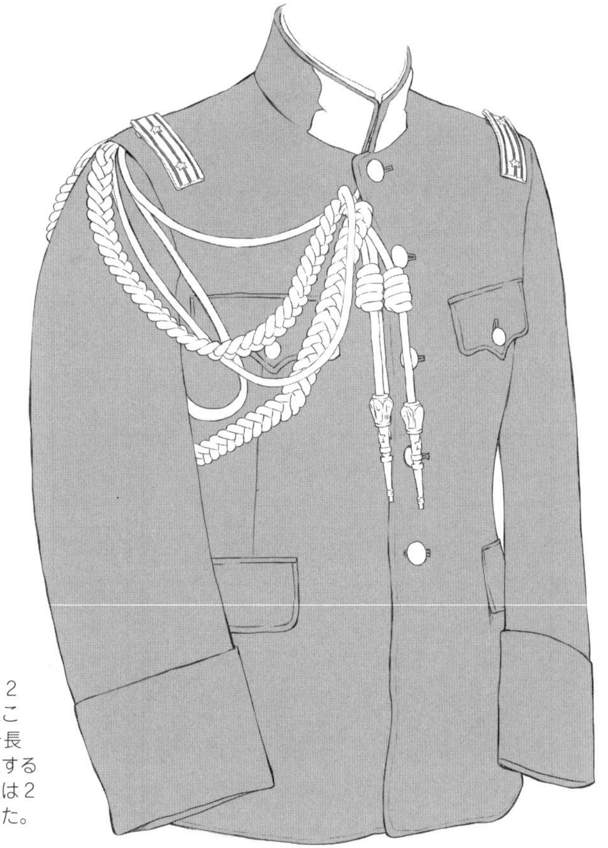

細い紐が、胸から肩にかけて２本伸びています。陸軍軍人はこの２本の片方を短く、片方を長く、長短の区別をつけて着用することを好みました。海軍軍人は２本を均等な長さで着用しました。

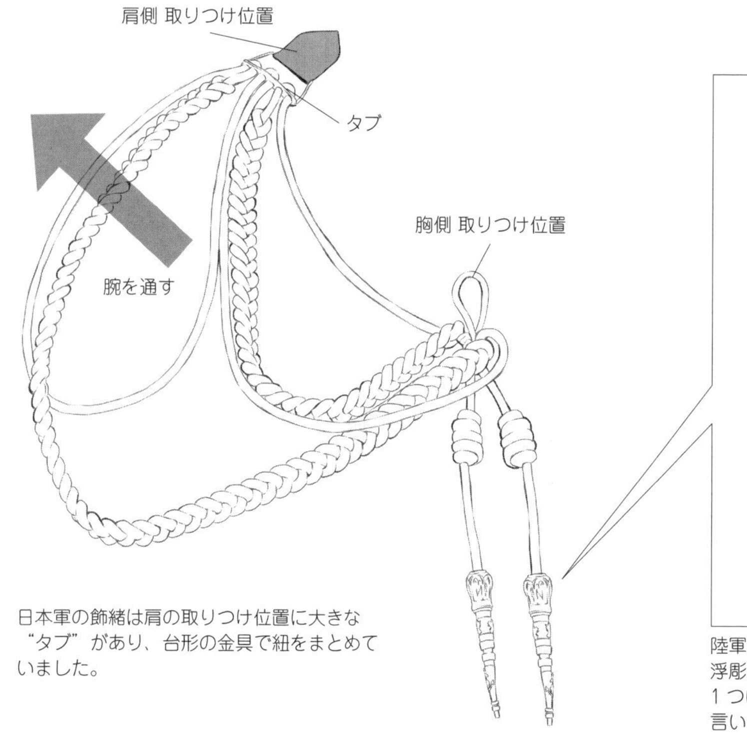

日本軍の飾緒は肩の取りつけ位置に大きな“タブ”があり、台形の金具で紐をまとめていました。

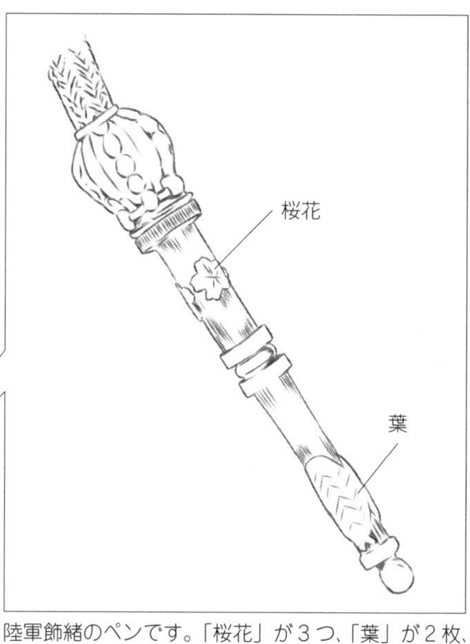

陸軍飾緒のペンです。「桜花」が３つ、「葉」が２枚、浮彫されています。海軍飾緒は「葉」のかわりに「錨」１つになっています。日本軍ではペンを「石筆」と言いました。

※参謀は戦場では「野戦飾緒」と呼ばれる濃緑色の飾緒を使用しました（形は同じ）。また大戦末期には物資不足から金色ではなく黄色の飾緒も存在しました。
※侍従武官：天皇陛下に仕え、軍事に関する事柄を補佐する軍人のこと。同様の目的で皇太子殿下に仕える軍人を「東宮武官」、そのほか皇族方に仕える軍人を「皇族付武官」と言います。

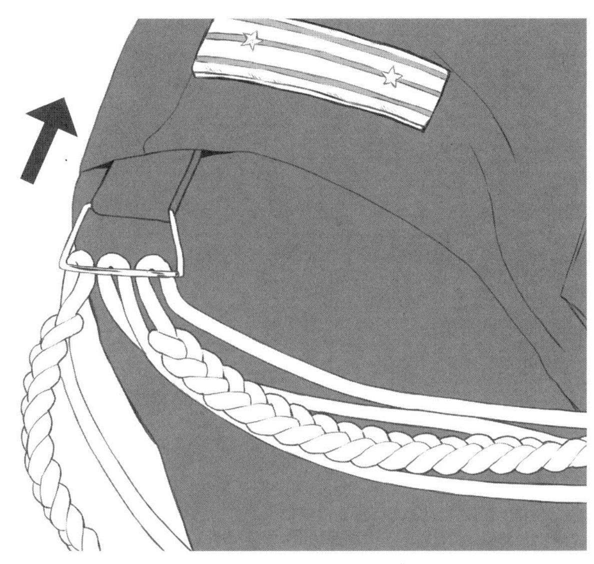

ジャケットの肩に切れ込みがあり、その中にタブを差しこんでボタンで固定します。イラストでは構造がわかりやすいように“タブを外側から差し込んで”いますが、実際には“ジャケットの内側から紐を引っ張り出して”とりつけます。

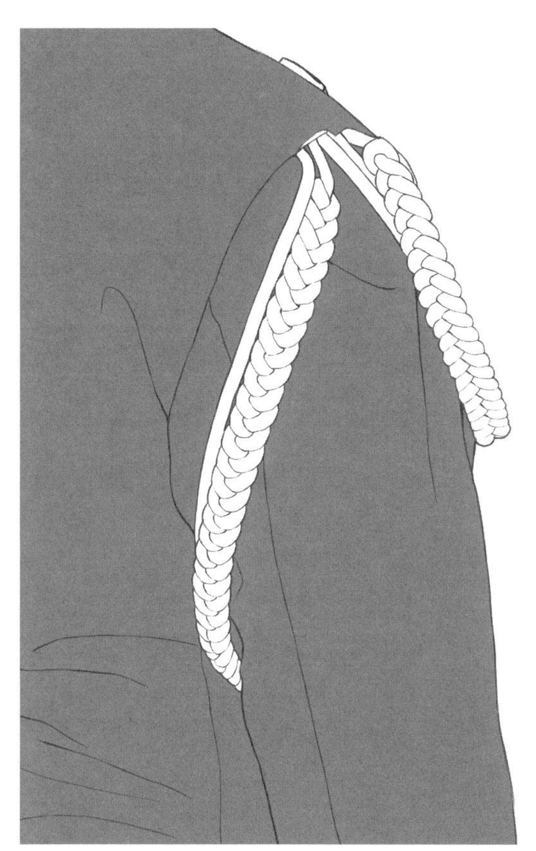

肩を後ろから見たイラスト。ドイツ軍の飾緒と異なり、肩から横に向けて紐が伸びるシルエットです。

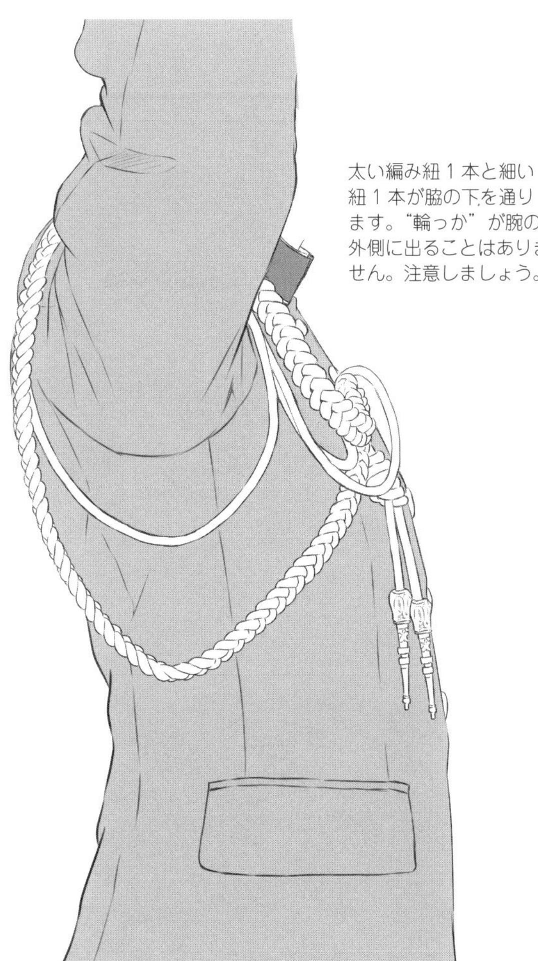

太い編み紐１本と細い紐１本が脇の下を通ります。“輪っか”が腕の外側に出ることはありません。注意しましょう。

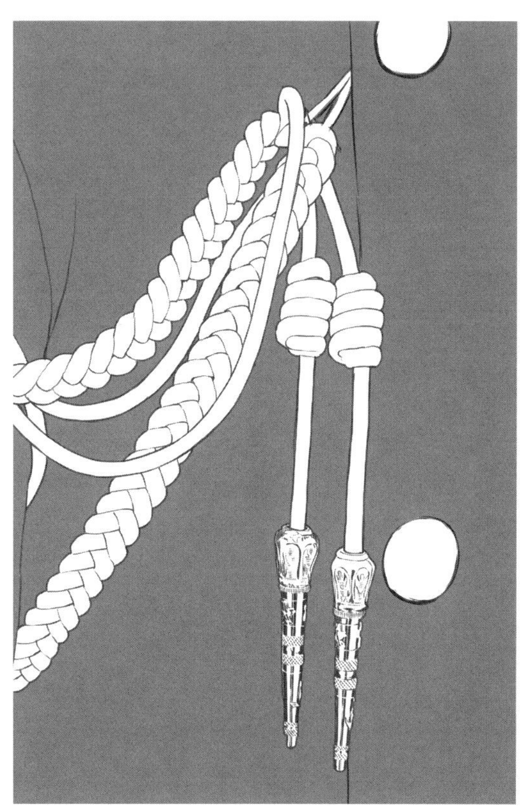

日本軍は、胸側では第１ボタンに吊ります。ドイツ軍より高い位置です。また、ペンを吊る紐の途中に太い“うずまき”部分があります。

アメリカ陸軍

アメリカ陸軍では「ショルダーコード」と呼ばれる太い編み紐１本の飾緒を右肩に吊ります。これは「兵科訓練課程の修了」をあらわす、一種の“卒業証書”のようなものです。「インファントリーブルー（歩兵の青)」と呼ばれる青色コードは、文字通り着用者が歩兵訓練課程を修了した歩兵隊員であることを示しています。

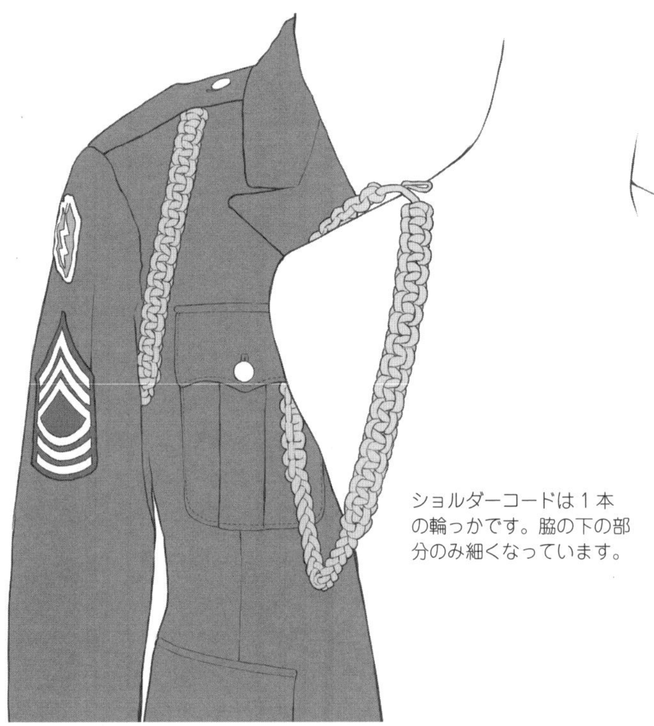

ショルダーコードは１本の輪っかです。脇の下の部分のみ細くなっています。

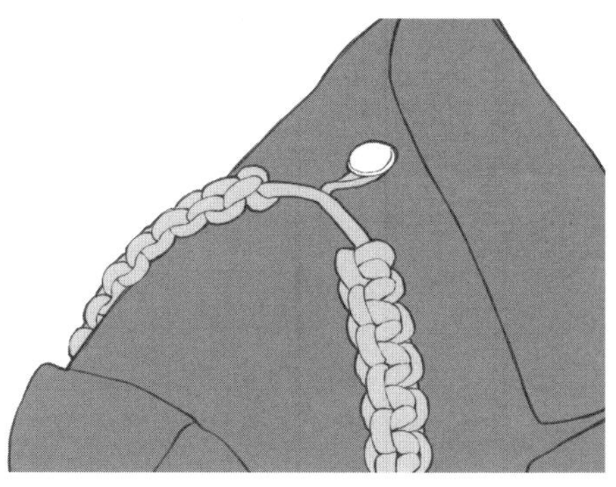

肩章（ショルダーループ）の下、肩章のボタンに留めて固定します。他の飾緒と異なり、肩の固定位置が首に寄っています。

✷ 飾緒は"ネジリ紐"ではありません！

飾緒を描くときに注意したいのが「編み紐」です。単なる“ネジリ紐”ではありません。また、飾緒の編み紐は太く、重量感もあります。軍服の装飾は、男性的で力強い質感のものがほとんどであり、飾緒も例外ではないのです。軽く細い雰囲気で描かないように注意してください。

飾緒を描くときは、“紐”ではなく“三つ編みのおさげ”を描くつもりで描くと良いかもしれません。

例１：ネジリ紐
“ネジリ紐”は編み模様が１方向のみです。

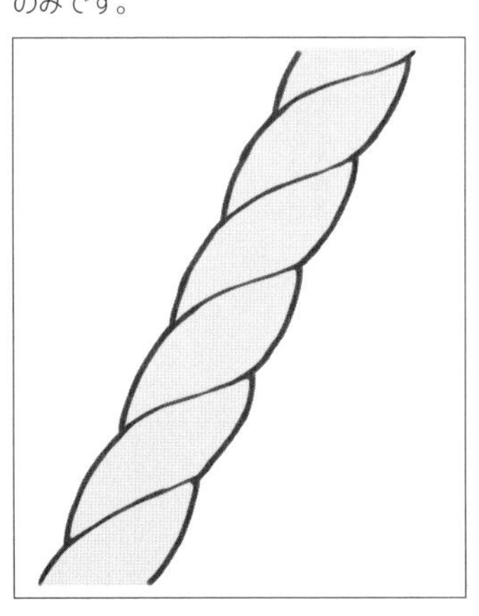

例２：ドイツ軍／日本軍
飾緒は三つ編みのようにＶ字に紐が編み込まれ、とても太く重量感があります。

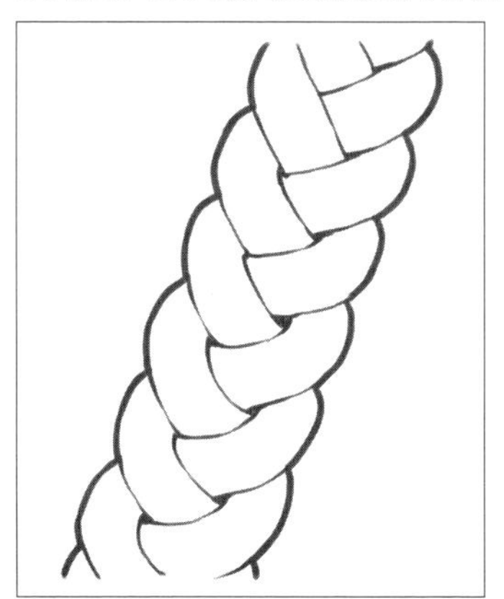

例３：アメリカ軍
アメリカ陸軍のショルダーコードはさらに複雑に編み込まれています。

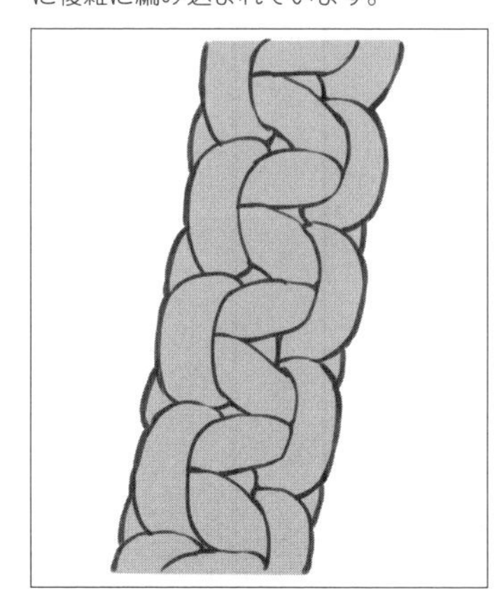

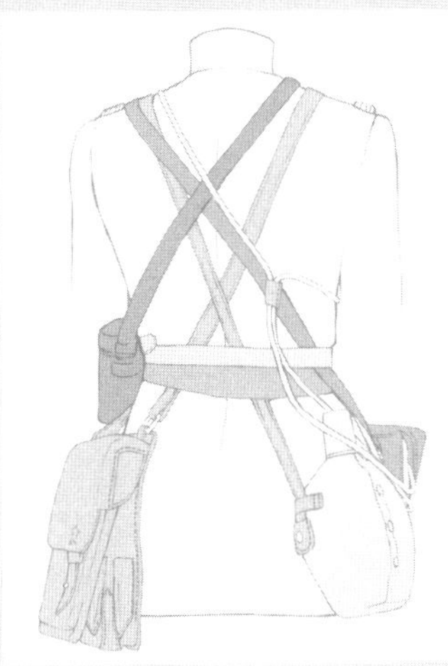

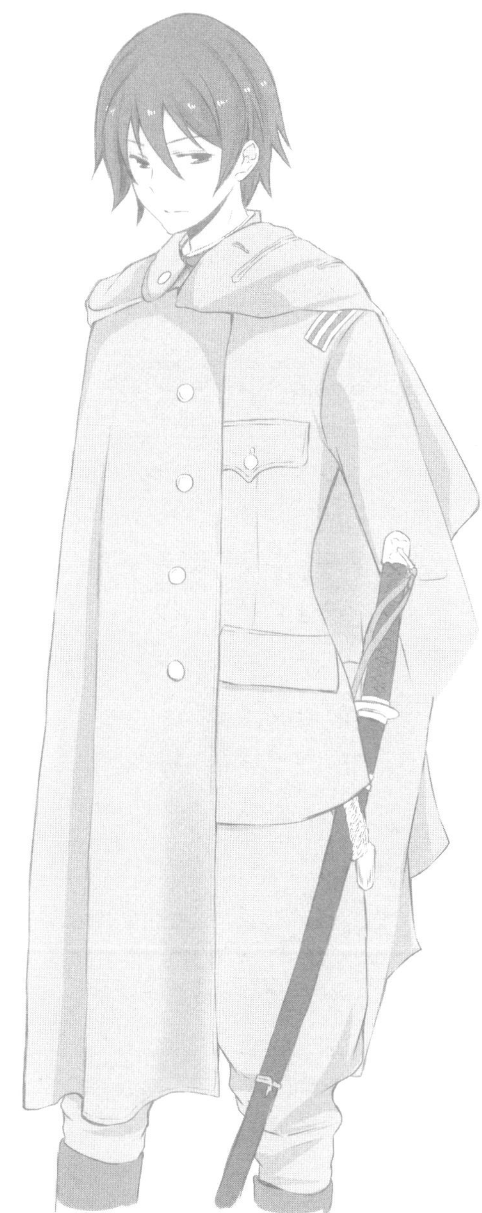

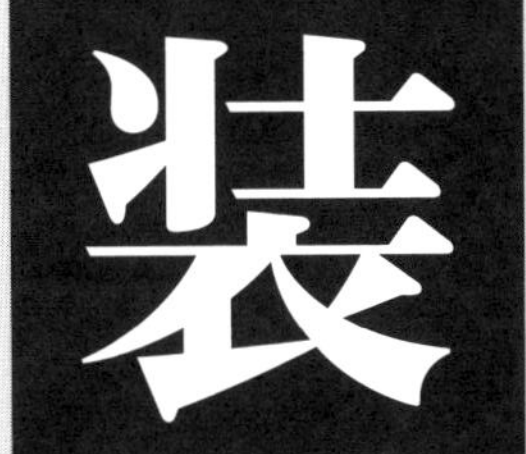

第４章 装備

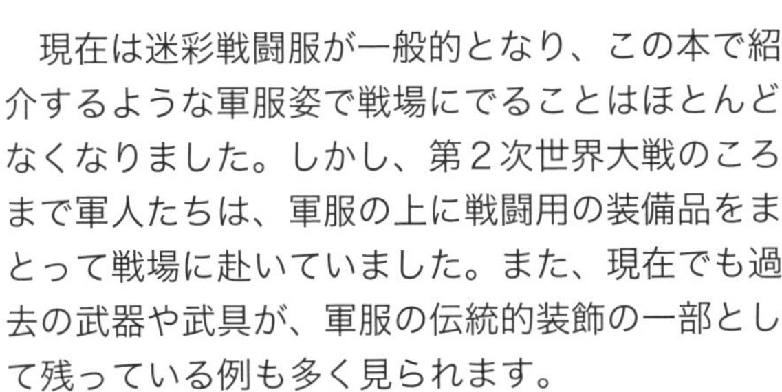

現在は迷彩戦闘服が一般的となり、この本で紹介するような軍服姿で戦場にでることはほとんどなくなりました。しかし、第２次世界大戦のころまで軍人たちは、軍服の上に戦闘用の装備品をまとって戦場に赴いていました。また、現在でも過去の武器や武具が、軍服の伝統的装飾の一部として残っている例も多く見られます。

ここからのページでは、そうした軍服の上に着装するさまざまなアイテム――刀剣・戦場用装備・マント・コートなどについて、そのデザインや取りつけ方について説明していきましょう。

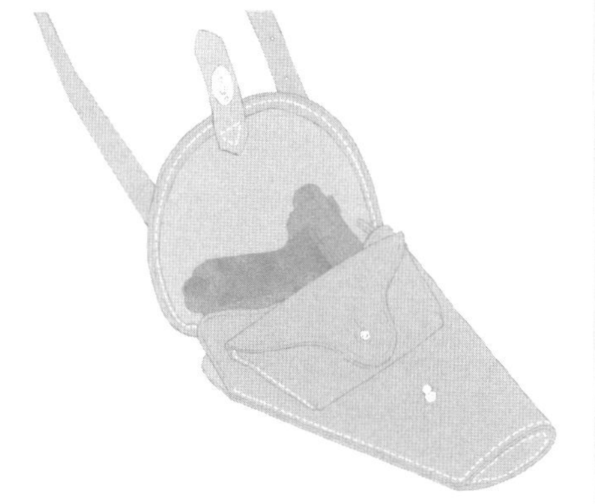

軍服の刀剣

軍人たちが刀や剣を下げている姿は凛々しく美しいものです。刀剣は、銃器の発展した19世紀以降、その実戦的な価値が急速に低下し、戦闘で使われることはほとんどなくなりました。しかし“伝統的な軍人の持ち物”として象徴的な目的で正装の一部に組み込まれ、今も多くの国に残っています。

刀剣のしくみ

近現代の軍隊では、刀剣は専用のベルトを使い、左腰に固定します。軍刀を身につけることを「佩用（はいよう）」と言います（勲章と同じです）。その基本構造は各国とも、ほぼ共通しています。日本陸軍の軍刀と、その装備を例に解説します。

日本陸軍軍服と軍刀

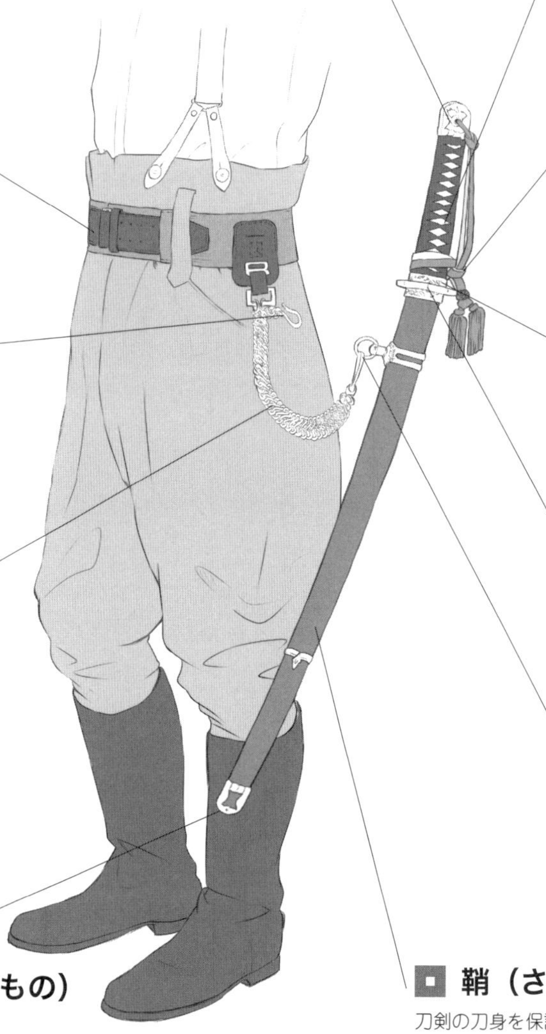

兜金

柄の先端を覆う飾りのある金具。

柄（つか）

もしくは「握り」とも言う、手で握るための部分です。英語で「ヒルト（柄）」もしくは「ハンドル／グリップ（握り）」。

剣吊りベルト

刀剣を吊るためのベルトです。英語では「ソードベルト」。

刀緒（とうちょ）

柄の先端に取りつけた飾り紐。単なる“飾り”ですが、実用的な使用目的もあります。英語で「ソードノット／ソードストラップ」。

縁金（ふちがね）

柄の刀身側を覆うリング状の金具。

剣吊り金具

金属製のフックです。剣吊りベルトの左腰にあります。刀剣の鞘にある“輪っか（佩環）”をここに引っ掛けて刀剣を吊ります。英語で「ソードフック」。

鍔（つば）

柄と刀身の間にあるパーツで、手を保護します。英語で「ガード」。

剣吊り帯

剣吊りベルトと鞘（佩環）を繋ぐパーツです。多くの場合、革製の細いベルトですが、金属チェーンを使用することもあります。1本の場合と、2本の場合があります。英語で「ソードスリング」。

佩環（はいかん）

刀剣を吊るためのリング、また剣吊り帯を繋ぐ部分——2つの役割があります。必ず刃先と逆側についています。佩環は1つの場合と、2つの場合があります。英語で「スキャバードリング」。

石突金物（いしづきかなもの）

鞘の先端を飾る飾りのある金具。

鞘（さや）

刀剣の刀身を保護するもの。英語で「スキャバード」。

刀剣は腰のフックで“吊る”だけです。
また、吊ったとき刃先が“下側／後ろ側”を向きます。

日本陸軍 軍刀

日本陸軍の軍刀は、いわゆる日本古来の刀（太刀）です。日本陸軍は20世紀において全軍規模で、実戦目的に刀剣を使用した唯一の軍隊です（騎兵など一部の部隊が使用する例は他国にもあったが）。そのため、勤務服／戦闘服である昭五式制服に、日常的に佩用していました。

軍刀の構造

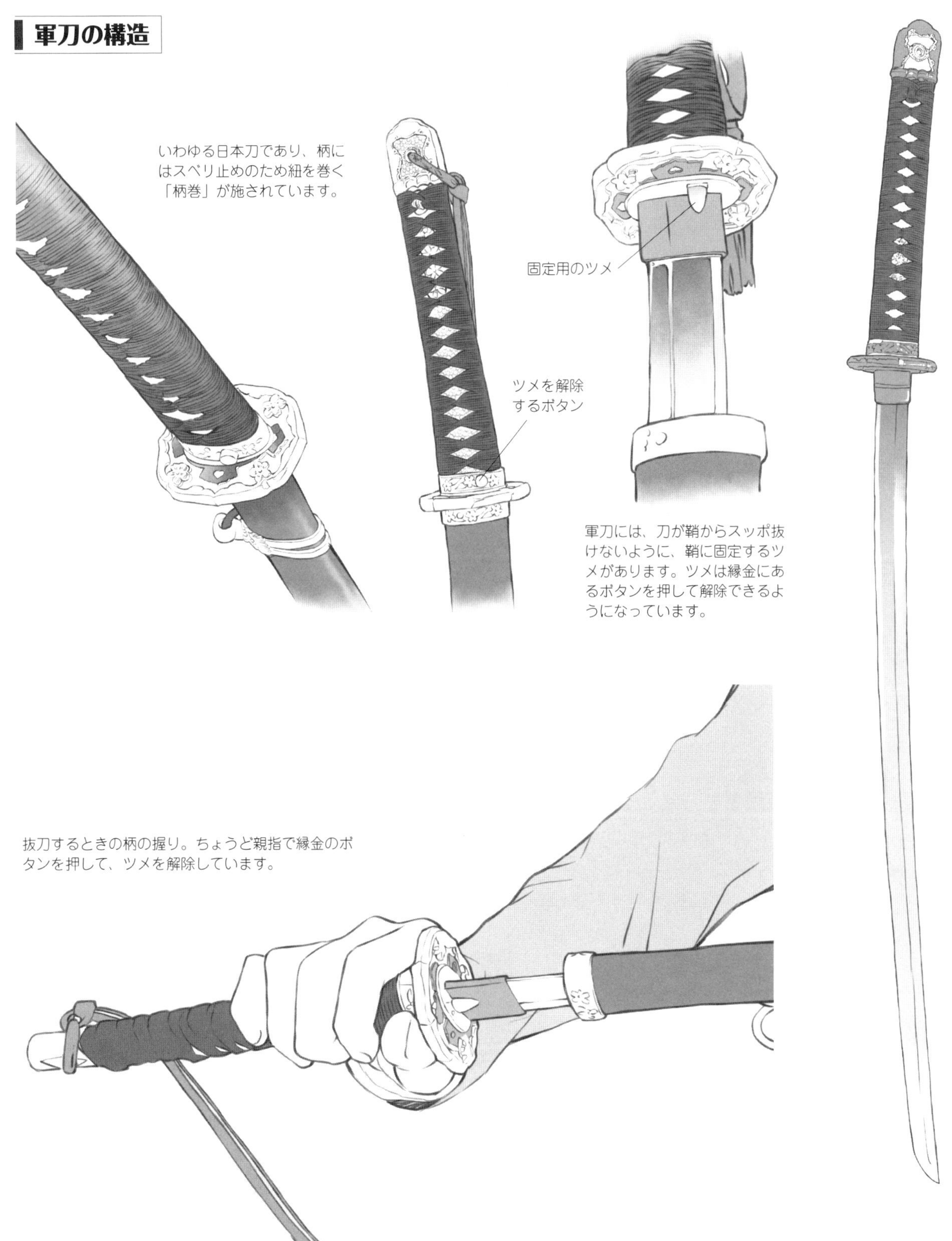

軍刀の吊り方

軍刀を吊るときは、まず「佩環」を剣吊り帯と連結します。そして軍刀を " 内側に巻き込む " ように一回転させ、「佩環」を剣吊り金具（フック）に引っ掛けます。

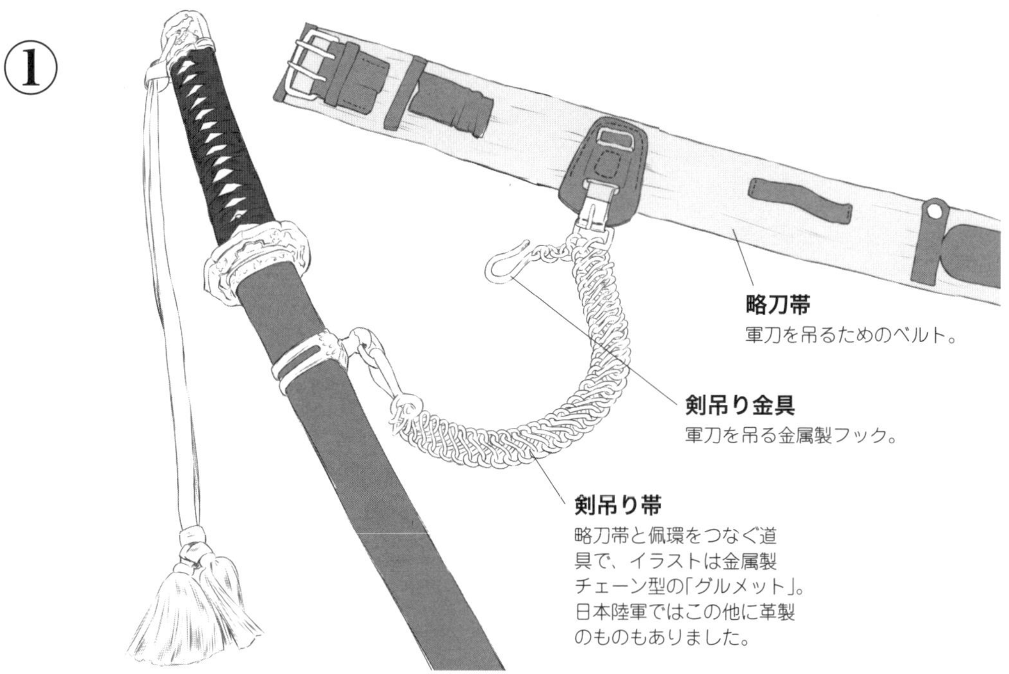

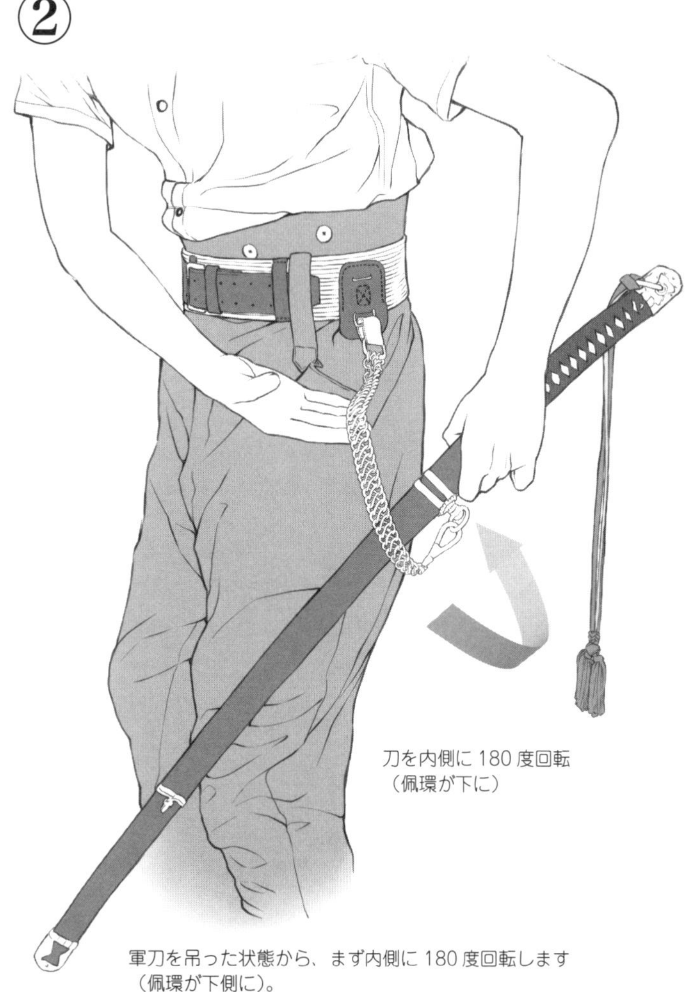

軍刀を吊った状態から、まず内側に 180 度回転します
（佩環が下側に）。

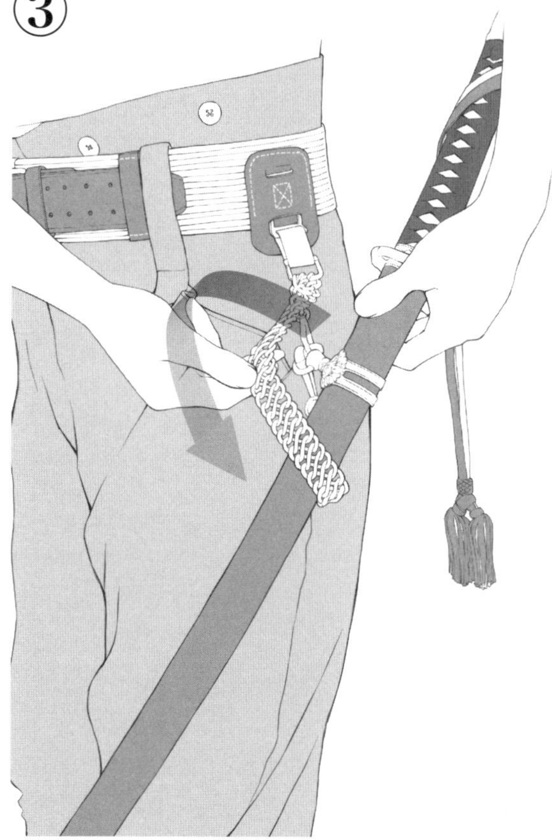

さらに内側に 180 度回転し（佩環が上側に）、佩環を剣吊り金具に引っ掛けます。これで完成です！
（つまり、刀を内側に 360 度回転します。刀を吊ったとき、剣吊り帯が上から刀を巻きこむようなかたちになります）

刀緒の取りつけと役割

刀緒は平べったい平組紐で、色は表側が海老茶色。裏側は階級によって異なり尉官が青、佐官が赤、将官が金となっていました。兜金についたリング（「猿手」という）から垂らしますが、ブラブラ垂らすことを好まない将校はイラストのように柄に巻きつけて固定しました。

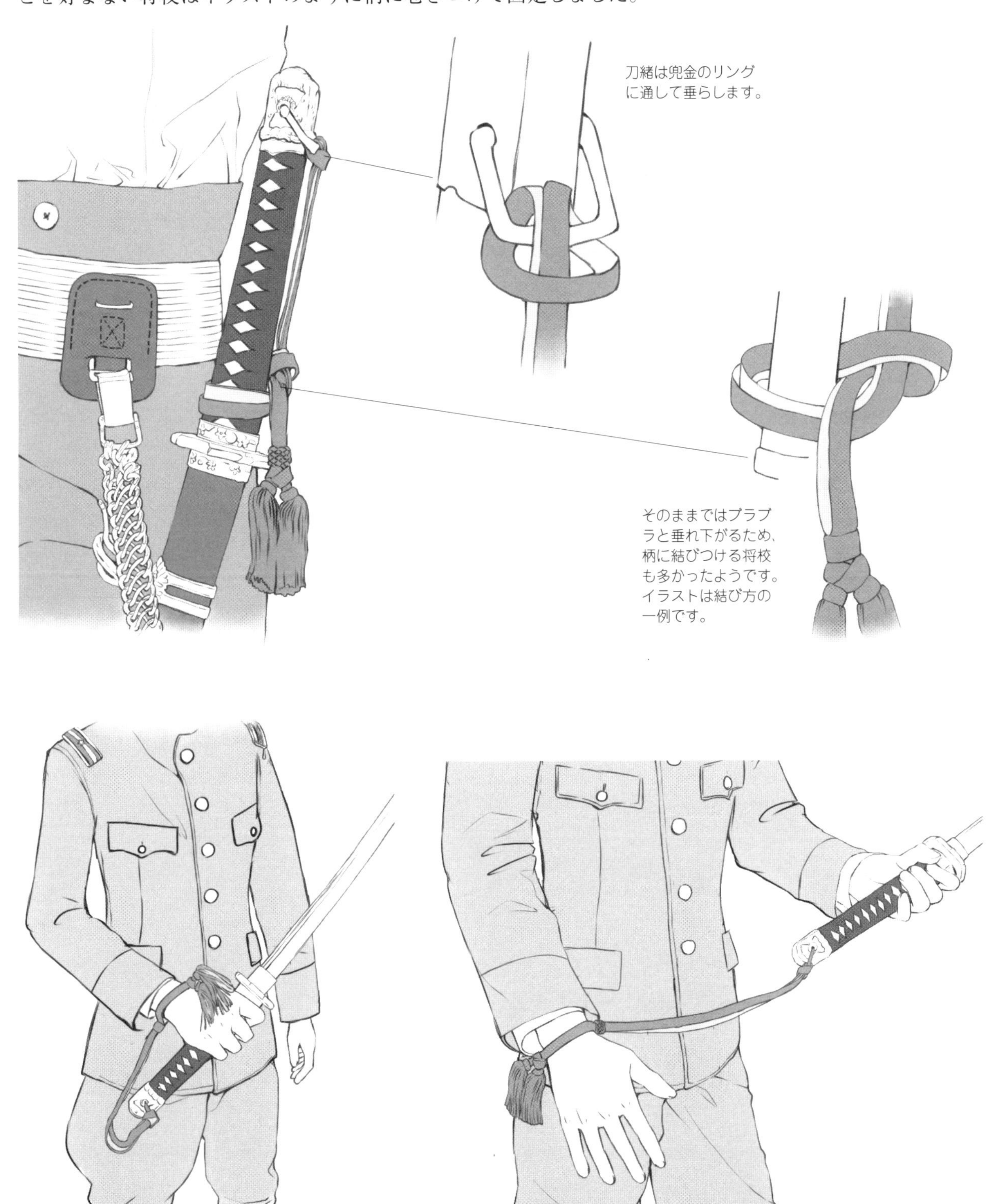

戦闘時は軍刀を落とさないように刀緒を手首に掛けます。刀緒の中ほどにリング（「環」という）があり、絞ることができます。

抜刀のポーズ

抜刀のスタイルは流派によって多少異なりますが、左手で鞘を握り、刃側を上もしくは横に向けて抜刀します。前ページで解説した通り、抜刀時は親指で〝ボタン〟を押すこともお忘れなく。

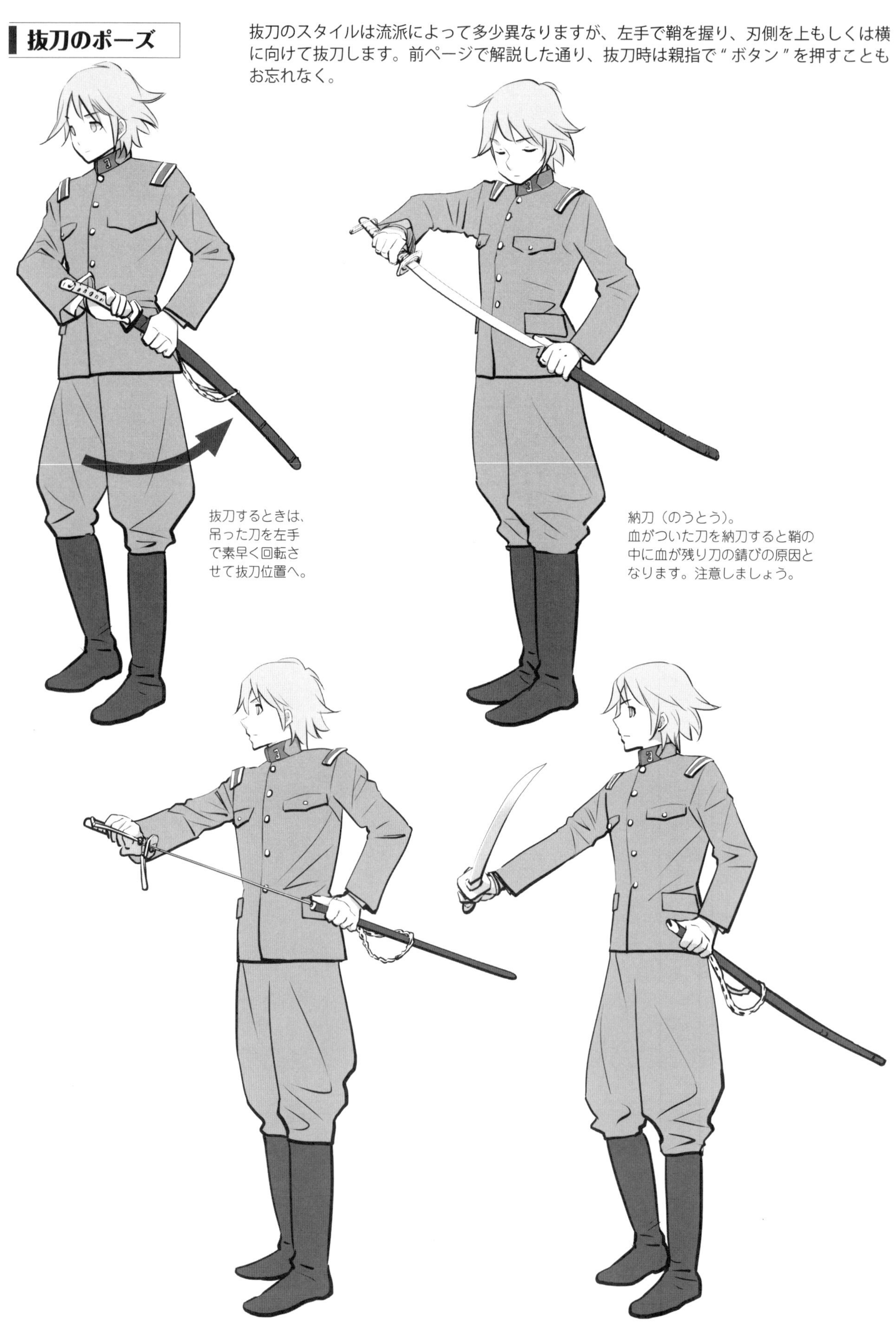

抜刀するときは、吊った刀を左手で素早く回転させて抜刀位置へ。

納刀（のうとう）。血がついた刀を納刀すると鞘の中に血が残り刀の錆びの原因となります。注意しましょう。

抜刀礼——捧げ刀

軍刀には独特のポーズがあります。これは、いわゆる「抜刀礼」と呼ばれる軍刀による礼儀作法です。イラストは「抜刀礼」の一動作、「捧げ刀（ささげとう）」です。「捧げ刀」は「敬礼」にあたる動作です。

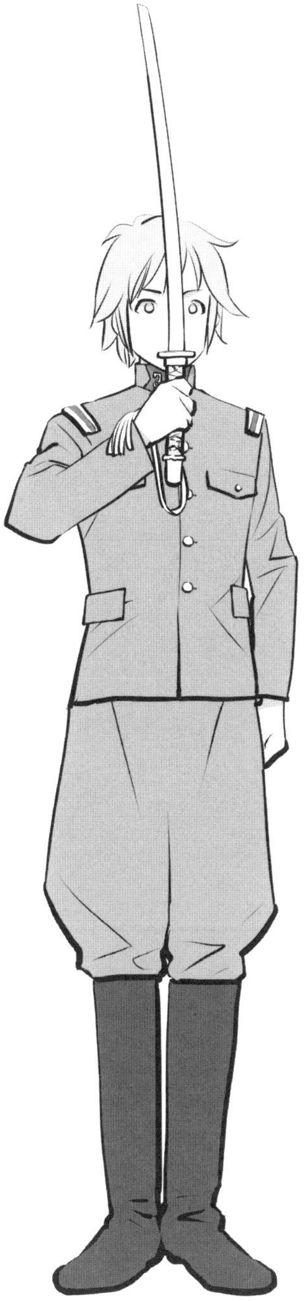

「ささげぇー…」の号令で軍刀を身体の正面で高く掲げます。鍔が唇の手前に位置するくらいの高さです。

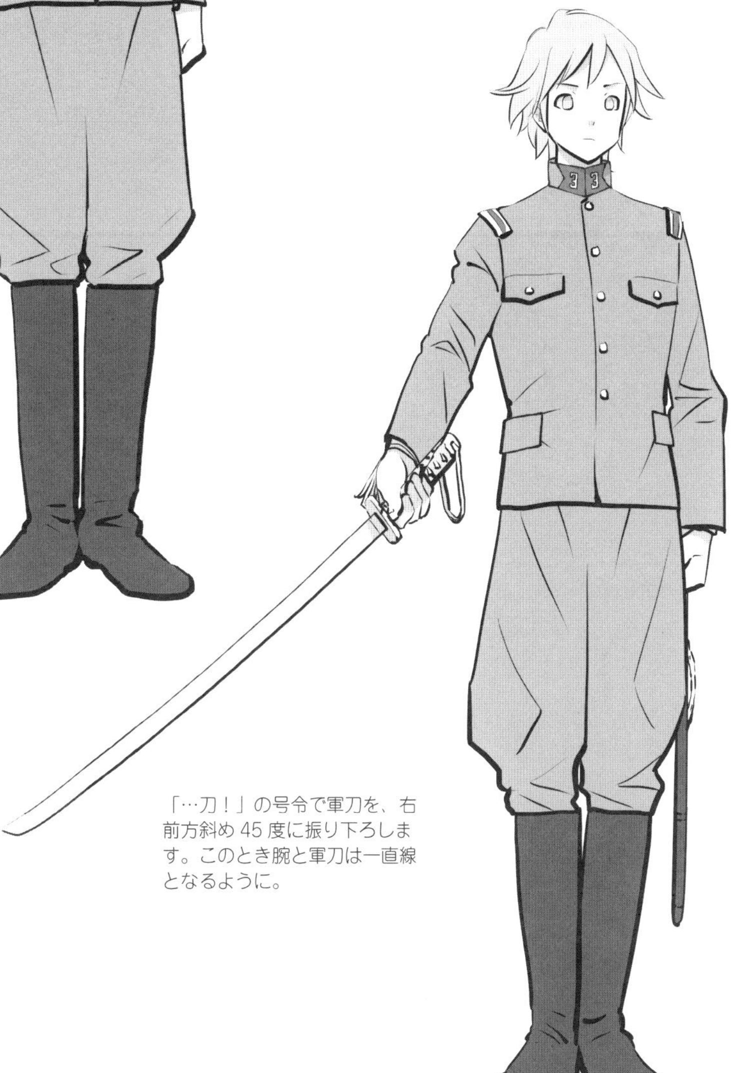

「肩刀（かたとう）」の姿勢。軍刀による「気をつけ」の姿勢です。

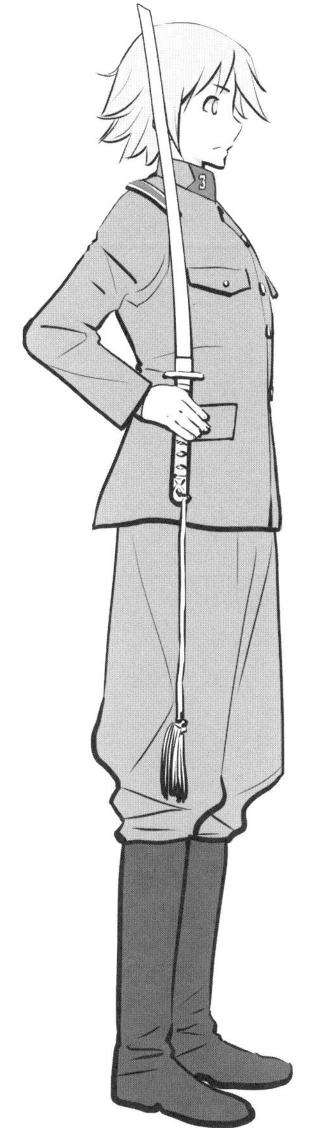

「…刀！」の号令で軍刀を、右前方斜め 45 度に振り下ろします。このとき腕と軍刀は一直線となるように。

アメリカ海兵隊 将校用儀礼剣

アメリカ海兵隊では正装時の儀礼用として刀剣を使用しています。将校と下士官で剣のデザインも、吊り方も異なります。まず将校用の剣から解説していきましょう。

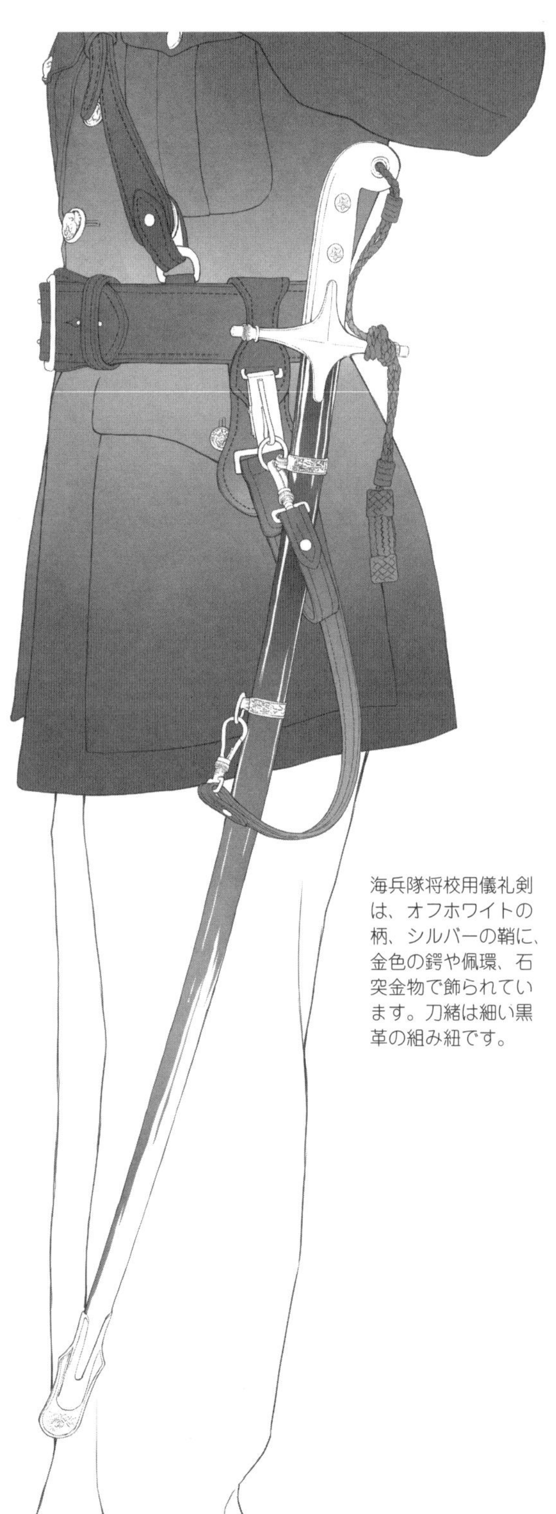

海兵隊将校用儀礼剣は、オフホワイトの柄、シルバーの鞘に、金色の鍔や佩環、石突金物で飾られています。刀緒は細い黒革の組み紐です。

剣吊りベルト

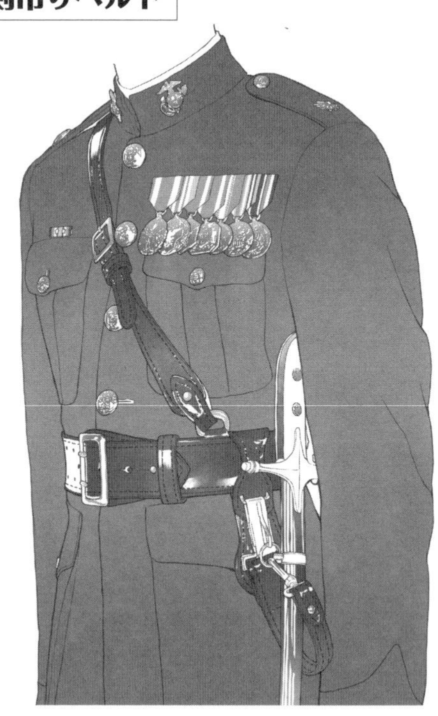

剣吊りベルトは斜革（肩から掛かる革ストラップ）がついています。斜革は剣の重量を支えるためのパーツで、左腰に固定されます。

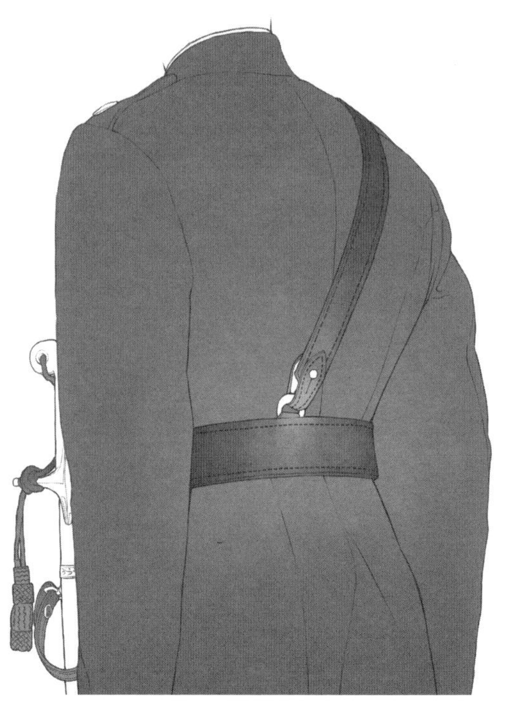

斜革は背側では、ちょうど腰の中心位置に固定されます。左右どちらにも寄りません。

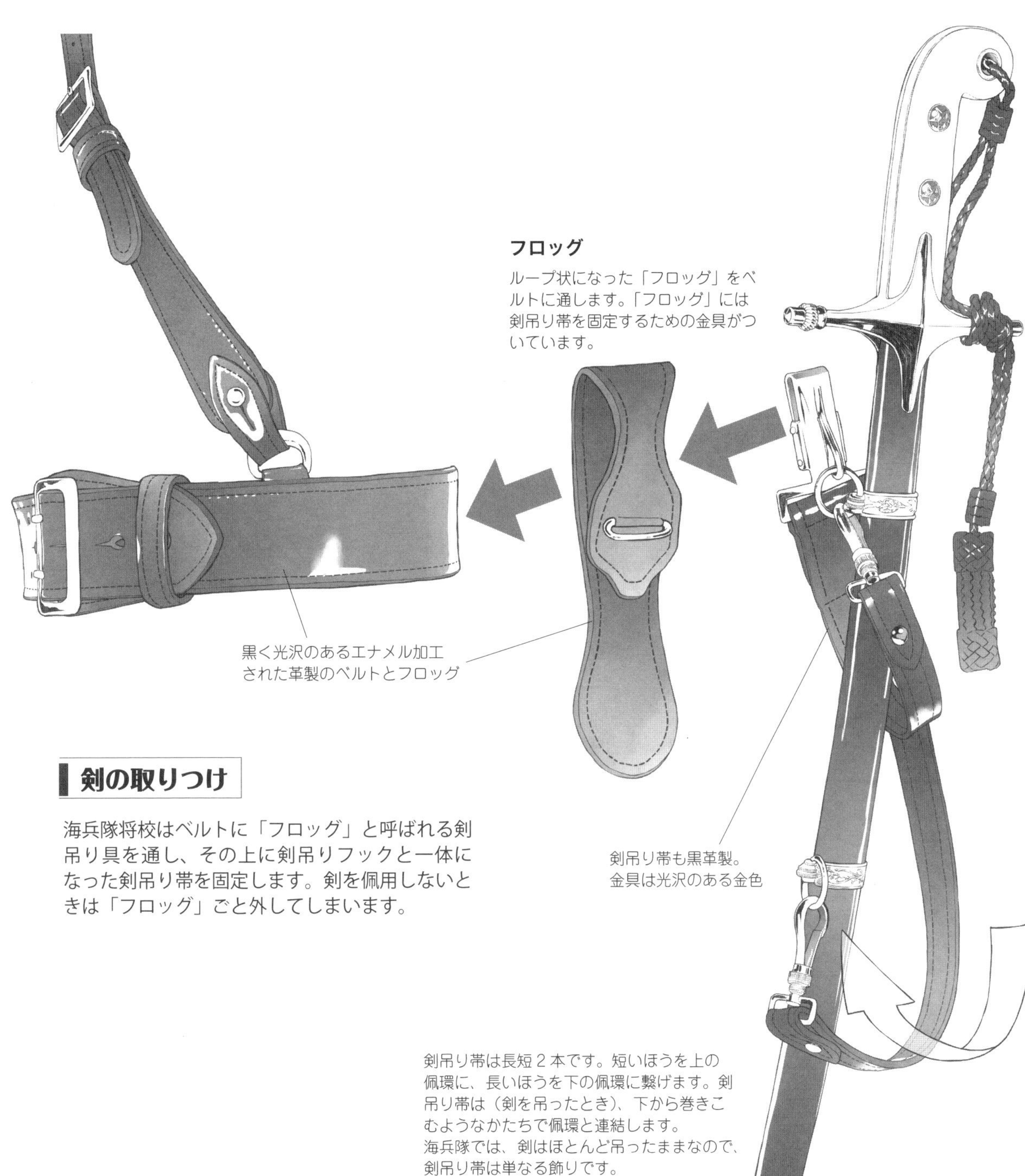

剣の取りつけ

海兵隊将校はベルトに「フロッグ」と呼ばれる剣吊り具を通し、その上に剣吊りフックと一体になった剣吊り帯を固定します。剣を佩用しないときは「フロッグ」ごと外してしまいます。

✷ 海兵隊とアラビアの剣

アメリカ海兵隊では「マムルーク剣」と呼ばれるアラビア風の湾曲刀を、将校／下士官とも佩用します。なぜでしょうか？

剣の由来は 19 世紀はじめにさかのぼります。当時、北アフリカ沿岸で往来する船舶から通行税を徴収していたバルバリア海賊を討伐するため、海軍と海兵隊が派遣されました。激戦の末、海賊を平定した海兵隊に対して、その功績を讃えて地元の有力者よりアラビア風の剣「マムルーク剣」が下賜されました。海兵隊では、この戦歴を誇り伝えるため、この「マムルーク剣」を模した軍剣を制定して、全軍で使用することにしたのです。

軍服や軍装品には、その国や組織が歩んできた歴史的背景・物語が隠されているのです。

アメリカ海兵隊 下士官儀礼剣

下士官用の儀礼刀は鍔から曲線を描いて柄の先に伸びる覆い（「護拳」または「ナックルボウ」と言う）のある、ややヨーロッパ風サーベルに近いデザインをしています。「フロッグ」と呼ばれる剣吊り具のみで固定し、剣吊り帯は使用しません。

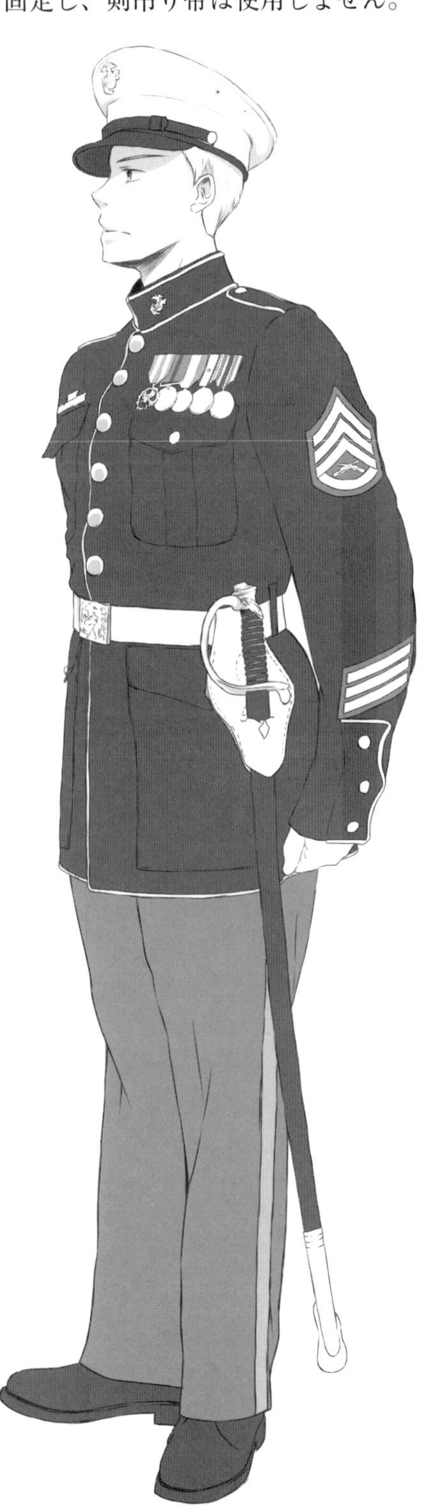

海兵隊下士官は刃先を前に向けた状態で剣を吊ります。刃先を前に向けて佩用するのは、海兵隊下士官以外にはほとんど見られません（ほかの軍用刀剣は佩環で吊るため、必ず刃先が後ろを向きます）。

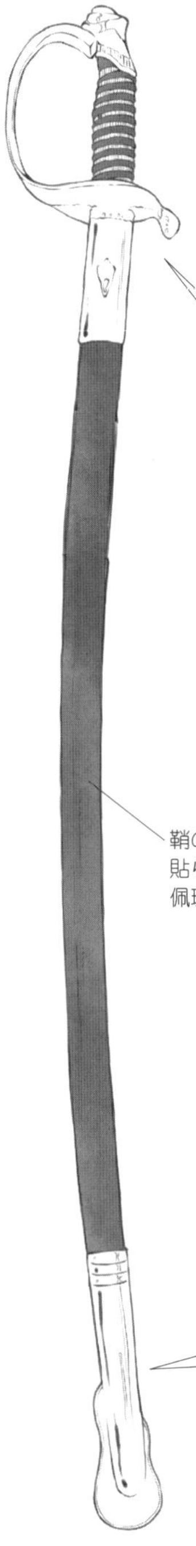

鍔

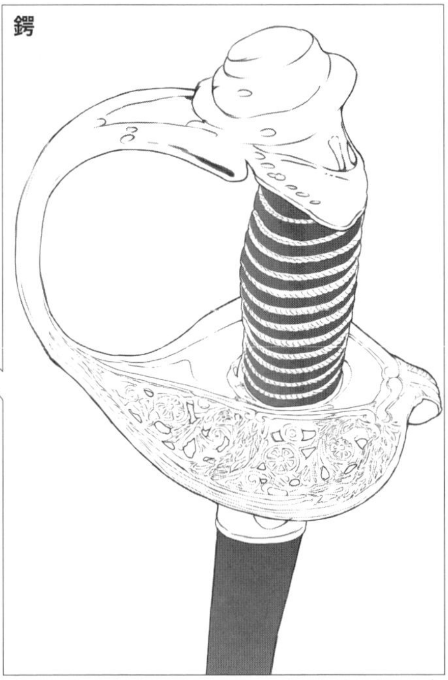

優美なシルエットの金色の鍔は、片側が透かし彫りになっています。

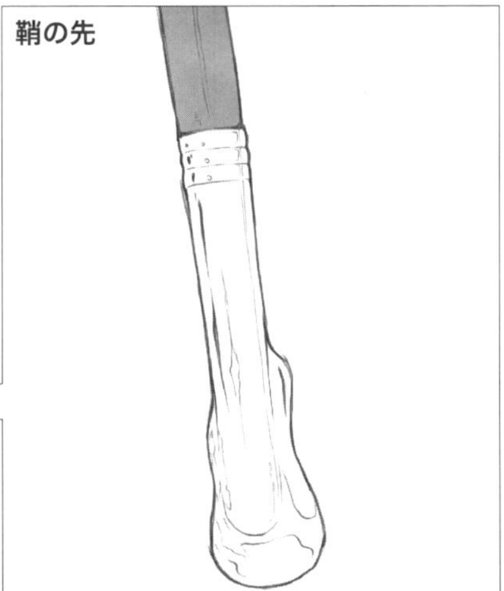

鞘の表面は黒革が貼られています。佩環はありません

鞘の先

鞘の先は将校用儀礼剣と同じく、ヒョウタン型の石突金物で飾られています。将校用より簡素なつくりです。

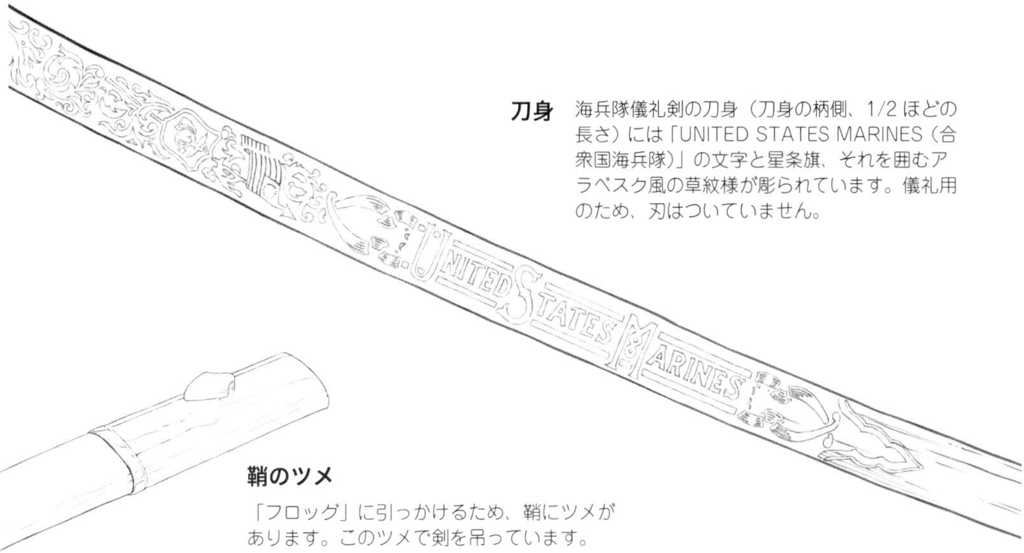

刀身 海兵隊儀礼剣の刀身（刀身の柄側、1/2 ほどの長さ）には「UNITED STATES MARINES（合衆国海兵隊）」の文字と星条旗、それを囲むアラベスク風の草紋様が彫られています。儀礼用のため、刃はついていません。

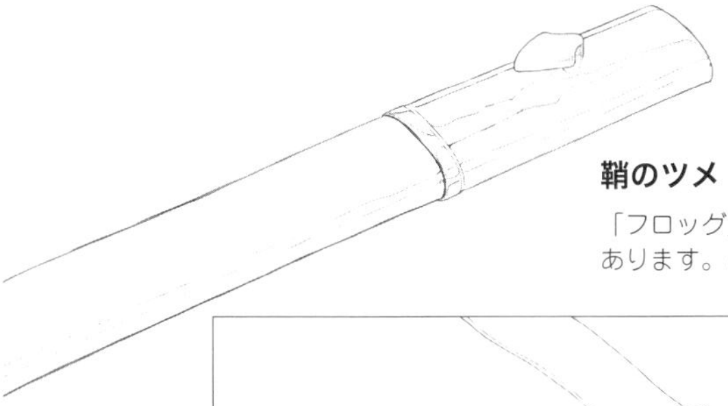

鞘のツメ

「フロッグ」に引っかけるため、鞘にツメがあります。このツメで剣を吊っています。

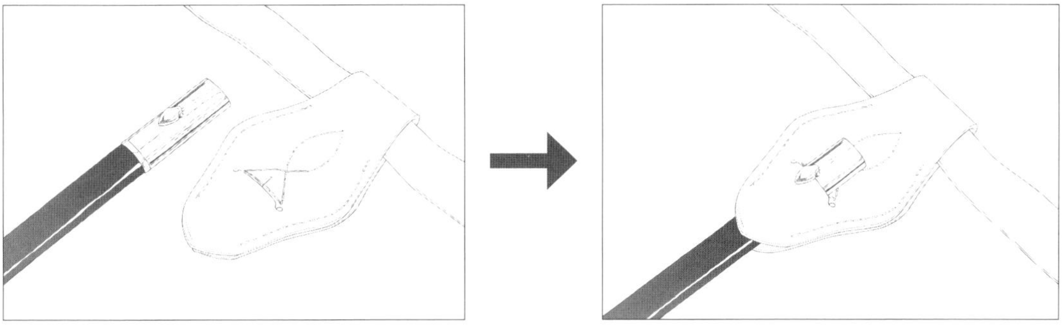

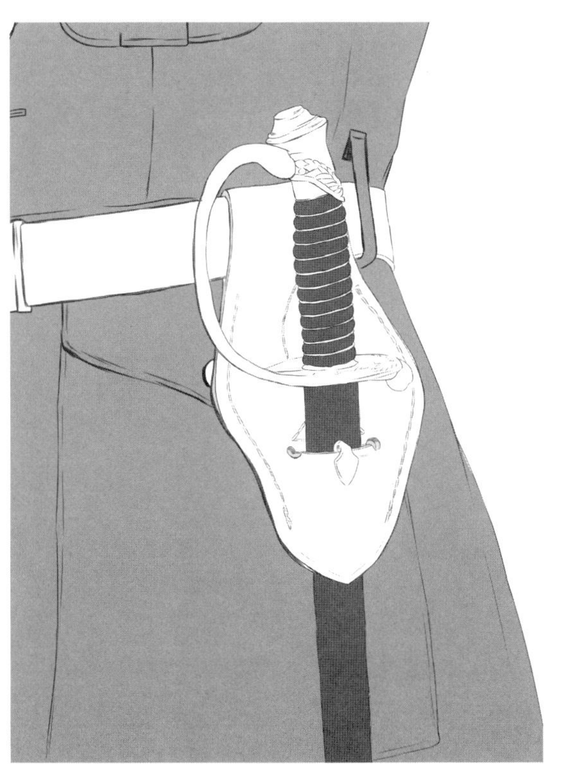

「フロッグ」は白い革製です。革を 2 つ折にして縫い止めたもので、革の間にベルトや鞘を通します。

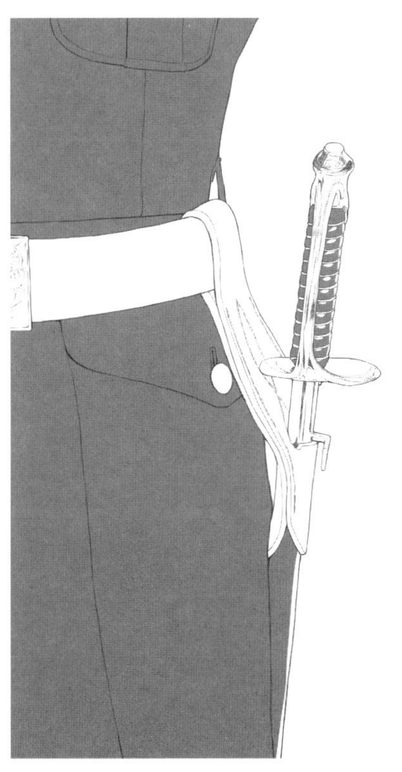

「フロッグ」を左腰のベルトループ前あたりに通し、穴に鞘を差し入れて剣を吊ります。

儀礼剣によるポーズ

海兵隊の剣は日本陸軍と違い戦闘用ではないため、もっぱら式典での儀礼用に使います。剣による一連の動作は「ソード・ドリル（剣技）」と呼ばれ、規則によって細かく定められています。例えば20ページのイラストの姿勢は「キャリー・ソード（剣を担え）」という「気をつけ」の姿勢、21ページは「パレード・レスト（休め）」の姿勢です。このページでは一連の「ソード・ドリル」の動作の中から、いくつかピックアップしました。

「DROW....SWORD!」

動作は指揮官の号令で行われます。抜刀の号令は「ドロウ・ソード」です。「ドロウ」で剣を30センチほど抜き、「ソード」で剣を高く掲げます（一呼吸のあと「キャリー・ソード」の姿勢に移る）。顔を正面に向けたまま、手だけを動かして抜刀します。

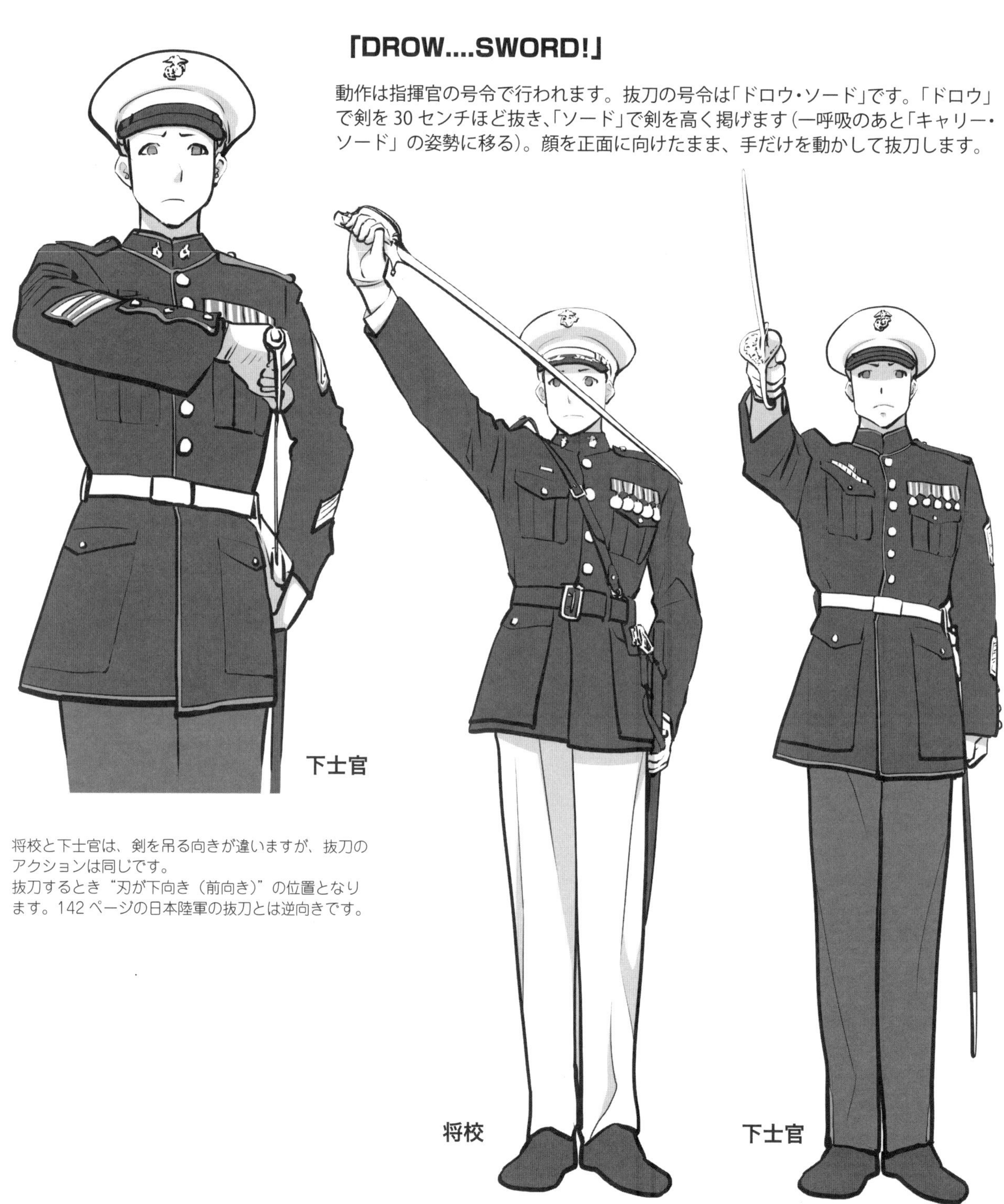

将校と下士官は、剣を吊る向きが違いますが、抜刀のアクションは同じです。
抜刀するとき“刃が下向き（前向き）”の位置となります。142ページの日本陸軍の抜刀とは逆向きです。

「RETURN...SWORD!」

逆に剣を納める号令は「リターン・ソード」です。「リターン」で剣を顔の前で高く挙げ一呼吸、そのまま剣を半分ほど鞘に差し込み、「ソード」の号令に素早く鞘に納めます。

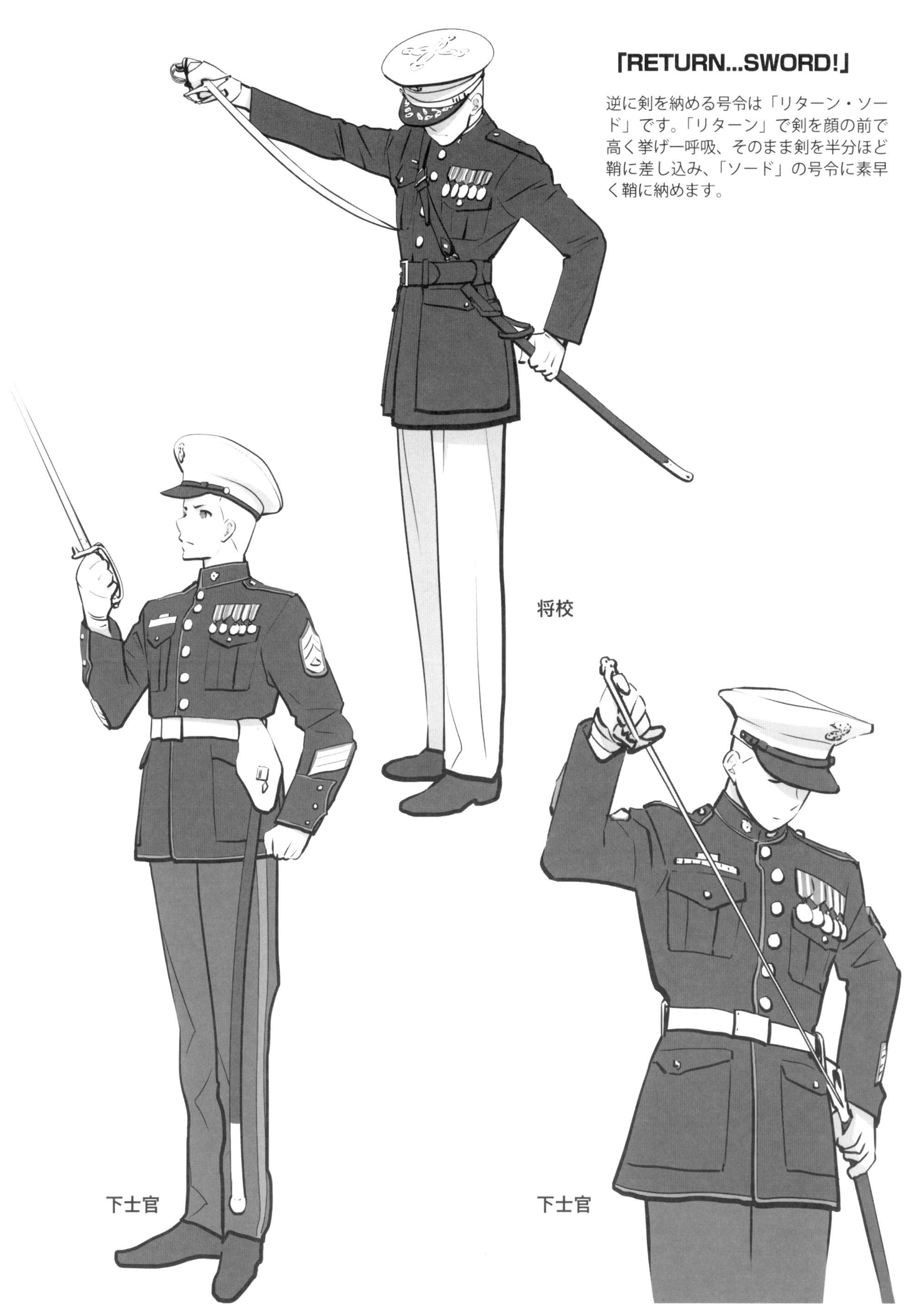

アメリカ海軍／日本海軍

アメリカ海軍および日本海軍とも、正装時の儀礼用として長剣を佩用します。どちらも長短２本の剣吊り帯で、剣とベルトを連結します。このスタイルは剣の吊り方としてはもっとも古典的なスタイルで、イギリス軍など多くの国に共通するものです。

アメリカ海軍 儀礼剣

正装（夏はドレスホワイト制服）のときに佩用します。剣は反りのない直剣で、柄のデザインは海兵隊下士官剣にも似た護拳つきの形状です。アメリカ海軍で剣を佩用できるのは、少佐以上の士官です。

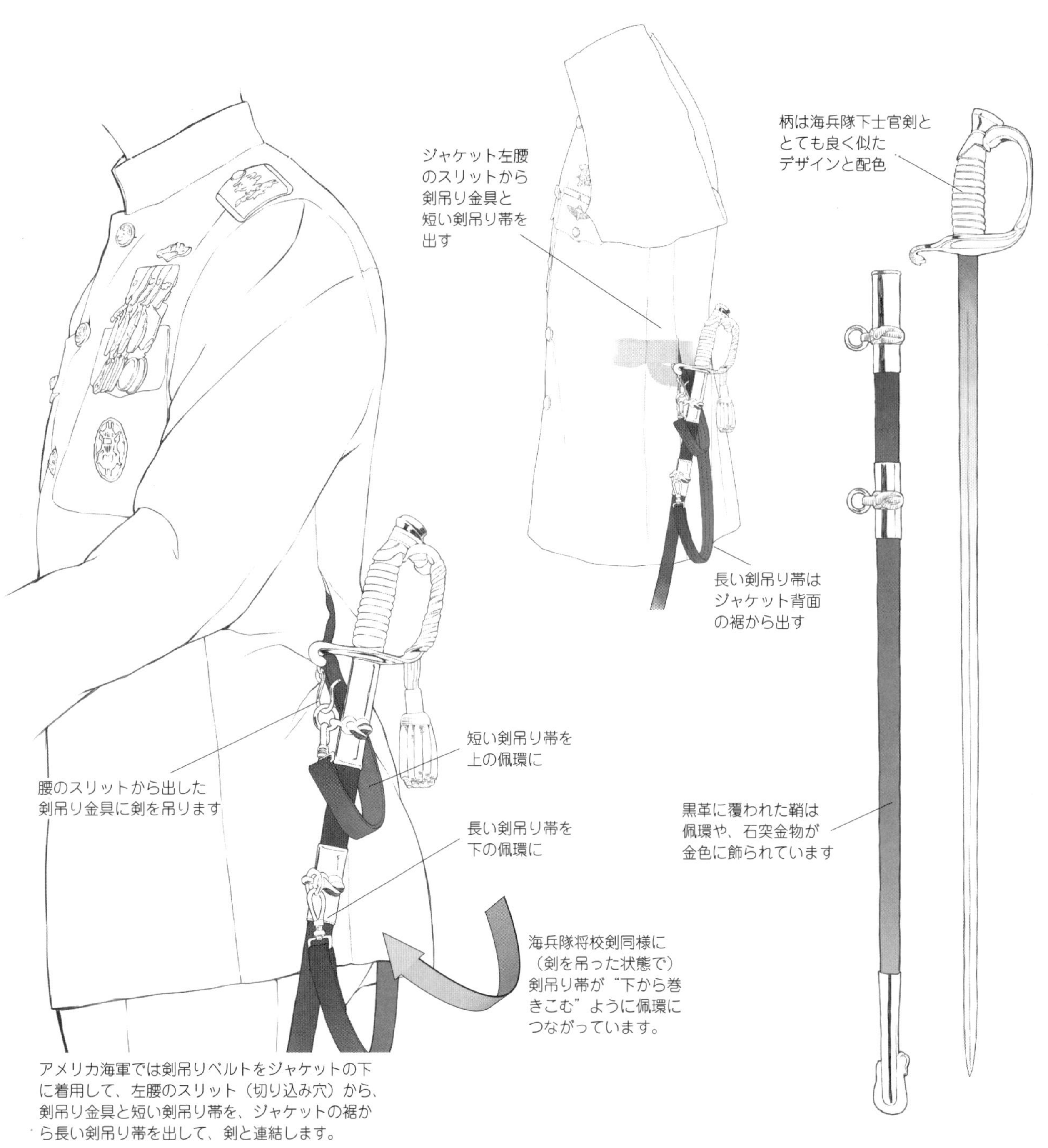

アメリカ海軍では剣吊りベルトをジャケットの下に着用して、左腰のスリット（切り込み穴）から、剣吊り金具と短い剣吊り帯を、ジャケットの裾から長い剣吊り帯を出して、剣と連結します。

剣吊りベルトの構造(アメリカ海軍)

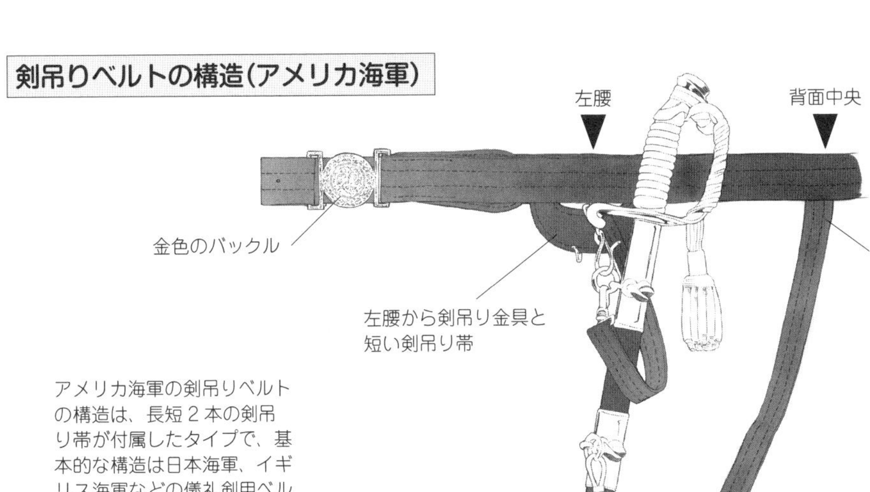

アメリカ海軍の剣吊りベルトの構造は、長短２本の剣吊り帯が付属したタイプで、基本的な構造は日本海軍、イギリス海軍などの儀礼剣用ベルトと共通しています。

日本海軍 長剣

日本海軍は正装（燕尾服、56ページで紹介）のときに儀礼用の長剣を佩用します。この剣は護拳のついた西洋式のサーベルで、あくまで儀礼用のため刃はついていません。日本海軍では、このほかに日本刀型の軍刀や、短剣も存在します。

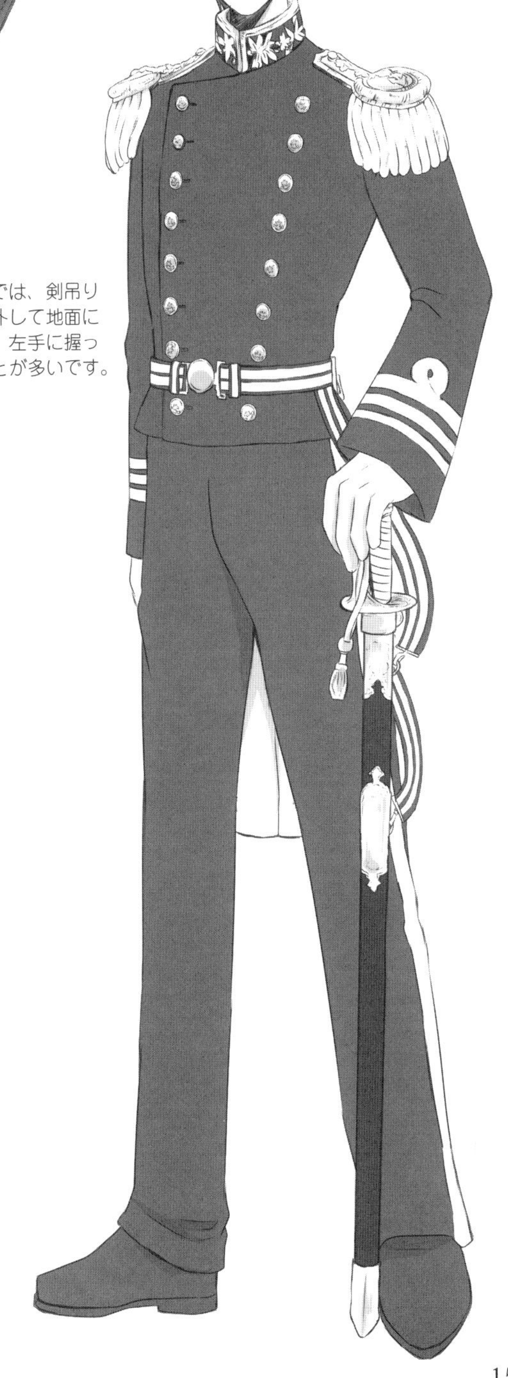

日本海軍では、剣吊り金具から外して地面に立てたり、左手に握っていることが多いです。

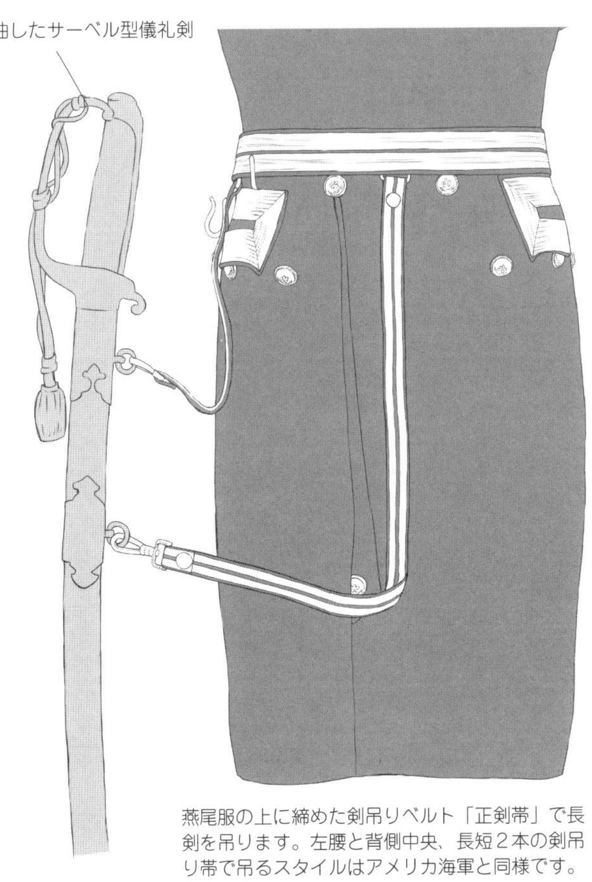

燕尾服の上に締めた剣吊りベルト「正剣帯」で長剣を吊ります。左腰と背側中央、長短２本の剣吊り帯で吊るスタイルはアメリカ海軍と同様です。

戦闘装備＆オーバーウェア

ホルスター

「ホルスター」とはピストル（拳銃）を入れて持ち歩くケースです。軍人（歩兵）の武器というと大きなライフル銃のイメージがありますが、将校は小さなピストルだけを持つことが一般的でした。将校の仕事は指揮・命令することで直接戦うことではないからです。

将校は、最低限の護身用としてピストルを持ち、ホルスターを腰から下げていました。日本陸軍とドイツ軍のホルスターを紹介します。

日本陸軍 拳銃嚢

日本陸軍の将校は、昭五式制服の上にさまざまな戦場用装備品を身につけました（くわしくは154ページ）。ホルスターもその中のひとつです。日本陸軍ではホルスターを「拳銃嚢（けんじゅうのう）」と呼びました（「嚢」とは「ふくろ／入れもの」の意味）。

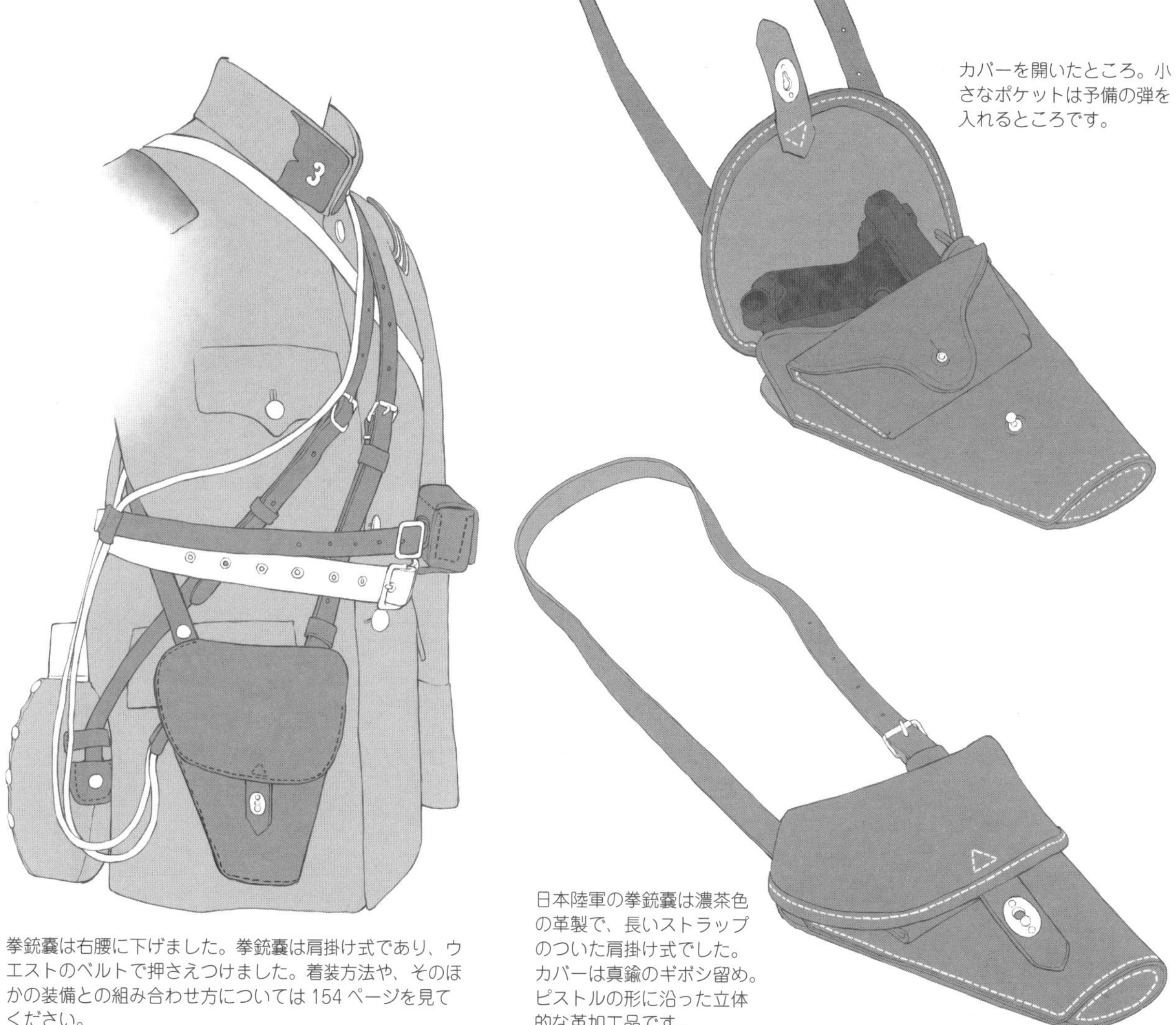

カバーを開いたところ。小さなポケットは予備の弾を入れるところです。

拳銃嚢は右腰に下げました。拳銃嚢は肩掛け式であり、ウエストのベルトで押さえつけました。着装方法や、そのほかの装備との組み合わせ方については154ページを見てください。

日本陸軍の拳銃嚢は濃茶色の革製で、長いストラップのついた肩掛け式でした。カバーは真鍮のギボシ留め。ピストルの形に沿った立体的な革加工品です。

ドイツ軍ホルスター

かつて貴族が将校となることが多かったヨーロッパの軍隊では、将校はあまり装備品を身につけず従卒（小間使いの兵士）に任せるのが一般的でした。ドイツ軍でも将校は最低限の護身用としてホルスターと、地図ケースなどを持つ程度でした（大戦中期以降、ドイツが劣勢となり余裕がなくなってくると将校もさまざまな装備を持つようになりましたが……）。

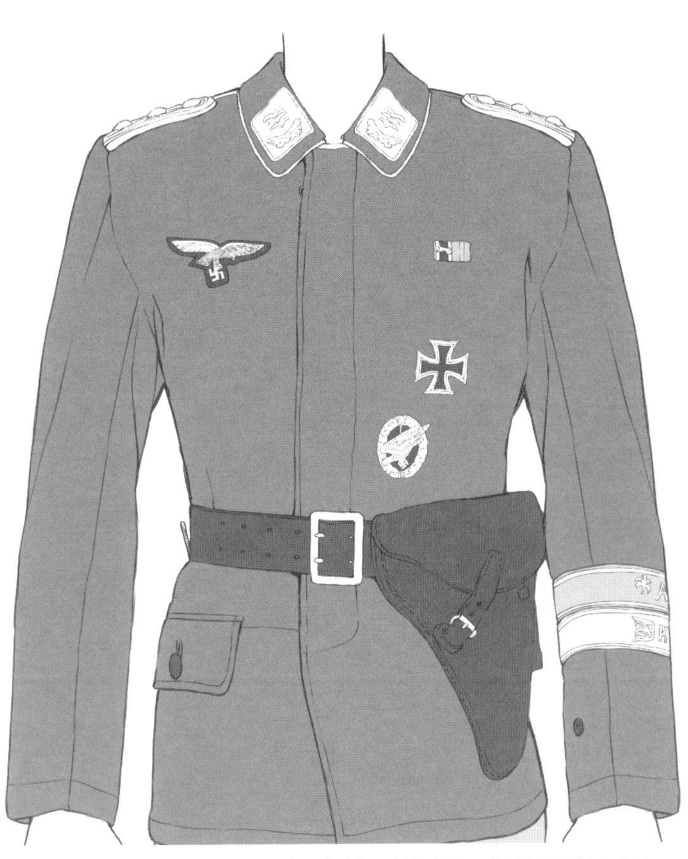

「ルガー P08」ピストル用ホルスターを身につけた将校。ドイツ軍ではホルスターをイラストのように左腰手前に下げます。「ルガー P08」は当時、将校たちに人気のあったピストルです。

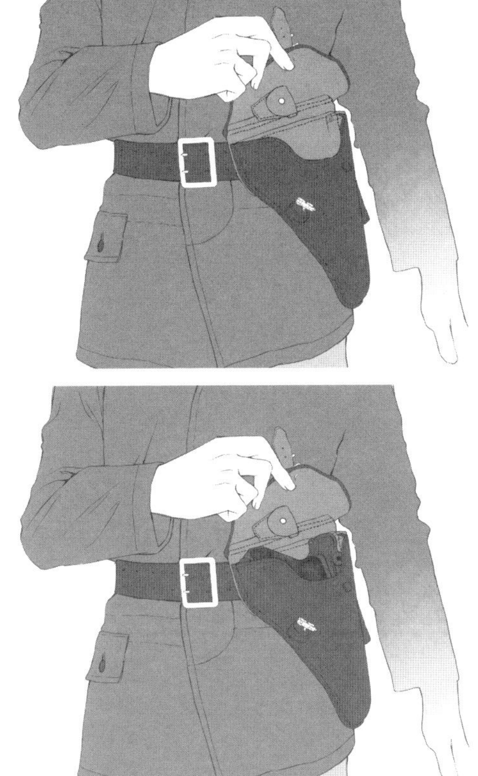

カバーを開いたところ（下はピストルを入れた様子）。カバー裏の小ポケットはピストルの分解器具を入れるところです。

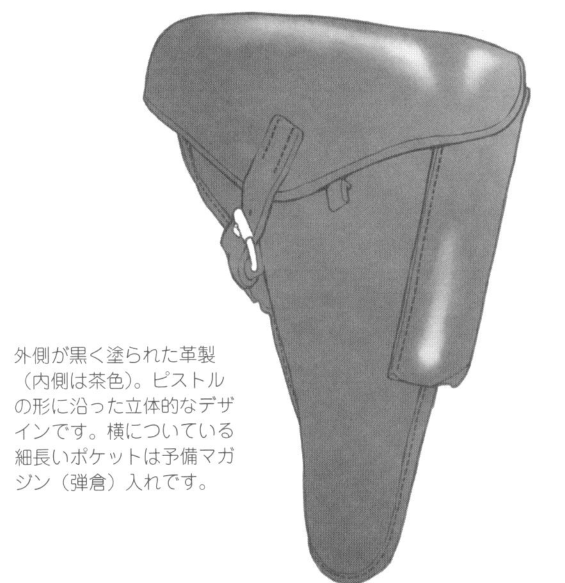

外側が黒く塗られた革製（内側は茶色）。ピストルの形に沿った立体的なデザインです。横についている細長いポケットは予備マガジン（弾倉）入れです。

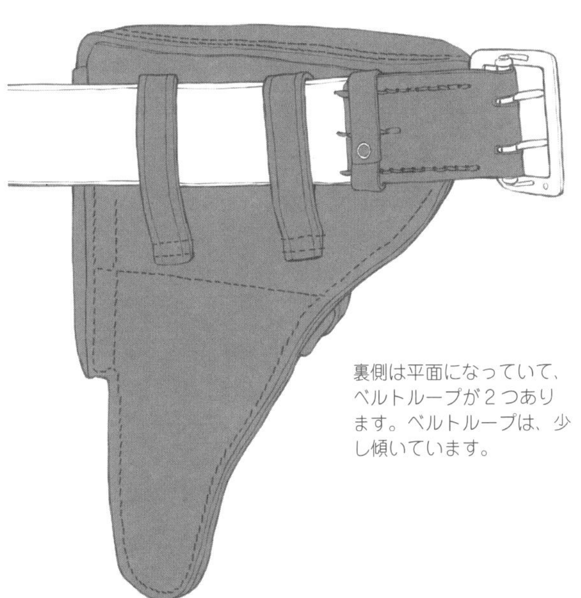

裏側は平面になっていて、ベルトループが２つあります。ベルトループは、少し傾いています。

日本陸軍 将校用戦闘装備

将校は戦場に赴くとき、さまざまな装備品を身につけました。このページでは、その一例として日本陸軍将校の戦闘装備をそれぞれ紹介し、続いて着用方法についても解説していきます。

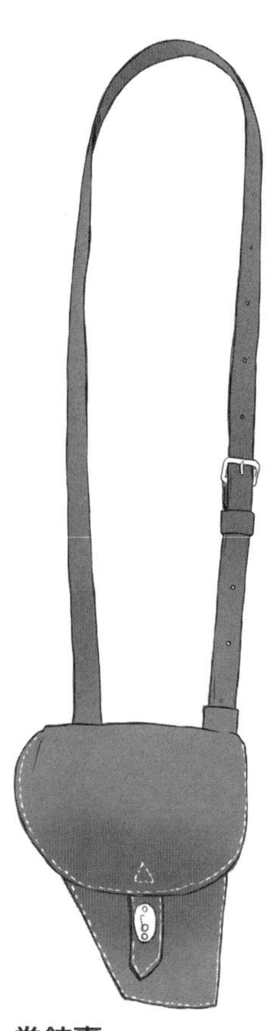

拳銃嚢

「南部式小型拳銃」用のホルスター。

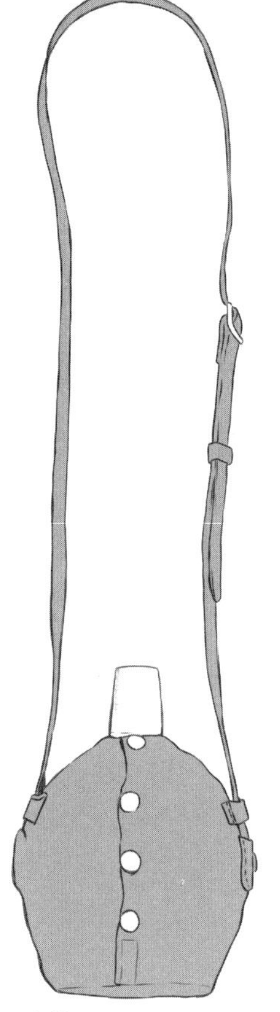

水筒

将校から兵士まで全員が持ちますが、将校用は下士官・兵用よりしっかりした作りです。

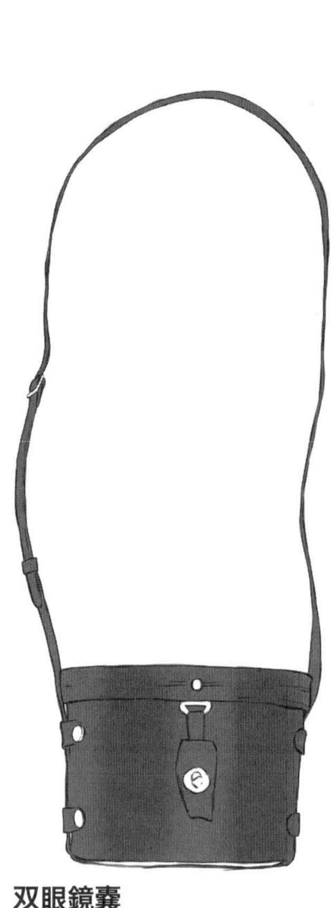

双眼鏡嚢

戦場の状況を把握するため、将校は双眼鏡を持ちます。

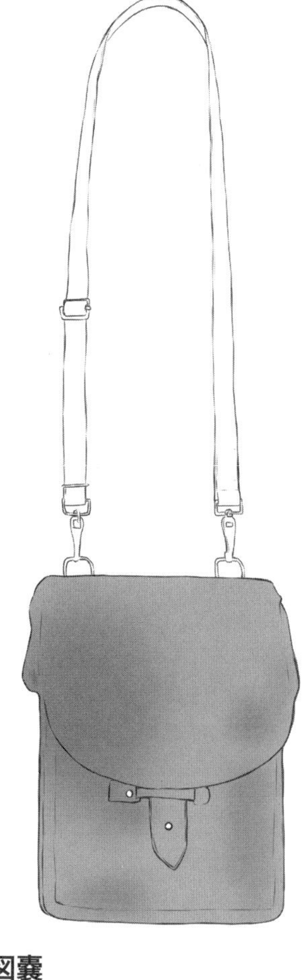

図嚢

地図や書類を入れる大型のケースです。指揮官である将校の必需品です。

胴締め

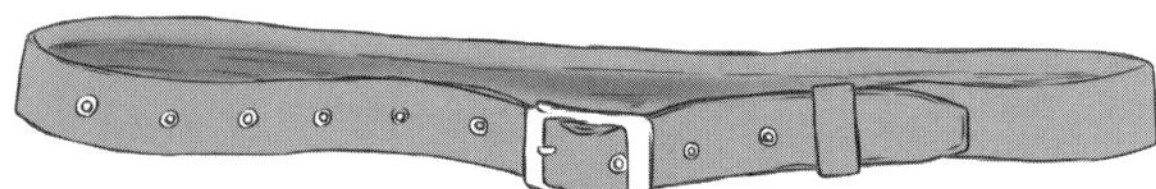

布製のベルトです。ほかの装備品を固定するために使います。

拳銃帯革

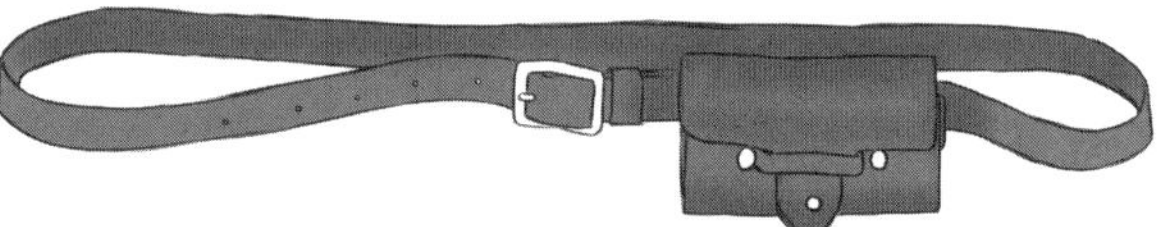

拳銃嚢を固定するために使う革製のベルトです。小さな四角いポーチは弾薬入れです。

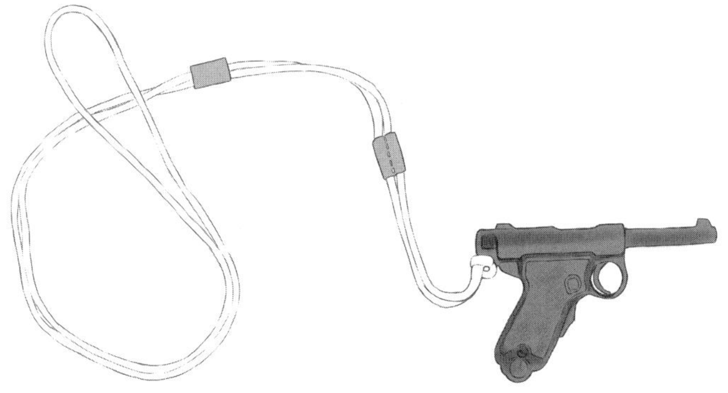

拳銃とピストルランヤード

ピストルランヤードとは拳銃を落とさないように身体に掛けておく紐です。白く太い綿紐で、茶革製のリングがついています。

戦闘準備のとりつけ手順

①

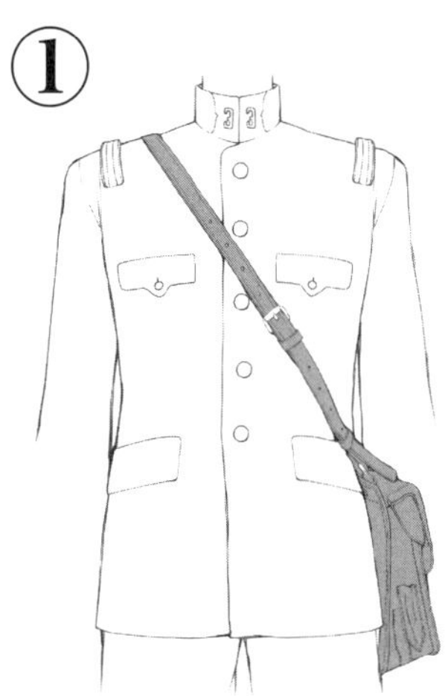

図嚢（マップケース）を右肩から左腰に下げます。

②

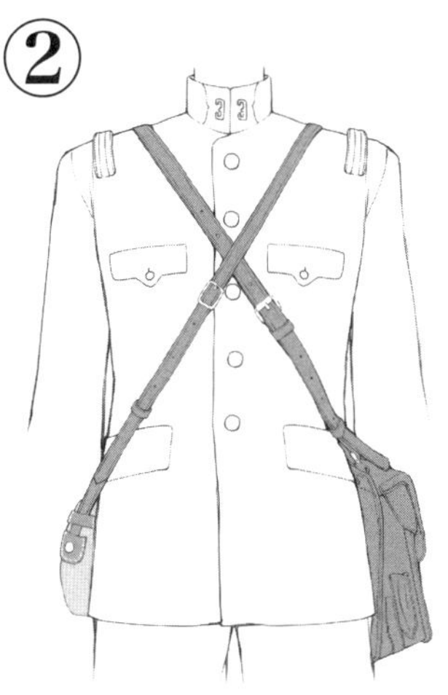

水筒を左肩から右腰に下げます。

③

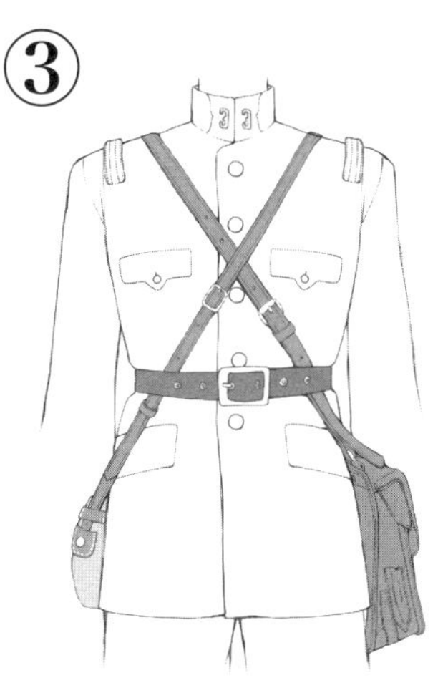

胴締め（布製ベルト）を締めて、図嚢と水筒のストラップを押さえます。

④

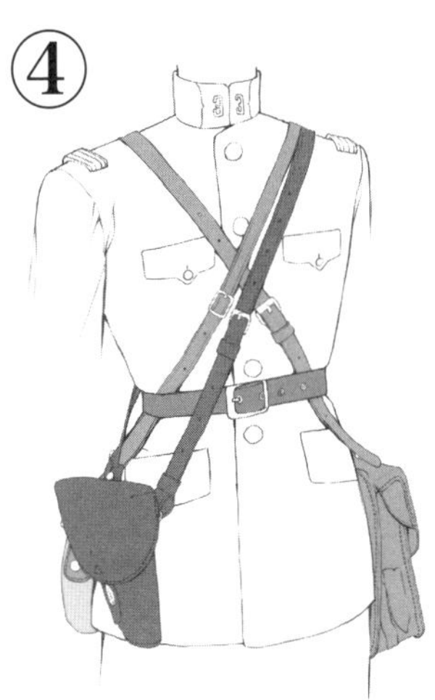

拳銃嚢（ホルスター）を左肩から右腰に下げます。

⑤

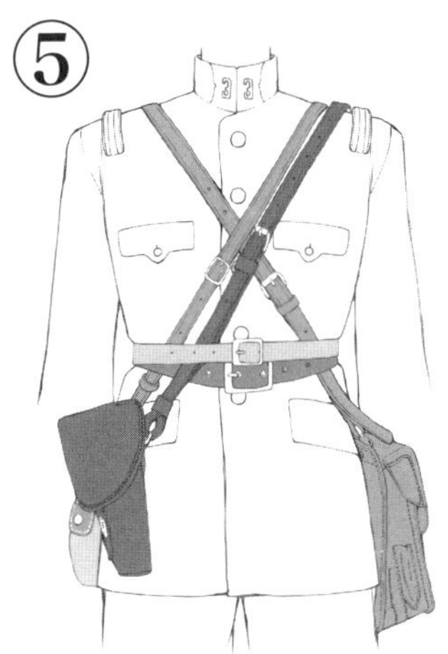

拳銃帯革（革製ベルト）を締めて、拳銃嚢を押さえます。
（拳銃帯革には拳銃弾用のポーチが左腰部についています）

⑥

双眼鏡嚢（双眼鏡ケース）を右肩から左腰に下げます。
さらに拳銃嚢にピストルを入れ、ピストルランヤードを左肩に掛けます。

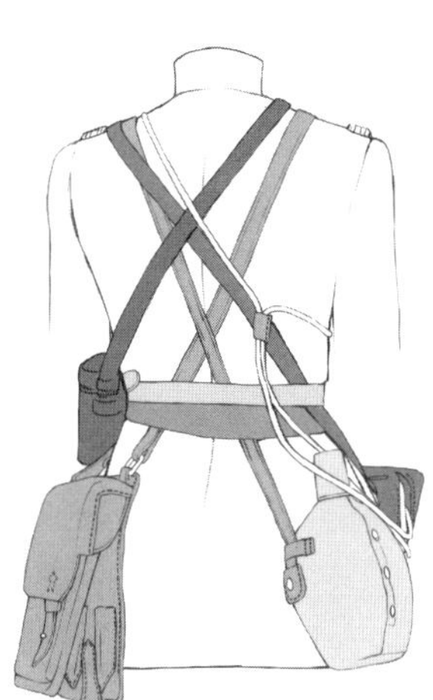

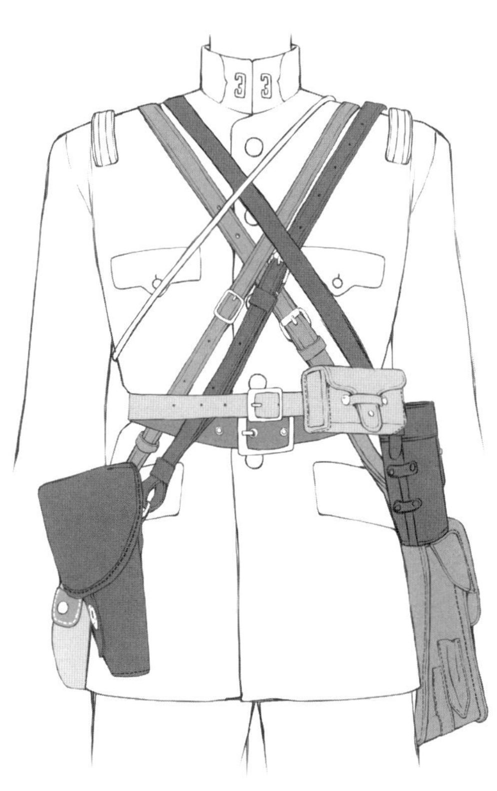

⑦ とりつけ完了！！

日本陸軍 将校用マント

軍人は傘を使ってはいけません。そのため各国とも軍服の上に着る防雨・防雪そして防寒用の衣類を採用していました。日本陸軍の将校はフードつきのマントを使用しました。マントはカーキ色で、ヒザ丈ほどの長さ、背側にセンターベントがありました。

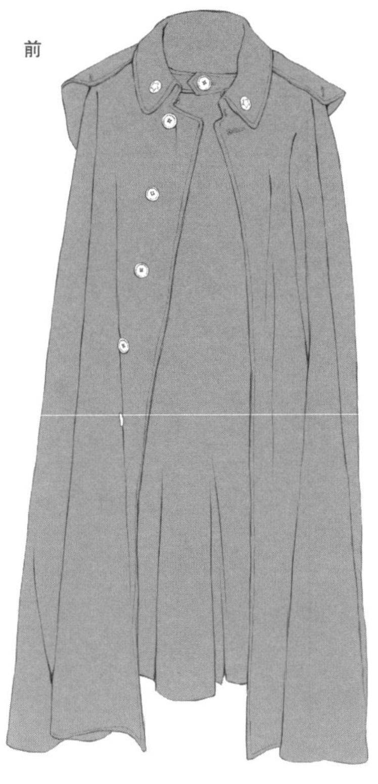

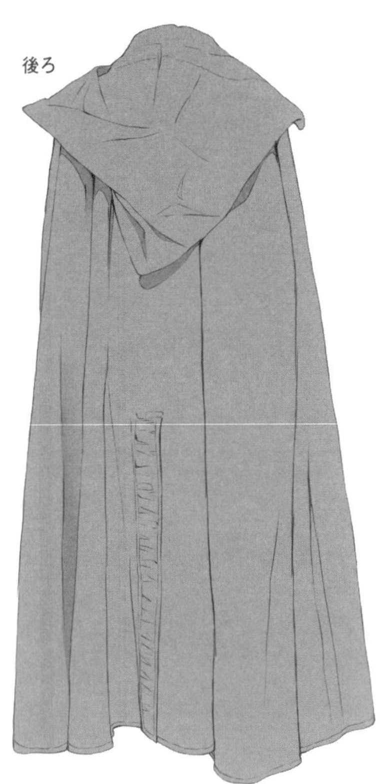

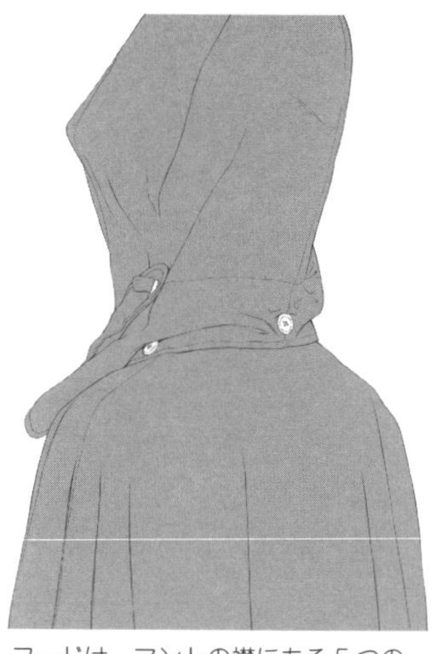

フードは、マントの襟にある５つのボタンに留められており、着脱可能でした。フードは制帽の上から被るため大きめです。

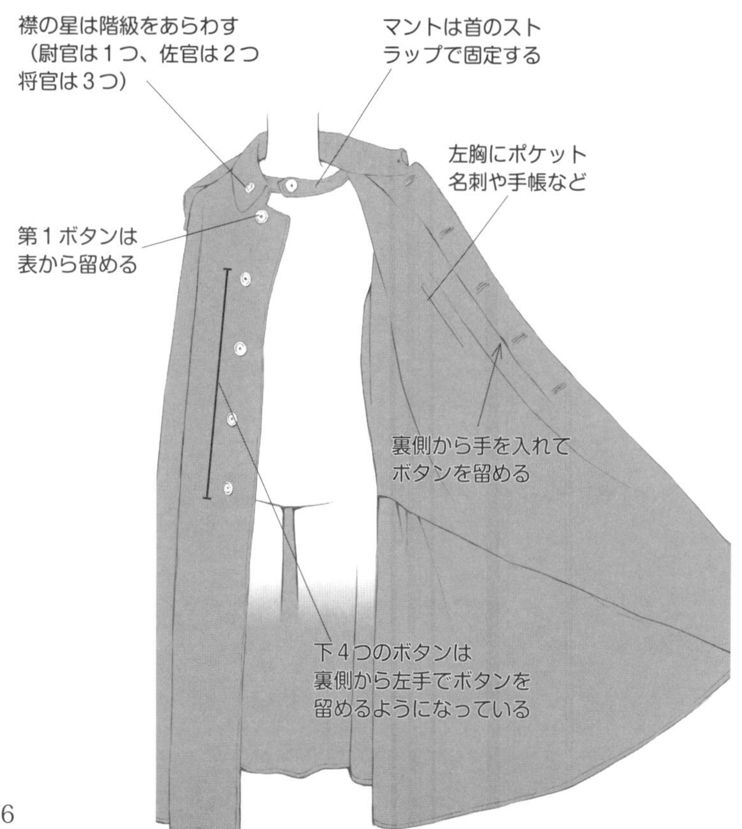

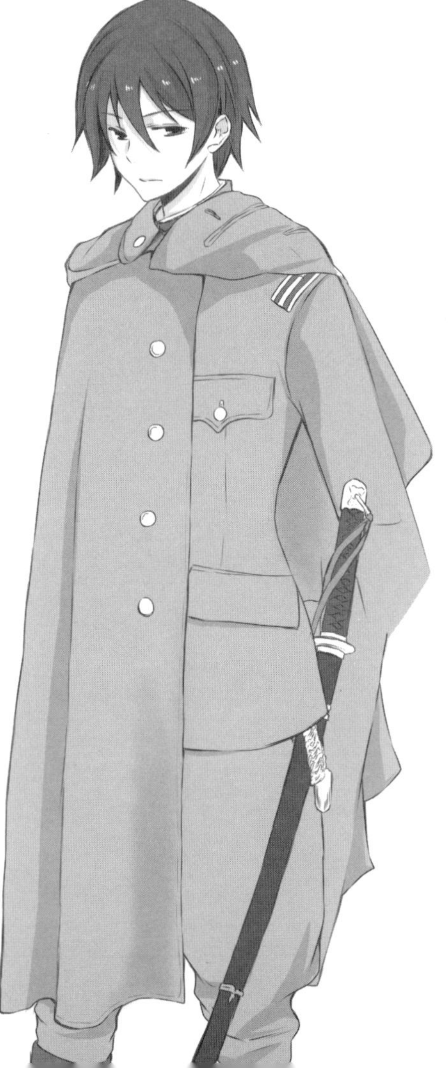

マントの襟は折襟（立ち折襟）です。内側に立ち襟（台襟）があり、そこから折れて外襟がついています。

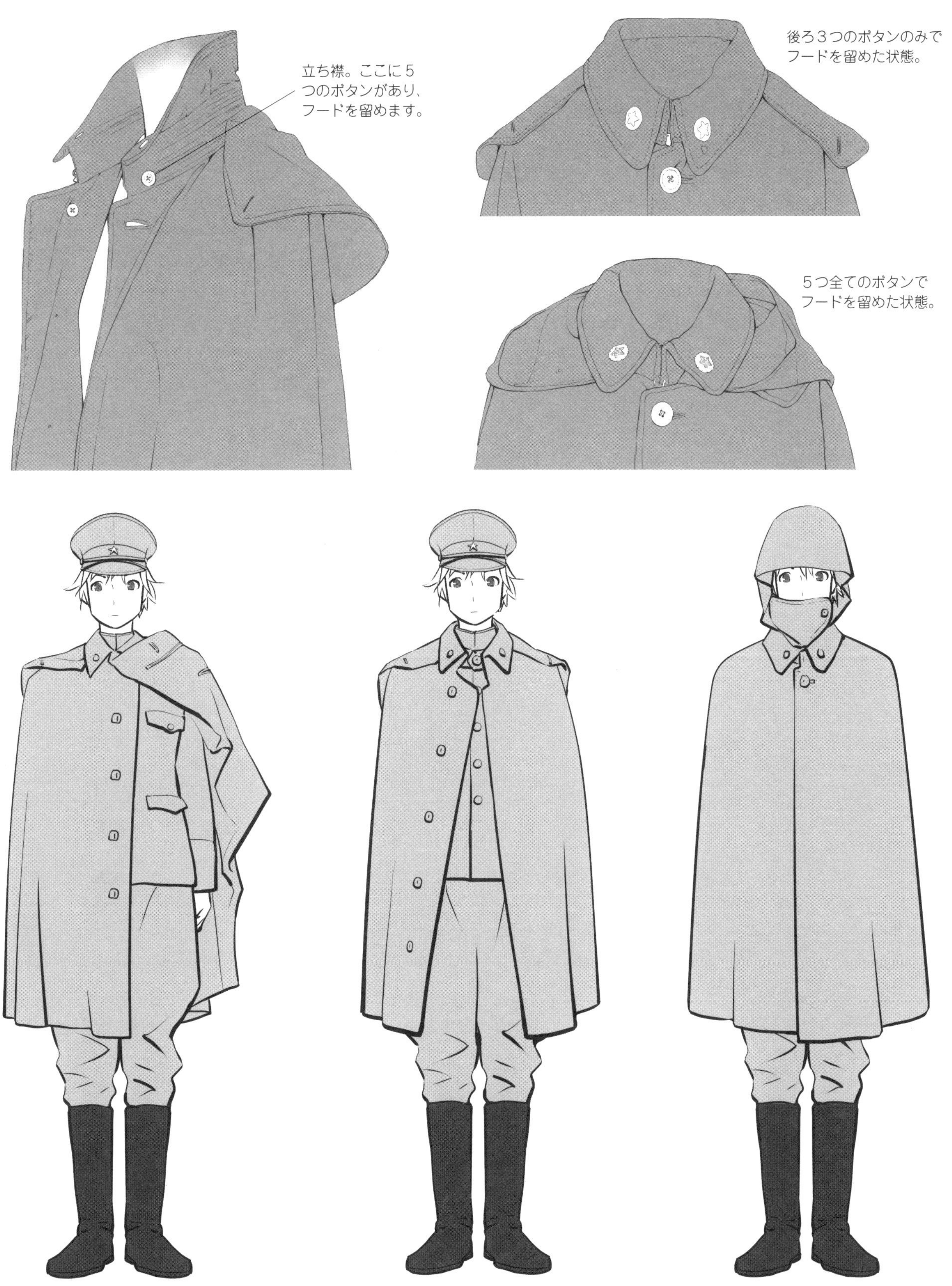

第１ボタンを留め、片側をめくり上げた姿。マントの裏地に真っ赤な生地を張る伊達な将校もいました。

首のストラップのみでマントを羽織った姿。

ボタンを全て留め、フードの襟覆いまで留めた姿。第２ボタン以下は裏ボタン（隠しボタン）のため、外からは見えません。

ナチス親衛隊 オーバーコート

ナチス親衛隊では制服の上に着用するダブルブレストのオーバーコートを採用していました。オーバーコートは黒いウール製です。将校から兵まで全員が着るもので、将校用はより上質な生地を使用していました。制服（32年型制服）同様に襟章、肩章、腕章、カフタイトルをつけ、斜革つきのベルトを締めました。

なお、同じデザインで黒革製のオーバーコートもありました。

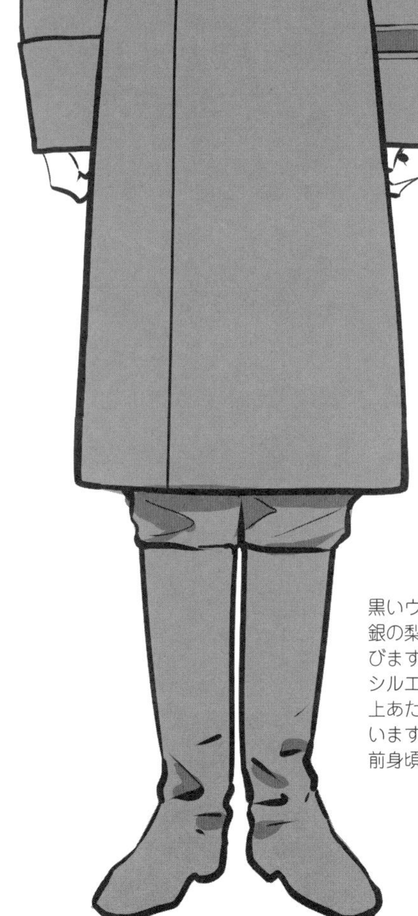

黒いウール製で、制服と同じ銀の梨地ボタンが縦列6個並びます。ウエストが絞られたシルエットで、肋骨下～ヘソ上あたりがもっとも絞られています。裏地はサテン生地で、前身頃の部分のみウールです。

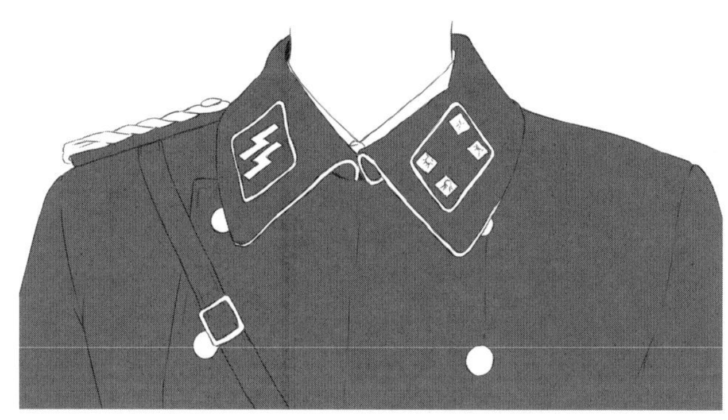

制服と同じく襟章と肩章がつきます（階級は少佐）。将校は襟のまわりに銀ネジリ紐のパイピングが施されます。

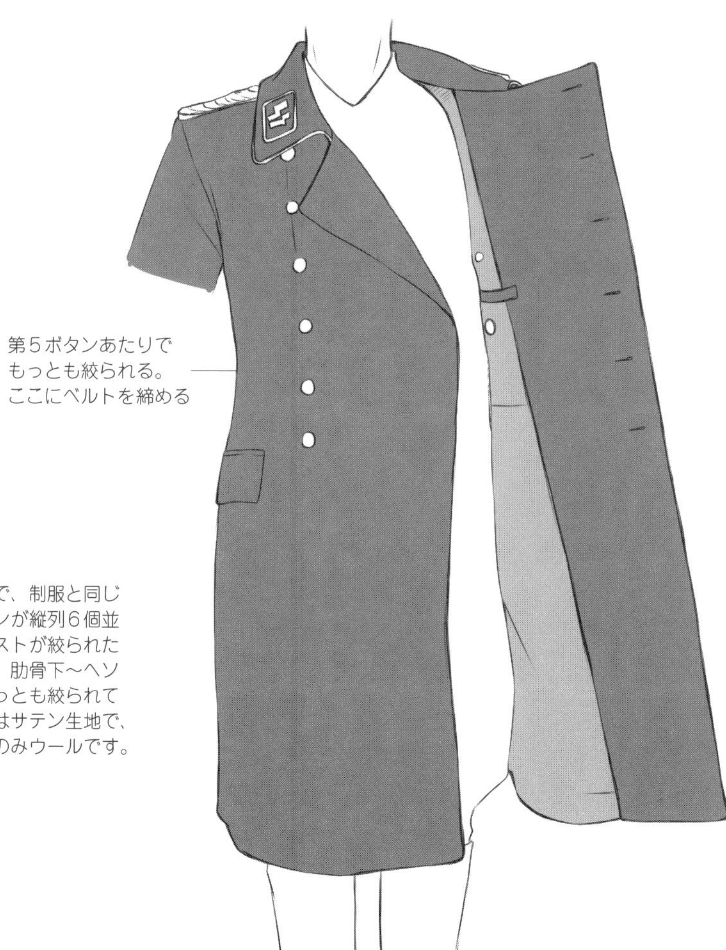

第5ボタンあたりでもっとも絞られる。ここにベルトを締める

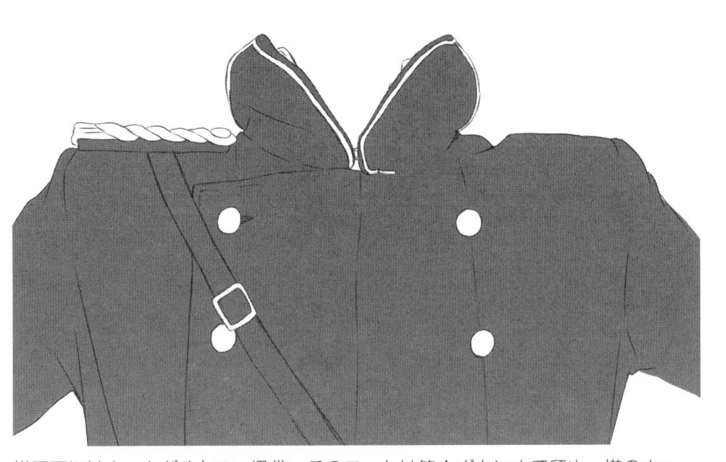

襟正面にはホックがひとつ。通常、このコートは第１ボタンまで留め、襟のホックも留めて着用する決まりになっています。

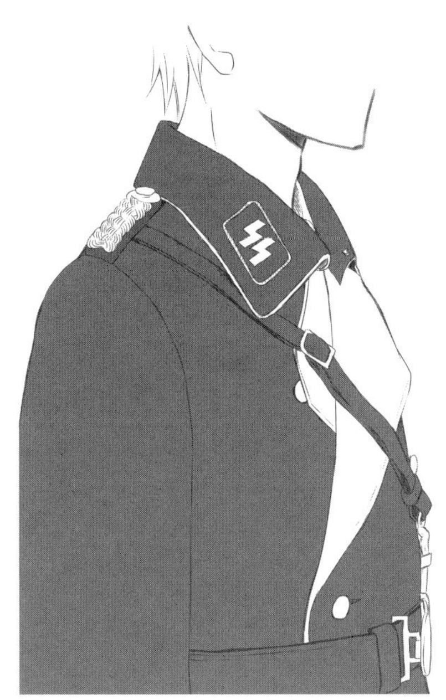

将官用オーバーコート

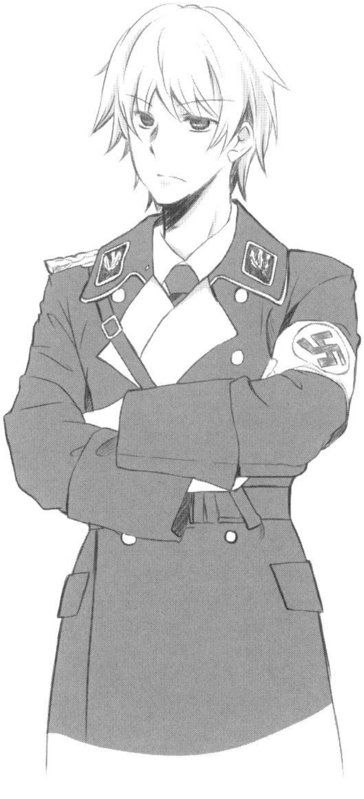

将官のみ襟を開いて着用します。将官用は前身頃の裏地が白ウール地になっています。

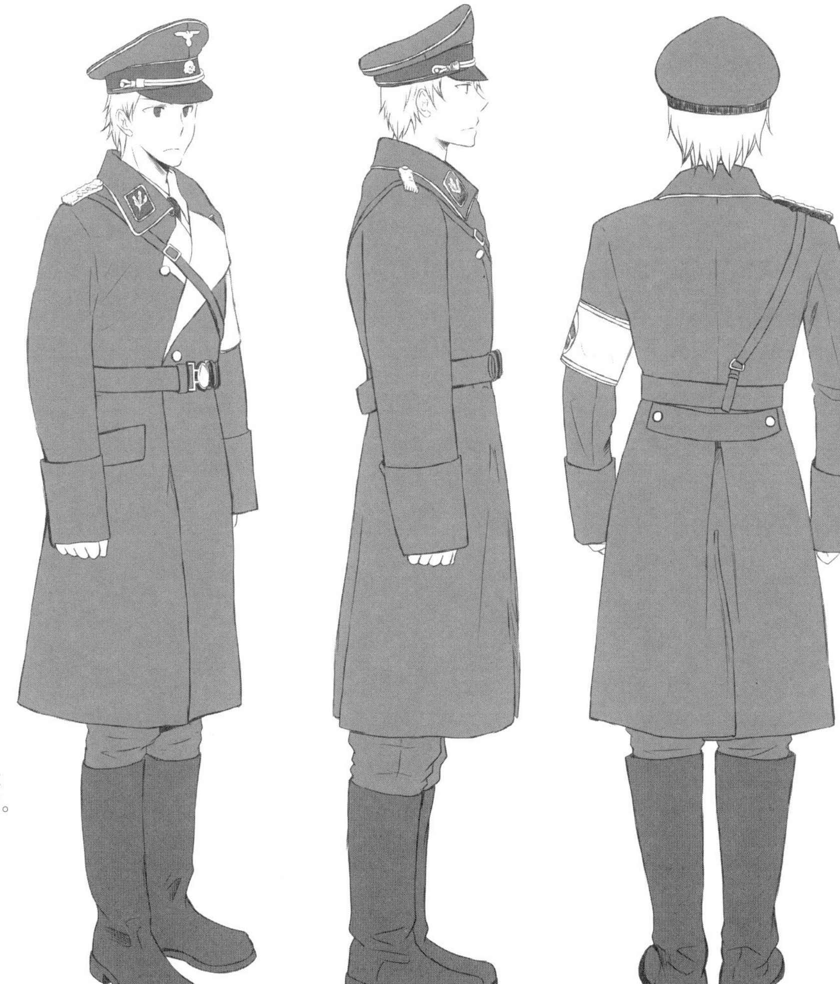

イラストレーター紹介

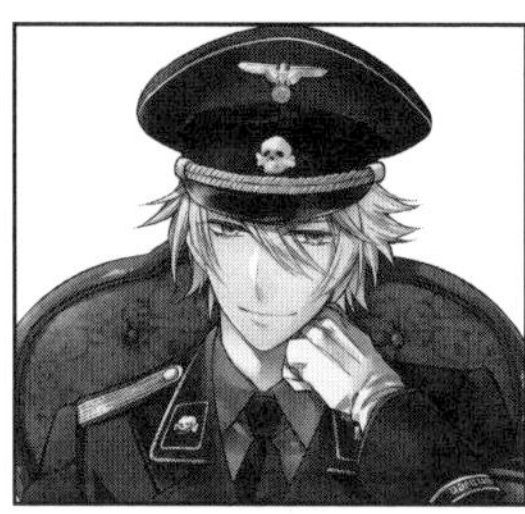

さちのしあ

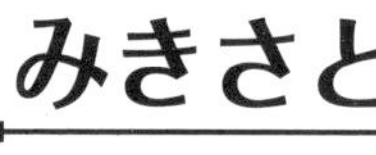

Brix82
http://sia.sub.jp

天神うめまる

purichike
http://purichike.sakura.ne.jp/

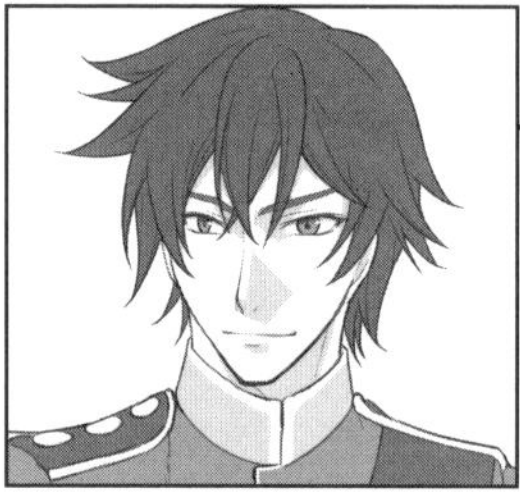

いそろく

インパール作戦
http://www.pixiv.net/member.php?id=4969026

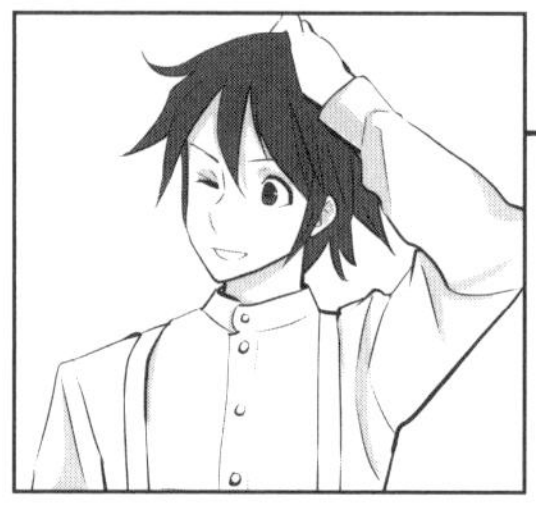

カネダ工房

http://miyamaakane.blog99.fc2.com/

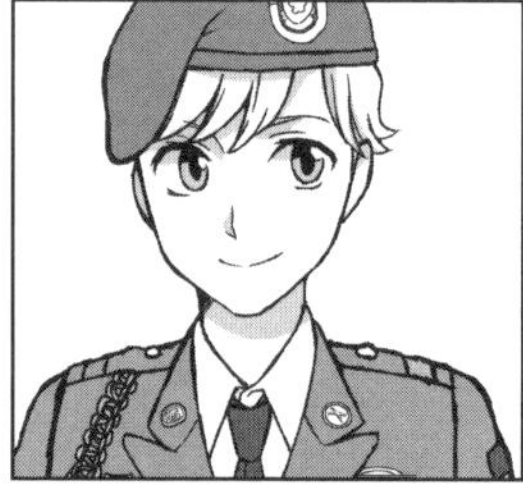

いっち

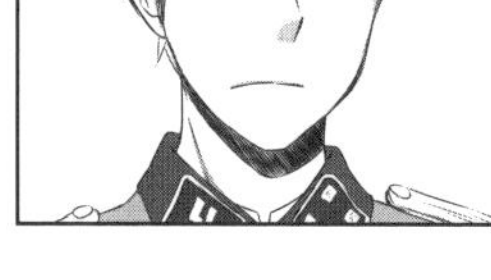

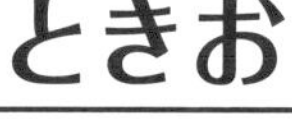

ときお

鏡茶屋
http://www.pixiv.net/member.php?id=1334609

みきさと

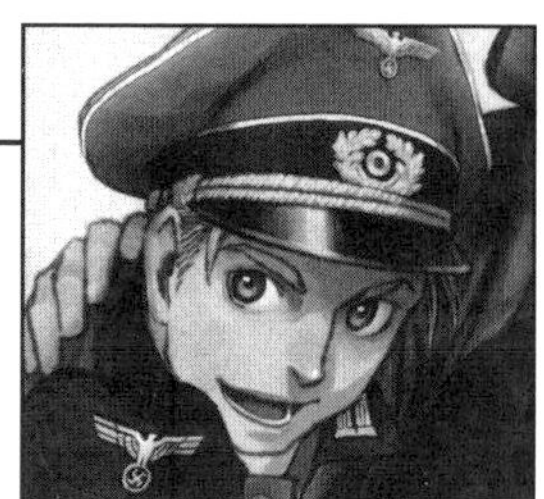

東国彩都
http://ostland.if.tv/

はじめみち

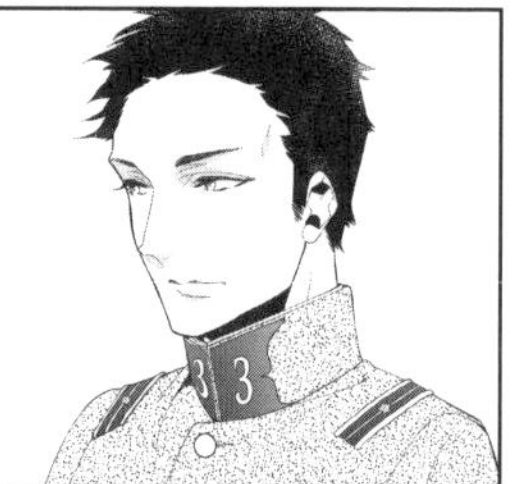

くるり。
http://prooooof.blog56.fc2.com/

ヒライユキオ

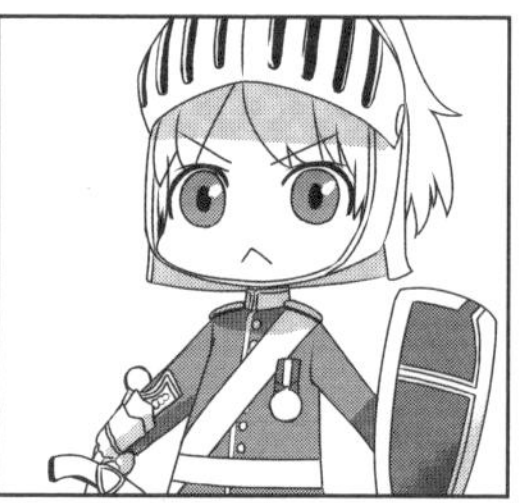

不定期絵日記
http://blog.goo.ne.jp/hiraiyukio

彼方久遠

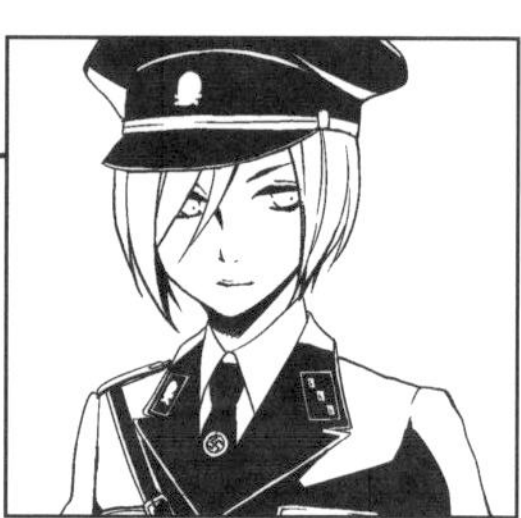

須藤怜

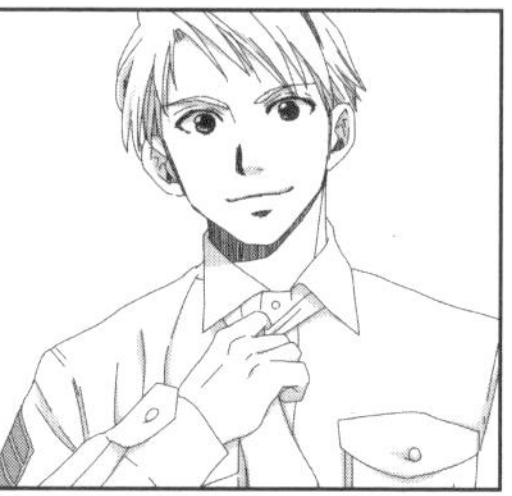

S-DRINK
http://s-drink.tumblr.com/
http://www.pixiv.net/member.php?id=3713208

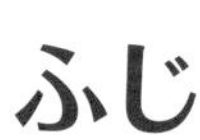

ふじ

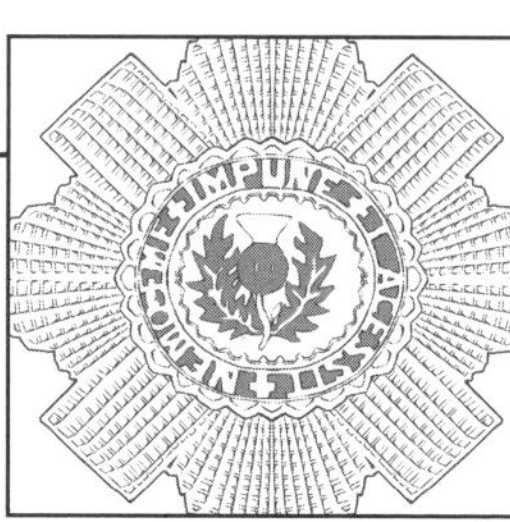

巻末付録 写真資料

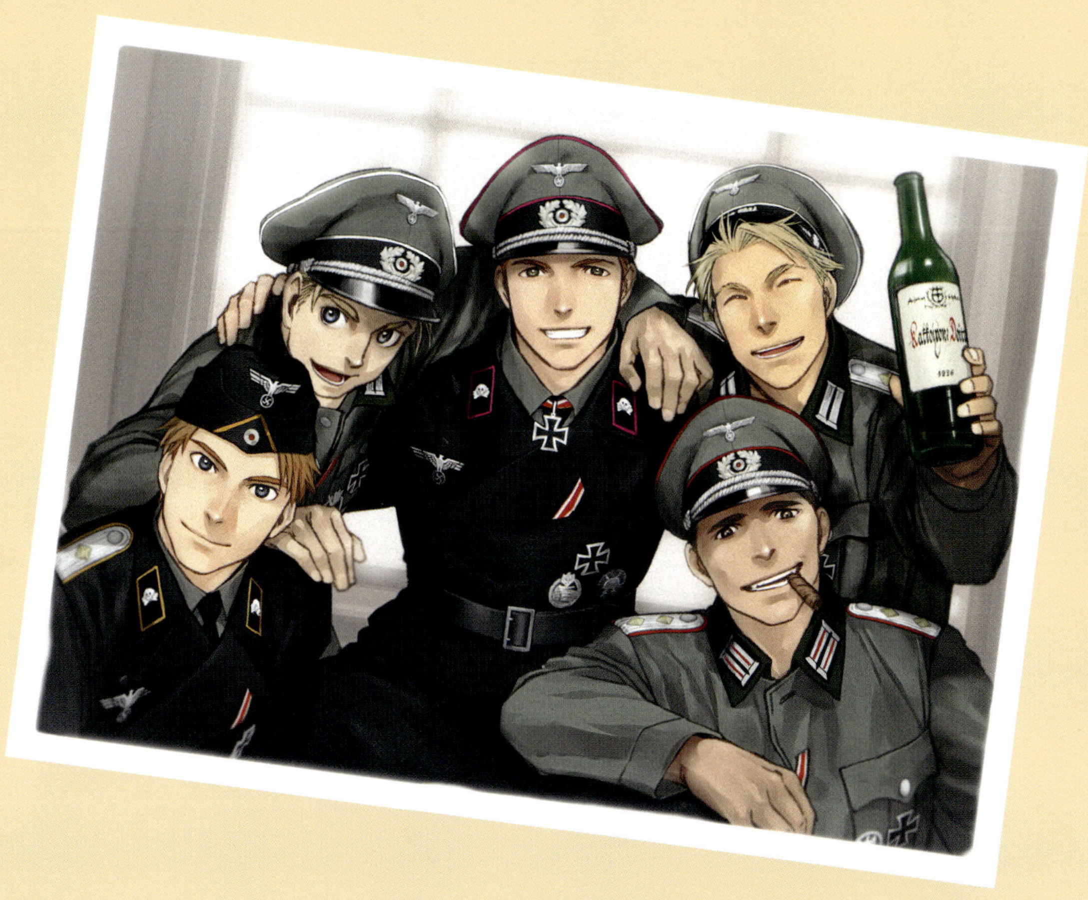

帽子と帽章

ドイツ陸軍

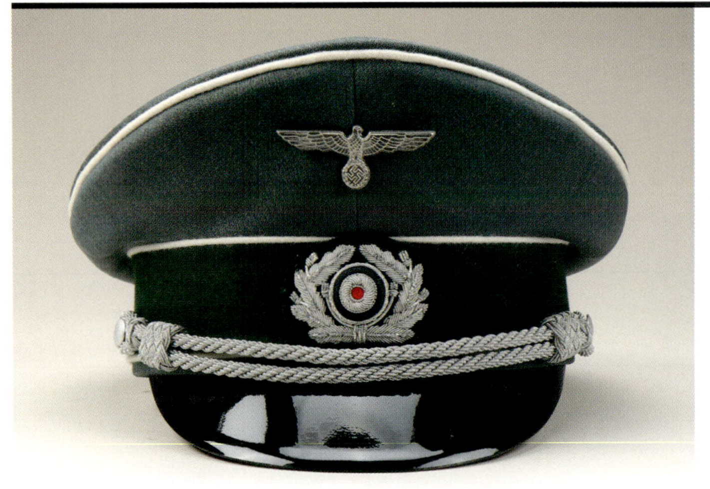

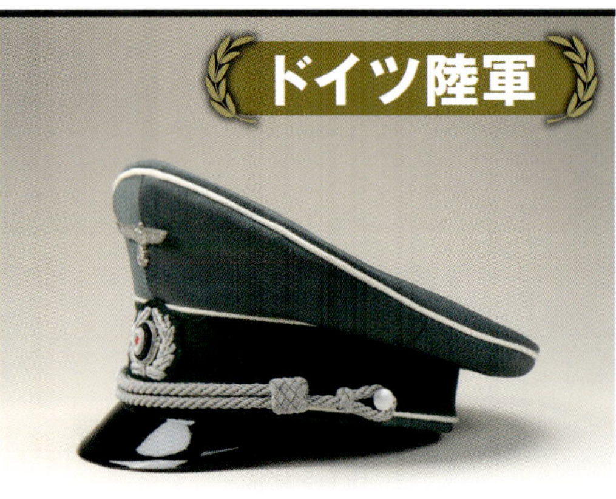

トップの縁、ハチマキの上下に入った白線は「歩兵科」をあらわす兵科色です。

ナチス親衛隊

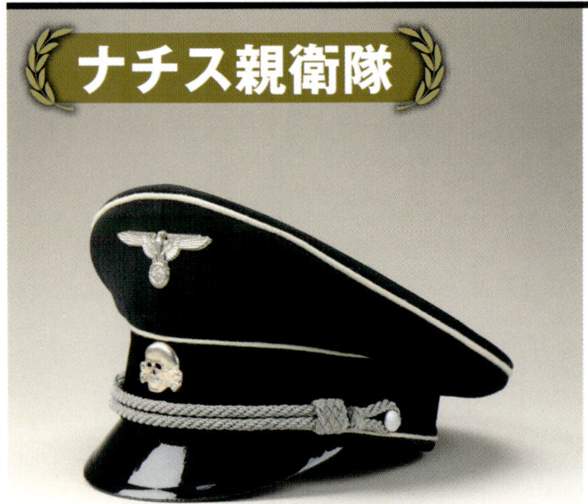

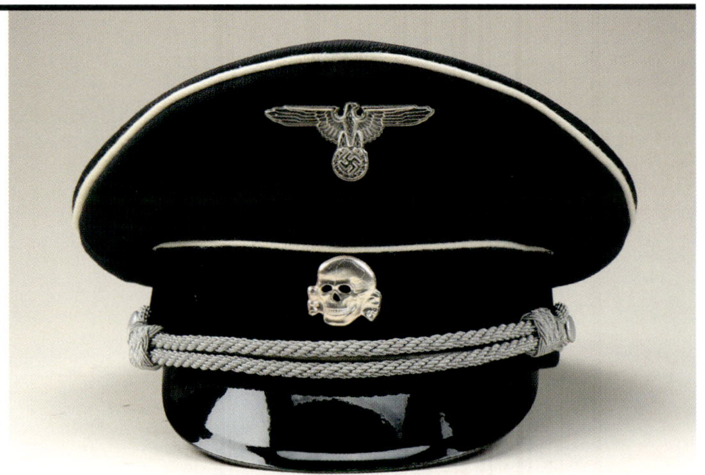

日本海軍

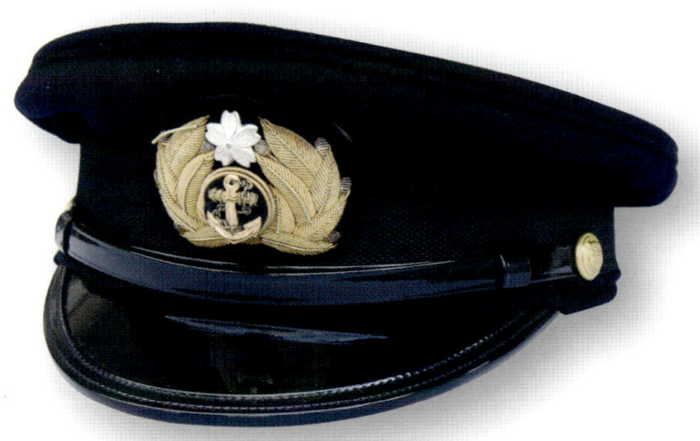

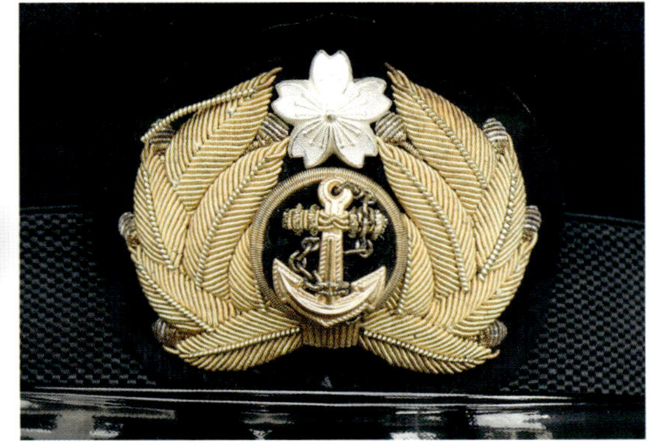

ハチマキは平織模様の別布地で覆われています。

日本陸軍

80ページで紹介した改造制帽ではなく、トップが平坦な“軍の規定通りのモデル”です。青年将校はこうした規定通りの帽子ではなく、トップの湾曲した制帽や改造制帽を好みました。

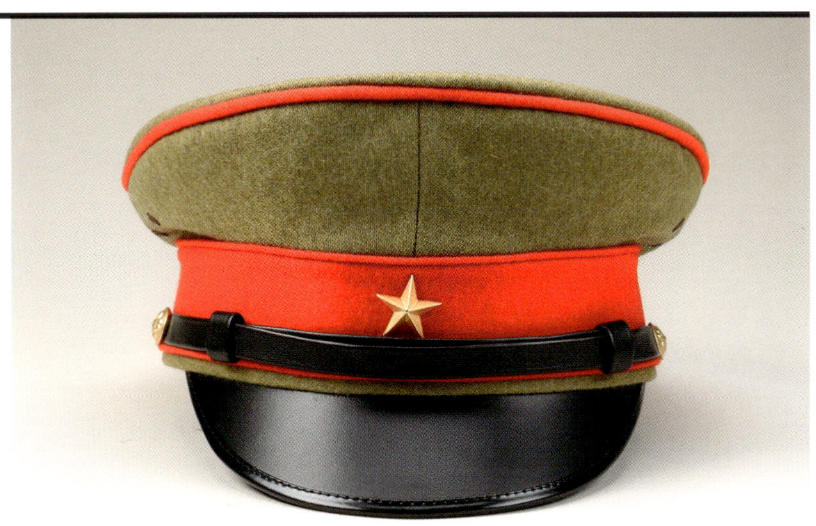

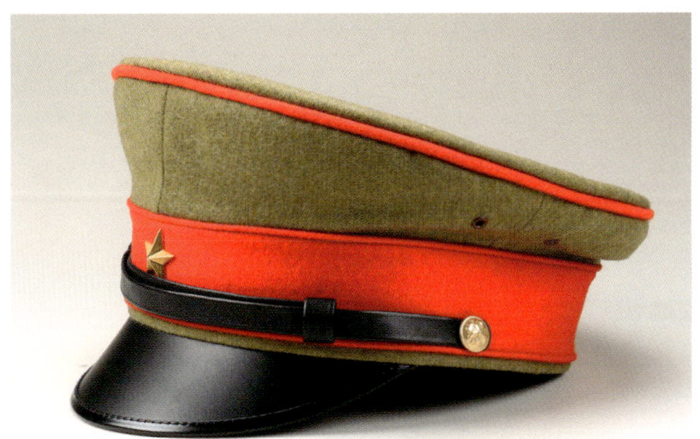

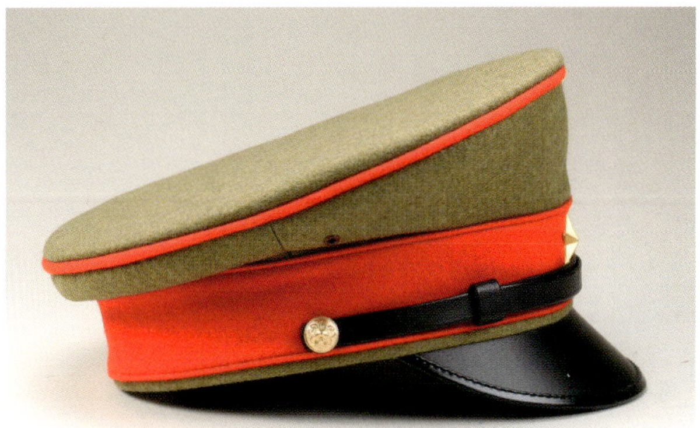

日本陸軍 大礼服

写真は近衛騎兵部隊用（帽子全体が赤）です。一般的には黒地となります。

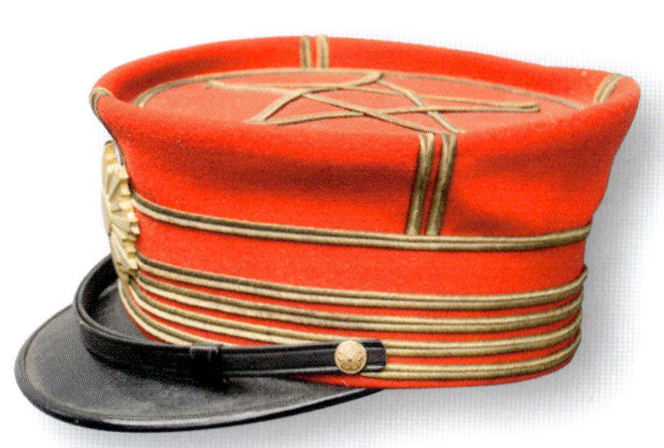

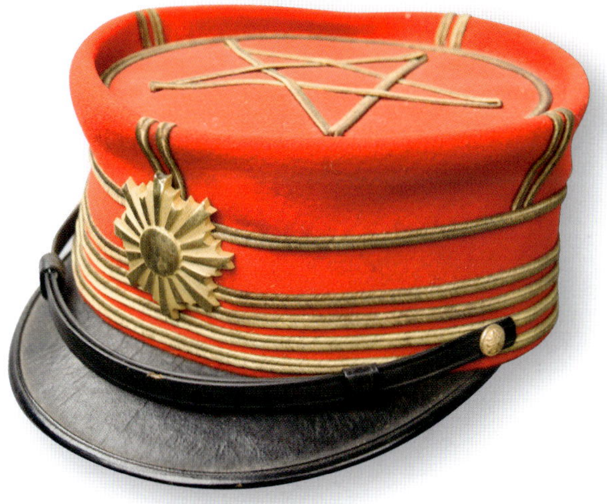

勲章―大綬・星章・中綬

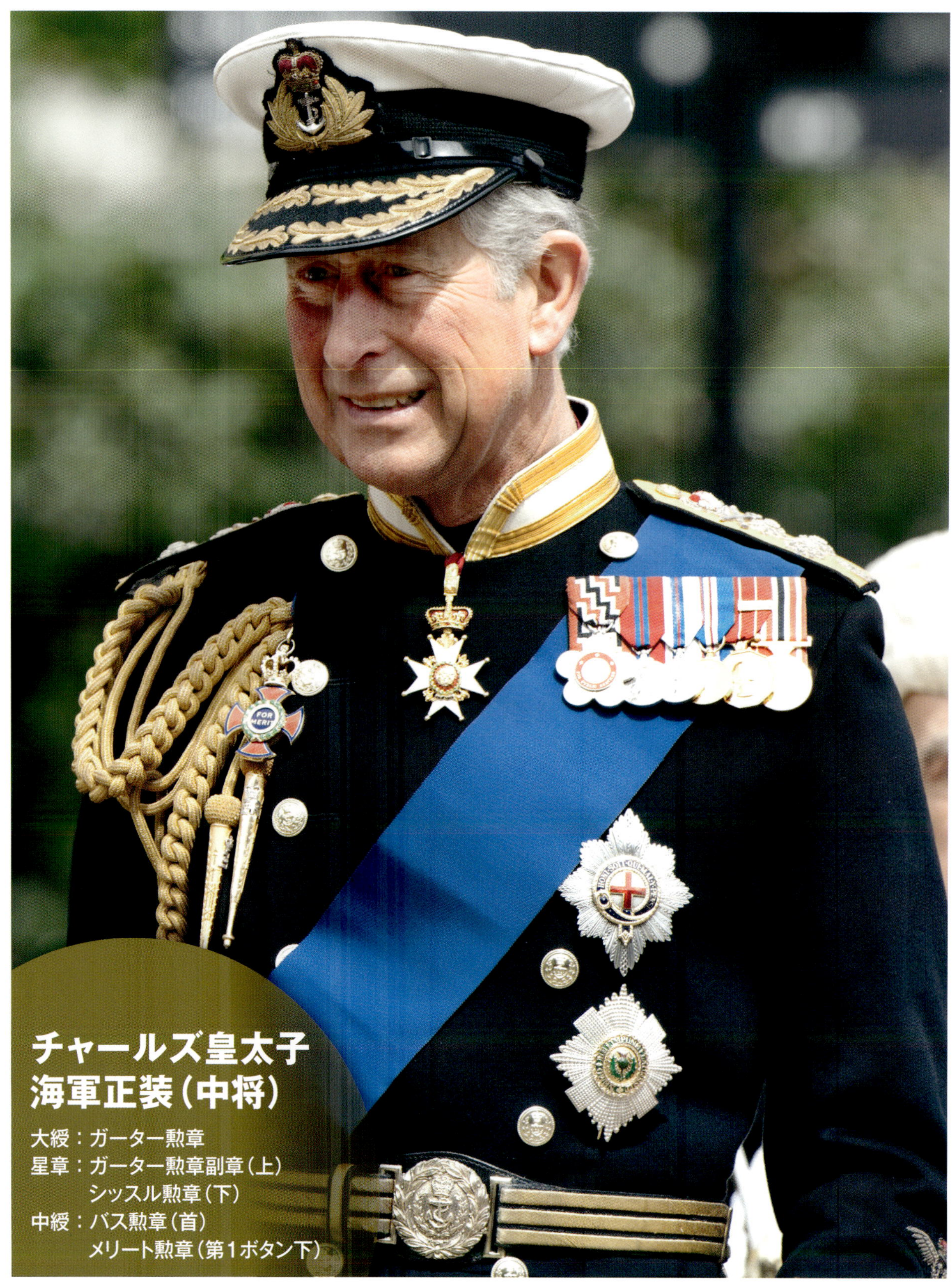

チャールズ皇太子
海軍正装（中将）

大綬：ガーター勲章
星章：ガーター勲章副章（上）
　　　シッスル勲章（下）
中綬：バス勲章（首）
　　　メリート勲章（第1ボタン下）

写真提供:Getty Images

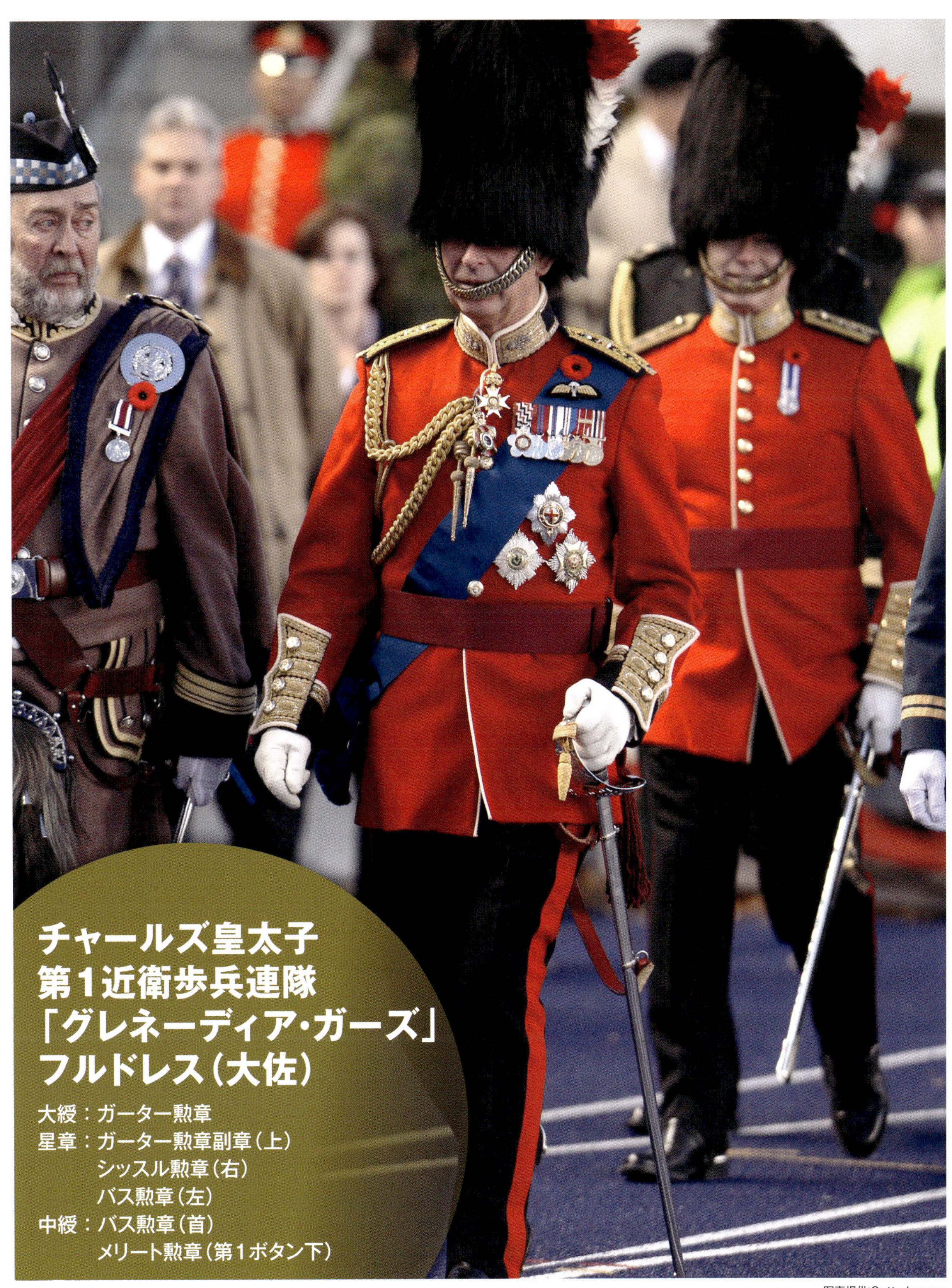

チャールズ皇太子
第1近衛歩兵連隊
「グレネーディア・ガーズ」
フルドレス(大佐)

大綬：ガーター勲章
星章：ガーター勲章副章(上)
　　　シッスル勲章(右)
　　　バス勲章(左)
中綬：バス勲章(首)
　　　メリート勲章(第1ボタン下)

※星章の左右表記は着用者視点

写真提供:Getty Images

勲章―小綬・略綬

小綬―アメリカ軍（海兵隊）

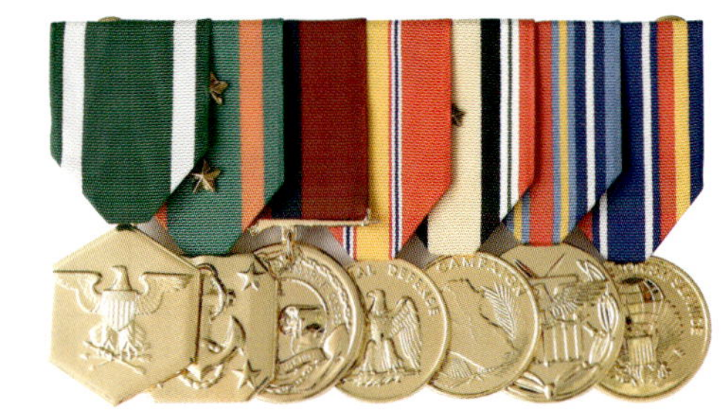

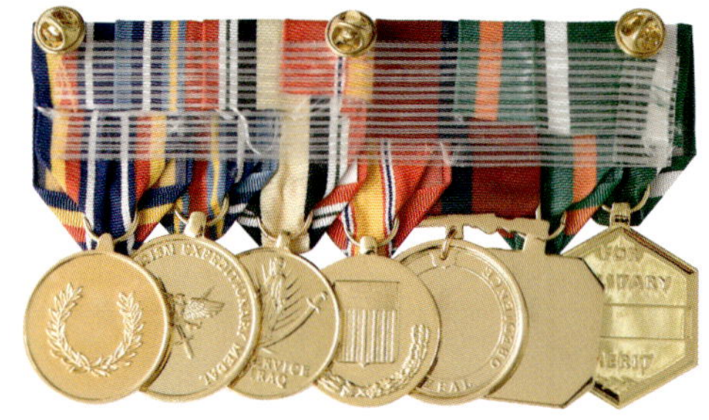

アメリカ軍の胸の装飾は写真のようなピンによって固定されます。

小綬―イギリス軍

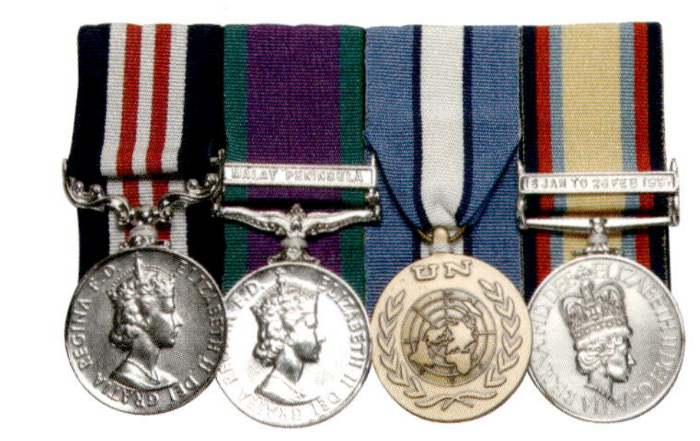

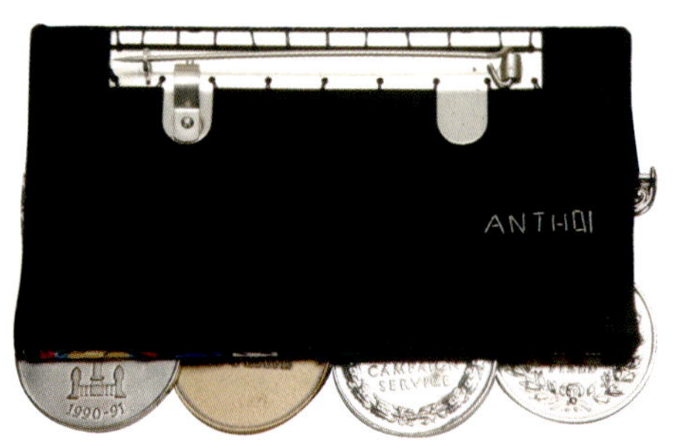

略綬―アメリカ軍（海兵隊）

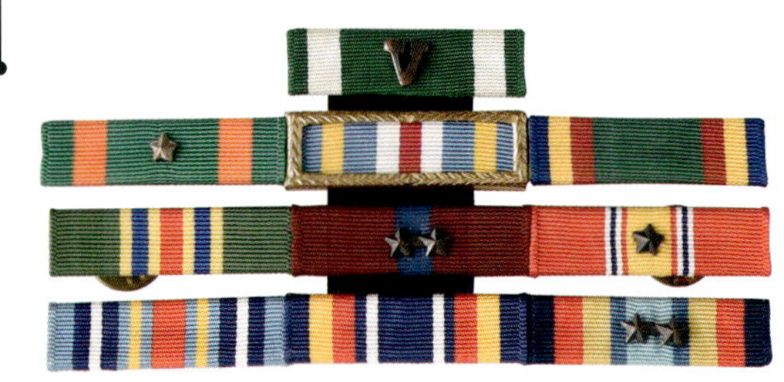

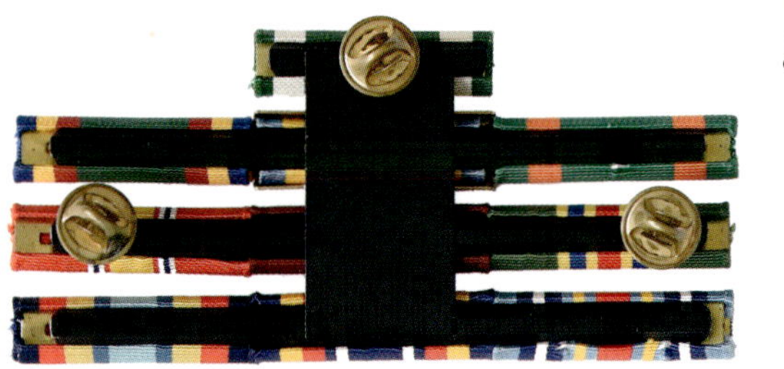

ドイツ軍のリボン型勲章

第2次世界大戦期のドイツ軍略綬

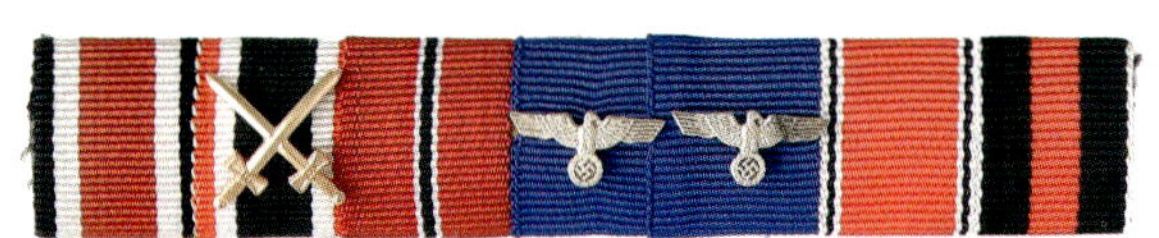

ボタンホールに通すリボン勲章

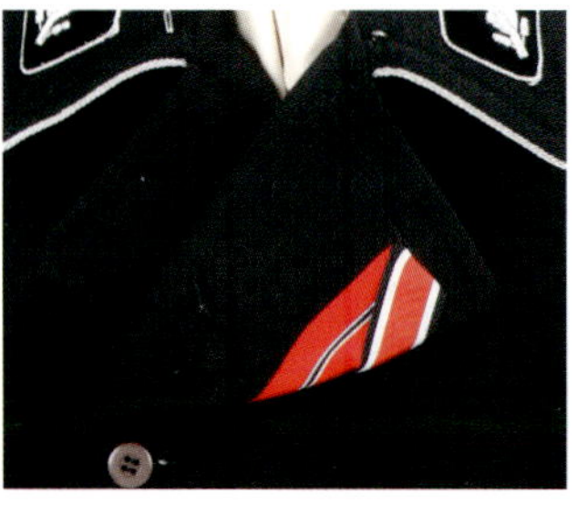

ボタンホールを通して斜めにリボンのみ取りつけます。リボンは襟の裏側で縫い付けられています。写真のパンツァーヤッケの場合は第1ボタンホール、36年型制服などの場合は第2ボタンホールに通します。

勲章―ドイツの勲章・戦功章

ドイツ軍の勲章・戦功章は5～6センチ程度のブローチ型です。主に左胸のポケットに取りつけていました。

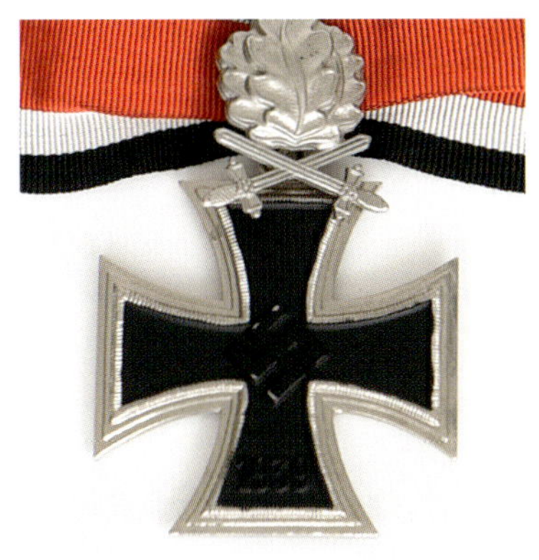

騎士鉄十字章

※騎士鉄十字章は首から下げる中綬型です。

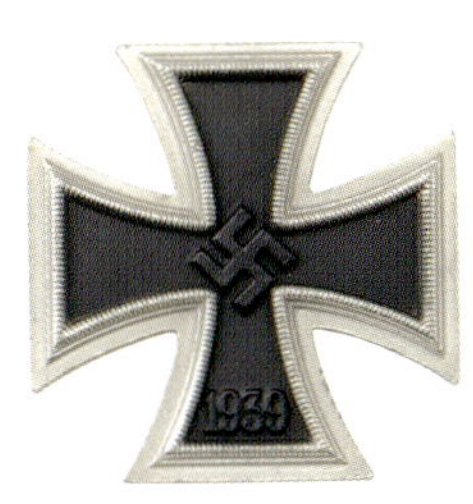

1級鉄十字章

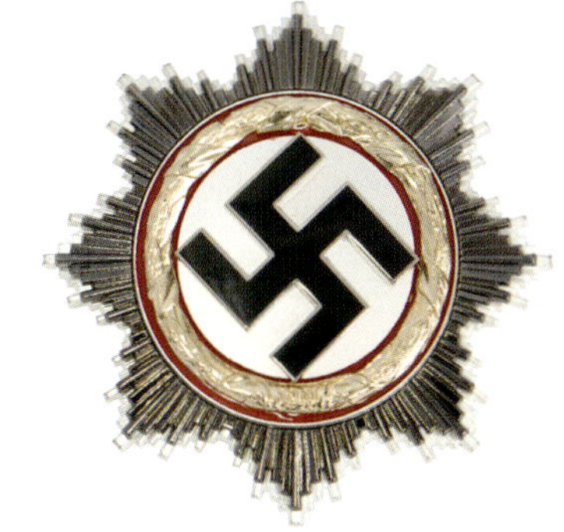

ドイツ十字章

※ドイツ十字章のみ右胸に佩用します。

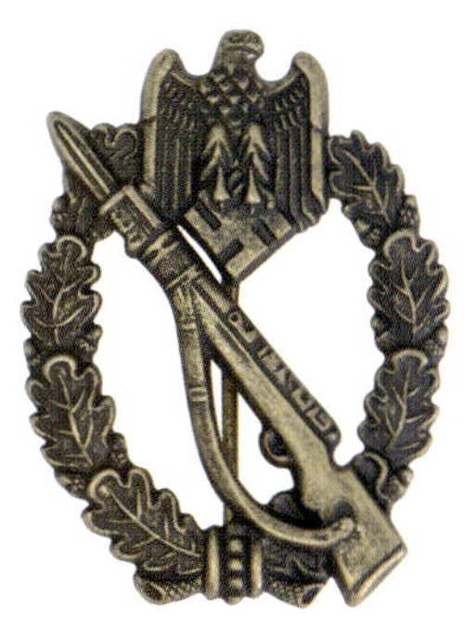

歩兵突撃章

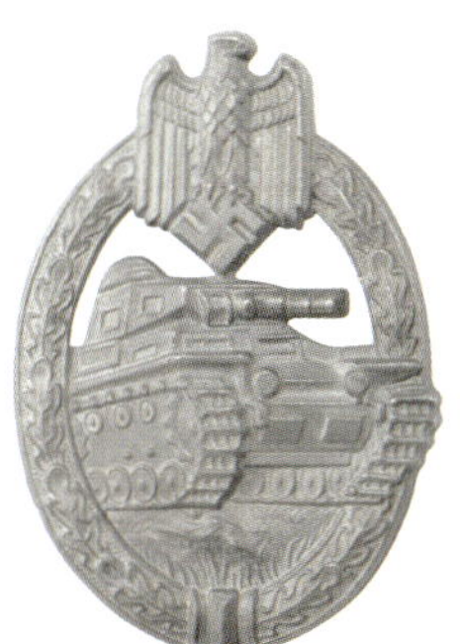

戦車突撃章

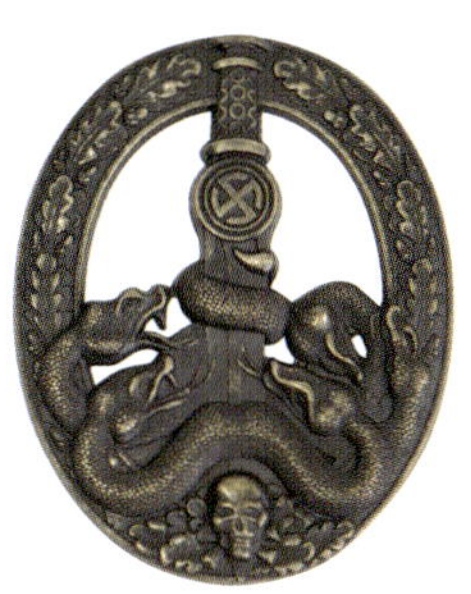

パルチザン掃討章

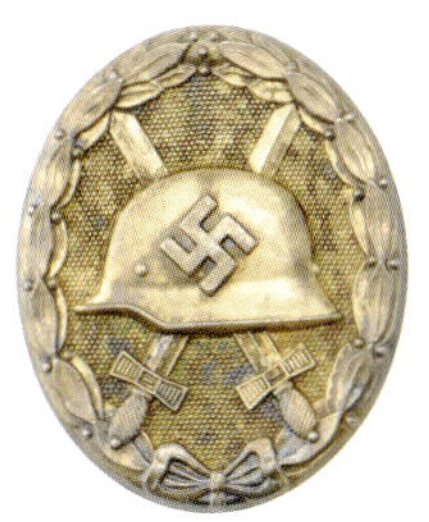

戦傷章

親衛隊の記念バッジ

以下は親衛隊32年型勤務服などに取りつける親衛隊内の記念メダル類です。

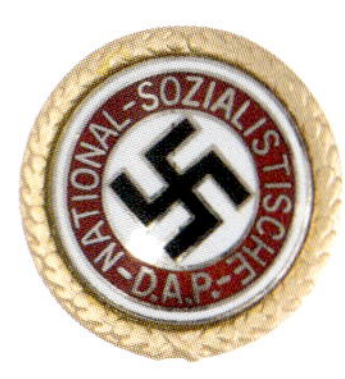

金枠党員章

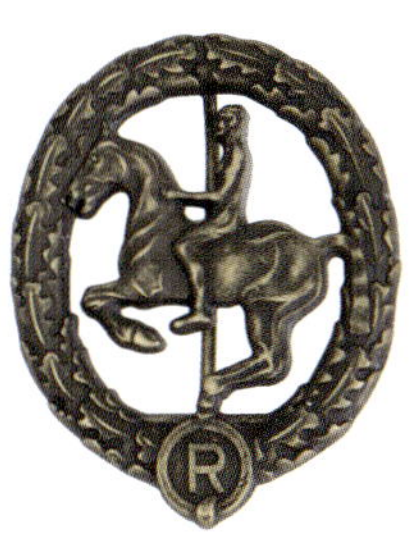

乗馬協会章

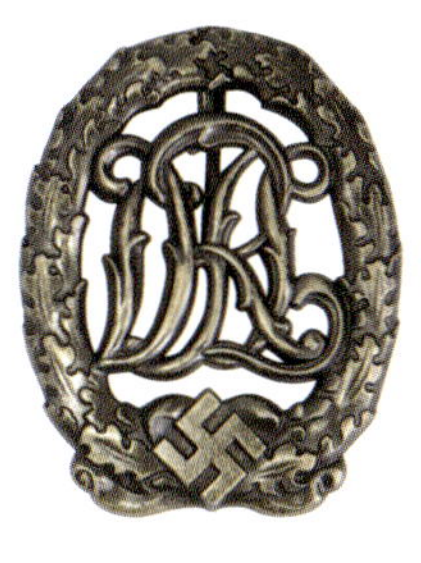

国家スポーツ章

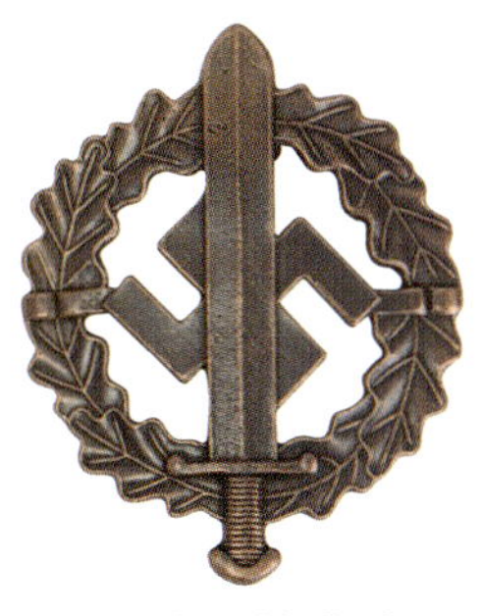

SA体力検定章

肩章

ドイツ陸軍

陸軍の将官用･佐官用･尉官用の肩章です。ここに四角い「星」を追加して、「星」の数でより細かい階級をあらわします。

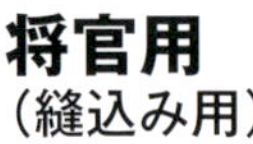

将官用
（縫込み用）

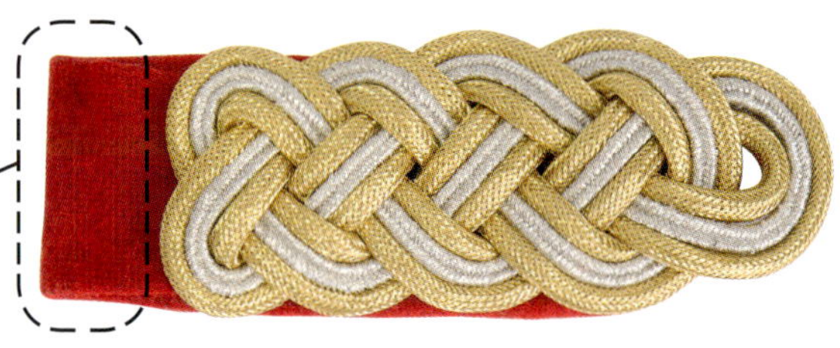

この部分を肩に縫い込みます。

佐官用

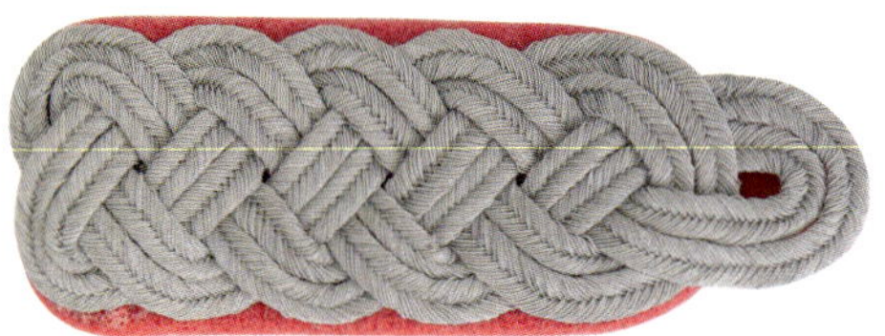

台布のピンク色は「装甲科（戦車部隊）」をあらわします。

尉官用

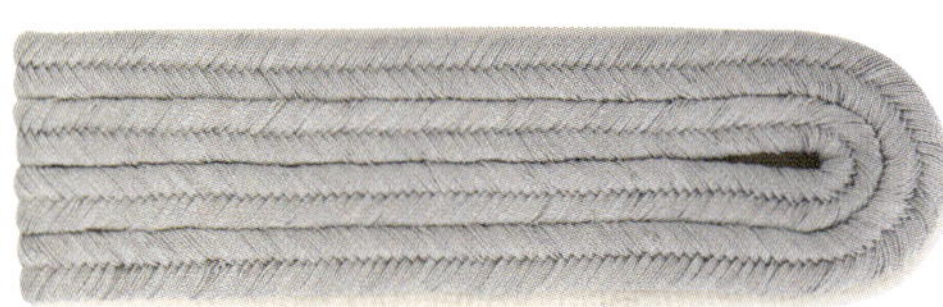

台布の白は「歩兵科」をあらわします。

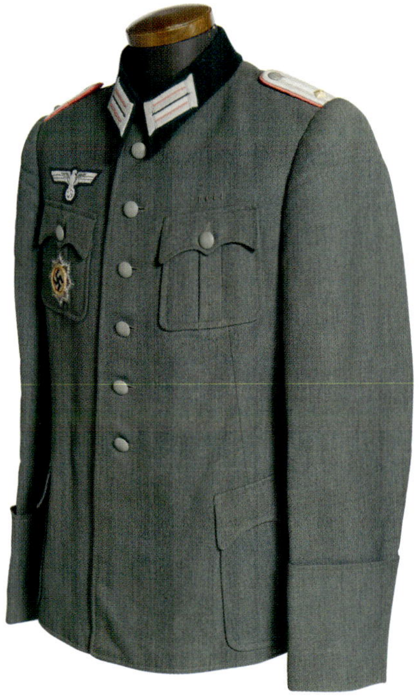

ナチス親衛隊32年型勤務服

以下はナチス親衛隊の肩章です。将官用・佐官用・尉官用の3段階です。より細かい階級は表現しません。写真は全て縫込み用です。

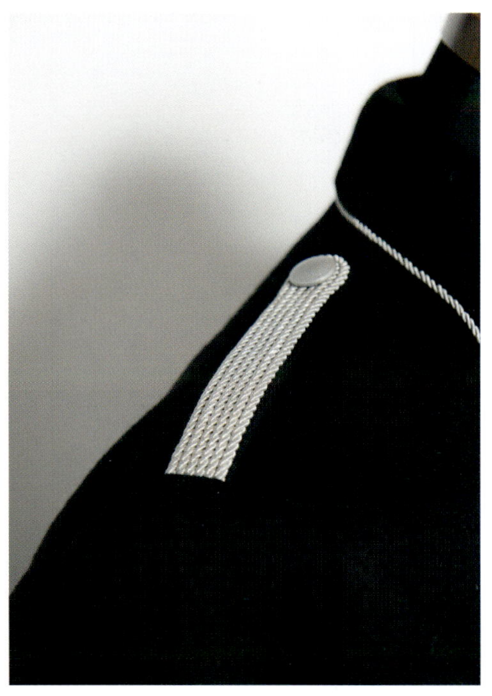

将官用

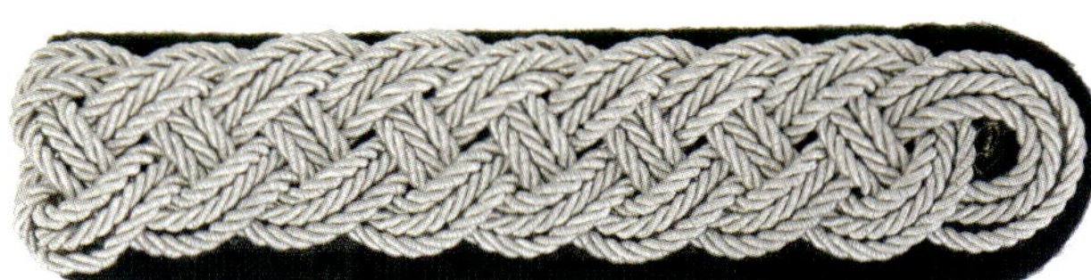

佐官用

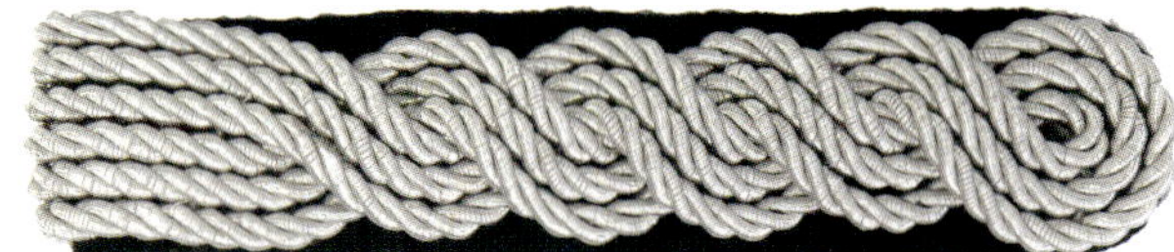

尉官用

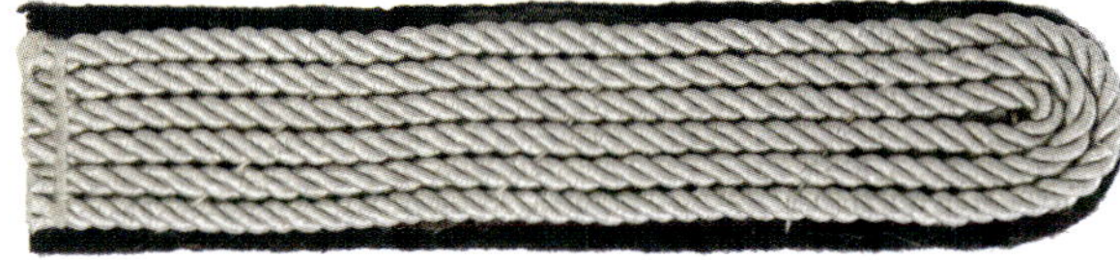

日本陸軍昭五式

金線の本数で尉官･佐官･将官（将官は金ベタ）を、星の数でより細かい階級をあらわします。

中佐（金線2本で佐官、星2つで中佐）

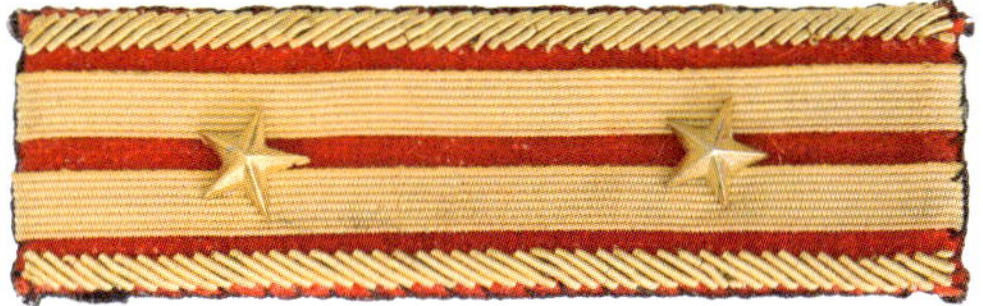

大尉（金線1本で尉官、星3つで大尉）

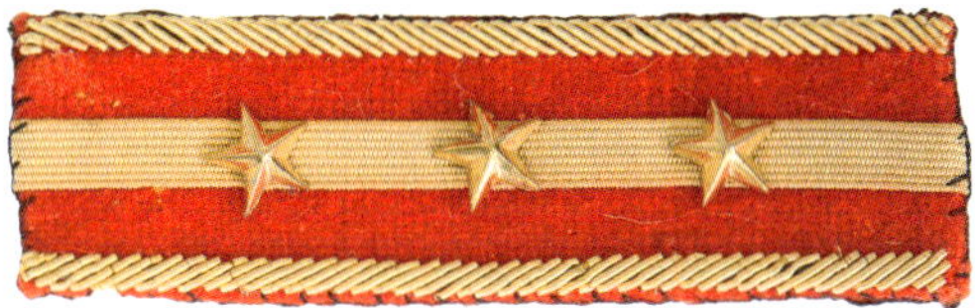

中尉（金線1本で尉官、星2つで中尉）

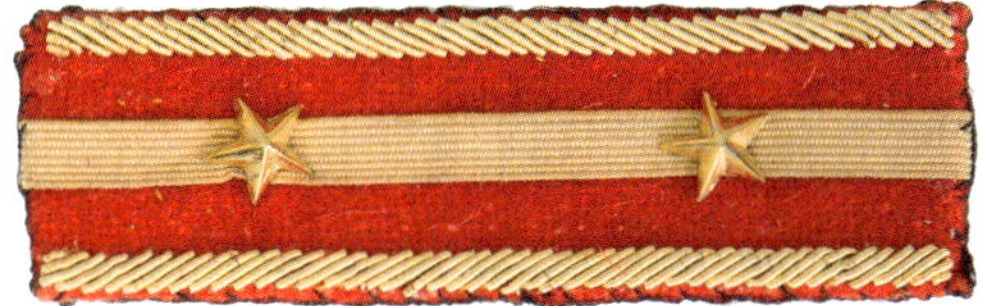

少尉（金線1本で尉官、星1つで少尉）

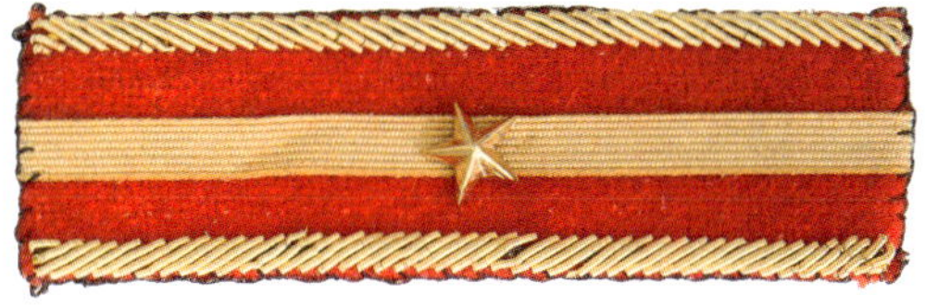

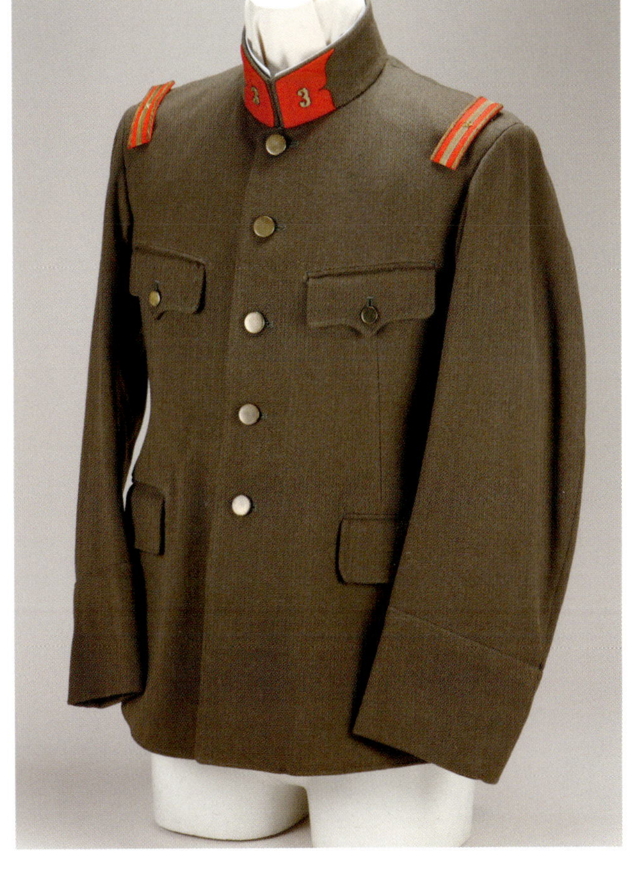

日本海軍正装

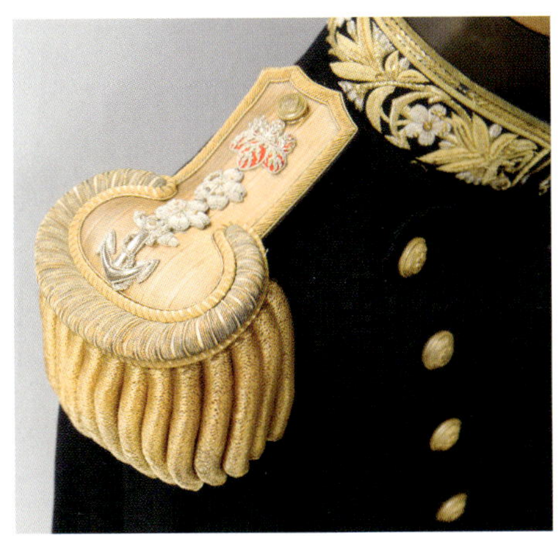

写真は佐官用。将官は桜が3つ、尉官は総（ふさ）がなく、桜が1つです。

日本陸軍大礼服／陸上自衛隊正装

この2つのデザインはほぼ、共通です。日本陸軍は星を、陸上自衛隊は桜を飾ります。尉官より佐官のほうが太く、将官になるとさらに太い肩章になります。

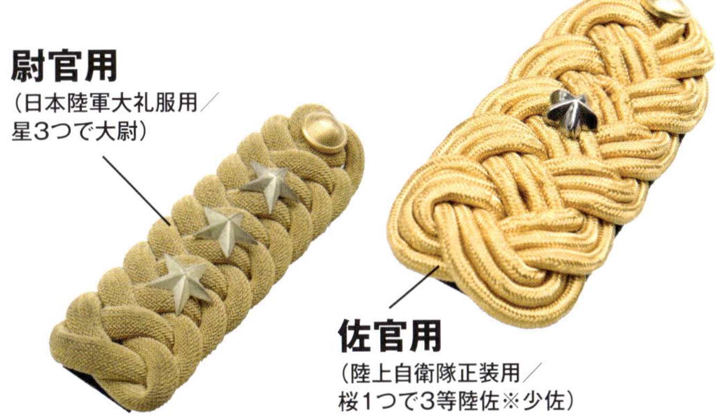

尉官用
（日本陸軍大礼服用／
星3つで大尉）

佐官用
（陸上自衛隊正装用／
桜1つで3等陸佐※少佐）

襟の装飾

日本陸軍 昭五式

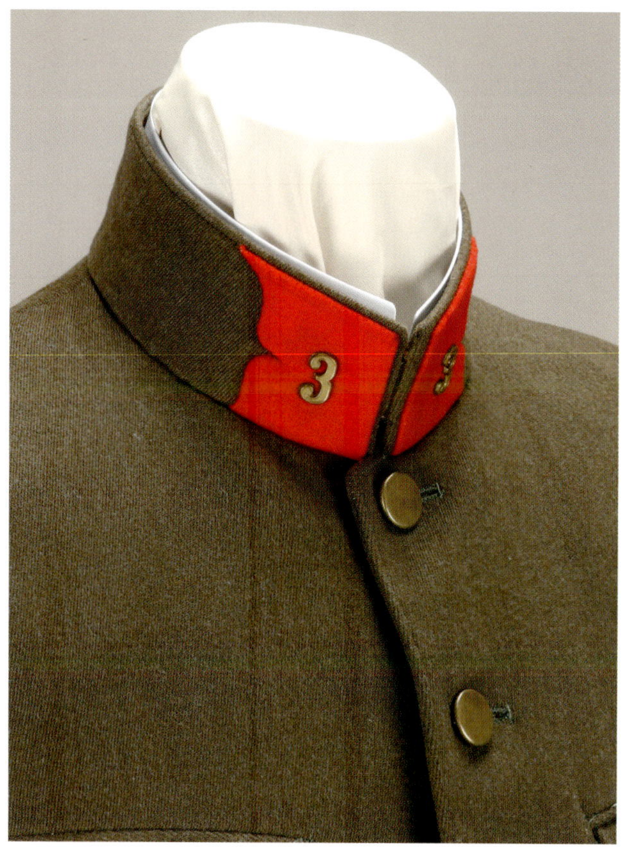

日本陸軍 大礼服

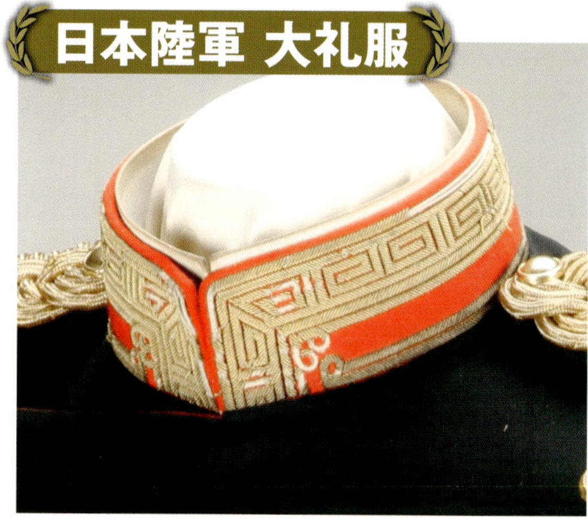

日本海軍 正装

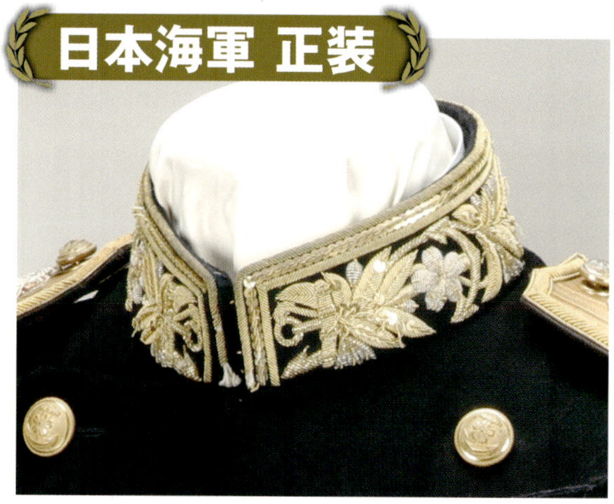

ドイツ陸軍

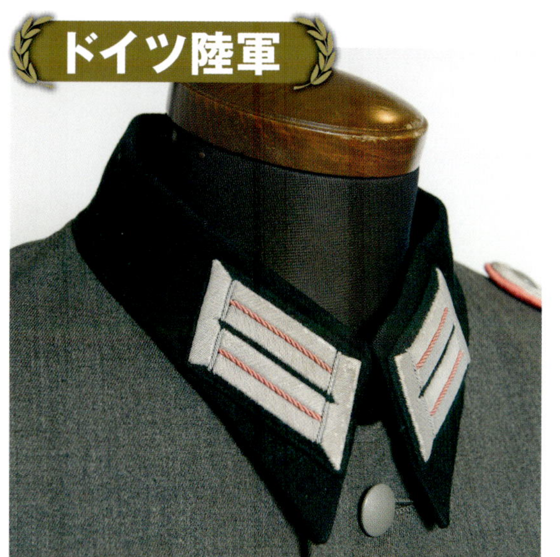

36年型制服への着用例（尉官・佐官用）。ピンクの線は「装甲科（戦車部隊）」をあらわす兵科色です。

尉官・佐官用

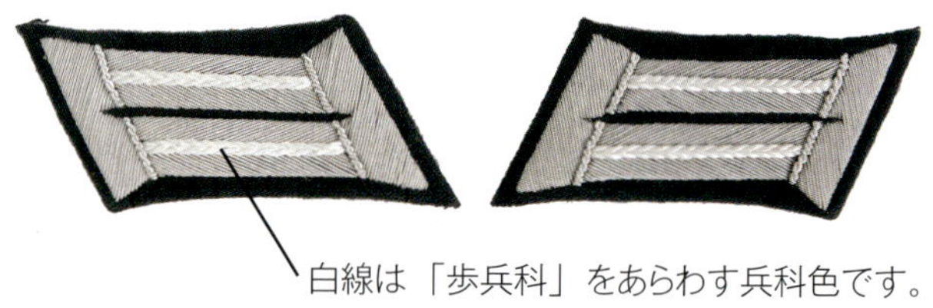

白線は「歩兵科」をあらわす兵科色です。

将官用

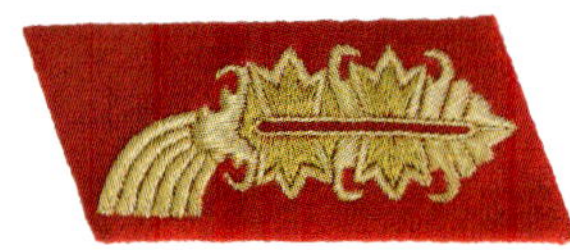

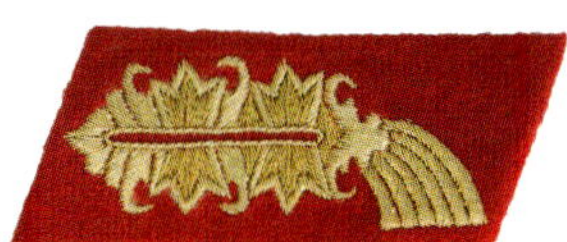

ナチス親衛隊

親衛隊のワッペン型襟章は、右襟が“親衛隊”を意味する「SS」の文字。左襟で階級をあらわします。「星」の数で尉官・佐官を、線の本数でより細かい階級をあらわします。また大佐以上は左右対称の柏葉模様になります。

大尉（星3つで尉官。銀テープ2本で大尉）

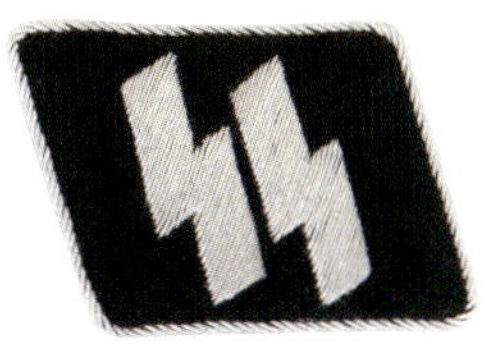

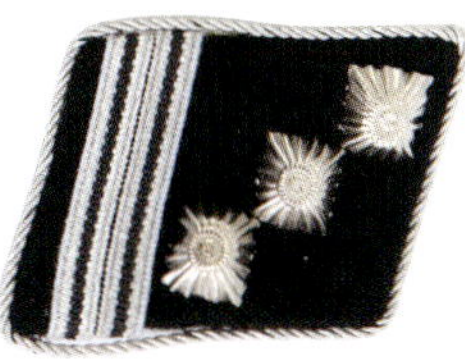

中佐（星4つで佐官。銀テープ1本で中佐）

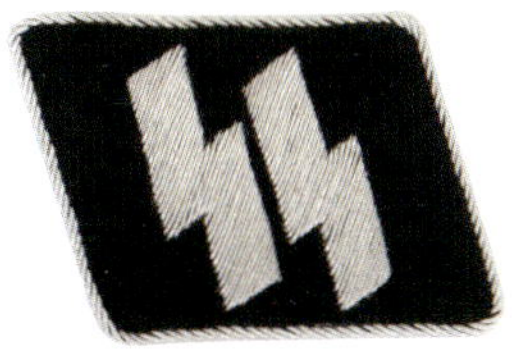

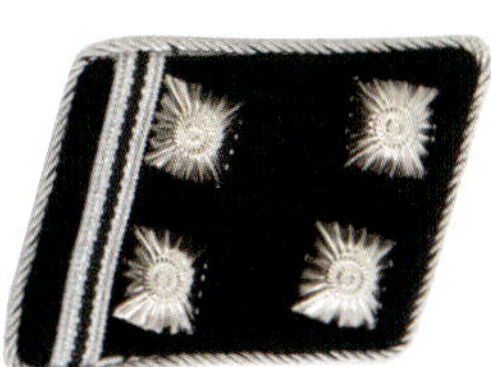

大佐

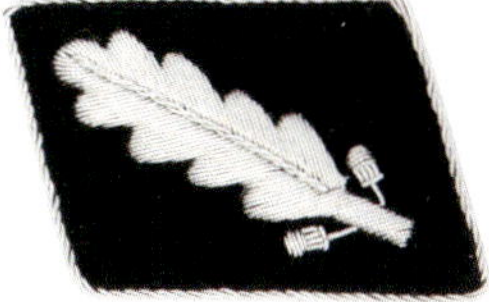

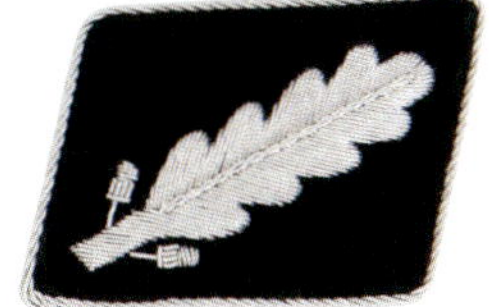

准将

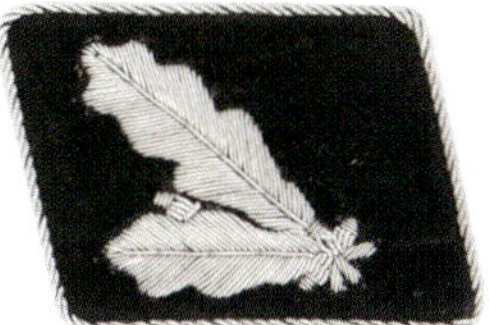

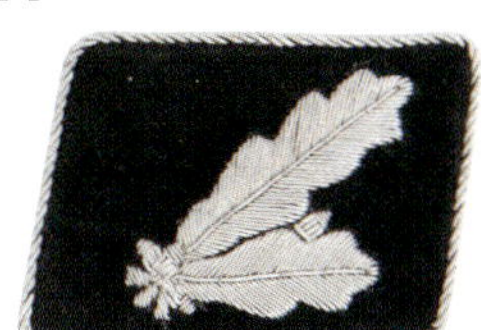

少将

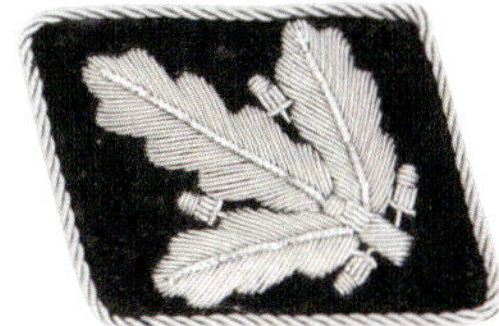

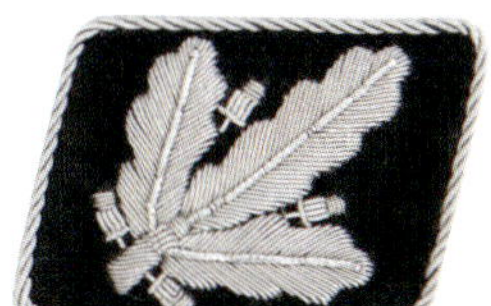

中将

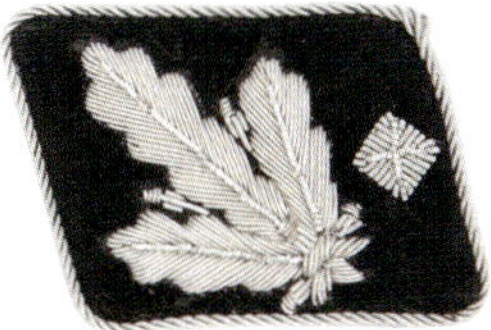

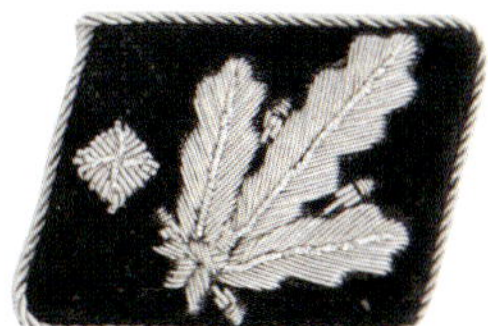

大将

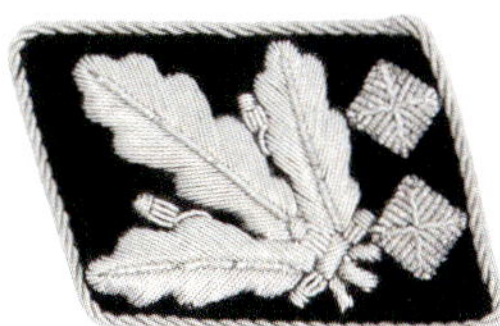

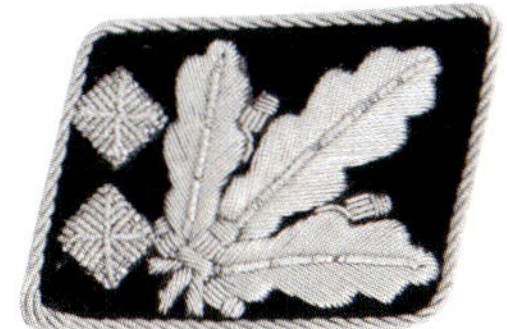

上級大将

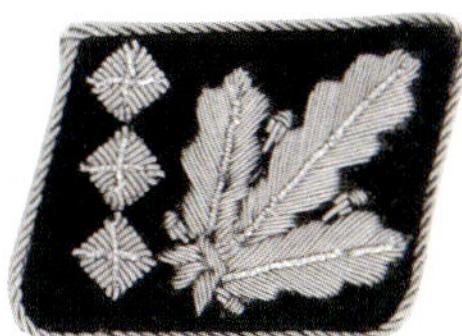

部隊をあらわす襟章

右襟には特定部隊をあらわす記号が刺繍される場合もあります。

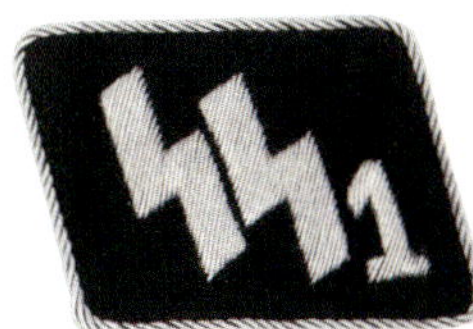

親衛隊特務部隊
「ドイッチュラント」

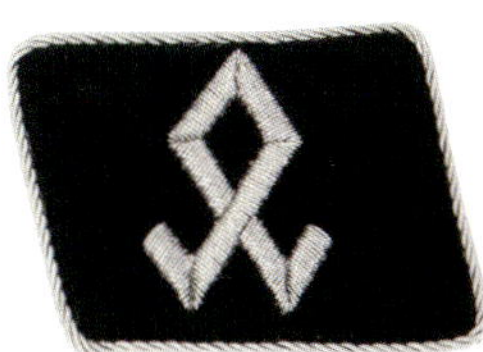

武装親衛隊
第7SS義勇山岳師団
「プリンツ・オイゲン」

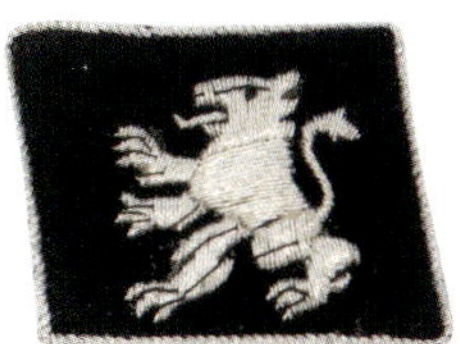

武装親衛隊
第14SS武装擲弾兵師団
「ガリツィエン」

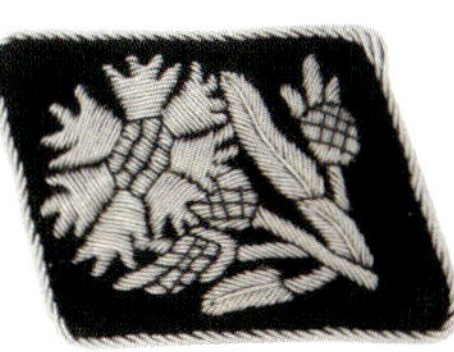

武装親衛隊
第22SS義勇騎兵師団
「マリア・テレジア」

袖口の装飾

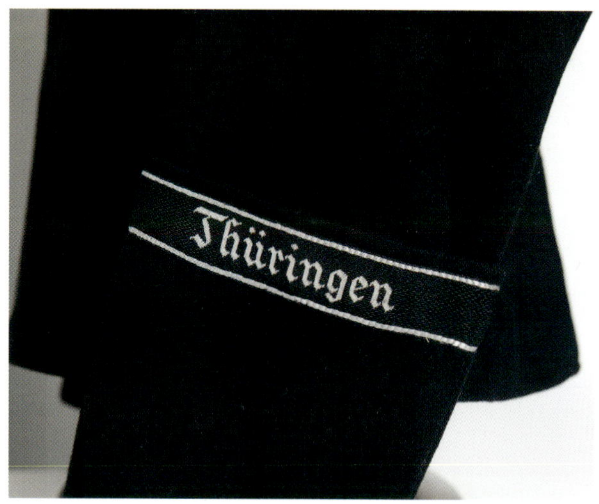

ナチス親衛隊カフタイトル

銀糸により部隊名が刺繍されていました。写真は「Thüringen（チューリンゲン）」。

日本海軍正装

金テープの太さと本数で階級をあらわしていました。写真は少佐。

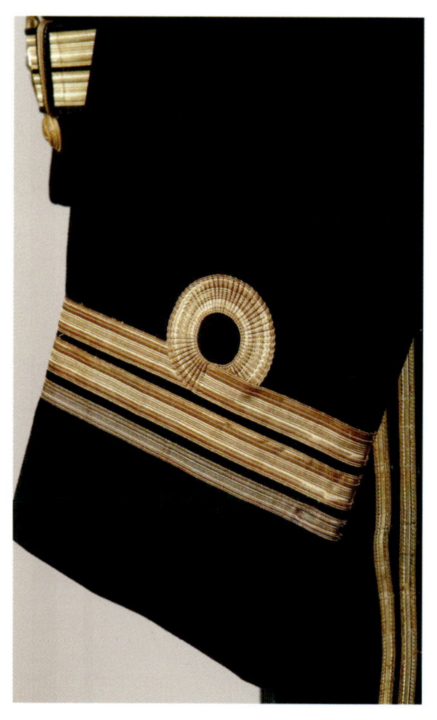

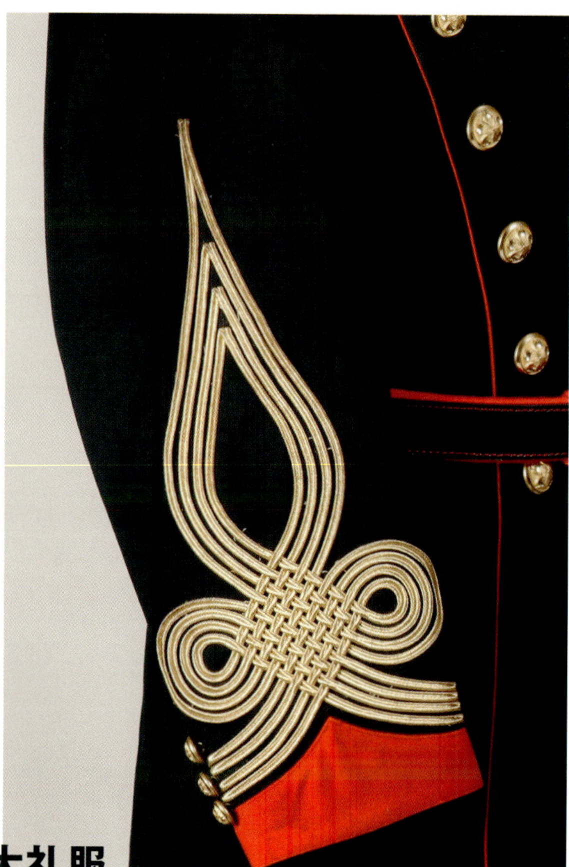

日本陸軍大礼服

複雑に絡んで模様を描く金線の本数で階級をあらわしていました。写真は４本で少佐。また袖口の赤色は「歩兵科」をあらわす兵科色です。

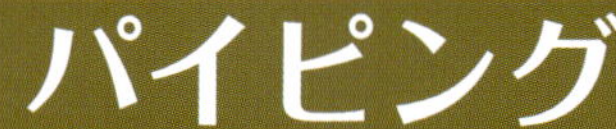

パイピング

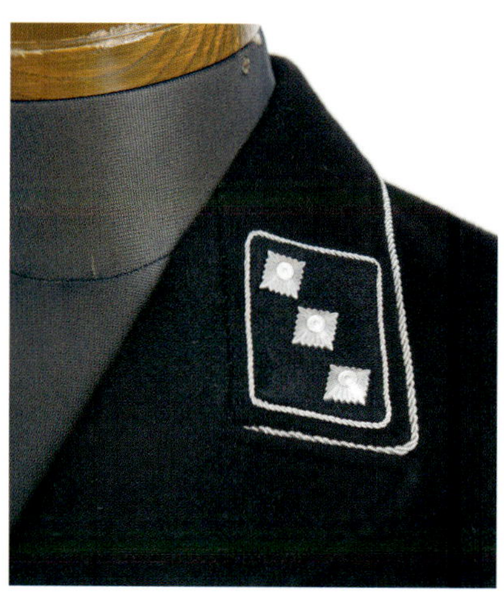

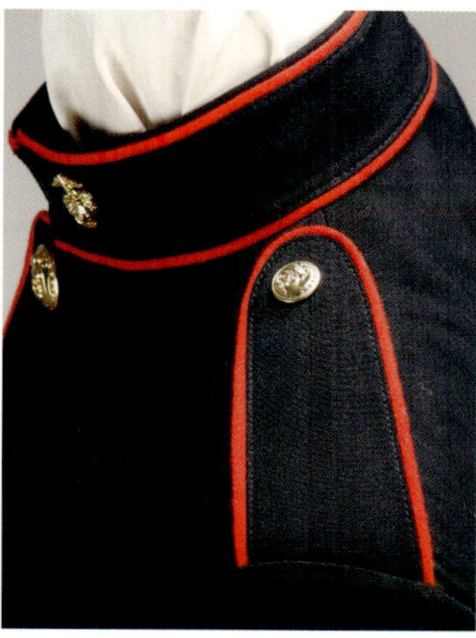

アメリカ陸軍のワッペン型部隊章

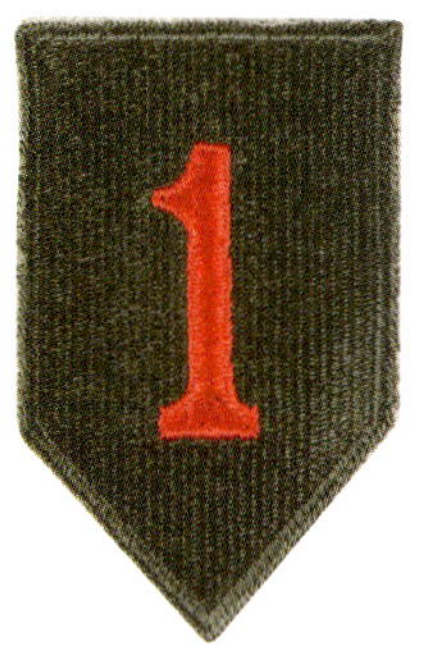

第1歩兵師団

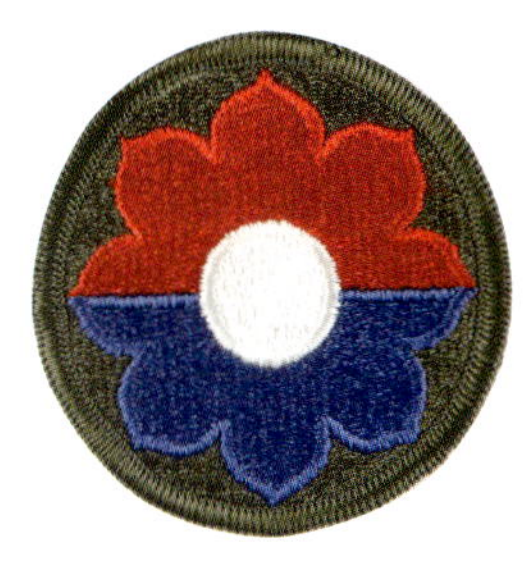

第9歩兵師団

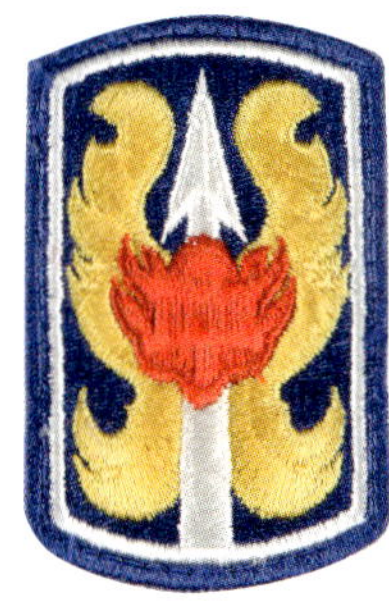

第199歩兵旅団

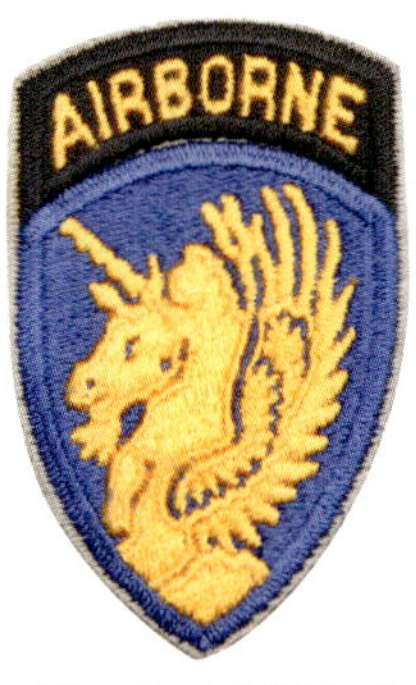

第13空挺師団
（第2次世界大戦ごろ）

アーミーグリーン制服の左上腕に縫いつける部隊章ワッペンのうち、いくつか主要なものを紹介します。アメリカらしく赤や青、白といった明るい配色が特徴で、剣や翼、鷲、ドラゴン、稲妻など勇ましいモチーフ、八葉模様（第９師団）などが刺繍されています。どのワッペンもおおよそ縦寸８～９センチ程度です。

「AIRBORNE（空挺）」の文字は、空挺（パラシュート降下）部隊であることを示しています。

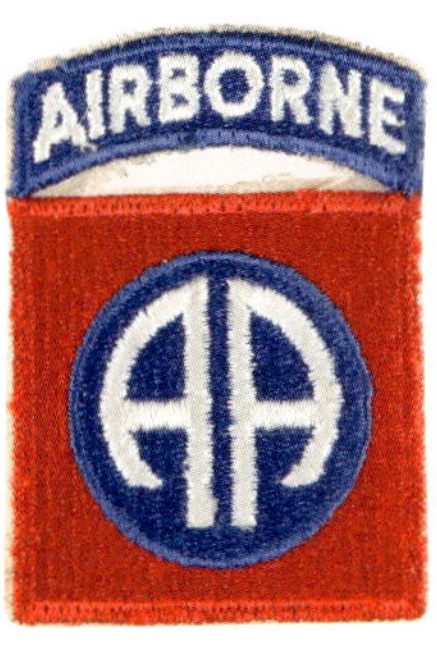

第82空挺師団

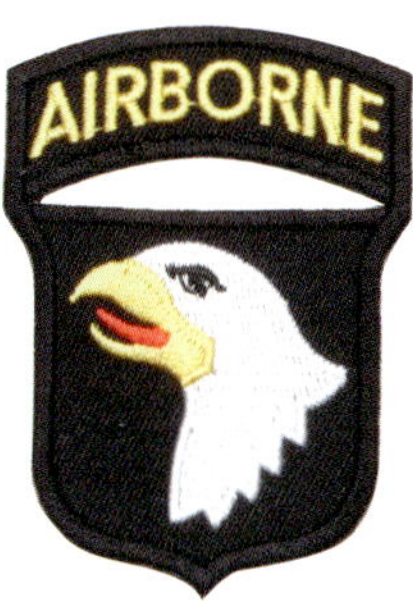

第101空挺師団

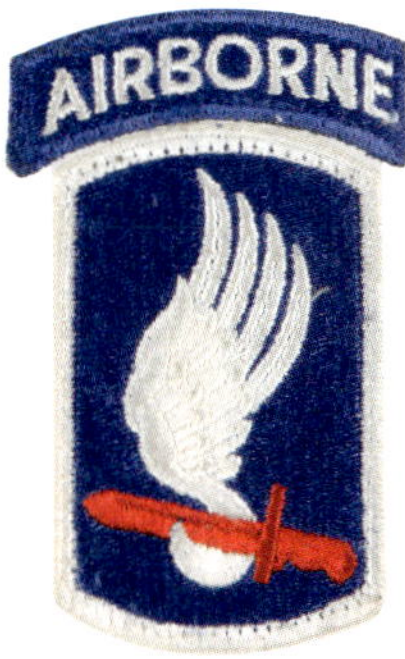

第173空挺旅団

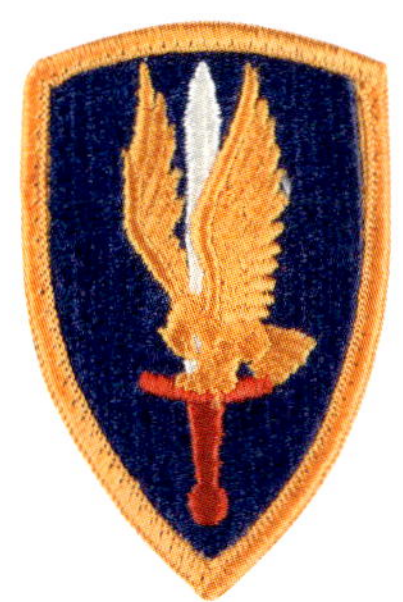

第1航空旅団

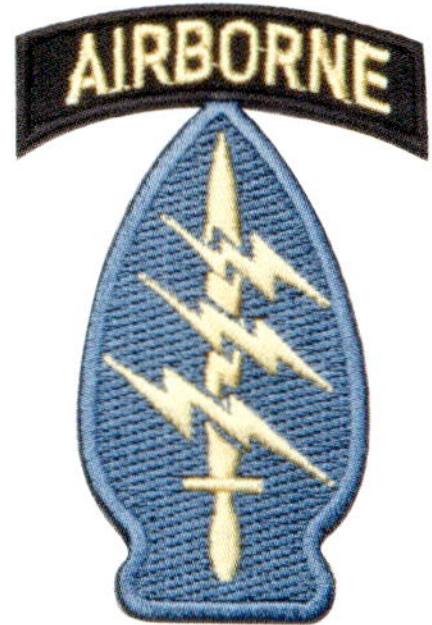

特殊部隊グループ

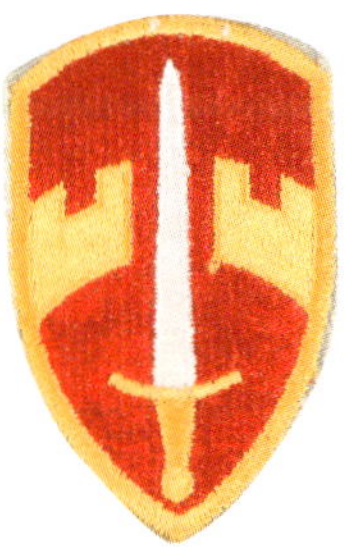

南ベトナム援助軍司令部
（ベトナム戦争時）

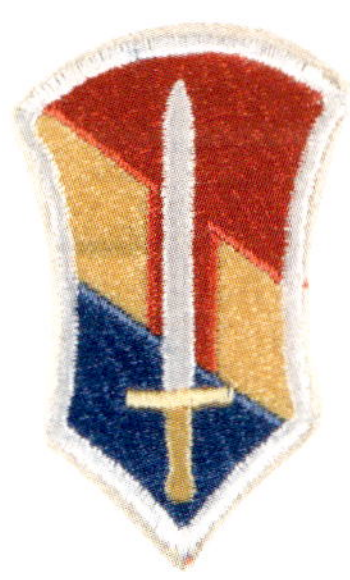

第1野戦軍
（ベトナム戦争時）

アメリカ陸軍のピンズ型部隊章

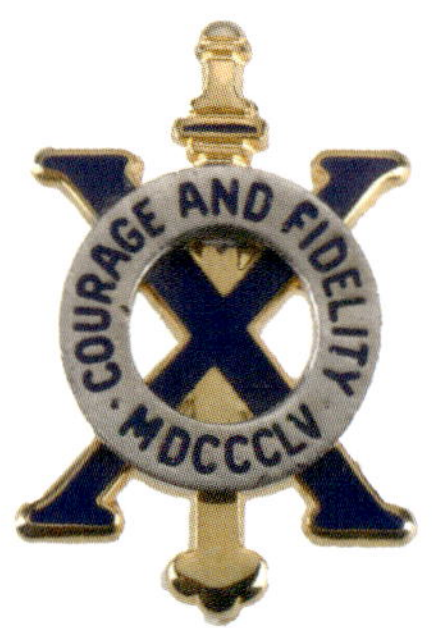

第10歩兵連隊

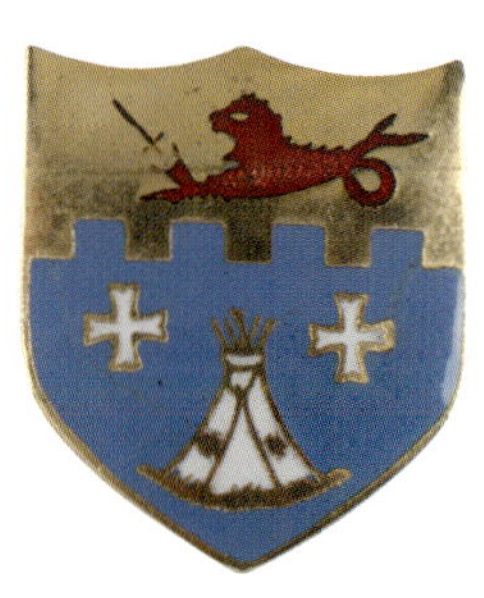

第12歩兵連隊

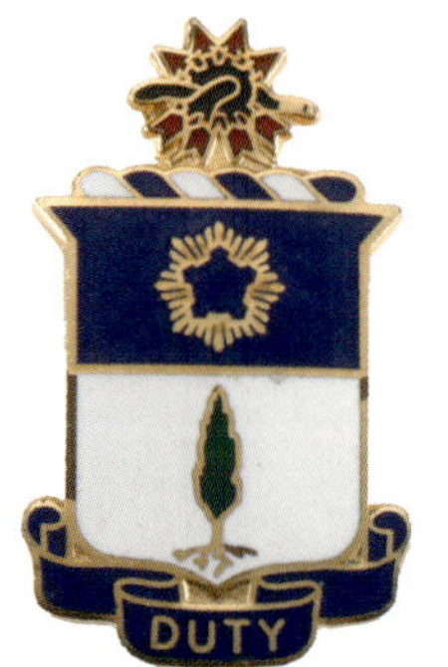

第21歩兵連隊

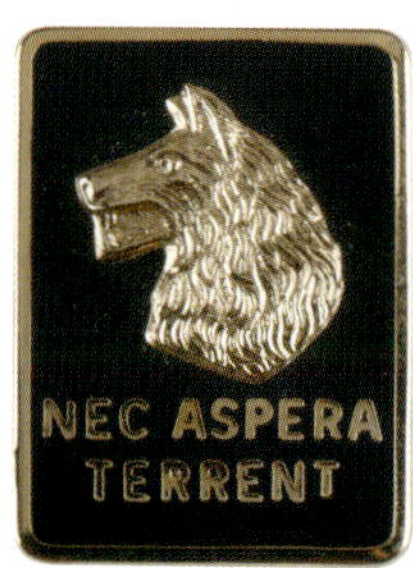

第27歩兵連隊

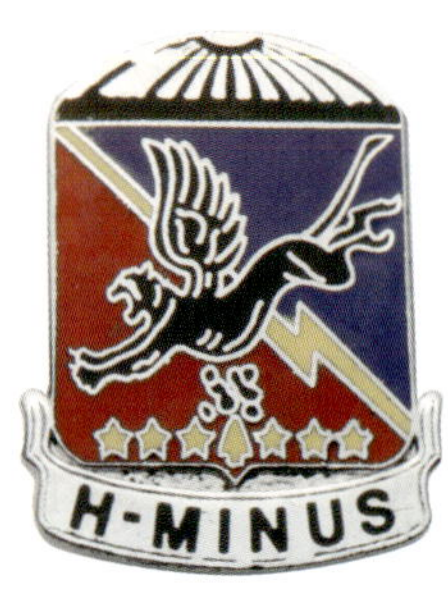

第505空挺歩兵連隊

アーミーグリーン制服の肩章（ショルダーループ）中央に留める、小型の金属部隊章です。こちらはワッペン型部隊章より種類が多く、モチーフも多様です。パラシュート部隊である第505連隊は“翼”の生えた黒豹、情報部隊である軍事情報軍団は知性の象徴としてスフィンクスがデザインされています。また、部隊のモットーが記されているのも特徴です。例えば特殊部隊グループの「DE OPPRESSO LIBER（ラテン語）」は「抑圧からの解放」の意味です。

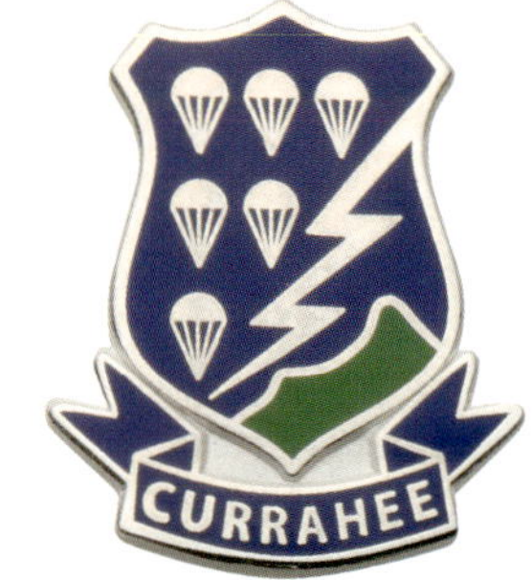

第506空挺歩兵連隊
（旧型）

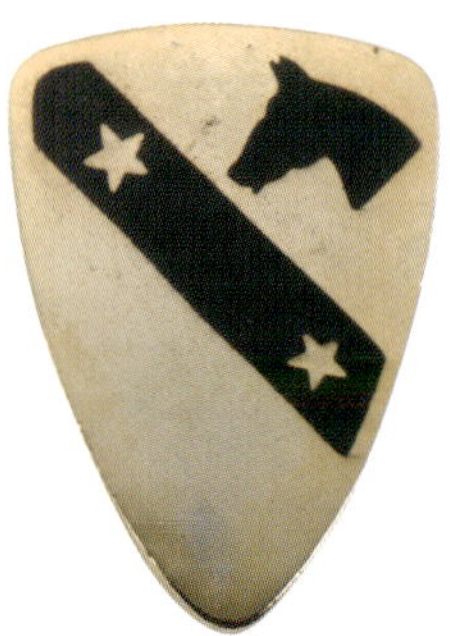

第1騎兵師団
（司令部勤務者）

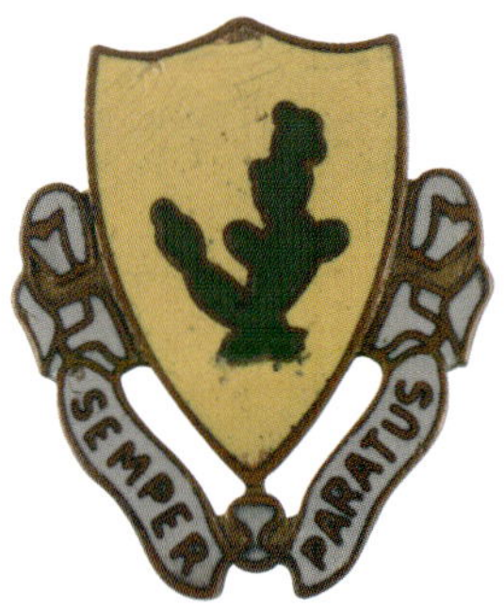

第12騎兵連隊

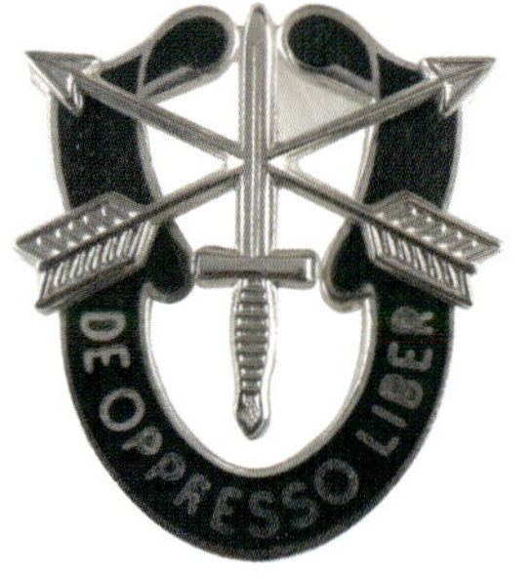

特殊部隊グループ

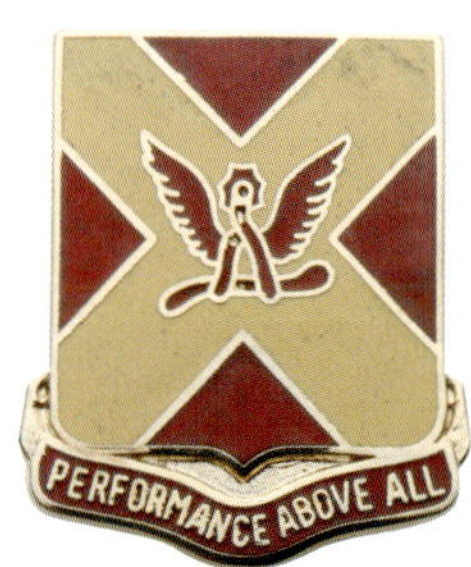

第84野戦砲兵連隊

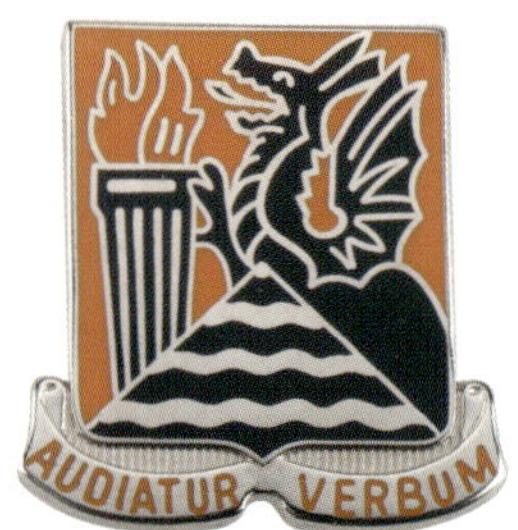

第156通信大隊

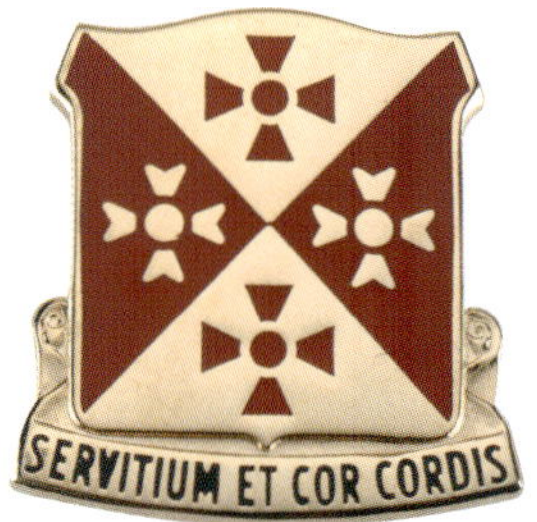

第701支援大隊

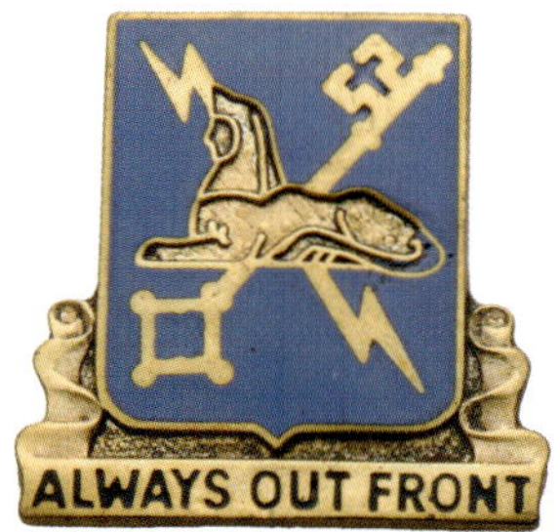

軍事情報軍団

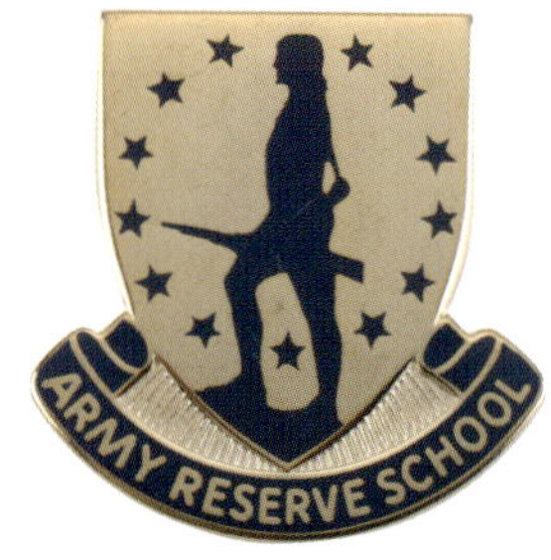

陸軍予備役学校

S&Graf

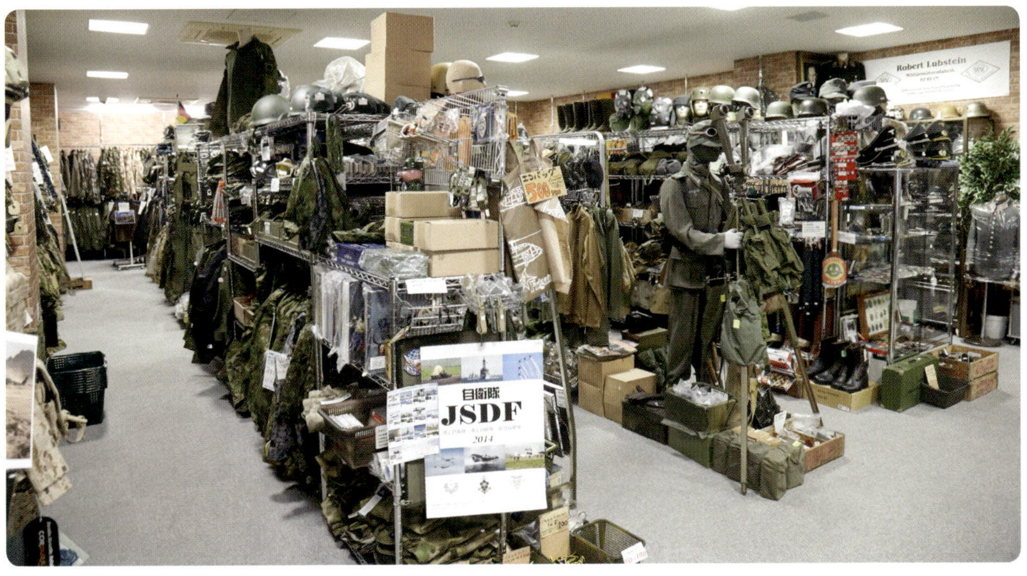

第2次世界大戦中の軍装品から現代戦装備まで

ドイツ軍から日本軍までバリエーション豊富な複製品軍服を取り扱っています。制服はもちろん、さまざまな帽子、勲章類、フットギアまで軍装に必要なアイテムが揃います。手ごろな値段のものから、高級複製品まで価格帯が広いことも魅力です。

大阪と東京に店舗をかまえ、WEB通販にも対応しています。

■大阪店
大阪府大阪市中央区南船場3-6-18 心斎橋3NSDビル2/3F
TEL：06-6251-9058
営業時間：11:30～19:50（平日）
11:00～19:50（土曜日）
11:00～19:20（日・祝日）

■東京店
東京都千代田区外神田6-14-2 サカイ広末ビル7F
TEL：03-5818-5278
営業時間：12:00～19:50（平日）
11:30～19:50（土曜日）
11:30～19:20（日・祝日）

■WEBサイト（通販部）
HP：https://www.sandgraf.jp/

KLAUSE（クラウゼ）

世界唯一のヒトラー・ドイツ専門店

1914年～1945年、つまり第1次世界大戦から第2次世界大戦にいたる期間のドイツ軍装関連品を取り扱う専門店です。歴史研究の立場から資料・骨董的価値の高い、ヒトラー・ドイツ時代の貴重な実物品をお探しします。

東京都中野区松が丘1-12-6
TEL：03-5318-1771
Eメール：mail@klausemilitary.com
通常営業日：毎週土曜日12:00～（くわしくはHP）
WEB：http://www.klausemilitary.com

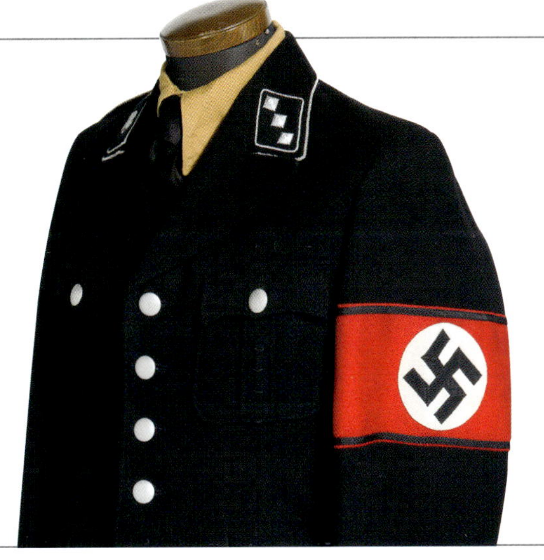

▼著者

Col.Ayabe（あやべたかゆき）

アメリカ海兵隊を中心に日米ほか各国の軍や警察の取材を専門に行う。またキャラクター企画の原案なども担当。

（萌）表現探求サークル

男性向け、女性向け問わずマンガやアニメ、ゲームなどが大好きな人たちの集まり。日々、萌えイラストをうまく描けるようになるための表現技法を模索中。主な著書は「萌えロリータファッションの描き方」「女の子の服イラストポーズ集」（ともにホビージャパン）など。

▼監修

金子賢一

世界各国の軍服・軍装に関する記事を国内外の専門誌上で発表。
また、映画・舞台・アニメーションなどにミリタリーアドバイザーとして参加している。
主な著書「ミリタリーユニフォーム・バイブル〜軍装の世界〜」(イカロス出版)。有限会社Kサプライ代表。
Twitter: Kenichi_Kaneko

軍服の描き方
仕組みからわかる世界の軍装・軍服

2014年11月29日　初版発行

著　者　Col.Ayabe／（萌）表現探求サークル
監　修　金子賢一

発行人　松下大介
発行所　株式会社ホビージャパン
〒151-0053　東京都渋谷区代々木2-15-8
電話　03-5304-7403（編集）
電話　03-5304-9112（営業）

印刷所　大日本印刷株式会社

乱丁・落丁（本のページの順序の間違いや抜け落ち）は購入された店舗名を明記して当社パブリッシングサービス課までお送りください。送料は当社負担でお取り替えいたします。但し、古書店で購入したものについてはお取り替え出来ません。
代行業者などの第三者に依頼して本書をスキャンすることは、たとえ個人や家庭内の利用であっても、著作権法上、認められておりません。
禁無断転載・複製
©HOBBY JAPAN
Printed in Japan

ISBN 978-4-7986-0853-2　C0076

【編集・カバーデザイン】
（萌）表現探求サークル

【協力】
アメリカ海兵隊
S&Graf
山下英一郎（KLAUSE）
甲斐浩一郎（町田軍事秘宝館）
斎藤文彦（P.X.SAITOH）

【撮影】
玉井久義（ホビージャパン）
葛貴紀（井上写真スタジオ）

【デザイン（P162〜175）】
so what. 小林こうじ